Masculin Féminin

L'Initiation Amoureuse

À la mémoire de Sohane Benziane, morte brûlée vive,
Pour que garçons et filles vivent mieux ensemble,
Dans l'égalité et le respect.

1984-2002

ISBN : 978-2-8132-0711-1

www.editions-tredaniel.com
info@guytredaniel.fr

Diane Bellego

Masculin Féminin

L'Initiation Amoureuse

"La Fusion au Cœur de la Séparation"

NOUVELLE ÉDITION REVUE ET AUGMENTÉE

Illustrations de Pascale Chesnais

Guy Trédaniel éditeur
19, rue Saint-Séverin
75005 Paris

Introduction

Découvrez le CD audio...

Masculin Féminin

L'Initiation Amoureuse

À travers *Masculin Féminin : l'Initiation Amoureuse*, Masculin et Féminin s'entrelacent et s'unissent entre le livre et le CD audio.

Le CD audio, enregistré en état canal, porte la vibration de l'union du **M**asculin et du **F**éminin. Le **M**asculin dans sa tonalité de la conscience s'enracine à travers le livre, le **F**éminin et sa dimension vibratoire s'incarnent à travers la fréquence de la voix. Il peut être approprié d'écouter au préalable de chaque lecture la toute première plage du CD qui invite à unir le mental au cœur.

Ici s'inscrit le premier pas d'une odyssée intime dont le fil d'or est l'opportunité d'une Initiation Amoureuse

À la fois merveilleuse, cruciale et transformatrice, l'odyssée la plus belle et la plus précieuse est celle au cœur de nous-mêmes. Elle procède de la quintessence de ce que la vie m'a demandé de guérir intérieurement, de ma pratique professionnelle de plus de 15 ans et de ce que je retrouve et actualise d'une forme de Connaissance qui n'appartient à aucune école et se pressent en chacune. L'humilité et la persévérance furent des acolytes parfois éprouvants qui se sont imposés de façon récurrente et m'ont contrainte à découvrir au plus intime de moi-même la véritable reconnaissance. J'ai eu besoin d'apprendre à aimer et à utiliser la puissance d'aimer pour rencontrer ma propre ombre et en révéler sa lumière. Je continue. Je peux contempler désormais la perfection qui conduit à la puissance infinie du cœur. J'accompagne des groupes, des couples, des individus dans l'étreinte amoureuse de la globalité de soi qui sollicite un déclic de transformation, à travers l'essence du Tantra que je nomme le Tantra de la Réconciliation.

La transformation, pour vous cher lecteur, est non seulement possible, elle est probable même du fait d'accepter de regarder d'un nouveau point de vue, de contempler la divinité en vous-mêmes.

Celle-ci est une réponse au Passage individuel et planétaire que chacun de nous traverse plus ou moins sereinement. La clef d'or du Passage réside au cœur de la relation **M**asculin / **F**éminin, présente à travers chacune de nos interrelations avec le monde, bien au-delà de la relation entre hommes et femmes qui en est une de ses multiples expressions. Nous opposons et séparons **M**asculin et **F**éminin, sans le savoir, à chaque instant de notre réalité habituelle. Cette opposition définit et crée le monde tel que nous le connaissons collectivement. Elle est présente en chacun de nous comme la déchirure la plus intime. Elle est en général méconnue et refoulée, nous ignorons par conséquent qu'elle est aussi le Passage, le lieu de l'Alchimie, celui de la réconciliation des opposés, celui de la véritable magie, de la réalisation des potentiels que nous appelons miracles. Réconcilier et unir **M**asculin et **F**éminin engendre le monde dont nous portons la nostalgie et le pressentiment au plus profond de nous-mêmes. L'union intérieure est l'accomplissement de notre quête et le dessein des Traditions. “La Fusion au Cœur de la Séparation” génère l'Âge d'Or.

Le projet de cet ouvrage est de faire toucher le déclic, l'instant d'unité où toutes les dimensions fusionnent, où tout prend sa place juste et son sens, où le cœur uni à la conscience se fait vaste et inclut la vie entière. Ce déclic est une initiation, dans le sens qu'il produit un changement de conscience et une ouverture du cœur. Une fois le déclic effleuré, il est nécessaire de polir ce précieux trésor au quotidien, de s'abreuver et se nourrir aux oasis qu'offrent les pratiques où chacun est invité en fonction de sa propre résonance.

Cette odyssée amoureuse est la plus belle et la plus sacrée des initiations. Sacrée car vitale ! Elle nous est chuchotée à la fin de chaque lune de miel lorsque l'autre, quelqu'un ou quelque chose, ne répond plus au rêve, et que nous étreint la nostalgie d'une autre dimension, suffisamment vivante en nous pour que nous en gardions le pressentiment, celui de l'union intérieure.

Au cours de l'odyssée, de nombreux rivages sur lesquels accoster nous invitent à percevoir les multiples implications et dimensions qui nous composent.

L'odyssée se structure comme notre univers, et sur **l'énergie du deux, celle du Yin et du Yang**, avec l'entrelacement du livre et du CD et sur **l'énergie du trois, celle de la création**. Ainsi son titre, *Masculin/Féminin/Initiation*, et le texte en trois parties dont chacune exprime l'énergie de sa propre tonalité. Cette charpente contribue à enraciner la fréquence vibratoire propre au déclic, propre à l'union.

La première partie : “La Séparation”

Elle porte l'énergie du **M**asculin, de sa lumière lucide. L'essence du Tantra dans son aspect le plus profond demande de connaître son ombre, de l'éclairer pour unir intimement les deux polarités dans la véritable jouissance de leur réunification, la Fusion au Cœur de la Séparation. La mise en lumière dévoile masculin et féminin dans leurs aspects dénaturés et guide, sans complaisance ni jugement, aux confins des enjeux de domination et de pouvoir de notre histoire patriarcale, de l'enfouissement du monde antérieur de la Déesse, au cœur de la déchirure. Et merveille, la mise en lumière de l'ombre fait apparaître les aspects lumineux du **M**asculin et du **F**éminin.

La deuxième partie : "Les Retrouvailles"

Elle porte l'énergie du **F**éminin. C'est la mise en amour. Le pays du **M**asculin et celui du **F**éminin se déploient dans leur vérité universelle et individuelle, à travers leur fonction et leur action. La mise en amour est l'opportunité de restaurer en soi **M**asculin et **F**éminin et de leur rendre hommage dans notre vie quotidienne, à travers des pratiques simples et joyeuses, concrètes. Le pays de la Déesse à travers l'Histoire d'avant le patriarcat se conte. **M**asculin et **F**éminin dans leur beauté et leur puissance retrouvées célèbrent rituels et méditations d'union. La transcendance tutoie l'immanence.

La troisième partie : "Les Noces Alchimiques"

Elle porte l'énergie de l'Union et plus intimement encore de la Fusion. Rien n'est laissé derrière, le plus douloureux, le plus confrontant est ramené au cœur. L'odyssée accompagne et guide là où le pays d'origine de l'union s'est déchiré en deux, là où il est séparé par l'abîme, là où il est impossible de s'aventurer sans avoir restauré au préalable **M**asculin et **F**éminin. Grâce à leur essence réactivée, leur dimension divine et sacrée, ils sont prêts et destinés à se réunir. **M**asculin et **F**éminin se dévêtent par étapes de tout ce qui encombre l'amour et la lumière, de la blessure à la quintessence, de l'inconscience à la présence, ils reviennent vers eux-mêmes. À travers 12 étapes fondamentales, ils se présentent au cœur de la séparation, de la réconciliation, de l'union, de la fusion. Ils retrouvent la Maison, au cœur du quotidien, complets, émerveillés, amoureux, dans la célébration de leur élan créateur qui magnifie leurs Noces Alchimiques. Ils contribuent alors passionnément à l'Âge d'Or.

Au cours des trois parties, les terres intérieures d'histoires vécues permettent de comprendre et de vivre de l'intérieur la transformation de l'abîme dans son potentiel divin et sacré, de goûter des instants d'unité.

L'ouvrage propose, comme la vie même, une trame où s'entrelacent les dimensions. Dans la première partie, le **M**asculin éclaire le masculin et le féminin ; dans la deuxième, le **F**éminin révèle le **M**asculin et le **F**éminin ; dans la troisième partie, l'union de la conscience et de l'amour guide la réconciliation et la fusion…

Afin de saisir la tonalité de chaque polarité, nous les différencions. Cette différence s'opacifie dans leur aspect ombre jusqu'à apparaître comme une séparation. Le défi est de différencier sans séparer. Trouver un exemple du féminin ou du masculin d'une personne est au fond artificiel puisqu'il est intimement imprégné de l'autre, d'autant qu'au cœur de l'un se révèle l'autre. D'où le choix de faire dialoguer, danser les deux en regard l'un de l'autre, le féminin en pages paires, le masculin en pages impaires.

La profondeur propre au sujet s'apprivoise à travers les différents niveaux de lecture et les différentes entrées. Prendre plaisir à dévorer les histoires vécues, se laisser porter par le CD, découvrir les pratiques au quotidien, assouvir le besoin de comprendre, capter l'enseignement du jour, ou simplement commencer par le début et finir par la fin. L'ouvrage est appelé à accompagner tel un ami avec lequel on aime partager différentes périodes de sa vie et approfondir l'intimité.

Vous qui lisez ces lignes, voyez tout au cours de l'odyssée si ces mots sont justes pour vous, s'ils résonnent avec le ressenti présent dans votre cœur. C'est l'invitation à connecter votre dimension de cocréateur et aussi reconnaître que vous êtes plus qu'un simple observateur : vous êtes au centre d'une grande accélération actuelle de croissance universelle dont l'Union de votre **M**asculin et votre **F**éminin est la clef.

À propos des cas vécus et de la visualisation

Les cas vécus, issus de ma pratique professionnelle reposent sur le respect, la vérité et la compassion, à travers un espace d'intimité et d'amitié spirituelle qui s'inscrit dans un temps sacré où deux êtres se présentent à l'essentiel de ce qui nous est comme-un, l'un accompagnant l'autre, dans le choix de restaurer le nœud intime à son potentiel divin d'origine, de réconcilier ce qui semble opposé et de les unifier.
Les cas vécus sont choisis pour la clarté de ce qui est rencontré et l'opportunité de transformation. Je prends nombre de notes afin de pouvoir répéter avec exactitude les mots de la personne. Quand l'appel du livre s'est fait entendre, j'ai approfondi les notes.
Au cours de l'odyssée, vous êtes invité à vous tourner vers l'intérieur et explorer par vous-mêmes à travers la visualisation. Être accompagné individuellement est sans doute plus aisé, plus initiatique aussi grâce au miroir incontournable de l'accompagnant et de son écoute de ce qui cherche à être entendu et alchimisé.
La visualisation sans accompagnement individuel peut aussi être fort puissante. Elle nécessite alors enracinement, lucidité, rigueur, infinie compassion pour soi-même, et avant tout un "dialogue avec l'inconscient" fluide (voir p. 247). Ceux qui n'ont pas un accès aisé aux images doivent garder au cœur qu'ils ont les informations nécessaires en eux. Ils n'ont peut être pas appris à les reconnaître. Celles-ci ne sont pas nécessairement en images et peuvent passer par des sensations, des impressions, des émotions, des perceptions, des analogies, des idées. Personnellement, je n'ai pas accès aux images, mes in-formations viennent à travers les émotions, les perceptions, les impressions que j'ai apprises à valider intimement par l'écoute du cœur. Ne pas avoir d'images n'empêche en rien l'accès à la vibration.

Avant les méditations et visualisations

Ces visualisations sont des invitations. Vous êtes libre. L'emploi du tutoiement est expliqué dans le lexique (voir p. 409).
Afin de se détendre dans un état modifié de vigilance, il est nécessaire d'être dans un endroit calme, tranquille et sécurisant, sans téléphone, ni autre source de dérangement. Pour cette raison, ne pas utiliser le CD en conduisant ou dans un contexte qui demande un état de vigilance attentive. Il est tout à fait possible de visualiser le livre à la main. Il suffit de s'imprégner de la proposition de quelques phrases, puis d'écouter intérieurement et d'accueillir. Un papier et un crayon sont judicieux afin de garder le fil.
Dans le CD audio, la voix canalise la fréquence vibratoire proposée. Vous êtes invité à vous y ressourcer, vous y baigner. La fréquence est en elle-même le sujet de la méditation.

Puissent ces méditations révéler et actualiser la beauté, l'amour, la présence divine qui résident en vous-mêmes comme en Tout.

HISTOIRE DE BRUNO

Le centre est là-bas

Le masculin focalisé sur la quête

Thème : Le masculin de Bruno dans une générosité sacrificielle se focalise et s'épuise sur la quête extérieure. Il croit servir le féminin alors qu'il méconnaît et rejette la blessure du sien. En la reconnaissant, la fusion au cœur de la séparation se présente…

Bruno est un beau garçon de 35 ans, marié, père d'un fils, avec une énergie de jeunesse, quelque chose de pur, de généreux et des étoiles dans les yeux. Il est venu précédemment en séance de couple. Une profonde blessure de non- reconnaissance est alors nommée. Cette non-reconnaissance draine son énergie : il est occupé à de multiples tâches indispensables auxquelles il se dévoue, se consacre, au détriment de sa vie de couple, de son intimité avec lui-même. Il émane de lui une grande générosité énergique. Trop, sans aucun doute. Cela lui est renvoyé distordu dans son travail qui, malgré ses efforts à en faire toujours plus, n'est pas reconnu à sa juste valeur. Bruno vit un sentiment d'injustice, d'épuisement et de découragement. Plus il essaye d'être reconnu en en faisant toujours plus, moins il l'est. Cela est tout à fait logique comme nous le comprendrons grâce à lui.
Il est à ce moment initiatique où la vie conspire à activer en tous lieux sa blessure et à la lui rendre insupportable. Son couple flanche, son boulot l'angoisse, sa relation à ses parents est épidermique. Un filtre assombrit et alourdit sa vie entière. Le temps est venu.
Bruno choisit de rencontrer cette non-reconnaissance, la blessure du féminin, même si je ne la lui nomme pas ainsi.

Dès l'invitation à s'enraciner et à habiter consciemment son corps, il ressent une contraction douloureuse, là même où sa mère a été profondément blessée alors qu'il était enfant. Il se dit réconforté de faire un avec sa mère, puis gêné, il prend conscience qu'il accueille en lui une douleur qui ne lui appartient pas, mais qui fait souffrir son corps, à travers une vision sacrificielle de l'amour. Dans son élan généreux à faire un avec sa mère, source de l'amour pour l'enfant, l'enfant s'est uni à la souffrance de sa

mère et l'adulte la porte encore et ne reconnaît pas la souffrance de son propre corps. Tout est déjà en place. Le masculin dans sa consécration à la source de l'amour extérieur ne reconnaît pas et blesse son propre féminin et la source de l'amour en lui.
Sa jambe se détend aussitôt. Bruno s'émerveille de la réponse rapide de son corps. Moi aussi de sa capacité à incarner et intégrer dans l'instant la compréhension.

Son choix de rencontrer la non-reconnaissance l'amène dans une très vieille forêt, d'une sagesse ancienne, avec des arbres majestueux.
"J'ai du mal à y pénétrer. Je suis coincé entre deux arbres qui m'empêchent de passer. Je suis comme une soucoupe volante aplatie. Le centre est là-bas, inaccessible."
Je pressens une clef dans ces arbres qui l'interpellent. L'effort qu'il fait pour forcer le passage lui fait perdre son enracinement car il vole comme une soucoupe, alors que les arbres par nature véhiculent l'enracinement.
"Comment font-ils pour t'empêcher de passer ?
— En fait, en regardant mieux, ils se tordent pour essayer de me laisser passer, mais ils me coincent quand même."
Il ressent les arbres comme ceux qui empêchent. Je les pressens méconnus.
"Comment sont ces deux arbres ?
— Ils ont vu beaucoup de choses. Majestueux, solides, sereins, immuables.
— Ressource-toi auprès de ces arbres, majestueux, solides, sereins, immuables.
— Ils sont comme des ancêtres et moi, de leur famille. C'est agréable ce contact, même affectueux.
— Ces ancêtres se tordent pour toi pour essayer de te laisser passer. Qu'est-ce que cela te fait vivre ?
— Oh, ça va, ils sont flexibles !
— Flexibles ? Sans doute… Tu les décris aussi comme immuables. J'imagine que cela doit leur demander des efforts pour se tordre… Peut-être même de la douleur ?
— Euh…Oui…
— De l'amour ?
— Oui…"
Il est envahi d'une émotion. Son visage rosit et tremble légèrement.
"Mais le centre est là-bas ! Ils me gênent. Bon, alors je vais rétrécir."
Je vois son énergie généreuse qui s'emballe à aller plus loin dans sa quête éperdue, dans sa consécration à l'amour là-bas, où il sort de son propre centre, où il s'excentre. Il ne reconnaît pas ce que son inconscient, je devrais dire la conscience des tréfonds, lui matérialise. Les deux arbres ancêtres, la lignée ancestrale essaye de l'arrêter dans sa quête automatique à chercher le

centre là-bas. Il se décentre soit par des efforts énormes (coincé, aplati) où il perd son enracinement, soit en se rétrécissant dans sa forêt majestueuse. J'imagine maintenant très bien toutes les activités auxquelles il se voue, ainsi que la frustration et la colère de sa femme, lucide sur son rétrécissement, grande et racée comme ces arbres.

"Cette forêt est très vieille, sacrée, m'as-tu dit ?

— Oh, oui !

— Dans un tel lieu, y a-t-il véritablement besoin de se rétrécir ou de faire tordre les ancêtres majestueux pour avoir accès au centre ?"

Je l'invite à reconnaître qu'inconsciemment il se rétrécit, se dévalorise, se minimise pour sa quête là-bas. Il ne répond pas, décontenancé.

"Permets-toi l'intimité avec la forêt, entre ces deux ancêtres, ces deux guides. Respire-les… Sens leur odeur… Touche leur écorce… Où ressens-tu ce contact agréable dans ton corps ?

— Dans ma poitrine, ça élargit mes côtes, oui mais…

— Oui, mais… Mais le centre est là-bas… Laisse-toi baigner par leur sagesse, leur force. Tu es de leur famille. Sens leur présence familière dans ton corps, ton dos, tes épaules…

— OK. Tu veux que je reconnaisse cette fascination pour le centre là-bas ? Oui, j'ai toujours des choses à faire. C'est pour ça que Nathalie râle après moi. Mais il faut bien les faire, ces choses. C'est important. Sinon qui va les faire ?"

Il est très malin, craquant, et il le sait. L'énergie est complice.

À travers toutes ces choses que lui seul peut faire, il se donne temporairement un sentiment de reconnaissance qu'il doit indéfiniment reproduire par de nouvelles tâches, sans pour autant rencontrer et soulager sa blessure.

"Sans doute est-ce important. Reconnais justement cette magnifique énergie que tu mets à faire toutes ces choses, reconnais ton investissement, ton engagement à faire de qui doit être fait. Reconnais cela.

"Reconnais cette même énergie quand tu es irrésistiblement attiré par le centre là-bas. Au prix de te rétrécir ou de forcer ton lieu sacré et de méconnaître la douleur de se tordre pour qui est majestueux. Au prix aussi de méconnaître ce que les deux arbres ont à te transmettre."

Silence… Long silence…

"Oh, c'est étrange, je suis plus rond, moins aplati, comme si j'avais des jambes."

L'énergie dans la pièce vient de se poser. Il accueille mes mots et commence à se reconnaître dans ses mouvements profonds.

"Gorge-toi, abreuve-toi à ces arbres, ces ancêtres. Ressens dans toute ta poitrine ce lien familial… Reconnais la majesté de ta lignée. Accueille-la dans ton axe, enracine-la en toi."

Je l'invite à approfondir le recentrage et l'enracinement de son axe qui est déjà en train de se produire. Étape incontournable pour un homme jeune et fougueux dans la quête extérieure.

"Ça descend dans le plexus… Chaud. Bon…

— Avec toute ta générosité écoute ces arbres. Rends-leur hommage en t'y abreuvant, en t'y ressourçant… Comme si tu n'étais plus qu'oreilles, narines, pores de la peau… Tous les sens en accueil… Ressource-toi…

— Ils se redressent, ils s'élargissent. Qu'est-ce qu'ils sont beaux !

— Vous êtes de la même famille, n'oublie pas… Ils sont tes ancêtres."

Silence. Une forte émotion le traverse. Il reconnaît la beauté de sa lignée. Il s'agit d'une lignée intérieure, spirituelle.

"Ils ont encore grandi…

— Plus tu te nourris, plus ils grandissent ?

— Oui… »

— Plus tu reçois, plus tu donnes…

— Oui, c'était juste une jolie théorie, mais je la comprends maintenant.

— Et ton cœur ?

— Il est plus large et en même temps plus léger. J'avais une plaque qui serrait. Elle n'est plus là. Oh ! Mais par contre ma cicatrice me fait mal. Je ne suis pas bien là."

À ce moment de l'exploration, Bruno reconnaît la beauté de sa lignée, sa propre consécration, il dispose de la ressource, le féminin blessé se présente à la rencontre.

"Quelle forme cela a-t-il ?

— Un petit dard, comme un bouchon de champagne. Il ne peut pas partir, il est tenu par un fil en métal. J'essaye de l'expulser, je n'y arrive pas."

Encore l'automatisme à pousser hors du centre, à excentrer l'intimité vulnérable du champ de la conscience. Nous retrouvons la non-reconnaissance du féminin blessé.

"Ce fil de métal est exactement là où j'ai été méché. J'ai eu un drain, il y a quelques années. Ça m'a fait très, très mal. 10 octobre de douleur. Tout l'intérieur était durci de douleur. C'est comme une carapace pour ne plus avoir de pénétration, là.

— Quel est le moment le plus insupportable ?

— Juste de retour de l'hôpital, chez mes parents. Il y a l'infirmière, Nathalie et mes parents. Et l'infirmière qui sort et ressort le drain, le sort et le ressort. Encore et encore. Et tout le monde sort… C'est cela qui fait mal. Même ma mère sort, pourtant elle en a vu de toutes les couleurs. Alors, c'est comme si je sors de moi, de mon corps.

— Qu'est-ce qui te fait sortir de ton corps ?

— Je ne sais pas. Leur réaction.

— Quelle réaction ?

— Ils sortent. L'effet que cela leur fait.
— Qu'est-ce qui les fait sortir ?
— Que j'ai un trou dans le ventre ! ! ! Je leur ai pourtant dit.
— Ils n'ont pas réalisé ?
— Non, vous ne m'avez pas écouté. J'ai un trou dans le ventre !"
Ils ont sans doute écouté mais sans réaliser, sans reconnaître la gravité de la blessure du corps (le féminin) de Bruno. Ils sortent (du centre), ils s'excentrent devant la reconnaissance de la blessure du féminin. Ce qui lui est insupportable est qu'ils lui matérialisent sa propre non-reconnaissance de la blessure. Se manifeste à l'extérieur ce que Bruno porte méconnu à l'intérieur.
"Et, maintenant ?
— Ils le reconnaissent enfin, parce qu'ils ont vu l'infirmière qui me soigne."
L'inconscient donne la solution sans que lui ne le réalise. L'infirmière est celle qui prend soin, soigne. La reconnaissance se produit quand on prend soin de la blessure.
"Mais ils ne le supportent pas, ils sortent pour ne pas voir... C'est bizarre. Cela me fait du bien. Je suis en colère ! Mais de quoi ?
— Ma chair transpercée est finalement reconnue... ?
— Oh, oui...
— Je suis très en colère qu'elle soit enfin reconnue, mais qu'elle soit insupportable à ceux que j'aime.
— C'est ça. C'est ça, oui ! C'est ça qui me met en colère !
— Et ton cœur ?
— Il y a de nouveau la plaque. Ça m'empêche de sentir, cela le comprime, cela l'anesthésie.
— Qu'est-ce qui a besoin d'être anesthésié dans ton cœur ?"
Long silence...
"J'anesthésie mon cœur car ma chair transpercée m'est insupportable... ?"
Le silence est palpable. Tout est comme immobile dans la pièce.
"Il m'est insupportable de reconnaître ma chair transpercée. La reconnaître transperce mon cœur. Alors j'anesthésie mon cœur."
Long silence. Je le laisse durer.
Reconnaître sa chair transpercée est pour Bruno la reconnaissance de la blessure du féminin par le masculin qui se sent impuissant.
"Mais comment faire ? C'est si profond, comme infini. C'est comme un abîme."
Chacun en ce lieu dit des mots semblables. C'est l'abîme en nous, le féminin abîmé. Bruno est prêt pour se présenter à la rencontre.
"Désires-tu que je t'accompagne afin de te libérer ?
— Oui.

— Pose-toi en toi-même dans ton Masculin chevalier, cet aspect qui sait être un chevalier pour les autres, toujours là pour protéger, généreux à offrir son action, son élan, sur qui l'on peut compter, consacré à la vie.
"Que ton Masculin s'agenouille devant ta chair transpercée. Transpercée encore et encore… Ton Masculin agenouillé devant ton féminin blessé, méconnu dans sa blessure. Invite ton Masculin chevalier à rester simplement dans son axe, en présence de la blessure. Véritablement, tel un chevalier un genou à terre. Laisse ton Masculin dire les mots dont son cœur est gros. Combien ton Masculin ne voulait pas la blessure du féminin, combien il aurait voulu que ce soit différent, combien il voudrait que cela ne soit pas… Combien il a essayé de servir les féminins à l'extérieur, même de prendre en lui la blessure de sa mère. Il a tellement essayé de faire des choses pour le féminin extérieur, mais en ignorant le sien, en ignorant la profondeur de sa chair transpercée. Le temps est venu de reconnaître la blessure si longtemps méconnue, enfouie, ignorée. Le Masculin pressent qu'il la fuit en faisant toutes ces choses tant il est insupportable de reconnaître la chair transpercée."
Mes mots lui parlent non seulement de la plaie réelle depuis longtemps cicatrisée mais dont la charge est restée vivante et plus largement de l'énergie de la blessure, "la chair transpercée encore et encore". Son inconscient le confie en présentant la scène du drain.
"J'ai le cœur gros. La plaie du ventre est apaisée, mais il y a quelque chose en superficie.
— Tu as le cœur gros, et la plaque ?
— Non, il n'y a plus de plaque. Elle est partie. C'est pour cela que je sens mon cœur gros. Et il est gros, gros, mon cœur.
— Veux-tu dire que la plaque partie, tu sens la peine dans ton cœur ? C'est cela ?
— Oui…"
La plaque est pour Bruno la carapace qui évite de sentir la blessure au prix de se couper de soi et de l'amour en soi. Sans la plaque, Bruno touche la blessure de son être, de son âme.
"Prends tout ton temps. Cette peine, ce cœur gros sont là depuis si longtemps… Si mes mots résonnent pour toi… Dis-lui :
" 'Pardonne-moi de ne pas t'avoir reconnu avant. C'était insupportable. Alors je me donne aux autres. Je fais tant de choses pour les autres qui me semblent indispensables. Je me rends compte que cela s'adresse à toi, mon féminin, mais tu ne peux en bénéficier. Au contraire, tu te sens d'autant plus méconnu, ignoré. Tu te sens non reconnu dans ta souffrance. Je prends même leur douleur dans ma chair comme avec ma mère. Cet élan dehors m'éloigne de toi, je le comprends maintenant. C'est ma façon d'essayer de faire quelque chose pour la souffrance, avant de pouvoir vraiment t'écouter, te reconnaître.' "

Dans cet état d'intime recueillement, Bruno s'agenouille devant son humanité blessée. En cet endroit il est Un, nous sommes Un, Bruno s'agenouille devant l'humanité blessée.

"Ça part et ça revient. Je n'arrive pas à l'évacuer !"

Il insiste à vouloir se séparer, à expulser son féminin blessé.

"Le sortir de toi, l'expulser ? Si tu le veux bien, je t'invite simplement à reconnaître la blessure, pour l'instant. Offre-lui ce que tu donnes naturellement à l'autre. Reste dans la présence, dans l'acceptation, plutôt que d'essayer de le changer.

— Mais comment l'accepter ? Ce n'est pas moi. Ce n'est pas mon Féminin. Mon Féminin ne peut être comme ça.

— Ton Féminin a bien des visages. Un de ses visages est celui-ci. Tu as choisi de rencontrer la non-reconnaissance, souviens-toi. Contemple comme il t'est difficile de le reconnaître comme ton féminin. La non-reconnaissance ne transperce-t-elle pas ton cœur dans maintes situations de ta vie, quand tu donnes le meilleur et que cela n'est pas reconnu ?... Et comment réagis-tu maintenant ? Que viens-tu précisément de me dire ? 'Ce n'est pas moi. Ce n'est pas mon Féminin. Mon Féminin ne peut être comme ça.' Comme un enfant non reconnu par le père qui juge qu'il ne peut pas être comme cela. Ton féminin est transpercé de ne pas être reconnu... Encore et encore... Tu ne reconnais pas ton féminin blessé. Est-ce surprenant que l'on ne te reconnaisse pas ?"

Je l'accule et lui donne l'impulsion s'il la choisit. Il a le choix par exemple de se mettre en colère et de tout rejeter car il peut avoir encore besoin d'être victime. Mais Bruno est prêt, l'énergie très douce de la pièce le confirme. Bruno prend conscience qu'il agit sur lui-même, ce qui lui fait si mal de l'extérieur. Cette prise de conscience est initiatique, elle éclate nos programmes habituels. Le mental duel est stupéfait, le cœur, lui, comprend en un éclair et unifie dedans/dehors comme une même chose.

Un long silence.

"Mais c'est comme un abîme. Cet endroit, je l'ai toujours évité. Je suis trop petit face à ça. C'est comme une plainte sans fond. J'ai envie de m'enfuir. Je ne peux rien faire pour cette blessure. Elle est trop terrible."

Ça y est ! C'est dit. La profondeur de la blessure est reconnue, regardée, nommée. Et le masculin face à elle se sent totalement impuissant. Tout est à sa place.

L'énergie change dans la pièce. Elle pulse, vibre. Je dois renforcer mon enracinement, la tête n'est pas loin de me tourner, j'ai chaud. Je m'élargis vibratoirement et je me redresse.

"Oui, c'est un abîme... Oui c'est terrible... Oui nous sommes petits... Nous ne sommes pas seulement petits... Ceux qui entendent l'appel et s'y présentent sont aussi infiniment courageux...

"Je salue en toi le Chevalier qui se présente à l'abîme du Féminin transpercé. Dis-lui ce que tu m'as dit.

— Je me sens petit devant l'abîme. J'ai envie de m'enfuir devant l'abîme comme les miens devant ma blessure physique. Je comprends ma colère quand ils sont sortis qui camoufle cette plainte sans fond que j'ai toujours évitée... Cette plainte, c'est toi mon féminin qui me dis :

" 'Tu sens ce que cela me fait quand tu te détournes de moi, la colère que la personne censée t'aimer ne puisse supporter ta blessure ? C'est la même chose pour moi. Je suis ton féminin blessé et tu te détournes encore et encore de ma blessure. Derrière ma colère, je pleure d'une plainte sans fond, tu me refuses l'élan que tu offres à l'autre. Cela me transperce encore et encore quand tu te détournes de moi. Ma souffrance est comme l'abîme entrevu.'

— Toi, Bruno, dans ton chevalier, un genou à terre, ne cherche rien à faire, ne te détourne pas, sois dans cette vérité, là il n'y a plus de secret, tu es au rendez-vous. Reste là auprès d'elle, agenouillé en toi-même dans cette intimité sacrée. Accepte d'y être totalement impuissant... Totalement impuissant... Dans la présence... Respire."

Des larmes coulent simplement sur son visage. Son visage rayonne.

"C'est... ! C'est... Elle me sourit. Elle avait tellement besoin juste de ça, que je sois là. Mon dieu, elle me pardonne...

"Mon cœur est immense. Mon Dieu, c'est sacré, j'ai l'impression de tout comprendre ! C'est... Comment dire, quelque chose s'est ouvert... J'ai chaud. C'est beau... C'est tellement beau son sourire. C'est comme celui d'un ange..."

J'accompagne ce qui se passe en approfondissant encore l'enracinement car l'énergie vibre.

"Accueille profondément cette ré-union, aide-toi de la respiration. Célèbre les Retrouvailles du Masculin et du Féminin, conséquence du pardon... Reconnais à travers son sourire la beauté sacrée de ton Féminin qui retrouve son potentiel d'origine.

"Et le petit dard ?

— Oh ! Il est parti depuis longtemps. Le fil est parti, le bouchon aussi. C'est la paix. C'est doux.

— Reconnais la puissance de l'amour de ton Féminin. Son amour restaure, régénère quand tu lui offres ta présence de Chevalier, dans ton alignement.

"Ton Féminin a gardé intacte sa capacité de renaître à sa divinité tel un ange, grâce à ta présence aimante.

— Oh oui... Oh oui. Et moi qui me croyais impuissant. Je n'aurais pas cru cela possible."

Bruno expérimente la puissance magique de régénération du Féminin quand nous lui offrons notre alignement et notre cœur, notre présence.

Il expérimente la Fusion au Cœur de la Séparation où quelque chose de radical change en l'être. Un passage est fait.
"Viens déposer la paix et le pardon sur cette scène où les tiens sortent devant ta blessure.
— Oh, je leur ai pardonné au moment même où j'ai compris qu'ils me montraient ce que je me faisais...
— Rends-leur grâce d'avoir contribué à leur façon à te rendre complet.
— Mon cœur est immense. Je me sens large. Mon ventre est fort et doux. Tu sais quoi ? Je sens à l'intérieur de moi. Je sens tout mon intérieur. Je me sens de l'intérieur et à l'intérieur, c'est incroyable comme sensation. C'est comme si j'étais chez moi chez moi, pour la première fois.
— Et la forêt ?
— La forêt, c'est drôle, tout à l'heure je voulais aller au centre. Maintenant j'y suis. C'est naturel d'y être. Le centre et moi, ça fait Un. C'est normal d'être à l'intérieur. Je me sens entouré. Je n'ai plus besoin de me prouver. Je n'ai plus rien à prouver.
— Le centre et toi, ça fait Un. Veux-tu dire que le centre, c'est toi ?
— Oui Diane, je te dis, le centre, c'est moi ! Et mon cœur est immense."
Il rit et me taquine.
"Veux-tu dire que ton centre et ton cœur font Un ?
— Oui, c'est cela, c'est cela. Mon cœur est mon centre et mon centre est mon cœur."
Des êtres comme Bruno sont merveilleux à accompagner. Il suffit de soulever le voile et la révélation se fait vaste et profonde.
"Et les deux arbres ?
— Je ne sais plus lesquels ce sont. Il y en a tout autour. C'est complet. Il n'y a rien qui manque, nulle part où aller. Je me sens relié à chacun. En fait, je me sens Un. C'est extraordinaire. Pourtant, j'ai l'impression d'être passif là posé au centre.
— Et comment est ton corps dans la forêt ?
— Oh ! Je suis debout dans la forêt, déployé, assuré, les jambes bien au sol et mes bras détendus. Non, je ne suis pas passif. Je suis complet. Je ne peux pas mieux dire, sans avoir à prouver... Je suis moi, rien que moi et pourtant je suis immense et pourtant je ne fais rien."
Bruno vit dans son corps un moment d'éveil. Il est Un. L'énergie dans la pièce est fort, fort élevée.

Nous complétons par un temps de gratitude, de méditation, de présence.

Merci Bruno de nous donner à vivre l'expérience du **M**asculin, dans toute sa générosité qui se présente à la rencontre de son féminin blessé.

Depuis cette expérience, Bruno a le goût d'être en contact avec lui-même, même s'il a encore besoin de beaucoup d'activités. Son couple trouve des moments d'une véritable qualité de présence et s'installe dans une profondeur d'amour. Ils apprennent à se reconnaître. Une petite fille est venue depuis en bénéficier.

La rencontre du Masculin de Bruno donne chair à :

- Pour le masculin, le centre est là-bas et non dans son cœur. Il s'excentre par l'automatisme illusoire de la quête extérieure. C'est l'aspect distordu de la générosité de son action.
- Le centre est le cœur et le cœur est le centre.
- Le masculin dans l'illusion de sa consécration au féminin extérieur s'épuise en s'éloignant toujours plus de son propre féminin et de la régénération disponible dans son amour.
- Le monde extérieur reflète au masculin la blessure du féminin qu'il refoule à l'intérieur.
- Le féminin blessé est un abîme insupportable pour le masculin impuissant à faire quelque chose et d'où monte une plainte sans fond.
- Pour le masculin mobilisé par l'action et le faire, rester en présence du féminin blessé alors qu'il se sent impuissant est héroïque.
- Le Masculin Chevalier aligné un genou à terre devant la blessure du féminin.
- Le masculin retrouve sa dimension sacrée d'origine, le Masculin, par la qualité de présence du chevalier.
- Le féminin retrouve sa dimension sacrée d'origine, le Féminin, par le pardon.
- Un moment de Fusion au Cœur de la Séparation, de passage, de changement de conscience.

PREMIÈRE PARTIE

METTRE EN LUMIÈRE LA SÉPARATION

*"Lorsque vous ferez les deux en un et que vous ferez le dedans
comme le dehors et le dehors comme le dedans et le haut comme le bas !
Et si vous faites le mâle et la femelle en un seul
afin que le mâle ne soit plus mâle et que la femelle ne soit plus femelle,
alors vous entrerez dans le royaume."*

ÉVANGILE SELON THOMAS

À propos de la visualisation et des cas vécus

La visualisation est proposée dans l'ouvrage afin d'explorer intérieurement. Elle s'adresse à tous, et il n'y a pas besoin d'un talent spécial pour y avoir accès.

La visualisation sans accompagnement individuel peut être puissante. Elle bénéficie de la synergie des autres pratiques proposées dans le livre. Ceux qui n'ont pas un accès aisé aux images doivent garder vivant en leur cœur qu'ils ont les informations nécessaires en eux et n'ont simplement pas appris à les reconnaître. Ces informations ne sont pas nécessairement en images. Je n'ai pas choisi dans les cas vécus de rendre compte de rencontres où les images sont difficilement accessibles, cela aurait alourdi. Ces séances donnent accès tout autant à l'alchimie quand l'accompagnant reconnaît et entend le langage de l'inconscient. Personnellement, je n'ai pas accès pour l'instant au monde des images, mes informations viennent par des émotions, des perceptions, des impressions. Je vous propose d'accueillir tout ce qui vous traverse, sensations, impressions, émotions, images, perceptions, analogies, idées éveillées par les questions posées. Nul besoin de répondre à toutes les questions, elles sont là pour stimuler, éveiller. Il est judicieux de remplir un cahier réservé à ce cheminement afin de vous rendre compte des multiples informations que vous recevez et du chemin parcouru.

Dans les histoires des cas vécus, j'accompagne la rencontre individuellement. Je n'ai pas d'enregistreur, je prends beaucoup de notes afin de pouvoir répéter exactement les mots de la personne. Quand l'appel du livre s'est fait entendre, j'ai approfondi les notes afin de respecter les émotions et la précision des étapes.

Être accompagné individuellement est parfois plus aisé, c'est aussi plus initiatique car on peut moins aisément s'évader... L'accompagnant peut reconnaître et témoigner de ce qui se joue. Comme dans les cas vécus, il peut contribuer au déclic par sa résonance avec le sens alchimique qu'offre l'inconscient et qui attend d'être entendu. Ces accompagnements reposent pour moi sur le respect et une forme d'intimité et d'amitié spirituelle où l'essentiel qui nous est commun est apprivoisé, touché dans le cas d'un déclic. Cette amitié spirituelle ne s'inscrit pas dans le temps humain, elle se partage dans un temps sacré où deux êtres se présentent à l'essentiel, l'un accompagnant, l'autre accompagné.

Avant les méditations et visualisations

Afin de se détendre dans un état modifié de vigilance, il est nécessaire d'être dans un endroit calme, tranquille et sécurisant, sans téléphone, ni autre source de dérangement. Pour cette même raison, ne pas utiliser le CD en conduisant ou dans un contexte qui demande un état de vigilance attentive.

Certaines sont uniquement sur le CD audio, d'autres sont écrites : il suffit de lire quelques phrases pour s'imprégner de la proposition, puis d'écouter intérieurement, d'accueillir tout ce qui se présente ; il est judicieux d'avoir un papier et un crayon afin de noter l'essentiel.

Ces visualisations sont des invitations. Vous êtes libre.

Je m'autorise à passer au tutoiement qui me permet l'intimité et la profondeur car à cet endroit pour moi il n'y plus de séparation. Si cela est gênant en quelque façon, revenez simplement à ce qui est approprié à votre intériorisation et entendez vous à la place du tu.

Dans le CD audio, la voix canalise la fréquence vibratoire proposée. Il suffit de s'y ressourcer, de s'y baigner. La fréquence donne accès en elle-même au sujet de la méditation.

Ne pas avoir d'images n'empêche en rien d'avoir accès à la vibration.

Chapitre 1

Notre double polarité mise en lumière

Le premier chapitre installe le contexte de l'Initiation. Nous y repérons masculin et féminin dans le monde et notre vie quotidienne, à travers une dimension universelle et individuelle.

1 • De Masculin et Féminin à masculin ou féminin : de la réalité double à la réalité duelle

Intellectuellement, nous reconnaissons cette double polarisation, **M**asculin et **F**éminin. Nous ne pouvons pas inspirer sans expirer. Chaque homme, chaque femme possède des hormones masculines et féminines.

Le principe de notre univers est double, inspir et expir, électrique et magnétique, actif et réceptif, onde et particule, ombre et lumière, universel et individuel, subtil et tangible, Yin et Yang, Féminin et Masculin…

La physique quantique y apporte une contribution cruciale en dévoilant au niveau subatomique la nature double de la matière, onde et particule. Cette révélation fait vaciller les fondements de ce que les scientifiques appellent la réalité objective et étaye la vision de la réalité traditionnelle portée par le tantra et le tao. (chamanisme)

Le tantra comme le tao reposent sur le concept de la nature double de la réalité, du Yin et du Yang, du **F**éminin et du **M**asculin. Au cœur du Yin réside le Yang, au cœur du Yang réside le Yin. Au cœur de l'une des polarités réside l'autre. Le tantra, auquel l'auteure se ressource, est la voie initiatique orientale dont le dessein est la réalisation corporelle de notre nature absolue, et dont l'essence est l'union du **M**asculin et du **F**éminin, de Shiva, la conscience, et de Shakti, l'énergie. Le tao privilégiant l'aspect technique de l'énergie est une approche plus masculine et le tantra privilégiant l'aspect global de la réalité est une approche plus féminine, d'une représentation similaire du monde et de la Réalité.

La nature de la réalité est double, à la fois Masculin et Féminin.

Chaque aspect de la vie, chaque chose et chaque être porte cette double polarisation. **M**asculin et **F**éminin eux-mêmes portent la double polarité, par nature, par essence.

Le **M**asculin comme le **F**éminin portent un aspect **M**asculin et un aspect **F**éminin. Associons, comme il est d'usage, l'aspect actif au **M**asculin et l'aspect réceptif au **F**éminin.

- **Le Masculin est actif dans son aspect extérieur et réceptif dans son aspect intérieur.**
- **Le Féminin est réceptif dans son aspect extérieur et actif dans son aspect intérieur.**

Masculin - Féminin avec une majuscule et masculin - féminin avec une minuscule

Utilisons dorénavant comme référentiel :

- **Le Masculin et le Féminin avec une majuscule :** les aspects d'origine qui portent consciemment la double polarité. Nous ne les déclinons pas en adjectif afin de ne pas les confondre avec la vision habituelle de ce qui est appelé masculin et féminin.
- **Le masculin et le féminin avec une minuscule :** les aspects limités à leur seul aspect extérieur. Ce sont les aspects terrestres contractés, dénaturés des aspects universels, ceux que nous expérimentons dans la vie. Masculinité, virilité, féminité, féminitude, nature féminine sont considérés ici différents de masculin et féminin, plus encore de Masculin et Féminin.

• Nous acceptons intellectuellement la double polarité de toute chose, mais dans notre réalité habituelle nous opposons et séparons le Yin et le Yang, le ciel et la terre, l'universel et l'individuel, le tangible et le subtil, l'être et le faire, le rationnel et l'intuitif... Nous séparons aussi nous et les autres, le dedans et le dehors, le bien et le mal, l'ombre et la lumière, le corps et l'esprit, la spiritualité et la sexualité, le pur et l'impur, les sensations et les perceptions, le rationnel et l'intuitif, les hommes et les femmes...

Nous opposons et séparons le Masculin et le Féminin. L'auteure utilise le "nous" dans un choix de non-séparation (voir lexique p. 414).

L'opposition masculin / féminin s'infiltre dans chaque aspect de la vie. Nous n'avons pas conscience de la profondeur et des conséquences de cette opposition. Ce n'est pas un simple fait de société, même s'il influe sur la société. C'est notre représentation du monde. Notre accès au monde. Notre monde. L'histoire humaine collective, culturelle, religieuse, familiale, personnelle sépare et oppose. Notre expérience du monde se fait à travers le filtre de la dualité qui oppose. Celle-ci crée nos systèmes de croyances sur lesquels nous basons nos vies, nous faisons nos choix et donc nous créons notre réalité. Nous créons le monde depuis cette opposition. **L'opposition masculin / féminin filtre et crée notre expérience de la réalité.**

Cela nous fait croire et adhérer à "c'est ou bien ceci ou bien cela", "c'est ou bien ou mal". La notion du bien et du mal fluctue dans le temps, l'espace et les intérêts en jeu… **L'opposition "ou / ou" est notre système de référence, de croyance, d'expérience.** C'est l'état de conscience dans lequel nous vivons en tant qu'humanité. Une situation est gagnante ou perdante. C'est la pensée duelle ou dualiste.

En changeant notre relation Masculin - Féminin, nous changeons notre réalité. Nous créons une nouvelle réalité.

La dualité masculin / féminin définit et crée notre réalité. Nous croyons et expérimentons une réalité dans laquelle on inspire ou on expire, mais pas les deux… **En changeant notre relation Masculin - Féminin, nous changeons notre réalité. Nous créons une nouvelle réalité.**

• Chaque homme, chaque femme porte la double polarité. **Chaque homme est Masculin et Féminin. Chaque femme est Féminin et Masculin. La réalité duelle identifie l'être à sa seule polarité physique.** Nous sommes identifiés à être homme ou femme, masculin ou féminin. Historiquement, culturellement, les hommes sont dans l'ignorance et l'interdit de leur féminin et ils s'en sont coupés ; les femmes, dans l'ignorance et l'interdit de leur masculin et s'en sont coupées. La séparation masculin / féminin se vit en nous, au cœur de nous-mêmes. Dans la culture occidentale, les femmes commencent à affirmer une forme extérieure de masculin, qui est superficielle et privée de l'essentiel, nous le voyons plus loin ("Pote Féma" et "Pote Mafé"). Les hommes commencent à percevoir des aspects de leur féminin mais vivent de ce fait une crise dans leur identité d'homme. Pour faire image, souvent dans la société occidentale l'homme est une femme qui s'ignore et la femme, un homme qui se proclame !

1 / La séparation masculin/féminin est une illusion

Intellectuellement nous sommes en accord, néanmoins nous vivons à travers l'illusion de la séparation. **Nous pouvons la conceptualiser, alors même**

que nous vivons à travers elle, parce qu'une partie de nous-mêmes vit au-delà de l'illusion. Quelque chose en nous garde le pressentiment et la nostalgie de l'union et s'en souvient.

Changer notre monde implique de transformer notre réalité intérieure en guérissant notre relation masculin / féminin.

L'Âge d'Or dont parlent les Traditions et notre pressentiment demande de réconcilier et d'unir Masculin et Féminin.

2 / Différencier pour reconnaître

Afin de saisir la tonalité de chaque polarité, nous les différencions. Cette différenciation s'opacifie dans la 3ᵉ dimension jusqu'à apparaître telle une séparation dans l'apparence de leurs ombres respectives, un abîme comme celui entre la victime et le persécuteur. La gageure de l'odyssée est de différencier sans séparer. Trouver un exemple du féminin d'une personne est une illusion puisqu'il est intimement imprégné de son masculin et réciproquement. Et au cœur de l'un, nous allons découvrir et révéler l'autre. D'où le choix de présenter les deux en regard l'un de l'autre, l'un sur une page l'autre en face, de façon que la structure de l'ouvrage porte le dialogue entre les deux.

Résumé de "De la réalité double à la réalité duelle"

*Notre univers est doublement polarisé, Yang et Yin, **M**asculin et **F**éminin,*
comme chaque être, chaque chose, chacun de nous.
*Le **M**asculin d'origine (avec une majuscule) est actif*
dans son aspect extérieur et réceptif dans son aspect intérieur.
Le masculin dénaturé (avec une minuscule) est identifié
au seul masculin et dans l'ignorance de son aspect réceptif.
*Le **F**éminin d'origine (avec une majuscule) est réceptif*
dans son aspect extérieur et actif dans son aspect intérieur.
Le féminin dénaturé (avec une minuscule) est identifié au seul féminin
et dans l'ignorance de son aspect actif.
La séparation masculin / féminin définit
et crée notre monde et notre réalité.
Nous y participons à chaque instant car nous vivons l'illusion
de la séparation au cœur de nous-mêmes.
En guérissant notre relation masculin / féminin, nous changeons la réalité.
*L'Âge d'Or est l'union du **M**asculin et du **F**éminin.*

2 • Initiation individuelle et planétaire : la fin d'un monde, la naissance d'un autre

Nous le percevons, notre cœur et notre corps le sentent, notre âme le sait, notre monde s'effrite et arrive à une fin de cycle. **C'est la fin d'un monde. Ce n'est pas la fin du monde.** Le monde tel que nous le connaissons est appelé à une transformation radicale. Planétairement. Nos sociétés tremblent. La jeune génération ne trouve pas dans la société de quoi mobiliser son rêve et son élan. Les réserves de la Terre s'épuisent. Les bouleversements climatiques sonnent l'alarme. Le terrorisme se répand. Le mensonge et la manipulation sont des manières assumées de gouverner…

Il est utopique de trouver des solutions globales, inclusives, depuis un état de séparation.

Nous sommes planétairement en quête de la clef du Passage. Nous pressentons ne pas avoir les véritables solutions, tant les interconnexions des problèmes sont infinies et à de multiples niveaux. Et pour cause. **Nous ne reconnaissons ni n'intégrons que chaque être et chaque chose est interreliée et interconnectée. Il est utopique de trouver des solutions globales, inclusives, depuis un état de séparation.** Comment installer la paix durable quand des aspects se battent en nous ? Nous regardons dans le monde le reflet de notre propre monde intérieur. Nous matérialisons dehors ce que nous portons dedans. Nous vivons l'impuissance face à la tragédie du monde, alors qu'elle est enfouie en nous, là où réside la puissance alchimique de la réconciliation. Réconcilier masculin / féminin en nous et autour de nous est une mesure de salubrité publique ! Unifier **M**asculin et **F**éminin est le Passage planétaire et individuel auquel nous sommes destinés. C'est maintenant !

Ce passage individuel et planétaire est une initiation, comme au moment de notre naissance lorsque nous laissons derrière nous le monde intérieur matriciel, aquatique sans présumer du monde à venir, extérieur, aérien.

La synergie des initiations individuelles produit l'initiation planétaire. Grâce au concept du 100e singe issu du travail de Ken Keyes, il est admis qu'**une nouvelle conscience se communique psychiquement**, hors de la perception habituelle des sens et par-delà l'espace, **à la collectivité dès qu'une masse critique d'individus y adhère.** Lorsqu'un certain nombre d'individus admet que la Terre est ronde, cela devient une réalité pour tous. Lorsqu'une masse critique d'individus pense, adhère ou fait une même chose, cette pensée, adhésion ou action devient une réalité pour le groupe entier. La masse critique s'accroît de façon exponentielle. **Quand la masse critique approche du point d'intégration où la nouvelle réalité va se transmettre à la totalité du groupe, il suffit d'un individu de plus pour faire la différence !** À chaque instant, nous choisissons à quelle conscience nous donnons notre énergie, ainsi nous la créons, consciemment ou non. Chacun anonymement fait une différence.

1 / Le monde de la dualité correspond à notre conscience collective

C'est-à-dire le système de références, de croyances et d'expériences qui définit et crée notre réalité. C'est une des dimensions de la conscience. De nombreuses dimensions coexistent dans notre univers multidimensionnel, telles les différentes fréquences d'une radio auxquelles nous nous syntonisons selon notre état de conscience. Chacun connaît la sensation de percevoir un lieu comme lourd, plombé, comme celle d'être émerveillé par une certaine qualité de lumière qui vibre d'une énergie plus fine, plus élevée.

Passer de la dualité à l'union correspond au passage de la 3e à la 5e dimension. Certains l'appellent l'Ascension ou l'Éveil. Nous l'appelons l'état d'unité, la fusion intérieure.

Chaque dimension vibre à une fréquence vibratoire. Plus nous approchons du point d'intégration de la fusion **M**asculin – **F**éminin, plus la fréquence vibratoire est rapide et élevée. En élevant suffisamment notre fréquence vibratoire, nous changeons de dimension. **Pour créer le monde nouveau et guérir l'ancien, il est nécessaire d'élever sa vibration, de changer de fréquence, de dimension.**

2 / La dimension habituelle de notre humanité est la 3e dimension

Quand nous nous élevons au-dessus de la dualité par une compréhension plus vaste de la vie, de notre place et de notre histoire sur terre, alors que le jugement, la peur, l'automatisme sont encore là, nous expérimentons la 4e dimension. Quand nous sommes amoureux de la vie sous toutes ses tonalités, quand tout nous semble possible, nous expérimentons de façon temporaire la 5e dimension. De plus en plus d'êtres expérimentent régulièrement la 4e et la 5e dimension.

Passer de la dualité à l'union correspond au passage de la 3e à la 5e dimension. Certains l'appellent l'Ascension ou l'Éveil. Nous l'appelons l'état d'unité, la fusion intérieure.

Résumé de "L'Initiation individuelle et planétaire"

Notre monde défini et généré par la réalité duelle, qui sépare et oppose masculin / féminin, arrive au bout de lui-même et demande un changement radical. L'initiation individuelle et planétaire requiert la réconciliation et la ré-union masculin / féminin. Les solutions qui résolvent la séparation ne peuvent venir d'un état de séparation. Chacun anonymement crée une différence. La masse critique approche du point d'intégration d'une nouvelle conscience collective d'unité. Celle-ci est la matrice qui génère les solutions globales à notre monde. La synergie des initiations individuelles produit l'initiation planétaire. Passer de la 3e à la 5e dimension demande de transformer la dualité en l'union.

3 • Monde patriarcal, monde bancal...

Nous méconnaissons la distorsion de la séparation masculin/féminin de notre monde patriarcal.

Au long de l'histoire patriarcale, les valeurs du féminin sont dévalorisées, ignorées, refoulées, jusqu'à être démonisées. Homme ou femme, la moitié de nous-mêmes est dévalorisée, ignorée, refoulée. Sur cet abîme, chacun s'est construit. Le monde patriarcal contraint et réduit la vie aux valeurs masculines au prix des valeurs féminines.

La domination du masculin sur le féminin qui se concrétise et se cristallise entre les hommes et les femmes n'est que la manifestation extérieure de la domination du masculin sur le féminin à l'intérieur de nous.

• Chaque cas vécu montre comment ce que nous voyons à l'extérieur est le reflet de ce qui se joue en nous. **Ce qui paraît objectivement être la réalité extérieure est le reflet de notre monde intérieur qui se définit à travers la relation spécifique entre notre féminin et notre masculin.**

S'il y a violence dans notre relation masculin / féminin, nous décodons le monde comme violent. S'il y a humiliation, nous le décodons comme humiliant. Ainsi pour la trahison, l'isolement, l'abandon, la non-reconnaissance, la maltraitance... Tant que notre monde intérieur est un monde de séparation, le monde extérieur l'est aussi. Le comprendre et surtout l'intégrer demande l'humilité et la maturité.

La loi universelle de réflexion nous permet de nous re-connaître à travers le miroir de notre vie. Ainsi le regard posé sur le nouveau-né lui donne une représentation réflexive de lui-même ; l'être ouvert et libre accède à un moment à une compréhension réflexive qui interconnecte tout l'univers.

"Ce qui est en haut est comme ce qui est en bas, ce qui est dedans est comme ce qui est dehors", dit Hermès Trismégiste.

Résumé de "Monde patriarcal, monde bancal..."

La domination du monde patriarcal du masculin sur le féminin, des hommes sur les femmes, de l'extériorité sur l'intériorité est la manifestation extérieure d'une réalité intérieure.

4 • Introduction du "Pote Mafé" et du "Pote Féma"

Nous méconnaissons le potentiel caché de notre polarité intérieure.

Dans notre univers bipolarisé, l'homme extériorise par son corps physique la polarité masculine et intériorise la polarité féminine. La femme extériorise par son corps physique la polarité féminine et intériorise la polarité masculine. Or le monde patriarcal demande à l'homme de s'identifier au seul masculin et à la femme, au seul féminin.

Attention, et ceci vaut pour toute l'odyssée : nous ne jugeons pas le monde patriarcal, ni plus loin les hommes ou la fin du monde de la Déesse, **nous contemplons les conséquences d'une polarité qui domine l'autre**, pour un être comme pour un monde.

L'homme et la femme identifiés et réduits à leur seule polarité physique sont coupés, lui de son féminin et elle de son masculin. Jusque-là, la formulation est aisée. Reprenons le dessin du Tao (voir ci-après) : au cœur du **M**asculin réside le **F**éminin et réciproquement.

L'homme, réduit et identifié au seul masculin, est coupé non seulement de son féminin, mais aussi du féminin intérieur à son masculin. La femme est coupée non seulement de son masculin, mais aussi du masculin intérieur à son féminin. Cela est loin d'être insignifiant.

Pour l'homme, non seulement le féminin est dénié, mais le potentiel féminin du masculin est ignoré !

Pour la femme, non seulement le masculin est dénié, mais le potentiel masculin du féminin est ignoré !

La formulation devient complexe afin de différencier le féminin du féminin intérieur au masculin, le masculin du masculin intérieur au féminin…

Choisissons dorénavant :

Le **Pote**ntiel **Fé**minin du **ma**sculin = **"Pote Féma"**
Le **Pote**ntiel **Ma**sculin du **fé**minin = **"Pote Mafé"**

L'homme, réduit au seul masculin, ignore non seulement son féminin, mais aussi le potentiel féminin de son masculin, le "Pote Féma". **L'homme ignore son féminin et son "Pote Féma".**

La femme, réduite au seul féminin, ignore non seulement son masculin, mais aussi le potentiel masculin de son féminin, le "Pote Mafé". **La femme ignore son masculin et son "Pote Mafé".**

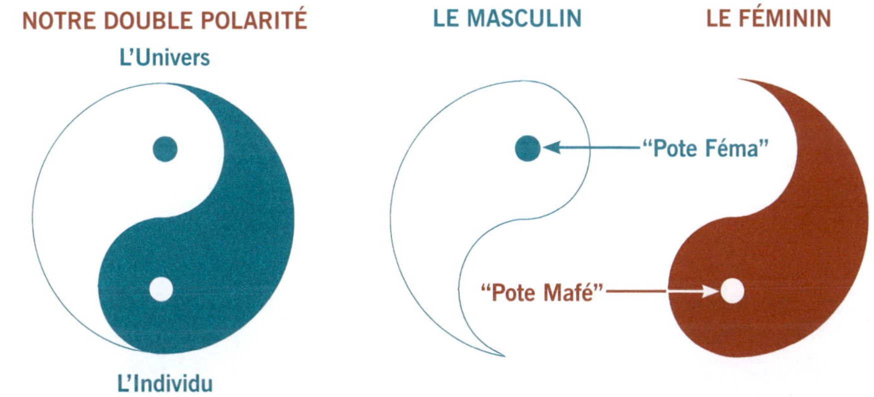

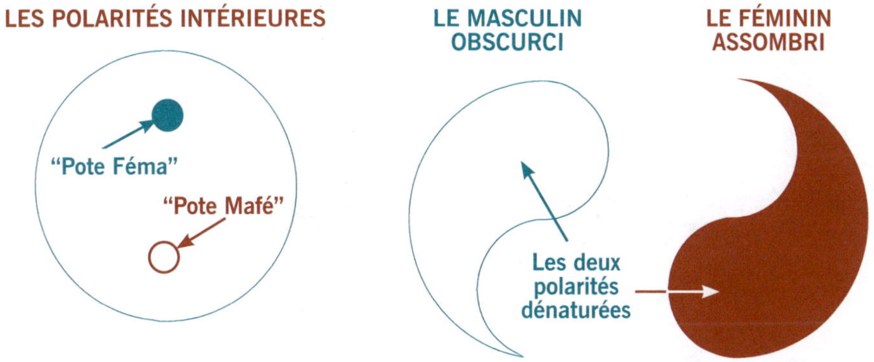

Afin de prendre conscience de l'ampleur de l'amputation, de la dénaturation de l'homme et de la femme, prenons le symbole du Tao (voir figures, p. 35). Chacune des deux polarités contient le potentiel de la polarité complémentaire.

Dans la vision commune de l'homme et de la femme et en correspondance avec le symbole du Tao, chacun n'a plus qu'un côté du dessin et dans ce seul côté restant, le petit cercle intérieur, le potentiel complémentaire, est occulté. Par rapport au grand cercle, le petit cercle semble minime.

Imaginons-le dans l'espace à trois dimensions de profil. Le grand cercle s'inscrit dans le plan horizontal et le petit cercle, dans le plan vertical. Le petit cercle se révèle un cylindre illimité qui connecte l'être au ciel comme à la terre.

La représentation dans l'espace de profil donne la véritable dimension du petit cercle, le "Pote Mafé" et le "Pote Féma". Ceux-ci réhabilitent la dimension universelle et subtile du **M**asculin et du **F**éminin dans leur vérité. Nous l'approfondissons plus loin.

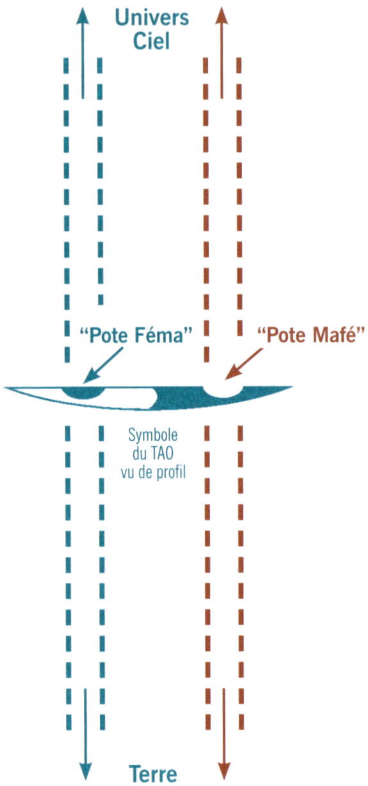

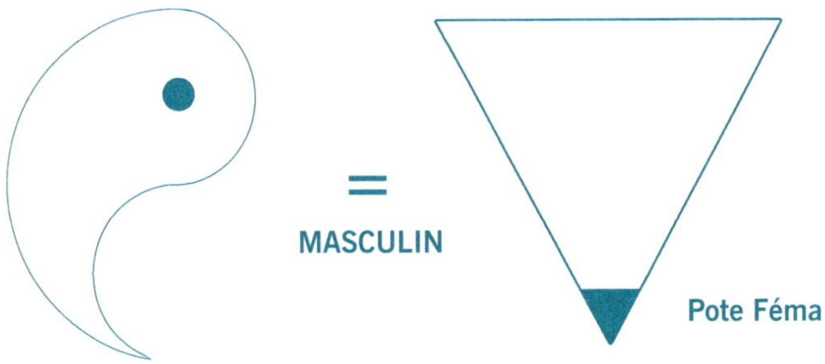

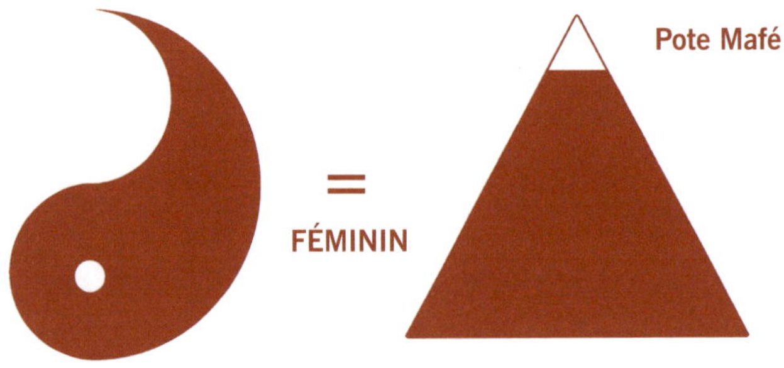

Donnons une valeur équivalente à chaque aspect de l'être représenté dans le symbole du Tao : 1 pour le **M**asculin, 1 pour le "Pote Féma", 1 pour le **F**éminin, 1 pour le "Pote Mafé". La femme identifiée au seul féminin et l'homme identifié au seul masculin sont réduits à 1/4 de leur être, ignorent et refoulent les 3/4. La femme et l'homme identifiés à leur seule polarité physique ne sont que l'ombre d'eux-mêmes, dans tous les sens du terme.

Résumé du "Pote Mafé" et du "Pote Féma"

La femme et l'homme identifiés à leur seule polarité physique sont réduits à 1/4 de leur être, ignorent et refoulent les 3/4. Ils sont l'ombre d'eux-mêmes, amputés non seulement de leur polarité intérieure, mais aussi du potentiel caché de leur polarité physique, "Pote Mafé", potentiel masculin du féminin, et "Pote Féma", potentiel féminin du masculin.

5 • Rencontrer la séparation est héroïque

Notre blessure d'amour la plus intime se reflète et se matérialise dans ce que nous décodons du monde.

Certaines situations ou relations nous font toucher l'humiliation, la trahison, l'isolement, l'abandon, la non-reconnaissance, la maltraitance… Blessures fondamentales de l'humanité, activées souvent lors de l'enfance. Chacun de nous est plus particulièrement en résonance avec une ou deux. Ce que nous jugeons insupportable du monde en est son reflet. Plus cette blessure est refoulée ou ignorée, plus elle est insupportable, plus elle nous manipule, plus nous agissons inconsciemment en fonction d'elle afin de vainement essayer de nous en séparer. En essayant de nous en séparer, nous la faisons agir sur nous-mêmes. Ainsi celui qui a la blessure d'abandon a tendance à s'abandonner ou à abandonner. Celui qui a la blessure de non-reconnaissance a du mal à se reconnaître et va se comparer… Cela se joue intimement entre notre masculin et notre féminin. L'un fait agir la blessure sur l'autre, comme chaque cas vécu le raconte. Nous reproduisons ainsi ce que nous jugeons et ce dont nous souffrons, jusqu'à ce que le chemin de conscience et d'amour envers nous-mêmes se libère et se déploie.

Rencontrer la séparation est ce qui nous fait le plus peur. La rencontrer est héroïque. Chacun dépense des trésors d'énergie afin de l'éviter. Aider ceux qui l'ont, oui. Se défendre de ceux qui nous la font toucher, oui. La dramatiser, oui. La conceptualiser, oui. La mépriser, oui. Appeler le ciel à l'aide, oui. La rencontrer intimement, non. Nous préférons mourir que rencontrer cette blessure car nous croyons en être victimes, impuissants à la soulager, coupables de l'avoir créée, indignes qu'il en soit autrement…

Dans les cas vécus, ceux qui l'approchent partagent : *"Je me sens trop petit. C'est un abîme. J'ai peur. C'est trop profond, trop lourd. J'ai toujours évité cet endroit-là."* Pourtant après avoir ouvert leur cœur à l'amour pour eux-mêmes, à plus vaste que la blessure, ils ressentent l'amour circuler et la grâce les toucher. Ils ressentent la vie s'ouvrir et la puissance les habiter. Ils touchent l'espace. **C'est au cœur de la blessure que se cache la puissance d'amour la plus incroyable.**

La Terre et notre monde ont soif de ceux dont les actions propagent ce qu'ils ont accueilli et transformé en eux-mêmes. Le temps est venu de la cohérence. "Marcher sa parole", dit l'Amérindien. **Regarder en nous-mêmes et y offrir la lumière et l'amour.** Cela s'apprend. La merveille est que nous y découvrons la beauté, la puissance créatrice, la lumière qui résident en nous. Incarner cette cohérence engendre un monde d'unité. C'est le projet de l'odyssée.

Résumé de "Rencontrer la séparation est héroïque"

La relation masculin / féminin en nous porte en son cœur la blessure intime qui s'est activée enfant. Elle se reflète et se matérialise à travers le monde extérieur. La rencontrer est notre plus grande peur et fait de nous un héros d'aujourd'hui. Nous y retrouvons l'amour, la lumière, la puissance créatrice qui engendre un monde d'unité.

6 • Féminin victime et masculin dominateur : conséquences inévitables de l'incomplétude

Contemplons à travers les hommes et les femmes des aspects du féminin et du masculin amputés de sa dimension intérieure.

Rendons hommage à Sohane Benziane à qui nous dédions ce livre. Sohane, jeune fille morte brûlée vive d'avoir repoussé les avances d'un jeune homme. À la porte de Paris. Puisse notre intention commune l'accompagner jusqu'à l'Amour Un. Que son âme trouve la paix et reçoive l'hommage et la gratitude d'avoir éveillé les consciences par sa mort terrible. Ces mots dignes, puissants, essentiels commémorent son passage sur Terre :

À la mémoire de Sohane Benziane, morte brûlée vive,
Pour que garçons et filles vivent mieux ensemble,
Dans l'égalité et le respect.
1984-2002

Tout est dit. Tout est là.

Reconnaître cette vérité monstrueuse à notre porte.

Étreindre en notre cœur ce qui est touché, que nous soyons homme ou femme.

À l'évocation de toutes les anonymes brûlées, dominées, contrôlées, violées, ignorées, répudiées, lapidées, excisées, enfermées, isolées, voilées, achetées, souillées, avilies, méprisées, moquées, ridiculisées, humiliées, trahies, abandonnées, rejetées, méconnues, maltraitées, torturées, dévalorisées, interdites d'éducation, asservies, terrorisées, agressées, démonisées...

Le féminin assassiné. Le nôtre. Le féminin de chaque homme et de chaque femme. Le cœur brûlé vif de l'agresseur en même temps que le corps de Sohane, car nous sommes Un. Sohane nous contraint à reconnaître la relation masculin / féminin, incarnée à travers la relation entre les hommes et les femmes. Dans certaines situations et pourtant à notre porte.

Ce n'est ni le réquisitoire du masculin, ni le plaidoyer du féminin.

• Dans la réalité duelle, une polarité domine l'autre. Dans le monde patriarcal, le masculin domine le féminin et l'assujettit. Les acteurs sont en place pour jouer leur rôle. L'homme identifié au seul masculin, dans l'ignorance ou l'interdit de son féminin, endosse le rôle du dominateur, persécuteur ou tyran. La femme identifiée au seul féminin endosse celui de la victime, objet du masculin incarné par l'homme. Cela depuis des milliers d'années, dans tous les coins du monde, à notre porte et en nous.

Le féminin victime objet du masculin dominateur.

• Nous ne prenons parti ni pour la femme ni pour l'homme. Ce n'est ni le réquisitoire du masculin, ni le plaidoyer du féminin. Nous contemplons une dimension réelle de la réalité.

La relation hommes / femmes condense et matérialise la relation masculin / féminin dans notre réalité duelle. Elle la rend manifeste.

Les comportements extrêmes signalent ce qui nous reste à reconnaître, à guérir, à réconcilier en tant que humanité Une. C'est notre monde, dans son ombre comme dans sa lumière, chacun y contribue par sa fréquence, chacun y est interrelié. Et, nous allons découvrir que le monde dont nous avons conscience est notre féminin...

Il est nécessaire de reconnaître notre réalité universelle et individuelle afin de prendre conscience et avant de pouvoir transformer. Même si dans notre vie personnelle, nous créons une réalité équilibrée, nous vivons et appartenons consciemment ou non au monde de la dualité par la société avec laquelle nous sommes interreliés.

• Tant que l'homme est identifié et s'identifie au seul masculin, dans l'ignorance ou le refoulement des différents aspects de son féminin et de l'incompréhension de son masculin, il ne peut que contracter un masculin dénaturé et explorer l'ombre du masculin. L'homme agit alors à travers le masculin dominateur, persécuteur, tyran, ou impuissant.

• Tant que la femme est identifiée et s'identifie au seul féminin, dans l'ignorance ou l'interdit des différents aspects de son masculin et de l'incompréhension de son féminin, elle ne peut que contracter un féminin dénaturé et explorer l'ombre du féminin. La femme subit alors le féminin victime et indigne, objet méprisé du masculin.

Il est nécessaire de reconnaître notre réalité universelle et individuelle afin de prendre conscience et avant de pouvoir transformer.

Le féminin victime et le masculin persécuteur sont les conséquences inévitables de la croyance à notre incomplétude, identifiés à une seule polarité, elle-même limitée et dénaturée. Contribuer à la restauration, la guérison, la réconciliation du masculin et du féminin est notre projet, afin de retrouver la source en nous-mêmes et réaliser que toutes choses sont interreliées et que nous en faisons partie. Quand un être accueille en lui la danse des deux aspects, chacun se presse pour être en sa présence.

Résumé de "Féminin victime et masculin dominateur"

L'illusion collective de notre incomplétude et de notre identification à une seule polarité, elle-même dénaturée, conduit le masculin à prendre pouvoir sur le féminin et le féminin à remettre son pouvoir au masculin. Ces enjeux de pouvoir et de domination se cristallisent dans les relations entre les hommes et les femmes.

HISTOIRE DE CATHERINE

Le robot et la petite fille

La renaissance du masculin interdit

Thème : Catherine interdit son masculin et remet le pouvoir à son mari jusqu'à accepter le viol légalisé. Le rêve de la petite fille et du prince charmant dissimule une tout autre histoire…

Catherine est belle, à la façon des héroïnes de Hitchcock, féline et bien élevée, raffinée et mutine. Elle porte à 50 ans passés l'emprise de son éducation patriarcale jusque dans l'intimité. Il y a trois ans, elle a le courage de quitter la sécurité apparente et le piège doré de son mariage dans lequel son corps, son cœur et son âme se blessent. Elle se cache souvent dans la petite fille incompétente qu'elle n'est pas. Il y a un grand appétit de vie dans ses yeux et depuis qu'elle chemine avec moi en stage, elle réintègre une sensualité reliée à son cœur, joyeuse et créative. Elle peint des formes passionnées.

Le lieu est caillouteux, aride, menaçant, avec rien de doux ni de vivant où le masculin se présente, comme un robot géant, caparaçonné.

"J'ai envie de me mettre sur son dos. Il est si grand, me voit-il ? Il n'a pas d'antenne pour me percevoir, il est mécanique. Il me rassure, même s'il n'est pas beau. J'ai envie de me fondre dans son pouvoir, qu'il m'ouvre le passage. Il est fort, endurant. Je me sens invulnérable. D'ailleurs je le chevauche.

— Où sens-tu la connexion au robot, dans ton corps ?

— C'est crispé dans mon bas-ventre, durci même, et dans le plexus c'est comme un feu éteint.

— Demande au masculin comment se fait-il qu'il se présente sous l'aspect d'un robot ."

Elle le trouve beau et je le sens déshumanisé.

"Je suis trop petite, il ne peut pas m'entendre, je suis petite comme une fourmi.

— C'est ton masculin, communique intérieurement avec lui, même si tu te sens petite.

— Il veut protéger. Il est devenu comme une armure animée pour repousser.

— Qu'est-ce qu'il protège ?

— Mon sexe… Le robot est sur automatique pour le protéger, pour repousser. Il essaie de protéger l'ouverture, pour ne pas sentir, ne pas voir la souffrance d'être baisée par son mari, de ne jamais être caressée, mais baisée, oui baisée… baisée."
Dans sa bouche, ce vocabulaire est exceptionnel.
"Que fait le robot quand ton mari te baise ?
— Il ne peut rien faire. Je le chevauche pour essayer de ne pas sentir, pour me forcer à accepter mon mari. Parfois je suis tellement fermée physiquement que mon mari ne peut pas entrer. Cet été dans le stage de femmes, c'était important, c'était tellement fort de comprendre que nos Yoni savent, qu'elles nous préviennent. La mienne, elle en a fait des appels au secours, des réactions physiques, mais je ne l'écoute pas. Non, je chevauche le robot pour ne pas trop souffrir. Ah, il fait bien son boulot.
Petit rire nerveux, douloureux.
"Tu dis qu'il fait bien son boulot… Le robot est-il d'accord pour que tu te forces ?"
Je l'invite à préciser, à reconnaître le désir véritable du masculin.
"Non, pas du tout ! Lui, il veut protéger ma Yoni. Il ne veut pas qu'elle souffre. C'est moi qui le chevauche pour forcer ma Yoni ! C'est horrible de le dire."
Se dessine un masculin dont le désir et l'élan naturel sont de protéger le féminin, l'intériorité, mais empêché et utilisé contre nature.
"Il doit être très malheureux d'être utilisé pour ça ?
— Ça lui fait du bien que tu dises ça, il est moins mécanique. Oui, il est triste, très triste… de n'être reconnu que comme ça. Le meilleur de lui est déguisé, déformé. Sa force, sa bonne volonté sert la violence. Mon Dieu…
— Comment est-il avant d'être robot ?
— Oh ! Non. Enfant, c'est un beau félin qui se frotte partout dans la maison pour chercher des câlins. Il a tellement besoin de câlins, d'être touché. Il repère toutes les énergies, il est très instinctif. Il apprend très vite à se protéger du frère malade et violent. Il feule et fouaille de la queue quand mon frère veut m'étouffer. Il veut griffer, mais je l'empêche pour ne pas dénoncer mon frère, alors il commence à changer.
— Dis-lui que tu prends conscience de sa beauté, de sa souplesse, avant que tu protèges le frère malade au prix de ton intégrité.
— Il fouaille fort de la queue de fierté, il adore fouailler de la queue, ça lui va bien. Dommage qu'on n'ait pas de queue. Moi, je pense que j'en ai une quelque part."
L'enfant en elle joue, heureuse des retrouvailles avec son côté félin. S'il y a le avant, il y a le après.
"Qu'en est-il du feu éteint dans ton plexus ?
— Il y a des braises maintenant. Avec mon mari avant d'être robot, il est dragon, tellement il est en colère que j'accepte ça. Mais moi, je n'ai pas conscience que ce n'est pas normal. Lui, il essaie avec sa queue d'aérer ma Yoni, de la nettoyer."
Tout son corps trépigne sur le lit et son bassin bouge spontanément et libère des spasmes.

"Le dragon m'en veut de m'être résignée. Ça éteint presque son feu. C'est ça ce feu qu'il me faut toujours rallumer : la résignation. Il libère sa colère : 'Tu n'aurais jamais dû te résigner, tu aurais dû continuer à lutter, refuser que ton mari te baise. Tu dois reconnaître qu'il t'a baisée et rudement. Violemment, même. Et tu paies cher pour ta liberté.' Ça me fait un bien fou qu'il dise ça, même si c'est horrible, hein ? Qu'est-ce qui fait que je me suis laissé faire ? On n'est pas d'un milieu défavorisé, au contraire. Sa queue est comme un métronome, elle scande ce qu'il dit, elle redevient une queue de félin. Ça se réchauffe dans mon plexus.
— Reconnais sa fidélité, son intégrité. Lui sait que ce n'est pas normal. Tu ne l'as pas écouté. Dis-lui. Rends hommage à ton masculin, du félin au dragon jusqu'au robot. Malgré les signaux qu'il t'envoie, il suit ta volonté. Reconnais son désir d'exprimer ta sensualité dans l'intégrité. Remercie-le… De quoi a-t-il besoin pour vivre dans un corps d'homme ?"

Quelle que soit la forme que prend le masculin, il est destiné à reprendre son corps d'origine d'homme, puisque nous sommes dans un corps humain. Les différentes formes du masculin de Catherine correspondent aux moments clefs où elle le met à distance et se sépare peu à peu de lui. Avant de protéger le frère violent au détriment d'elle, il exprime l'animalité féline sensuelle qui cherche le contact, mais sans la vigilance et l'ajustement, qui permettent l'intégrité. Il est dragon quand le feu sexuel n'est pas relié à la douceur et au cœur. Il se robotise, se déshumanise, ignore sa dimension de conscience du fait d'être impuissant à protéger son intégrité.

"Il ne veut pas, comme si ça ne lui est pas permis. Ça ne se fait pas. C'est pour les hommes, ça. C'est moi qui ne veux pas.
— Quand est-il au plus près d'avoir un corps d'homme ou de garçon ? »
— Je ne vois pas. Il y a toujours en fond la présence du félin. Ah ! Si… La première fois que je dénonce pas mon frère. Mais j'ai toujours agi ainsi. Il faut protéger l'homme, il est vulnérable sous des dehors macho. Il ne faut pas lui dire quand ce qu'il fait n'est pas bien car si on lui dit, on l'insécurise. On le castre. Pour moi, mon frère n'est pas malade mais bancal, pas fini quoi, comme les hommes."

Cette première fois où elle ne dénonce pas son frère est un moment clef où elle a l'opportunité de choisir à la fois le besoin sensuel de contact et le respect d'elle-même, mais un programme ancien l'en empêche. Elle le dit : "J'ai toujours fait ça".

"Pour ne pas castrer les hommes violents mais vulnérables, pas finis, tu castres, tu empêches ton propre masculin de te protéger de leur violence… Les protéger au prix qu'ils te maltraitent ?…
— Oui. Il est tout entier félin. Il fouaille de la queue. Il ne comprend pas que je les choisisse eux plutôt que lui, ni que j'accepte de payer un tel prix.

— Oui, tu acceptes une forme de viol légalisé.
— Tu exagères !
— Tu as un autre mot ?
— Non… Je dois le reconnaître. En plus lui, il acquiesce."
Le prix est cher payé, trop. Elle le dit elle-même. Une mémoire très ancienne se dessine où se mêlent l'homme inférieur pas fini à qui on ne peut pas dire non, la violence sexuelle sans amour, la sensualité animale sans conscience. Les conclusions de son âme suite à cette mémoire lui font préférer protéger l'homme sexuellement violent sous le masque du Prince Charmant, même au prix de sa propre intimité violée.
J'interromps la retranscription le temps pour elle et moi de mettre en lumière la mémoire et ses conclusions toujours vivantes et actives. Se présente la fin des temps matriarcaux déjà dans le déséquilibre des polarités, où les hommes sont légalement considérés comme esclaves sexuels. L'âme de Catherine en garde un sentiment diffus de l'infériorité de l'homme en même temps que la culpabilité d'avoir méprisé et castré l'homme, ce qu'elle compense par l'idéalisation du Prince Charmant, en même temps qu'elle se dévalorise en petite fille. Elle en garde aussi la peur viscérale d'être esclave de son désir de femme. L'âme n'a pas pacifié, a conclu "plus jamais cela, plutôt le contraire". Et Catherine s'est donné à expérimenter le viol légalisé sous le déguisement du Prince Charmant. Sa vibration d'origine profondément sensuelle et amoureuse est destinée à pacifier et canaliser par l'amour le feu kundalinique. Nous décidons d'aller quelques jours plus tard guérir cette mémoire et ses conclusions et nous appelons déjà la paix sur ceci. Nous en savons assez pour continuer.
Remarquons que c'est le "Pote Mafé" du féminin qui se sent coupable d'avoir mal agi en tant que femme et empêche depuis la dignité de la femme. Le masculin est empêché par le "Pote Mafé".
"Au fond, je l'ai toujours su. J'ai toujours eu cette peur d'être esclave de mon désir, tapie en moi. Le félin me le montre, il est sur le dos et présente son ventre aux caresses. Cela ne se fait pas.
— Ce qui ne se fait pas, si on peut dire, c'est de ne pas permettre à ton masculin son corps d'homme. En infériorisant les hommes, en les considérant "non finis", tu les limites au règne animal. Tu limites de ce fait ton propre masculin au règne animal. Et ton masculin ne peut alors canaliser, enraciner ta sensualité naturelle et somptueuse. Tu es obligée alors de refouler ta sensualité pour qu'elle ne déborde pas, au lieu de la chevaucher, de la canaliser. Tu commences à le faire par ta peinture.
— Il est encore animal, mais il en a marre. Ses yeux sont perçants, très, très profonds. Comme un sphinx."
Le sphinx renvoie à cette connaissance des temps anciens.

"De quoi a-t-il besoin ?
— D'être un homme ! Je sais bien que c'est moi qui résiste. Il m'impressionne. S'il est un homme avec ce regard, je ne peux plus être petite ou faire semblant de ne pas comprendre.
— Quel bénéfice tires-tu d'être encore petite en relation aux hommes ?
— Aucun ! J'en ai assez. Oh, tu m'énerves. Je te vois venir. Le Prince Charmant… Tant que je suis petite, il peut venir un jour…
— Ne m'as-tu pas dit que ton mari lui ressemblait au début ?
— Tu m'énerves. Tu m'énerves. Oui ! Il était fort, puissant, charismatique. Il l'est toujours. Tout le monde était en son pouvoir. Enfin, moi surtout.
— Tu lui as remis ton pouvoir, de peur de prendre le tien, de peur de cette mémoire.
— Dis donc, ça y est. C'est un jeune homme."
Son choix de reprendre son propre pouvoir est clair.
"Il est en pagne, avec des fruits dans une coupe. Un peu réservé. Son regard est très profond, pas du tout perçant comme le sphinx. Plutôt comme quelqu'un qui est en contact avec une réalité subtile invisible.
— Qu'est-ce qu'il fait avec ses fruits ?
— C'est une offrande pour une divinité. Il est comme un jeune prêtre qui sert une divinité. Je le vois prendre soin d'une statue, il la touche, c'est comme des caresses. Il veille à ce que les dévots ne l'abîment pas. Il vit là par choix. Il a une relation privilégiée avec la statue d'une divinité féminine. Il médite devant elle et elle lui répond sous forme de rythmes, de couleurs. Parfois elle s'anime sous ses mains et lui transmet des choses que lui seul peut comprendre. C'est très sensuel. Mon Dieu oui, ça ressemble à mes peintures.
— Quelle relation a-t-il avec les gens ?
— Il est réservé. Il les respecte, mais il les trouve compliqués. Lui, il a un rapport très simple avec la vie, il aime sa statue et son temple qui est tout petit. Il veille sur eux, il les entretient, il peint les murs avec les couleurs qui viennent de son cœur, que la statue lui souffle. C'est pour ça que des gens viennent de loin. C'est beau ce qu'il fait. Il aimerait que les gens comprennent combien c'est simple. Mais il n'a pas l'idée de leur parler. Il est très intérieur. Parfois il y a des enfants qui viennent le voir peindre, alors il leur montre en silence."
Son masculin garde toute la sensualité du félin par les couleurs et le toucher. Il retrouve toute la dimension de la conscience spirituelle tournée vers l'intérieur. Il mobilise son feu créatif et sensuel au service du divin à travers une relation amoureuse que l'Occident aurait du mal à admettre. Il est reconnu dans son action, les gens viennent de loin ; Catherine aimerait pouvoir vivre de son art. Il est en contact avec son cœur d'enfant dans une simplicité essentielle. Quelle merveille…
"Et sa relation avec les femmes ?

— Il est jeune, c'est presque un adolescent. Ça ne le préoccupe pas. Pas trop. Il aime les couleurs de leurs saris. Certaines le regardent avec des yeux de biche, mais il lit dans leur cœur et il y voit tout un tas d'attentes et il a vaguement peur qu'elles ne prennent emprise sur lui, alors il s'en méfie. Il veut rester libre de prendre soin de sa statue. Non, il aime les vieilles, il aimerait en prendre soin comme de sa statue, les peindre aussi et les écouter."

Le masculin garde aussi une empreinte de la mémoire par cette peur d'être en danger sous l'emprise du désir sexuel. On retrouve par sa consécration à la statue féminine celle qu'il a dû y avoir à l'origine envers la femme et le Féminin sacrée, vécue ici sans crainte puisque la divinité est statufiée.

"Qu'en est-il du besoin de caresses fort présent pour le félin ?

— C'est vrai, là il est sur sa réserve, il en a peur. Il le ressent comme un vide sur sa peau alors il compense par le soin très sensuel à la statue. Il se baigne aussi beaucoup à la rivière. Il court parfois jusqu'à en perdre le souffle ou alors il utilise sa respiration."

Le masculin de Catherine garde son potentiel sensuel et sexuel derrière l'empreinte de la mémoire.

"Et toi, que vis-tu de rencontrer ton Masculin sous cet aspect ?

— Il n'est pas très Prince Charmant, mais il est mignon, touchant.

— Mignon… Touchant… Il est magnifique. Il a la sagesse, la connexion, le cœur, la jeunesse, la dévotion, le talent, l'intelligence du cœur, l'enracinement, la sensualité, la douceur, l'intériorité, l'initiative, la consécration… Tu ne trouves pas que cela ressemble à ce que tu véhicules quand tu peins ? Il t'est encore difficile de reconnaître et d'honorer la richesse que tu portes en toi. T'en rends-tu compte ?

— Vu comme ça c'est vrai, il est magnifique, mais j'aurais voulu des muscles et la quarantaine…"

Elle rit, mutine.

"Tu sais quand je l'ai appelé touchant, j'ai vu les couleurs se banaliser, et lui vieillir frustré que son travail ne touche pas plus le cœur des gens. Il perd sa passion. Ça me rend triste de me rendre compte de ça. Je suis désolée. Tu vois, je suis bien esclave de mon désir.

— Il vient juste de retrouver son corps humain. C'est normal qu'il soit jeune. Laisse-lui le temps. Reconnais le chemin accompli. Reconnais-le vraiment. Prends conscience aussi de l'automatisme à l'infantiliser, à le dévaloriser, il perd sa passion et son talent de toucher les cœurs avec sa peinture…

— Mon Dieu, c'est vrai… J'ai même l'impression que c'est pareil dans ma vie. Je me trouve toujours insignifiante, incompétente et je juge pareil mes peintures. Pourtant je sais que certaines vibrent et sont vivantes. Quand je peins, je suis

comme lui, tout entière aux couleurs et c'est comme faire l'amour. Il a retrouvé son sourire d'enfant. Je l'adore. Mais saura-t-il me protéger, il est si jeune ?"

De nouveau, elle ne reconnaît pas sa valeur.

"La réponse est en lui. Regarde-le... ! Reprends simplement ce que tu m'as dit de lui. Il consacre son énergie à son feu spirituel et créatif et à sa relation à la statue qu'il anime de sa passion. Il discerne ce que les êtres portent en eux. Tu me décris un masculin aligné, consacré, passionné, créatif...

— Il me montre une peinture qu'il vient de faire pour moi. Je pourrais la reproduire tellement je la vois bien. C'est fort. Oh, cela me fait un effet... Comme s'il me transmettait une force, une sécurité à travers sa peinture. Comme si je tombais amoureuse de lui... »

— Mon Masculin, je te reconnais désormais. Je m'engage à guérir cette mémoire qui me fait te dévaloriser, me dévaloriser. Je reconnais ton engagement à me protéger même quand je t'en empêche. Je reconnais ta consécration et ta dévotion au Féminin, à la beauté. Je reconnais ta force que je viens de connecter dans ta peinture, même sous ton jeune âge. Je reconnais ta générosité et l'intimité qui nous relie car j'ai vu la peinture que tu as faite pour moi. Je reconnais mon besoin de toi pour pouvoir me reconnaître sans me camoufler derrière la petite fille. Avec toi, je choisis de reconnaître la puissance qui m'habite. Je choisis que cette puissance serve l'amour et la lumière, jusque dans mes relations amoureuses et sexuelles. Grâce à toi, je peux reconnaître l'amoureuse sensuelle en moi qui peut s'exprimer passionnément dans l'intégrité."

Catherine répète chaque phrase à son masculin.

"Comment reçoit-il tes mots ?

— C'est un jeune homme maintenant en lotus devant la statue, très digne. Il est très ému. Il est plus massif. Ça fait tellement longtemps qu'il attend cela.

— Accueille-le en toi en particulier dans le bas-ventre et le plexus. Laisse-le prendre toute la place dont il a besoin.

— Il s'installe comme dans son temple. Je le sens dans mes os et ma colonne. Il me redresse. Oh ! Mon ventre se détend et mon plexus se réchauffe. Je me sens large. C'est bon. C'est comme si je retrouvais quelqu'un perdu depuis très, très longtemps."

Nous complétons en apportant la guérison aux différentes formes passées du masculin dans le pardon des événements qui y ont contribué dont cette mémoire. Catherine dans la gratitude des retrouvailles avec le Masculin retrouve joyeusement sa nature profonde :

"Il commence à être sacrément sexy. Sacrément, c'est le mot. J'aimerais bien le rencontrer physiquement..."

La rencontre du masculin de Catherine donne chair à :

- Le masculin intérieur empêché contre son gré de protéger l'intégrité du féminin se dénature et finit par se déshumaniser.
- Le masculin sait ce qui est juste, même si la personnalité ne veut pas le reconnaître.
- Une femme empêche son masculin de la protéger par choix de remettre son pouvoir à l'homme.
- La remise de pouvoir à l'homme dissimule ici une dévalorisation de l'homme.
- Reconnu dans son engagement à protéger le féminin, le masculin se transforme de lui-même.
- Ce que nous portons à l'intérieur se matérialise à l'extérieur. L'homme violent et mécanique matérialise à l'extérieur le masculin robot de la femme.
- L'influence des mémoires non pacifiées et non intégrées et de leurs conclusions toujours vivantes en nous tels des programmes actifs.
- Le déséquilibre et la violence de la fin du temps matriarcal.
- La culpabilité du "Pote Mafé" empêche le masculin de protéger le féminin.
- La culpabilité d'avoir dévalorisé l'homme produit la dévalorisation du féminin en petite fille incompétente et continue à générer la dévalorisation de l'homme cachée derrière l'illusion du Prince Charmant.
- Le "Pote Féma" du Masculin se présente comme l'art, la connexion à la divinité, la dévotion, la sensualité des couleurs et des fruits, l'amour de la source. Enfant, elle le décrit comme l'animal félin sensuel en quête de câlins, de contact, de ressenti.

Chapitre 2

L'ombre du féminin et du masculin mise en lumière

Introduction

1 / Pourquoi commencer par l'ombre du féminin et du masculin ?

• La véritable union dans le sens le plus profond du Tantra est l'union avec le tout, la réalité dans sa globalité dont l'ombre fait partie intrinsèque. Il est nécessaire de reconnaître l'ombre pour la transmuter et la fusionner à la totalité, pour unir intimement nos polarités. Là est la véritable jouissance de la réconciliation, de la réunification.

• Permettre à l'ombre du féminin et du masculin de révéler le pressentiment du **F**éminin et du **M**asculin d'origine, découvrir qu'au cœur de l'obscurité la lumière attend d'être révélée, qu'au cœur de la contraction l'amour attend d'être libéré, est la guérison la plus intime et ce que tous les enseignements traditionnels annoncent.

• Nous prenons conscience de nous-mêmes à travers ce que nous ne sommes pas afin de révéler ce que nous sommes. Nous nous incarnons dans ce dessein. Accueillir directement **F**éminin et **M**asculin d'origine serait nébuleux et vain tant leur compréhension est limitée et contractée dans la réalité duelle.

• La Première Partie de l'odyssée porte l'énergie de la mise en lumière, l'énergie du **M**asculin qui éclaire de sa lucidité, qui dévoile sans complaisance ni jugement, qui démasque l'ombre afin de révéler la lumière. L'ombre dont il est question peut être parfois dérangeante, confrontante même, car elle n'est pas celle reconnue, montrée, banalisée par les médias, mais celle cachée en nous, celle de notre part la plus vulnérable et aussi la plus défensive. Gardons cela à l'esprit et au cœur.

• L'ombre ici représente l'énergie de la séparation avec la Source, avec le mouvement de la Vie. L'humanité, afin de faire l'expérience de la séparation, est à l'origine de la création de l'énergie de l'ombre, elle a pour cette raison au cœur d'elle-même le pouvoir de la transmuter.

• Lorsque certaines tonalités de l'ombre apparaissent familières, entrer dans un mouvement de culpabilité, de défense, de déni n'a pour effet que d'alourdir, sans pour autant transformer. Il s'agit simplement de reconnaître que tout ce qui existe sur terre est à l'origine de l'humanité, d'éviter de nourrir le jugement ou la charge émotionnelle de colère ou d'opposition. Les zones individuelles d'ombre manifestent collectivement les conflits extérieurs de notre monde. Pour transmuter ces conflits, il faut d'abord se les réapproprier.

• Reconnaître et accueillir ces zones d'ombre ne veut pas dire les cautionner, au contraire. Il est sain d'exprimer notre désaccord face à une situation dissociée du mouvement de l'amour et de la Vie. En reconnaissant notre résonance avec ce que nous souhaitons transformer, nous retrouvons le pouvoir de le faire.

2 / À propos des exemples

Il est illusoire de trouver un exemple de l'ombre du féminin (et réciproquement) qui ne soit que du féminin dissocié du masculin, car même quand nous l'ignorons au cœur du féminin réside le masculin et nous sommes constitués des deux polarités. Tout comportement est produit par la relation entre les deux polarités. Quand un individu se comporte apparemment depuis une seule des deux polarités, l'autre polarité est présente, même refoulée, ignorée, interdite. Un macho est manipulé inconsciemment par sa sphère émotionnelle. Pour faire image et par besoin d'identifier, les exemples choisis sont extrêmes.

Préparons-nous à découvrir que l'ombre du féminin et du masculin représente ce que nous entendons communément par féminin ou masculin.

Reconnaître l'ombre du féminin et du masculin permet de dévoiler dans notre vie quotidienne et notre monde à la fois la contraction et le potentiel d'origine.

3 / À propos de la géométrie sacrée et du triangle équilatéral

Afin de faire image et de rendre concrètes les expressions du féminin et du masculin à travers nos comportements, nous utilisons la figure du triangle équilatéral. Celui-ci est probablement la première représentation symbolique élaborée par notre humanité. Léonard de Vinci permet d'inscrire l'homme de façon parfaite dans deux triangles équilatéraux, inversés et imbriqués, symbole appelé yantra dans la tradition tantrique et représentant l'union du masculin et du féminin. Le triangle a de multiples significations qui dépassent notre sujet. Chaque figure géométrique, chaque son, chaque couleur a une onde de forme et une fréquence vibratoire. Celles du triangle équilatéral vibrent l'harmonie et l'équilibre. Dans la nature, trois points forment un plan d'assise parfait. La géométrie sacrée est le langage universel de la création qui rend compte de la nature universelle présente au cœur de la matière. L'être humain, constitué par essence de l'union du **F**éminin et du **M**asculin, s'inscrit naturellement dans la géométrie sacrée de l'étoile à six branches. Celle-ci représente la dimension universelle et individuelle, tangible et subtile, de l'être humain.

Les proportions de “l'Homme de Vitruve” de Léonard de Vinci représentent le **F**éminin et le **M**asculin dans leur position d'équilibre et d'harmonie.

Le féminin relié à la matière, à la Terre, au corps est représenté par un triangle dont la base est reliée à la terre, la pointe vers le ciel.

Le masculin relié à la connaissance, à la pensée est représenté par un triangle dont la base s'appuie sur le ciel, la pointe vers la Terre.

L'Homme de Vitruve **de Léonard de Vinci**

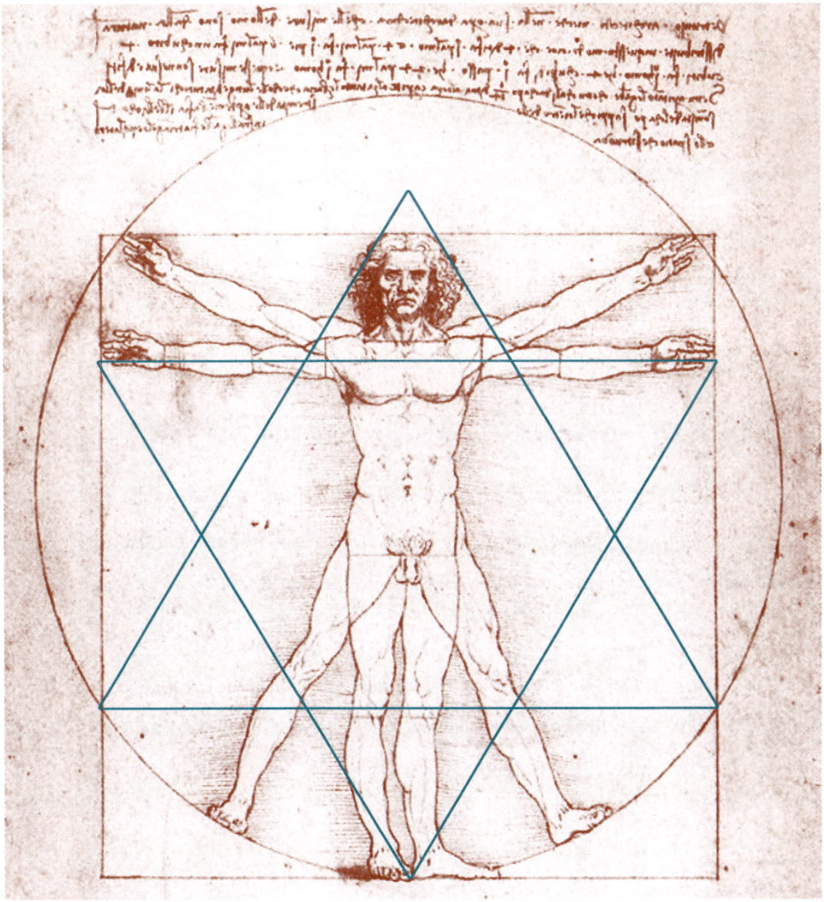

Selon la position de triangle, l'ombre exprime un déséquilibre et une expression spécifiques. Le visualiser permet de prendre conscience de notre relation à l'univers à chaque instant et invite à choisir consciemment, amoureusement notre réalité intérieure.

Dans la position d'harmonie, la base du triangle du **F**éminin passe par les genoux et la pointe est à une quinzaine de centimètres au-dessus de la tête.

Dans la position d'harmonie, la base du triangle du **M**asculin passe par le cœur et la pointe est en dessous des pieds.

4 / À propos des trois plans de l'être

Chaque être humain communique avec son environnement à travers trois plans : l'action, l'amour, la conscience. Nous pensons, aimons et agissons. La tradition les nomme le corps, l'âme, l'esprit. Ces trois plans se concentrent dans trois lieux ou centres d'énergie du corps : le ventre, la poitrine, la tête. Ces centres s'appellent aussi chakras. Nous utilisons ici les termes de Hara pour le chakra du ventre, de chakra du Cœur pour celui de la poitrine et de chakra du 3e Œil pour celui de la tête.

- Le Hara régit la dimension de la pulsion de vie et de l'action. Afin de ne pas alourdir la dénomination, nous y incluons le chakra de la Base.
- La dimension de l'amour et plus largement de l'affectif avec le chakra du Cœur. Nous y incluons le Plexus Solaire affecté aux émotions et la gorge affectée à l'expression.
- La dimension du mental et de la conscience avec le 3e Œil, situé entre les deux sourcils. Nous y incluons la Couronne, au sommet de la tête.

"Il y a chez l'homme trois leaders qui essayent d'imposer leur loi."

Nous vivons comme si nous étions coupés en tranches. "Ma tête, mon cœur et mes couilles" du slameur Grand Corps Malade l'illustre magistralement. Son texte entier est une perle.

"Il y a chez l'homme trois leaders qui essayent d'imposer leur loi
Cette lutte interne permanente est la plus grosse source d'embrouilles
Elle oppose depuis toujours la tête, le cœur et les couilles…"

Nous sommes un être global destiné à vivre l'unisson, le cœur et la tête vibrant une note unique accordée à l'action. En fonction de l'ouverture, du déséquilibre ou de la fermeture d'un ou de plusieurs centres d'énergie, le comportement change ; de même le comportement influence l'équilibre des centres d'énergie.

Les comportements humains se manifestent à travers les trois centres concentrant les trois plans et s'inscrivent donc dans un triangle spécifique.

Chaque tonalité de l'ombre du féminin et du masculin s'inscrit dans une position spécifique du triangle concerné et se charpente à travers le ventre, le cœur et la tête.

LES TROIS PLANS DE L'ÊTRE

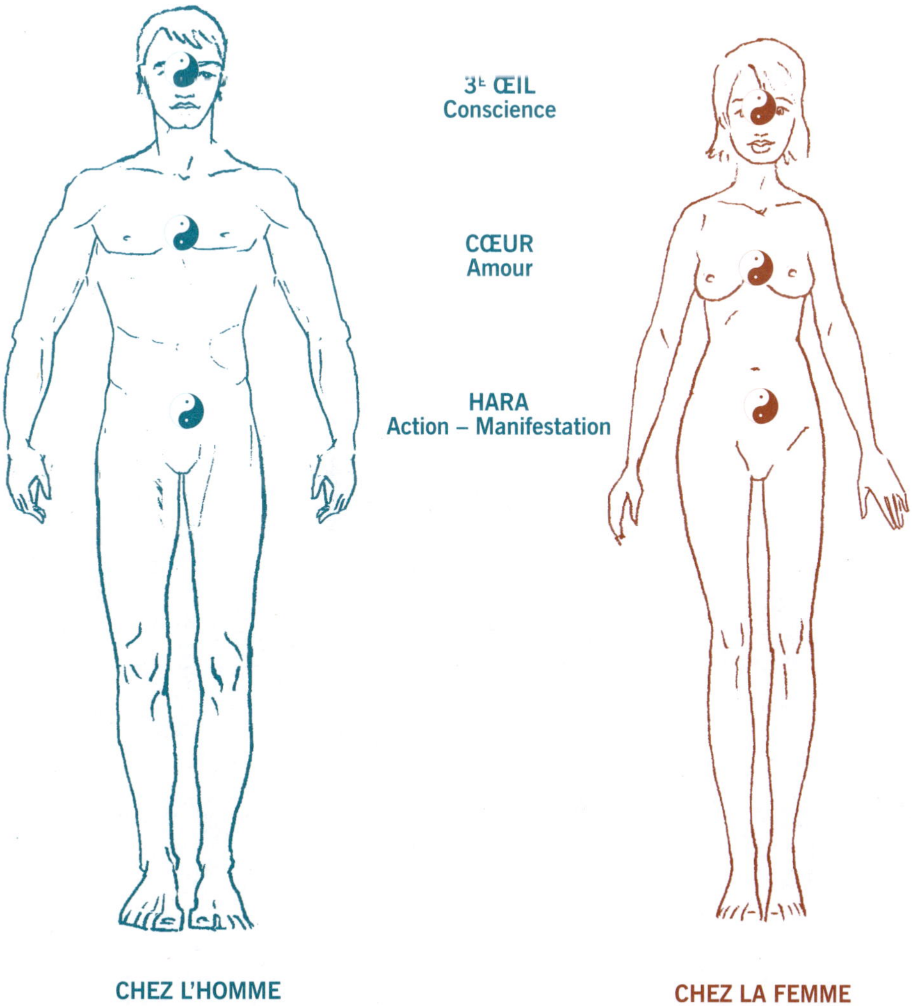

Chapitre 2a

L'ombre du Féminin mise en lumière

Chapitre 2b

L'ombre du Masculin mise en lumière

1 • L'ombre du féminin à travers les femmes

Nous commençons par le féminin à travers les femmes car elles l'incarnent à travers le corps physique et rendent les exemples plus tangibles. Les exemples n'en sont pas moins recevables pour la dimension intérieure des hommes.

Gardons à l'esprit que pour transformer notre relation à l'ombre, le préalable est d'en prendre conscience, de la reconnaître honnêtement, sans nourrir ce à quoi nous réagissons de jugements, de charges émotionnelles, de défense, de déni, de culpabilité, d'impuissance. L'Initiation Amoureuse nous accompagne jusqu'à la transformer !

1 / Triangle dont la base est enfoncée dans la terre, la pointe au niveau du bas-ventre

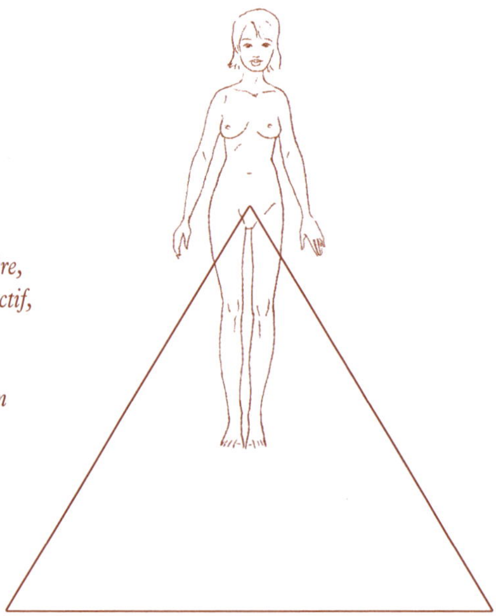

C'est la position du triangle du féminin enfoncée dans la matière, sans accès à la dimension de l'affectif, ni celle du cœur, ni celle du 3e œil. L'énergie du triangle se concentre vers la zone anale, dans la position la plus basse.

1 • L'ombre du masculin à travers les hommes

Les hommes incarnent le masculin à travers le corps physique. Gardons à l'esprit que pour transformer notre relation à l'ombre, le préalable est d'en prendre conscience, de la reconnaître honnêtement, sans nourrir ce à quoi nous réagissons de jugements, de charges émotionnelles, de défense, de déni, de culpabilité, d'impuissance. L'Initiation Amoureuse nous accompagne jusqu'à la transformer !

1 / Triangle dont la base est très haute dans le ciel, la pointe à la gorge

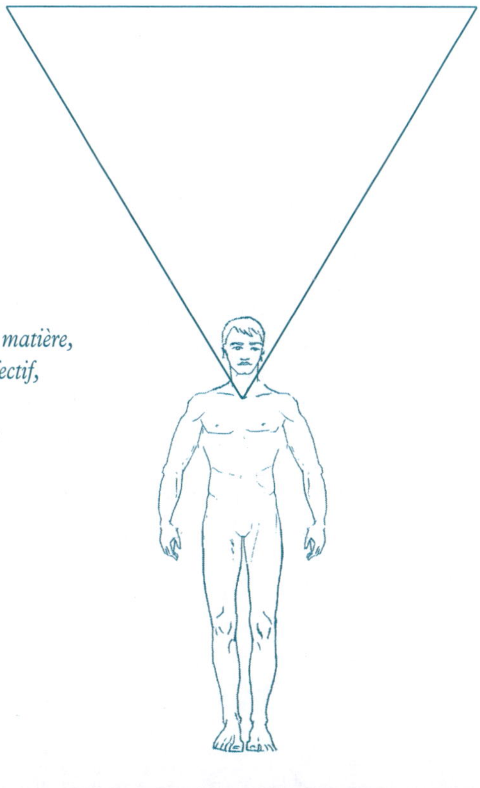

C'est la position du triangle du masculin non incarné dans la matière, sans accès à la dimension de l'affectif, ni celle de l'action concrète. L'énergie du triangle se concentre vers la tête, dans le mental.

C'est la position du triangle féminin du bébé *in utero* et du nourrisson qui vient juste de naître. Le triangle au fur et à mesure de l'individualisation de l'enfant monte jusqu'à la position d'harmonie, base aux genoux, pointe au-dessus de la tête. Le bébé est ici tout entier mobilisé par la construction de son corps, sans la conscience individuelle de son image corporelle. Autant cette position du triangle féminin est vitale et saine pour le nourrisson, autant pour un adulte, elle est une terrible atrophie, conséquence probable de maltraitances ou d'une pathologie, la dimension de l'affectif est amorphe, le cœur, inerte, le 3e œil, inactif, la conscience de soi en tant que sujet n'est pas là.

C'est la position du triangle du féminin la plus lourde, la plus abîmée de ce que peut vivre le féminin d'un être, identifié à la seule matière corporelle, sans accès aux fréquences élevées. Le féminin est ici avili et s'identifie au vil, enfoncé dans la matière dans un antre obscur de fange et d'abjection. La matière alors est corrompue. **Ce féminin accumule les matériaux bruts, physiques ou psychiques, dans la stagnation, l'indignité, la morbidité sans pouvoir les transformer.** C'est la position du féminin de la femme soumise de force à la prostitution d'abattage. Moyen épouvantable du masculin persécuteur pour atteindre la femme dans son noyau le plus intime, faire exploser toute notion d'intégrité, de respect d'elle-même, faire une esclave docile, punir. Certaines femmes, certains enfants, avilis, souillés, forcés dans leur corps subissent une altération du sens d'eux-mêmes et de leur intégrité physique. Selon leur masculin, ils peuvent afin de tenter d'extérioriser le sentiment de monstruosité et d'abjection intérieures faire subir à leur corps ou à plus vulnérable qu'eux ce qui fut subi. Cette position du triangle du féminin est celle des injures qui pointent le sexe de la femme comme lieu d'ignominie ou de bestialité sans rien de commun avec la saine animalité.

Au cours de l'histoire patriarcale, le sang menstruel de la femme concentre l'impureté aux yeux du masculin. Le Sang des Lunes concentre et matérialise à chaque cycle le Féminin Sacré.

• **Le féminin, ici la femme, est réduit à son sexe et celui-ci ne lui appartient pas.** Il n'y a pas activation des centres d'énergie qui peuvent lui donner la conscience d'elle en tant que sujet, "moi, je". Nous ne sommes pas là dans l'abjection ou la bestialité mais dans **la femme comme objet sexuel** qui peut être violée, légalement parfois ou punie de mort pour avoir disposé de sa sexualité. Le viol est reconnu depuis peu comme un crime par la loi française, la femme jusque-là était suspecte de l'avoir suscité.

Quand l'homme dans son aspect le plus opaque et le plus violent cherche à assujettir de façon radicale le féminin de la femme, il la viole. Les guerres utilisent le viol des femmes pour vaincre intimement l'ennemi. En bas de chez nous, les "tournantes" sonnent l'alarme de l'abîme entre masculin et féminin. La tradition patriarcale peut, dans certains cas, décider par jugement de lapider une femme coupable d'adultère alors même qu'elle a subi un viol. Pour punir le frère, il est encore d'usage de faire violer sa sœur publiquement par tous les hommes concernés par le méfait du frère. L'inceste commence seulement à percer les secrets de famille. Le lit conjugal est encore dans des mariages le lieu officialisé de domination de l'homme sur la femme et le viol y est légalisé et intégré dans la psyché de la femme (cas vécu de Catherine, p. 41). Au nom de la culture patriarcale intégrée à la psyché des mères, les femmes pratiquent

• Le rationnel sec déshumanisé, s'abstrait de l'expérience. C'est le rationnel sec qui s'abstrait avec condescendance et prétendument objectivité de l'expérience et de sa propre humanité. Il méprise et banalise la réalité du féminin. Il s'identifie à la lumière et juge obscur le monde qu'il éclaire de sa raison. Il s'isole dans sa réflexion et se croit séparé du monde, de l'environnement et des autres. Il examine et juge depuis un point de vue extérieur qu'il croit être objectif.

Rappelons un fait historique qui prend une saveur paradoxale aujourd'hui : la certitude de l'objectivité vient du XVIIe siècle où les scientifiques concluent avoir accès à la réalité, de par leur part divine qui leur donne la capacité de s'extraire de l'expérience ! Ce qui permet de nous extraire de l'expérience est notre part divine… ! Dimension totalement occultée de nos jours où faire référence à une dimension céleste ou divine est taxé d'irrationalité. Porter un regard prétendument objectif sur une expérience crée un objet et un sujet. Dans la réalité duelle, le sujet assujettit l'objet et par conséquence le domine avec toutes les conséquences possibles. La physique quantique, après la découverte que l'observateur fait partie intrinsèque de l'expérience, remet en question l'objectivité scientifique en relativisant la certitude de voir la réalité en soi.

La science classique qui s'abstrait de l'expérience procède de l'ombre du masculin, la physique quantique qui participe à l'expérience procède du Masculin.

Pour l'homme focalisé dans son mental, la matière est inanimée et sans conscience, ce qui justifie toutes les expérimentations. Il analyse la matière, mais aussi les êtres et la vie dans une pure abstraction. Il ignore l'aspect sacré de la vie, de toute vie. Le monde, l'environnement et les autres sont pour lui de simples objets de conscience dont il dispose sans questionnement et qu'il s'approprie. Il évalue et étiquette, chiffre et analyse ce qui est du vivant auquel il dénie une valeur autre que productive. **Il regarde de haut et méprise.** Il observe de haut la trivialité de la vie et il méprise ce qui est du domaine du vital, du charnel, du ressenti, du domaine du féminin. Il privilégie le cerveau gauche, son cerveau droit est atrophié comme son féminin. Il emploie des mots abstraits pour mettre à distance l'aspect émotionnel et intime de l'expérience, ainsi les gestionnaires des camps nazis. **À force de s'abstraire de l'expérience, il s'abstrait de sa propre humanité.**

Le pouvoir sec du mental assèche la vie par une rationalité et des théories abstraites coupées de la réalité de la vie qui génèrent des aberrations mortelles, ainsi l'assèchement de la Mer d'Aral.

• Le masculin focalisé dans son mental nie la réalité du féminin, de son propre corps, de la Terre, généralement de ceux à qui il impose sa loi. Le masculin focalisé dans son mental nie la réalité vivante. Il détourne son attention et banalise les conséquences de son action. Le masculin cherche des solutions pour réparer ce qui est abîmé et ce qu'il perçoit lui semble irréparable. Il ne peut y faire face car il se sent coupable d'y avoir contribué. Il cherche une solution depuis un état de séparation d'avec ce qu'il cherche à réparer.

• Il juge obscur le monde qu'il éclaire de sa raison ou de son savoir. Il nomme les êtres et les choses ainsi que le Dieu de la Bible le lui commande et se croit investi en tant qu'homme masculin de la mission de dominer. Il oppose la terre et le ciel et **s'identifie à la lumière,** il juge obscur le monde qu'il éclaire de sa raison. Il se donne raison et impose sa

elles-mêmes l'excision des filles. Psychiquement, Freud parle du clitoris comme d'un succédané de pénis. Ce petit organe de la vulve, très innervé et source de plaisir, est fort érectile et éveille l'opprobre et le châtiment du patriarcat. Le clitoris incarne dans le sexe de la femme le principe double de l'univers ; au cœur de la réceptivité du vagin réside l'érection du masculin. L'excision est non seulement la mutilation du corps et du plaisir, mais aussi celle du masculin qui fait chair en la femme au cœur de sa réceptivité ("Pote Mafé").

• **Le sexe de la femme est objet de la concentration de la violence du masculin et le lieu de la blessure la plus opaque et la plus intime de l'humanité.** Cela appartient à notre inconscient collectif, chacun y est relié et est appelé à guérir au moins la charge émotionnelle d'un aspect du féminin violé par la violence du masculin.

Le viol profane le noyau intime de la femme qui n'a plus la conscience de son essence divine, conséquence de l'occultation de son "Pote Mafé". Suite au viol, elle a le sentiment que quelque chose de son être n'est plus intact et perd le sens de l'intégrité qui lui assure le respect d'elle-même. Son masculin vit le déshonneur et la culpabilité de n'avoir pas pu la protéger, son féminin vit la honte et la souillure, son "Pote Mafé" vit l'indignité (cas vécu de Marina). Quand elle retrouve la conscience de son essence divine, elle la découvre inaltérable, quelles que soient les expériences (voir Méditation de *"Connexion intime à notre Pure Essence"*, p. 218).

• **Le sang menstruel.** La femme a "mal au ventre" car elle vit là un concentré des projections négatives du masculin qui juge son ventre impur. "*Dieu dit aussi à la femme : vous enfanterez dans la douleur.*" **Au cours de l'histoire patriarcale, le sang menstruel de la femme concentre l'impureté aux yeux du masculin**, la femme doit se purifier à chaque lunaison avant d'être de nouveau disponible à son mari. Dans la réalité duelle, quelle est donc la piste du plus sacré si ce n'est celle de ce qui est le plus dénaturé ? **Le Sang des Lunes concentre et matérialise à chaque cycle le Féminin Sacré.** La partie 2, "Les Retrouvailles", offre un espace de reconnaissance et de guérison au Sang des Lunes, lui redonne sa place essentielle au cœur du ventre des femmes. Les retrouvailles avec la dimension sacrée du **F**éminin à travers le sang menstruel offrent dans mon expérience et ma pratique une amélioration drastique du "mal au ventre". Supprimer le sang menstruel correspond à couper la matérialisation et la transmission de la vibration du **F**éminin Sacré. Certains laboratoires s'y emploient et des magazines féminins s'en félicitent... Le ventre de la femme se crispe du féminin non reconnu dans son mystère divin et sa beauté. La femme déserte la profondeur de son ventre. Plus elle le déserte, plus elle a mal au ventre. "Rèèèèèèèègles" ! Y a-t-il mot plus laid et plus masculin pour nommer le cycle menstruel grâce auquel le mystère du **F**éminin Sacré se matérialise ? Nous l'appelons ici le Sang des Lunes.

• **La femme réduite à sa dimension de reproductrice.** Bien des cultures patriarcales ne reconnaissent à la femme de valeur que dans sa dimension reproductrice. Reconnue si elle a des enfants, surtout des fils, répudiée si elle ne peut en mettre au monde. Peu importe qu'elle soit bonne ou mauvaise mère, pourvu qu'elle soit mère.

raison. Sa vérité est supérieure à celle de l'autre, il utilise pour cela la connaissance rationnelle, analytique, logique. Le dogme religieux, moral ou scientifique le rigidifie dans l'ignorance de sa propre nature féminine intuitive, empathique, analogique. Il se croit investi dans la moralité et juge non seulement pour lui mais pour les autres ce qui est bien ou mal. À l'extrême, c'est l'inquisiteur (cas de Véronique, p. 208). Il juge, méprise et condamne le féminin incarné par la femme, coupable du péché originel et donc de tous les maux, bouc émissaire du féminin qu'il refoule et ignore en lui-même.

• **Il fuit son humanité par la transcendance.** L'homme, dans son mental, cherche à fuir l'incarnation. Le Dieu biblique l'invite au sacrifice de ce qui est de l'ordre du féminin, sous peine de péché. Il rejette son humanité, cherche dans la transcendance de la pensée son salut. Il résiste à s'incarner. Il croit se sauver par le haut, oui il se sauve dans le sens qu'il fuit la rencontre avec lui-même et la vie. Il cherche hors de son corps la réponse de sa quête.

• **Il hiérarchise, domine et écrase.** Comme il observe de haut, il hiérarchise, et oppose supérieur et inférieur. Il fuit sa responsabilité derrière la hiérarchie, céleste ou industrielle. Il adhère à un enseignement ou un système qui fonctionne avec un système de gratifications ou autres diplômes. À la mesure où il écrase certains de sa supériorité, il s'humilie devant d'autres. Il ignore la véritable humilité qui procède de l'expérience.

• **Il restreint le monde au perceptible et nie le sensible.** Le masculin dans sa tête n'accepte que ce qu'il perçoit par ses cinq sens physiques. Il ignore la dimension sensible de la vie et nie la dimension subtile et énergétique de la réalité. Il se coupe ainsi d'autres formes d'informations. La psychothérapie officielle et reconnue risque bientôt de privilégier les études abstraites, théoriques et didactiques sur l'expérience pratique de l'accompagnement des êtres. Ce masculin suspecte la connaissance intuitive et expérimentale. Pour la contrôler, il fait appel à l'inquisition insidieuse et aux lois. Il pénalise les utilisateurs de purin d'ortie…

• **La domination de l'expert. La science sans conscience. L'élite dominante.** Le rationnel sec, à force d'analyser dans un mouvement de concentration de plus en plus restreint, focalise sa réflexion sur le détail, perd la vision globale et se spécialise. Il dissèque. C'est le scandale du sang contaminé, de l'amiante, de certains médicaments révélés dangereux, tous expertisés et avalisés au mépris des témoignages des gens concernés.

Le rationnel sec se retrouve à travers le poids des institutions dominantes, la science sans conscience, le sentencieux méprisant, l'intellectuel sans chair ni joie, le juge implacable, le calculateur, le technocrate politicien, le narquois, l'inquisiteur, le dogme, l'arrogance…

Résumé de "La position, base très haute dans le ciel, pointe à la gorge"

Le masculin isolé dans son mental s'abstrait de l'expérience humaine et la méprise, il déshumanise et assèche. Il hiérarchise dans une toute-puissance de son savoir ou de son dogme car il croit avoir raison au nom du bien et du mal. Il dénie la connaissance subtile et écrase le féminin de sa supériorité.

À l'inverse avant la légalisation de la contraception, le ventre de la femme portait la peur d'une grossesse non désirée. Combien de générations d'hommes ont vécu la hantise de mettre la jeune fille enceinte ? Combien de mariages obligés car la femme était enceinte contre son gré ? Combien de femmes bannies d'enfanter hors mariage, de destins tragiques de filles mères ?

Aucune femme n'avorte sans sentir son ventre, son cœur se déchirer, son âme s'interroger. La légalisation de la contraception et de l'interruption volontaire de grossesse, toute nécessaire qu'elle soit dans l'état actuel, n'est qu'un leurre que nous prenons pour un choix. **La contraception et l'interruption volontaire de grossesse ne font que confirmer la femme dans son rôle d'objet, ici d'un processus vital dont elle n'aurait aucune maîtrise.** Quand la femme retrouve la compréhension et la maîtrise intérieure, organique et énergétique de son corps et de ses organes reproducteurs, quand cela est reconnu et enseigné par les institutions, elle sort véritablement du rôle d'objet. Les techniques énergétiques taoïstes sont une des pratiques qui redonnent à la femme la véritable maîtrise de son corps et de ses choix.

La légalisation de la contraception et de l'interruption volontaire de grossesse n'est qu'un leurre que nous prenons pour un choix.

• **La femme au ventre, au corps déserté.** Une femme victime dans son ventre, physiquement comme par un viol ou psychiquement comme par le mépris du père sur le sexe féminin, peut avoir tendance à déserter son ventre. La pointe du triangle au ventre signale alors un vide. Elle se plaint de douleurs inexplicables ou d'un sentiment de vide à elle-même, à la vie et à l'envie, un manque de désir, dont elle ne prend la totale mesure qu'en contraste d'une grande joie. Le corps peut être déserté de façon fugitive, comme pour faire l'amour sans amour. De façon durable, il finit par vivre des difficultés physiques car il ne reçoit pas l'influx vital.

• **La sensation de béance dans le ventre.** La sensation du vide béant au ventre s'accompagne habituellement du **besoin irrépressible de combler ce vide.** Symptômes proches de la boulimie. Cette béance cache l'occultation du "Pote Mafé" qui lui offre le vécu intérieur du plein de l'essence divine incarnée dans le corps. En contraste, **certaines femmes enceintes vivent un sentiment merveilleux de complétude** et se sentent pleines, valables, importantes, belles, royales, divines, grandioses, inatteignables, en elles-mêmes, reliées, complètes… Parfaite illustration du vécu intérieur du "Pote Mafé", fort différent du masculin de la femme dans l'action et l'axe.

La sensation de béance dans le ventre peut créer le **besoin d'accumuler**, dans un mouvement centripète, de l'extérieur vers le centre, dans le vain espoir de combler le vide. Comme la matière, le féminin a horreur du vide. Les centres du haut ne sont pas ici activés, l'énergie ne circule pas bien, il y a stagnation avec ses problèmes de constipation ou de digestion. C'est la dynamique qui collectionne, dans laquelle il y a toujours un objet à l'extérieur qui manque à la complétude intérieure.

• **Le sentiment de vide crée le besoin d'avoir.** Le féminin cherche alors par l'avoir à combler le vide. Ainsi les personnes prises d'achats compulsifs. Le féminin cherche par l'avoir à "être plus" : être plus belle, plus désirable, plus convoitée, plus rassasiée, plus reconnue, plus vivante, plus pleine, plus complète… **Le féminin cherche par l'avoir son manque d'être.**

2 / Triangle dont la base est haute dans le ciel, la pointe vers le cœur

C'est la position du triangle du masculin qui s'exprime à travers le mental (3ᵉ œil) et l'affectif (poitrine), mais n'habite pas l'action (ventre extérieur au triangle).

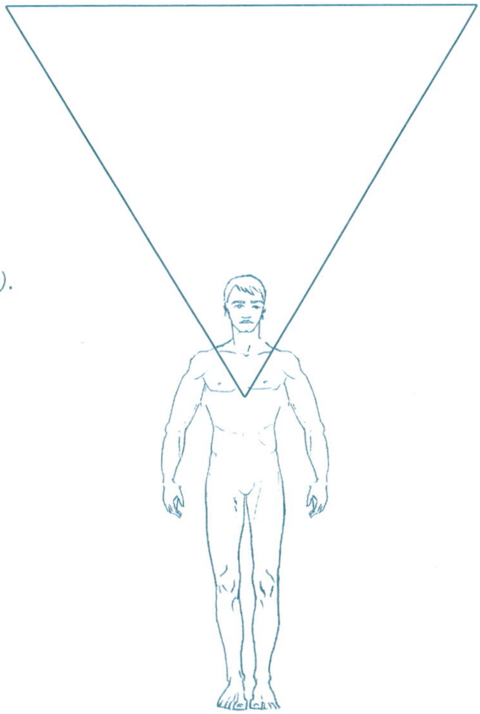

• **De belles idées en l'air contredites par la vie privée.** C'est le masculin aux belles idées qui n'engage pas sa vigueur à les réaliser. Il idéalise, et résiste à toucher la matière. Il aime la nature mais ne voit pas ses plantes manquer d'eau. Il fuit l'action dans de belles théories universelles ou ésotériques, mais ne les pratique pas concrètement : il ne s'incarne pas dans sa profondeur (voir le cas vécu de Clara, p. 95). Il est aisément manipulé par l'ego spirituel. Il donne des leçons aux autres, sans voir qu'il fait le contraire dans sa vie. Il adhère à l'énergie subtile, mais se méfie de l'énergie vitale.

• **Le gentil.** L'action lui fait peur car il a peur de la violence. Il l'a subie ou l'a vu subir impuissant à l'éviter, pour ainsi ne pas habiter son ventre et avoir peur de s'engager. **Il ne sait pas dire non ou stop.**

Nombre d'hommes au cœur ouvert, fréquents dans mes séminaires, refusent la violence et expriment en parallèle une difficulté dans leur identité d'homme. Ils se sentent confusément coupables et en colère, ils font tout ce qu'ils peuvent pour servir le féminin, à travers la femme ou une cause extérieure et ils ne se sentent pas reconnus. Leur masculin est castré d'une partie de sa vigueur par la colère refoulée, et sert une cause extérieure qui nie leur propre féminin. Il cherche à éviter les conflits sans comprendre qu'il les crée en frustrant la vie de son engagement. Ces hommes méconnaissent la violence qu'ils exercent sur eux-mêmes en s'identifiant à des êtres non méchants. **Le refus systématique de la vigueur qui sait dire stop leur fait violence** (voir le cas vécu de Clara, p. 95). Ils vivent l'inhibition de leur vitalité profonde.

• **Le manque de centre et d'enracinement.** La non-reliance au cœur et au 3e œil du féminin de la femme et l'absence d'un axe dans son masculin la laissent tel un fétu de paille, balayée par les émotions. Ce ne sont pas les émotions qui sont en cause, mais le manque du centre au cœur de ses émotions. Ici ce n'est pas le "Pote Mafé" qui manque le plus, mais le masculin de base, l'axe.

On peut associer au manque de centre et d'axe, de masculin, la femme peureuse, la tête penchée, sur le qui-vive de se faire blesser, pétrifiée à l'âge où s'est installé le traumatisme. Elle est la victime idéale à qui sait exploiter la peur. Elle porte l'archétype des femmes anonymes exploitées, dans l'ignorance de leurs droits, esclaves à qui aujourd'hui on retire passeport et carte d'identité.

• **La femme esclave réduite à une force de travail.** Le masculin de celle-ci habite sa force de vie. C'est le féminin esclave dominé autant par la force de la croyance que par la force physique et qui s'y moule sans révolte apparente. Elle est réduite à son ventre, non plus comme reproductrice mais comme ressource corvéable à merci. Elle est dure à la tâche et y trouve une forme de fierté. Elle ne se plaint pas, mais ses idées tournent en rond, son cœur s'est durci, comme l'éclat de ses yeux.

> La non-reliance au cœur et au 3e œil du féminin de la femme et l'absence d'un axe dans son masculin la laissent tel un fétu de paille, balayée par les émotions.

• **La femme mec.** Blessée physiquement ou émotionnellement dans ses entrailles, elle méprise son corps, elle reproduit sur son propre corps ce qu'elle a subi et compense par un masculin caricatural. Au contraire de celle qui s'identifie à une victime et occulte son masculin, la femme mec occulte qu'elle est blessée et refuse d'être victime. Son corps est habité par le masculin. Elle lui refuse tout signe de féminité. Elle croit ne pas se soumettre. Elle utilise son corps sans l'écouter. Elle peut accepter des relations sexuelles pour des raisons autres que celles d'un vrai oui.

• **La femme-objet** fait tellement partie de nos représentations courantes que nous ne prenons pas conscience de la prostitution de son féminin. Dans les publicités, la jeune femme jambes ouvertes remet au mâle ou au regard sa volonté propre. Il la domine et l'assujettit. Elle habite les fantasmes sexuels de nombre de femmes. Sans violence apparente, elle s'identifie à être l'objet consentant de l'homme au lieu de s'abandonner à son propre **M**asculin.

Résumé de "La position, base dans la terre, pointe au niveau du bas-ventre"

Le ventre du féminin, coupé du cœur et de l'intellect, subit au plus intime la concentration de la violence et de la projection négative du masculin.
La femme réduite à son ventre blessé le déserte, elle se sent souillée et violentée au plus intime d'elle-même et perd le sens de son intégrité.
Elle s'identifie à la victime impuissante, à l'objet vil du masculin et peut reproduire envers son corps ce qu'elle subit.

• **Contre les méchants.** Ceux-là débattent contre les méchants de tous ordres et restent au niveau du discours, ils ne mobilisent pas leur énergie pour s'engager dans la cause qu'ils défendent intellectuellement. Ils ne prennent pas le risque. Ils sont contre et non pour. Ils méditent contre la guerre, non pour la paix. Ils sont contre la pollution et laissent l'eau couler. Être pour quelque chose mobilise et engage l'énergie.

• **L'impuissant. L'éjaculateur précoce.** Il est dans l'amour virtuel et n'enracine pas son axe jusqu'à son ventre. Il refuse pour l'instant de rencontrer la colère de ce qui le rend impuissant. Il veut satisfaire la bien-aimée mais ne peut la combler. Il cherche quoi faire pour la satisfaire, mais il n'écoute pas en lui-même, il cherche à l'extérieur. Il pense aux zones érogènes, à des trucs qu'il plaque sur la situation. Il veut bien faire et n'est pas dans la relation, mais dans son idée, ses gestes sont mécaniques, nerveux, tendus pour la faire jouir. Il éjacule vite car il ne s'accorde pas avec une qualité de présence. Il a besoin d'apprendre à s'installer tranquille en lui-même. Il n'est pas le même éjaculateur précoce que celui de l'ombre du féminin chez l'homme, "les entrailles combinées au cœur" (voir p. 82) qui lui est un enfant liquéfié ; ici c'est l'amant nerveux sans ancrage. Les deux peuvent se combiner…

Résumé de "La position, base haute dans le ciel, pointe vers le cœur"

L'ombre du masculin chez l'homme qui utilise la tête et l'affectif idéalise sans pouvoir incarner son intention. Il s'inhibe et se fait violence en niant la colère face à l'incarnation qui sourd dans son ventre.

3 / Triangle dont la base est à la tête, la pointe aux genoux, mais coupé au cœur

C'est la position du triangle du masculin qui met en mouvement, en action (genoux) sa pensée (tête), sans le cœur ou un cœur superficiel.

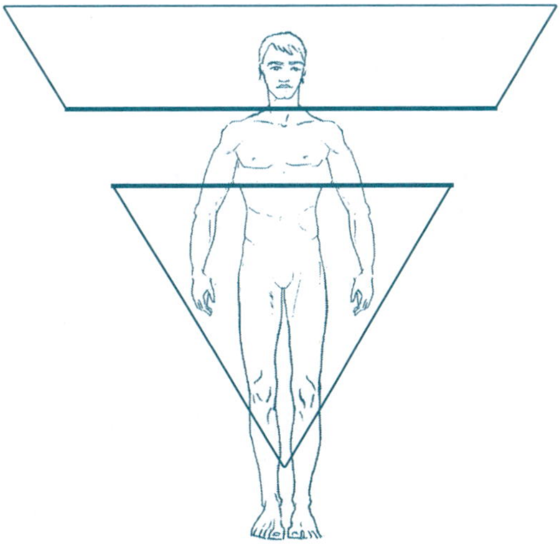

Le triangle semble s'installer sur la totalité de l'être. Pourtant la base regarde d'en haut la terre et l'incarnation, l'enracinement n'habite pas la profondeur, le cœur est sous-entendu mais pas choisi véritablement. Ce masculin connaît la matière et ses règles, il la domine, il a raison et la société lui donne raison, il réussit matériellement.

2 / Triangle dont la base est sous les pieds, la pointe vers la poitrine

C'est la position du triangle du féminin qui correspond au ventre, au Hara, combiné à l'affectif, mais sans le 3e œil, sans une conscience plus subtile de soi en tant que Soi. L'énergie ou l'action combinée à l'affect.

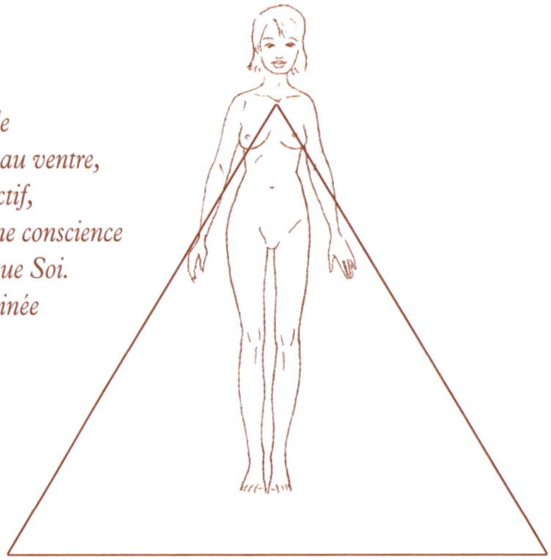

C'est la position du féminin infantilisé non reconnu comme sujet. C'est l'enfant dont la conscience de lui-même en tant que source de l'amour n'est pas acquise. C'est la position du féminin de beaucoup de personnes qui cherchent à obtenir de l'autre une réponse à leur besoin d'amour et de sécurité. L'affectif les manipule car ils ignorent la source en lui-même, cela les prive de la dimension véritable du cœur. Le féminin manipulé manipule. **Le féminin infantilisé manipule l'affectif.**

Dans la troisième dimension, le masculin domine le féminin qui ne peut obtenir directement ce dont il a besoin et devient expert en manipulation affective et en jeux de pouvoir.

La domination et la manipulation sont les tenants et les aboutissants du monde duel qui oppose masculin et féminin.

La manipulation est au féminin ce que la domination est au masculin !

Pour obtenir indirectement ce dont il a besoin, le féminin utilise le registre de l'affectif : la gentillesse, la pitié, la victimisation, la bouderie, la gaminerie, l'enfantillage, la fâcherie, le retrait émotionnel, la dispersion, l'éparpillement, la dissipation, le mensonge, la réponse vague, la tromperie, l'artifice…

• Les émotions peuvent manipuler plus ou moins consciemment la femme comme l'homme. Il existe un piège émotionnel. Quand les émotions jaillissent, la sensation d'énergie dans le corps est activée, la sensation d'être vivant est plus intense. **Si le domaine sensoriel n'est pas stimulé sainement ou suffisamment, les émotions peuvent être recherchées comme source d'intensité.** Quand les émotions ne sont pas honorées et fluidifiées et s'il manque le centre et l'axe du masculin, elles manipulent la personne qui peut utiliser les émotions pour manipuler son environnement.

Ce n'est pas le Masculin Sacré indéracinable, dans le choix incarné du cœur, sa tête dégagée de tout besoin d'avoir raison.

Il est la référence du masculin demandé dans le monde patriarcal, capable de se scinder entre quelqu'un de sympathique ici et un tyran ailleurs.

• **Le grand patron. Le père tout-puissant. Le tyran.** Le mental l'emporte, il impose sa vérité aux autres car lui, il sait imposer sa loi aux plus faibles. Il a toujours raison et assujettit l'autre et les autres. Il lui faut le pouvoir. L'éclat de ses yeux peut être intrusif. Il jauge son adversaire. Si son féminin s'en mêle, c'est un grand manipulateur. Si le masculin est prédominant, il a la conviction du gouvernant qui utilise des idéaux pour imposer son point de vue et ses mesures, même iniques. À l'extrême, c'est un tyran. Cette figure toute-puissante est dans nombre de cultures celle du père, à l'image du Dieu biblique, tout-puissant, dominateur, colérique.

• **Le missionné. L'inquisiteur.** Il se donne le pouvoir de faire la lumière par sa connaissance qu'il considère supérieure. Il lui faut du résultat. Il force. Il se croit missionné pour éradiquer l'ombre. Il est présent dans toutes les formes de terrorisme où un dogme quel qu'il soit, religieux, politique, culturel, utilise le pouvoir ou la terreur directe ou indirecte pour s'imposer, forcer la conscience ou le corps de l'autre.

• **La loi du plus fort.** Il combine la réflexion à la violence. Le mental froid asservit et domine l'autre considéré comme un objet. Il sait comment utiliser la force et la pression, car pour lui "la violence est un mal nécessaire". Ainsi la logique implacable nazie utilise le rationnel sec pour conceptualiser l'extermination et la "brute" pour la mettre en pratique. Certains officiers responsables des camps vivaient en parallèle et sur place une vie de famille apparemment heureuse. L'être est alors scindé en deux.

• **Les mots qui tuent.** Ils appartiennent à la combinaison du rationnel sec et de la violence. La force du mental est utilisée comme une arme qui se projette consciemment pour blesser là où cela fait mal, sur le féminin de l'autre. Dans le film *Ridicule* de Patrice Leconte (1996), un bon ou mauvais mot fait ou défait la carrière, l'honneur, la subsistance.

• **L'exacerbation masculine des sens.** C'est la jouissance limitée aux cinq sens, différente de la réjouissance qui prend tout l'être depuis le centre du cœur. La jouissance permet la décharge de la tension par un climax de sensations de plus en plus fortes qui, après explosion, retombent et apportent une détente. La sexualité du masculin permet un soulagement et une satisfaction sensorielle, fugaces et rapides. Le temps s'accélère vers le but, les mouvements s'emballent et le cœur et le regard s'absentent dans l'émotion, le corps se tend, le geste, la parole portent l'intention du résultat. L'intensité est de plus en plus recherchée car la satiété et le contentement procèdent de l'intérieur de l'être.

• **La compétition et la performance. Elles sont deux grands pièges du masculin de notre monde.** Elles se produisent dans une forme de violence au prix des autres et de lui-même. La performance des chiffres et du rendement en sont une tonalité qui sépare qualité et quantité. Les forces de ventes sont entraînées comme des marines. Nous consumons la Terre par le productivisme. Le triangle du masculin est comme une flèche pointée vers la terre. Dans la compétition et la performance, le masculin condense sa dynamique vers un but, être le premier, le plus fort à atteindre la cible. Il se reconnaît dans cette concentration vers un objectif qui légitime pour lui les moyens.

• Dans cette position du triangle, **le féminin dans un mouvement d'étreinte cherche à ramener vers le cœur ce qui lui manque.** Embrasser, étreindre est le mouvement naturel du cœur. Ici, ce n'est pas le mouvement naturel, mais le besoin. Le féminin ne reconnaît pas l'amour de la source en son sein et a besoin de ramener vers le cœur pour ressentir l'amour en son sein. Ainsi la mère peut avoir besoin de mettre à l'abri, de garder au nid son enfant ou ce qu'elle considère comme tel. **Elle projette inconsciemment une enceinte énergétique autour de l'enfant ou de l'autre qu'elle considère lui appartenir.** "Mon enfant à moi...". L'enfant ou l'autre devient alors la projection, le besoin de complétude, qui aspire à mettre l'autre à l'intérieur d'elle ou de son champ d'énergie.

Le féminin devient un **pôle centripète d'absorption** jusqu'à l'étouffer. L'être absorbé dans l'énergie de ce féminin est pompé de son énergie propre au profit du grand corps maternel qui ne lui permet pas sa vie propre. C'est la **dépression du "nid vide"**, quand l'enfant autonome sort de l'enceinte énergétique de la mère. L'âme appelle à rencontrer ce vide pour y réveiller le sens de sa propre existence à travers le "Pote Mafé".

• **Les miens et les autres. Le dedans et le dehors.** Une conséquence de cette sensation d'incomplétude du féminin est de percevoir le monde depuis ce qui paraît appartenir ou non à son enceinte. Il y a alors "les miens et les autres", "la famille et les autres", "les nôtres et les étrangers". La séparation duelle s'installe entre "mien et pas mien".

• **Une partie du tout est exclue de l'étreinte du féminin.** L'affect du féminin exclut une partie du tout, alors que le Féminin Sacré, la Déesse, l'amour inconditionnel inclut. La séparation est engendrée par le fait que le féminin croit qu'il y a quelque chose à l'extérieur dont il manque. **Cela crée le dedans séparé du dehors !** Lorsque le féminin retrouve la conscience de son "Pote Mafé" et qu'il s'unit au masculin, la complétude s'installe. Tout est là, dedans. Il n'y a plus rien dehors et il n'y a plus de séparation.

L'exclusion est une des conséquences du féminin qui se vit incomplet. Nous la vivons dans tous les domaines : dès que nous jugeons insupportable une partie du tout, notre cœur ne peut plus l'inclure, nous l'excluons. **L'exclusion se crée en jugeant insupportable une partie du Tout.** Chacun a son propre insupportable. Nous l'appelons généralement "eux". Ce n'est pas nous, mais eux la pollution de la terre, le terrorisme, la science sans conscience... Rencontré intimement, l'insupportable se révèle être le reflet de notre propre blessure. Après l'avoir étreint, le cœur comprend alors la globalité, dans le sens de prendre en Soi, quelque chose change radicalement dans notre relation au monde.

• **Le féminin gave l'autre de ce qui lui manque et s'épuise.** L'énergie de vie nourricière monte de la terre à travers le ventre de la femme dans toute sa générosité, mais elle la déroute inconsciemment de son propre cœur et évite ainsi d'y sentir ce qui manque, les émotions refoulées, les chagrins et les peines venus de l'enfance. Cette énergie nourricière, elle la donne. Elle ne l'offre pas, elle la donne et implicitement l'autre doit la recevoir car elle doit donner ce qu'elle n'a pas reçu et qui manque toujours. Ce n'est pas le don inconditionnel qui se ressource à une source intérieure, mais un devoir et un sacrifice. Ce féminin s'épuise et s'il n'y a pas de retour continuel, il peut s'assécher.

• **Le féminin donne son amour sous conditions et instaure la dette.** Les religions patriarcales sont sacrificielles. En échange d'un sacrifice, Dieu accorde quelque chose. Relations de commerce et non d'amour inconditionnel. "Si je te donne ceci, tu me donnes cela." Le sacrifice et la dette sont transmis de génération en génération. "Avec tout ce que j'ai fait pour toi." C'est un marché inconscient et implicite où le débiteur est otage, piégé dans le choix toxique

Résumé de "La position, base à la tête, pointe aux genoux, mais coupé au cœur"

Le mental en action sans le cœur est la référence de notre monde patriarcal où la domination et la violence s'exercent par le tyran qui sait justifier la loi du plus fort, à l'image d'un Père Dieu tout-puissant. Il opprime, terrorise et massacre, dans une recherche exponentielle de territoires et de sensations. La compétition et la performance empoisonnent littéralement notre monde et notre vie. Le masculin se concentre vers un but qui lui donne illusoirement un sens de lui-même, et légitime pour lui les moyens.

4 / Triangle dont la base est au ventre, la pointe enfoncée dans la terre

C'est la position où toute l'action est tournée vers la matière, sans la dimension affective, ni la pensée structurante.

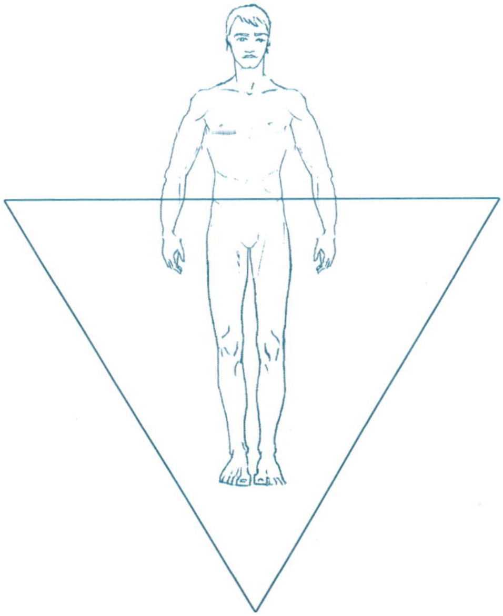

La conscience de soi est ici réduite à la dimension physique qui réagit violemment et automatiquement à la moindre activation. La dimension universelle de la conscience de soi, de la conscience qui fait sens, de l'appartenance à quelque chose de plus vaste où un sens sous-tend l'ensemble, est endormie. La dimension affective est désertée. Il y a à l'origine une blessure affective terrible, une terreur de fonctionner depuis la sphère affective et le ressenti intérieur. Le masculin s'enfonce dans les ténèbres à travers un concentré de violence, d'ignorance et d'inconscience.

• **La violence brute.** Ce masculin violent est obsédé par l'idée de démontrer qu'il est "un homme, un vrai". Il sait inconsciemment qu'il est plus que ce qu'il vit, qu'il existe autre chose et c'est si violent qu'il extériorise le fait d'en être, lui, réduit là. Dans la position la plus basse du triangle du féminin, l'homme est manipulé par ses pulsions ; ici dans la position la plus basse du masculin, **son action est concentrée, obsédée par la violence**.

entre ne pas se respecter ou faire de la peine. Nous instaurons le royaume de la dette à un niveau planétaire. Notre système d'éducation est le principe du chantage affectif issu du modèle patriarcal de la relation masculin / féminin. C'est l'amour conditionnel. Quand le cœur est nourri de sa propre énergie nourricière, l'abondance s'exprime sans que la générosité ne pèse ou oblige. **L'amour inconditionnel s'offre librement et libère l'autre en le reconnaissant comme sujet de sa propre vie.**

Résumé de "La position, base sous les pieds, pointe vers la poitrine"

Cette position du triangle du féminin représente la manipulation et le chantage affectifs, seuls moyens pour le féminin infantilisé d'obtenir indirectement ce dont il a besoin. Ce sont les relations de dépendance, sous le risque de l'exclusion, de l'amour conditionnel qui juge une partie du tout. L'ignorance du "Pote Mafé" pousse ici à chercher hors de soi l'amour.

3 / Triangle dont la base est aux genoux, la pointe à la tête, mais coupé au cœur

C'est la position du triangle du féminin qui correspond au ventre, le Hara, combiné au 3e œil, sans le cœur, c'est-à-dire l'énergie et l'action, la vitalité profonde combinée au mental, sans la dimension de l'amour. L'intelligence de l'énergie sans l'amour.

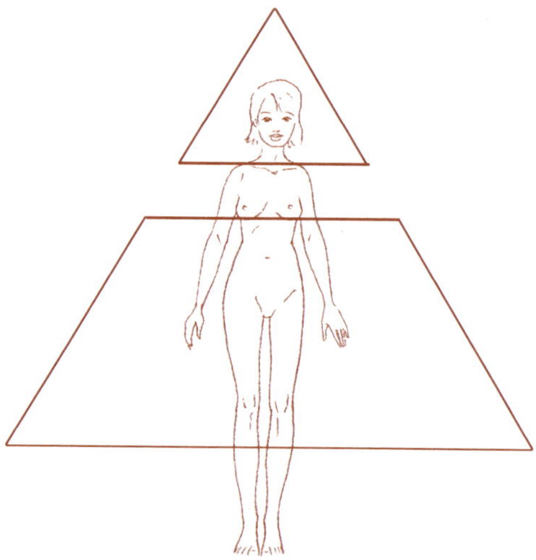

• **L'intelligence de l'énergie sans l'amour est la séduction.** Le féminin blessé, trahi dans son cœur, le déserte car il lui fait ressentir la blessure d'amour. L'énergie du féminin cherche avec intelligence à obtenir la reconnaissance d'amour dont elle a besoin et que lui refuse le masculin dans la réalité duelle. L'intelligence de l'énergie séduit, comme l'onde caresse le rocher. La séduction va avec l'intelligence. Sans intelligence, pas de séduction. Les hommes politiques séduisent plus qu'ils ne convainquent les électeurs. La séduction est l'intelligence de l'énergie, sans l'amour. Lorsque nous sommes profondément amoureux, notre cœur sent la résonance, il n'est pas séduit mais en résonance, il s'y accorde et se coule dans la danse des deux énergies. Dans le **F**éminin Sacré, le **F**éminin est uni au **M**asculin, il vit la complétude, il n'a pas besoin de séduire, il est la beauté, il peut se réjouir de danser la danse de beauté qui éveille les sens à l'incandescence. Le **F**éminin est alors la sensualité aimante, sans attente ni intention de séduire, la sensualité en Soi, tel un chat sensuel par essence, non pour séduire l'oiseau.

Le féminin est manipulé, le masculin est, lui, obsédé. **Il a besoin d'un ennemi sur lequel défouler la violence qui l'habite.** C'est l'homme de main, l'exécuteur des basses œuvres du rationnel sec.

Quand un petit garçon est élevé dans l'idée qu'un homme se limite à une force de vie, des muscles, sans émotion ni ressenti et pour lequel une autorité extérieure décide du bien et du mal, des circonstances extrêmes peuvent déclencher l'extériorisation de la violence faite depuis l'enfance à sa sensibilité, à son féminin.

• **Cette violence est nôtre.** Elle génère les positions du féminin les plus abîmées. Elle correspond à la violence faite au féminin, à la Terre, au corps, à la psyché, à la femme, à l'enfant… Elle habite notre monde, même si elle ne se matérialise concrètement pas dans notre vie quotidienne. Elle existe entre le masculin et le féminin de la réalité duelle. Elle habite un coin de notre psyché. Confrontés à une nuit noire apparaissent sur notre écran intérieur les prédateurs sanguinaires. Nous redoutons le noir qui révèle ce qui nous reste à alchimiser.

Résumé de "La position, base au ventre, pointe enfoncée dans la terre"

L'ombre du masculin, coupé de sa dimension universelle transcendante et de la sphère affective et concentré dans l'action, est obsédée par le fait d'extérioriser la violence subie à son propre féminin. Celle-ci appartient à notre psyché individuelle et demande à être transformée.

Résumé de "L'ombre du masculin à travers les hommes"

L'ombre du masculin chez l'homme domine, assujettit et refoule le féminin par la force physique ou mentale. Elle le conduit à l'abstraction et à l'aberration, à l'inhibition et à la violence jusqu'à la barbarie. En se coupant du ressenti ("Pote Féma"), le masculin banalise son sentiment de culpabilité et son impuissance face à la blessure du féminin qu'il projette à l'extérieur et qu'il refoule en lui-même. L'ombre du masculin vit dans l'inconscience d'une trame plus vaste qui donne sens et l'inclut dans un tout cohérent.

2 • L'ombre du masculin à travers les femmes

Imager le masculin de la femme est une gageure puisqu'on lui demande de le refouler, pourtant son masculin existe même refoulé, comme le féminin de l'homme existe même interdit.

L**e masculin extériorisé par la femme occidentale est un masculin copié sur celui de l'homme** qui compense l'ignorance de son véritable masculin pour lequel elle n'a nulle référence. Elle se comporte en miroir de ce qu'elle observe des hommes, dont elle adopte les codes. Son véritable **M**asculin est intérieur, psychique, il ne s'exprime pas de la même façon que pour un homme. Il n'a pas besoin de s'extérioriser pour se sentir exister, il existe et peut agir, sans besoin de prouver sa place.

Le féminin a besoin de se sentir reconnu, désiré, choisi, apprécié, préféré, regardé… Et l'on peut être reconnu, désiré, choisi sans pour autant se sentir reconnu, désiré, choisi. La non-reconnaissance est un abîme que rien d'extérieur ne peut combler car elle est intérieure entre le masculin et le féminin en nous. **La séduction est la réponse intelligente du féminin afin d'être reconnu dans un monde où le Féminin Sacré est méconnu et le féminin, assujetti.** Elle ne passe pas par le cœur.

• **L'insinuation.** L'intelligence de l'énergie est par nature sensuelle, elle ondule tel un serpent. Elle a l'habitude de ne pouvoir agir directement alors elle s'immisce, elle insinue et laisse derrière elle une traînée de rumeurs. Elle est un poison qui touche là où l'autre porte déjà un doute. L'insinuation est l'intelligence de l'énergie sans le cœur.

• **La rivalité entre femmes, conséquence de la séduction.** Au cours du patriarcat, les hommes, sous la menace latente d'abandonner les femmes et leurs enfants, ont fait d'elles des rivales. Pour garder la protection de l'homme, les femmes rivalisent de séduction à la satisfaction narcissique de l'homme. La survie commande alors de séduire l'homme et d'écarter les autres femmes.

La jalousie des femmes entre elles en résulte. La femme de la réalité duelle croit que l'autre femme dispose de quelque chose qui la ferait, elle, se sentir complète. Elle jalouse la complétude qu'elle prête à l'autre femme alors qu'elle vit le manque de son "Pote Mafé" qui lui donne le sens d'elle-même et la reconnaissance de sa propre beauté.

• **La remise de pouvoir à l'homme de reconnaître la beauté de la femme travestit le féminin en féminité.** D'après le *Petit Robert*, la féminité est "l'ensemble des caractères correspondant à une image sociale de la femme : charme, douceur, délicatesse". Le partage, l'accueil, la générosité, la joie, la sagesse, la dignité, l'instinct, l'intuition, le respect de la vie, la gratitude, la reconnaissance, attributs importants du Féminin Sacré, ne sont pas nommés. La féminité est reconnue culturellement comme la nécessité d'attirer le regard de l'homme pour exister en tant que femme, dans la peur de rester dans l'ombre et le besoin de la lumière de l'autre pour se sentir exister. L'injonction des médias exhorte à séduire, à chercher à l'extérieur la reconnaissance de son féminin. Cela n'est possible que parce que **la femme remet à l'homme le pouvoir de reconnaître sa beauté.** C'est à elle-même de reconnaître sa beauté, unique, spécifique, et c'est son propre masculin qui lui apporte la lumière et le sentiment d'être "distinguée" parmi toutes. Une femme qui se vit belle est belle. Les retrouvailles avec son "Pote Mafé" donnent à la femme la reconnaissance de sa beauté intrinsèque. La beauté unique qu'elle porte. La Beauté du Féminin Sacré individualisé en elle. Son Masculin est celui qui par essence connaît véritablement sa beauté e s'en émerveille.

Résumé de "La position, base aux genoux, pointe à la tête, mais coupé au cœur"

La séduction et l'insinuation sont la réponse du féminin qui utilise intelligemment l'énergie sans le cœur afin d'être reconnu dans un monde où le Féminin Sacré est méconnu et le féminin, assujetti. L'insécurité des femmes a fait d'elles des rivales qui doivent séduire pour survivre. La remise de pouvoir à l'homme de reconnaître la beauté de la femme transforme le féminin en féminité.

Afin de trouver sa place et sa sécurité dans le monde patriarcal, la femme occidentale sacrifie son comportement naturel. Rêvasser à la terrasse d'un café est interprété comme être disponible à une rencontre. Une femme, tant qu'elle ne vit pas la présence intérieure, expérimente même inconsciemment un état de défense ou d'hypervigilance dans un monde qui domine le féminin.

L'ombre apparente du masculin chez la femme est similaire aux caractéristiques de l'ombre de l'homme. **L'ombre cachée est l'extériorisation d'un masculin factice qui révèle l'inconsistance de son propre masculin et l'ignorance de son "Pote Féma".**

Reprenons sommairement le même protocole que pour l'ombre du masculin à travers les hommes.

1 / Triangle dont la base est très haute dans le ciel, la pointe à la gorge

Position du triangle du masculin non incarné dans la matière,
sans accès à la dimension de l'affectif, ni celle de l'action tangible.
L'énergie du triangle se concentre dans le mental.

Dans cette position, la femme rejette et fuit son corps de femme et se réfugie dans le mental. Elle tourne en rond "en haut" et ressasse les mêmes histoires, ce qui lui permet d'éviter l'émotion et les sensations de souffrance "en bas" dans le corps. C'est la grenouille de bénitier, desséchée et au cœur tari de trop de souffrance, au corps momifié, en quête d'une transcendance illusoire ou dans un déséquilibre intérieur, qui répète inlassablement les mêmes mots dénués de sens. Elle erre intérieurement dans un monde à part.

Par nature, une femme habite plus consciemment son corps qu'un homme avec la même tonalité de masculin car le Sang des Lunes la redonne chaque mois à la réalité incarnée.

2 / Triangle dont la base est haute dans le ciel, la pointe vers le cœur

Position du triangle du masculin à travers le mental et l'affectif, mais n'habite pas l'action.

• **La victime.** C'est la position induite chez la femme par le patriarcat. Elle peut penser et comprendre, parfois même avec le cœur, mais elle ne peut pas agir. Soit elle en est empêchée par la loi ou l'autorité, soit elle inhibe elle-même son action par peur ou par sa propre non-reconnaissance de son droit divin à choisir pour elle-même. Elle est dominée par une instance supérieure et ne peut agir dans la matière. Cette instance peut être réelle comme ces femmes empêchées d'exercer certains métiers, de voter, d'avoir leur propre compte bancaire, mais souvent intérieure à travers des programmes, des mémoires limitants : "Ce n'est pas pour moi", "Je ne suis pas capable". Le sens d'elle-même se focalise sur cette identité de pouvoir y arriver, réussir. Selon sa maturité intérieure, elle s'identifie à la victime. Elle peut revendiquer son masculin, mais elle ne se donne pas le droit de l'incarner jusque dans son ventre. Elle vacille et doute.

Physiquement, son bassin ne porte pas son axe, elle n'incarne pas son action. On ne lui a pas appris que le masculin d'une femme s'incarne dans sa structure et la position de son bassin contribue à la mettre en pâture énergétiquement.

4 / Triangle dont la base est à la poitrine, la pointe au-dessus de la tête

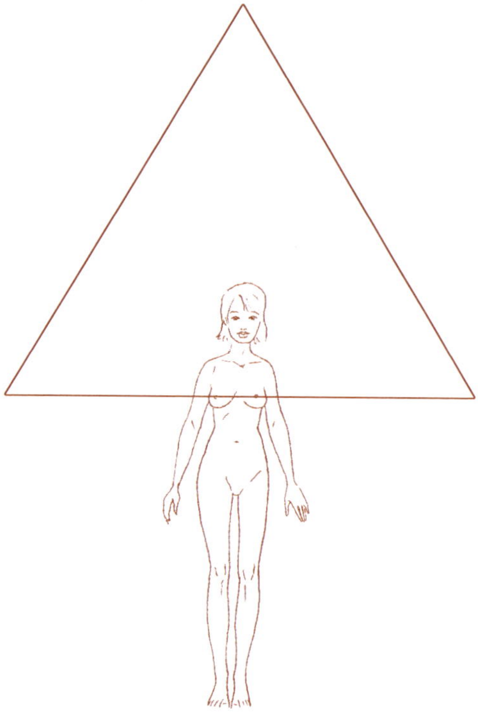

C'est la position du triangle du féminin qui correspond à l'affectif combiné au mental et qui déserte le ventre et la vitalité profonde. Le ventre n'est pas habité et toute l'énergie est vers le haut. Le mental émotionnel désincarné.

C'est une position de grand déséquilibre qui signale une profonde blessure dans la pulsion de vie qui est désertée et se réfugie dans les idées reliées à l'affectif, dans un cœur bien-pensant.

C'est en miroir le reflet de l'ombre du masculin qui combine la tête et le cœur (voir p. 65), sans incarner ni enraciner. Il néglige d'incarner ses "belles idées en l'air". **Ici le féminin déserte la vie dans une idée de spiritualisation, de sublimation et de pureté de la matière.** Ce masculin refuse de s'incarner et ce féminin dévitalise en croyant spiritualiser.

Le féminin déserte la vie dans une idée de spiritualisation, de sublimation et de pureté de la matière.

• **La sublimation.** L'énergie du féminin, qui vient de la terre, évite la blessure des entrailles pour justifier une façon (3e œil) d'aimer (cœur) hors du corps. Les religions qui coupent du corps enseignent à ne pas habiter le ventre : des chants haut perchés, l'isolation sensorielle, la chasteté, la pauvreté, l'enfer, le péché mortel, à refouler notre pulsion de vie et notre élan spontané. Cela donne des femmes (ou des hommes) à la voix douce et haut perchée qui manquent d'enracinement, d'ancrage, à côté de leur vie… C'est la dame charitable et prude qui juge la vie des autres, alors qu'elle la censure en elle, figure victorienne du XIXe siècle avec collet monté et corset qui contraignent et asphyxient la force de vie et la jouissance. Elle évite soigneusement un rapport trop organique avec l'autre, **obsédée par la propreté et un fantasme de pureté,** à la différence des religieuses consacrées aux plus démunis qui mettent les mains dans le tangible, la crasse et l'humain. La saine animalité, l'instinct profond sont ici démonisés.

• **L'hypersensibilité.** L'hypersensibilité est la conséquence directe de la sublimation. Le ventre déserté ne peut pas ancrer, stabiliser le monde émotionnel. Ces femmes prennent de

• **La jeune fille voilée.** Près de Sohane à qui est dédié ce livre, il y a des jeunes filles voilées, soumises à la vision patriarcale qui affirme la beauté du féminin dangereuse pour le désir incoercible de l'homme. Le voile de la jeune fille signe l'ignorance et l'impuissance de son propre masculin à la protéger non seulement de la domination du patriarcat mais aussi de la manipulation qui lui fait adhérer elle-même au voile. L'ignorance de son "Pote Mafé" l'empêche de vivre intimement sa dignité, son propre respect d'elle-même dans la conscience de son essence divine, d'être véhicule par son corps du **F**éminin Sacré. Le voile lui propose ce que le patriarcat lui refuse à visage découvert. Voilée, donc respectée… Elle se retire en haut en voilant sa réalité physique, elle devient archétypique, anonyme. Son identité est réduite à ce voile ; elle officialise le manque du "Pote Mafé" en voilant sa beauté.

• **Idéalisation.** Elle ressemble à celle de l'homme, les belles idées qui viennent du ciel, sans mise en pratique, mais qui cherchent à s'imposer subtilement à l'autre. Elle parraine des enfants lointains et s'agace que ses amis ne fassent pas de même. Elle remet son pouvoir au Prince Charmant, à l'Âme Sœur qui saura reconnaître la Déesse à travers elle. Elle envoie de beaux diaporamas par e-mail avec en surimpression des textes sentencieux qui gâche les photos, afin que l'autre adhère à ses nobles idées. Elle donne des conseils et calque ses paroles sur un maître extérieur et nondans une Présence incarnée.

• **Manque de concentration, d'intention, de choix.** Le féminin de la femme ne bénéficie pas de l'axe enraciné de son masculin. Selon le féminin, il peut être en roue libre. Elle est happée par le monde intérieur du féminin, les émotions, les sensations, les symptômes du corps. État amené aussi par l'alcool ou les drogues. La pensée n'a pas l'ancrage du ventre. C'est la position du manque de concentration, de l'état nébuleux, vaporeux de rêverie sans pouvoir se fixer. Le masculin qui n'habite pas la profondeur du corps manque de direction claire, d'intention, de but. Elle ne peut alors faire de choix véritable et ne connaît pas sa priorité car celle-ci est donnée par le désir profond du masculin engagé.

Position où le masculin de la femme manque de concentration, d'intention, de but, ce qui l'empêche d'incarner son rêve, de le choisir jusque dans la matière. Elle idéalise ses belles idées sans s'engager intimement et cherche à les influer sur l'autre.

3 / Triangle dont la base est à la tête, la pointe aux genoux, mais coupé au cœur

Position du triangle du masculin
qui met en action la pensée en se coupant du cœur.

C'est la position de la femme qui extériorise un masculin copié sur les hommes et agit de la façon même qu'elle leur reproche. Elle a besoin de prouver, d'avoir raison, de gagner sur l'autre. Ce n'est pas l'axe intime qui ancre sa propre vérité. Ici l'autre est la référence, non la relation à soi. C'est la comparaison, la rivalité.

Rendons cependant hommage aux femmes dont le masculin dans cette position leur permet de prendre place dans des domaines jusqu'alors réservés aux hommes et qui contribuent à un changement de regard, à une vision nouvelle et plus équilibrée.

plein fouet la souffrance de l'environnement sans s'en protéger car leurs croyances sacrificielles les en empêchent. Elles s'identifient à la victime et aux victimes. Il faut souffrir pour mériter. Dans un monde où le féminin est coupable du péché originel, elles payent inconsciemment une dette diffuse et ancestrale qui les empêchent de chevaucher leur puissance.

• La sublimation contribue à la séparation. **Elle sépare et coupe le haut du bas, la spiritualité de la sexualité, la pureté du corps... Elle sacrifie !** Elle sacrifie une partie de la réalité au nom de la totalité...

• **L'amour virtuel. Le subtil sans le tangible.** L'amour est sublimé et n'habite pas la profondeur de l'être. Les relations sont dévitalisées. Il manque le charnel, les gestes qui touchent, étreignent. C'est virtuel, souvent beau, mais éthéré et transcendant. On aspire au divin en fuyant l'humain. La densité est esquivée car elle est jugée dangereuse, la relation devient imaginaire ou virtuelle, comme sur Internet.

Les êtres qui subliment ont besoin d'être rassurés et ancrés dans le plan terrestre afin d'aller libérer la blessure qu'ils fuient dans leurs entrailles et qui cache leur puissance véritable qui, elle seule, peut enraciner leur reliance subtile.

Sublimation, transformation, transmutation

La sublimation permet comme certaines musiques célestes de s'élever au-dessus de nous-même ssans pour autant avoir transformé la matière lourde et dense en nous. Quand nous redescendons, nous retrouvons la réalité tangible intacte.
La transformation change la matière dense en une autre plus légère, ce que nous faisons par nos prises de conscience aimantes, notre développement personnel et le véritable pardon.
La transmutation change la matière dense en lumière et amour par un changement radical et un changement de fréquence. La matière dense est transformée jusqu'à son noyau, jusqu'au cœur. Rien n'est laissé derrière, la grâce accompagne le processus.
La transmutation est le projet de la "Fusion au Cœur de la Séparation".

Résumé de "La position, base à la poitrine, pointe au-dessus de la tête"

Le féminin qui déserte le ventre au profit d'un mental émotionnel cherche à sublimer la matière, dans une quête virtuelle de spiritualisation, dans une hypersensibilité ou un risque d'instabilité psychique, dans un manque d'ancrage et de concrétisation.

Résumé de "L'ombre du féminin à travers les femmes"

L'incomplétude du féminin chez la femme s'exprime à travers l'ombre du féminin qui s'identifie à la victime, objet de la domination du masculin et de sa violence, incarné par l'homme. La femme y répond par l'amour conditionnel, la manipulation affective, la séduction, mais aussi la désertion du corps, l'hypersensibilité et l'instabilité émotionnelle ou psychique. Elle incorpore le jugement du patriarcat sur le féminin et vit la honte d'être l'origine du mal ; elle compense par une féminité qui travestit le Féminin.

• **La revanche. La femme en colère et son masculin vengeur.** La femme se sent **investie de venger le féminin d'une lignée de femmes victimes où l'homme devient le bouc émissaire du patriarcat. Elle l'accuse de tous les maux du patriarcat.** Elle oublie avoir joué tous les rôles à travers l'expérience de son âme. Elle oublie que les femmes élèvent les futurs hommes. Elle rencontre souvent des hommes qui se sentent coupables au nom du masculin et qui deviennent la cible de son mépris et parfois d'une rage qui jaillit du fond des âges. Les études sur la violence conjugale témoignent d'un nombre croissant de femmes violentes avec leurs conjoints.

Elle est sur le chemin de la reconquête d'elle-même, mais elle se trompe de cible. Son masculin est tourné vers la guerre extérieure, il continue d'abandonner le féminin en elle-même. Il essaye de se venger ainsi de la culpabilité sourde de ne pas avoir su ou pu protéger son féminin et cherche à décharger cette tension en faisant la guerre aux hommes. C'est un règlement de comptes entre masculins, entre celui vengeur de la femme et celui culpabilisé de l'homme.

• **La femme en défense.** Des jeunes filles, sœurs de Sohane, se plaignent que le seul fait de porter une simple jupe leur vaut des insultes. Certaines croient choisir ne pas se soumettre en rejetant toute forme de féminité. Elles compensent par un comportement de mecs. Pour se protéger du masculin obscurci des garçons qu'elles côtoient, elles en clonent inconsciemment le pire et injurient le féminin en elles. Il existe des gangs de filles qui utilisent leur force physique pour racketter et exercer leur pouvoir. Elles aiment s'identifier à la guerrière dans un monde violent où la loi du plus fort sévit depuis l'enfance.

Elle extériorise tous les signes de la prétendue féminité. Elle se comporte en fait tel un chasseur qui projette en avant un leurre, son propre corps.

• **La dame de fer.** On la retrouve de plus en plus dans les hauts lieux du pouvoir où elle pourrait apporter une vision et des choix féminins, respectueux des êtres et de la vie. Si elle ne le fait pas, c'est souvent que son féminin sensible n'est ni protégé ni rassuré par son "Pote Mafé", elle se sent exposée au sarcasme, alors qu'elle affirme son masculin extérieur et sait se défendre dans un monde d'hommes. Ainsi Madame Thatcher laisse une empreinte de dureté, d'une vision où les sentiments n'ont pas de place.

• **La "business woman".** Elle extériorise tous les signes de la prétendue féminité et croit être en contact avec son féminin. Elle se comporte en fait tel un chasseur qui projette en avant un leurre, son propre corps. Elle se comporte avec son féminin tel un mac avec sa prostituée et explore une sexualité masculine alors quelle aspire à pouvoir se reposer. Elle arrive à raisonner pour elle-même en termes de productivité et conquiert chaque jour tel un guerrier trop épuisé pour se rendre compte qu'il est désespéré.

• **Le mot qui tue.** Ne pouvant dominer par la force physique, elle attise son esprit pour abattre l'autre d'une flèche. Elle sait où cela fait mal car l'aspect intuitif de son féminin la guide. Elle y excelle dans la fièvre du combat de la crise amoureuse qui ferme son cœur. Son énergie incandescente est concentrée pour décocher la flèche. Ainsi fait l'ombre de la déesse Diane/

2 • L'ombre du féminin à travers les hommes

Le monde patriarcal impose à l'homme, au prix de son identité d'homme, de vivre dans sa tête à partir de son mental, ou depuis sa force brute, dans une distance prétendue objective avec son environnement, de le dominer par la raison ou la force.

L'ombre du féminin de l'homme est doublement dissimulée dans sa psyché. Elle est intériorisée puisque son féminin est intérieur, et elle est de plus enfouie, interdite sous peine pour l'homme de ne plus appartenir au monde masculin. En comparaison, l'ombre du masculin chez la femme est plus apparente car la femme n'est plus interdite de masculin dans notre société occidentale, même si dans le passé récent une femme intelligente était suspecte.

L'ombre du féminin chez l'homme est non seulement la blessure du féminin, mais aussi le tabou de regarder cette blessure.
En refoulant la blessure de son féminin, l'homme génère en lui-même le monstre féminin qu'il reproche à la femme.

Le féminin de l'homme est blessé comme tout féminin du patriarcat, mais il est en plus interdit. Il présente des aspects similaires à celui de la femme, mais en plus douloureux car il y est ignoré, interdit, méprisé.

Les hommes, invités en particulier dans mes séminaires à retrouver leur féminin afin de déployer avec fierté leur masculin, le découvre plus douloureusement blessé que celui des femmes du fait de son interdiction. Le plus précieux, le plus intime est souvent violé, violenté. Souvenons-nous, l'opposition masculin / féminin est en chacun et génère notre réalité collective.

L'ombre du féminin chez l'homme est non seulement la blessure du féminin, mais aussi le tabou de regarder cette blessure. Plus l'homme refoule son féminin blessé, plus celui-ci vit dans l'ombre, identifié à l'ombre. Il devient monstrueux, tel un abcès ni détecté ni soigné qui finit par empoisonner l'être (voir le cas vécu d'Albert, p. 120). **En refoulant la blessure de son féminin, l'homme génère en lui-même le monstre féminin qu'il reproche à la femme.**

Reprenons sommairement le même protocole que pour l'ombre du féminin à travers les femmes.

1 / Triangle dont la base est enfoncée dans la terre, la pointe du triangle au niveau du bas-ventre

Position du féminin enfoncé dans la matière, sans accès à la dimension de l'affectif, ni celle du 3e œil. La pulsion sans le cœur ni la conscience.

L'homme ici est possédé par les pulsions les plus basses, les plus opaques, sans la dimension de l'affectif ou de la conscience, de la réflexion. Il n'est que réaction à la souffrance intérieure, possédé par les émotions les plus denses, la haine, la rage, la souillure, la destruction... La conscience de lui-même atrophiée le rend perméable aux énergies les plus basses de l'inconscient collectif. Il vit l'horreur à l'intérieur, la capte de l'extérieur et l'extériorise.

C'est l'homme possédé par le monde pulsionnel.

Artémis lorsque l'on touche sa susceptibilité. Son masculin guerrier cherche la victoire sur le patriarcat. Sur ce terrain, elle est plus terrible qu'un homme car elle est en plus intuitive.

Elle peut être redoutable pour les autres femmes quand elles les jugent femelles, manipulées par leurs émotions ou le besoin de séduire. Ainsi Michèle Alliot-Marie en discours officiel, en parlant de Ségolène Royal (avril 2007) : "Quelqu'un qui change d'idées aussi souvent que de jupes."

• **La femme corvéable ou le bon petit soldat.** Elle est dérivée de la femme active, mais elle utilise sa force physique. Elle adhère à la vision patriarcale avec un mépris ou un refus pour le sexe faible et la faiblesse. Elle compense une situation où la femme, peut-être sa mère, est victime et dominée ou se laisse aller physiquement ou émotionnellement. Elle se propose pour porter des choses lourdes, même s'il y a des hommes costauds autour d'elle. Elle peut mettre en danger son corps de femme car elle ne l'écoute pas. Elle s'épuise à confondre égalité avec similarité.

Elle utilise son corps comme un homme et le violente en acceptant des relations sexuelles que sa Yoni (sexe de la femme) redoute, mais elle est dure à la tâche ! Le jour où elle laisse finalement la parole à sa Yoni, comme dans mes séminaires réservés aux femmes, la carapace lâche et son cœur pleure. Les femmes ancrées sainement dans leur corps s'épanouissent à utiliser leur force physique sans le sacrifier, ni l'épuiser inutilement.

Le bon petit soldat a besoin de rencontrer les programmes qui la maltraitent ainsi. Une fois retourné vers son féminin, il fait un fier chevalier sur qui elle va pouvoir se reposer.

Position où la femme extériorise un masculin cloné sur celui des hommes, dans un besoin de revanche et de force sur le patriarcat où le féminin est faible, sans avoir accès au véritable Masculin qui ancre la relation à Soi par un axe fermement établi.

4 / Triangle dont la base est au ventre, la pointe enfoncée dans la terre

Position où toute l'action est tournée vers la matière, sans la dimension affective, ni la pensée structurante.

C'est une position rare pour la femme. C'est le massacreur en femme, dans une obsession à utiliser l'action pour détruire. Il faut pour cela que l'identité femme, le féminin soit anéanti, dans une vengeance terrible et inconsciente qu'on ait violenté le plus précieux.

5 / L'ombre cachée du masculin chez la femme, la culpabilité

Le masculin extériorisé par la femme est la tentative inconsciente d'être reconnue et acceptée comme un homme, non comme une femme, car elle refuse de se reconnaître dans le sexe dit faible et ce que cela suppose pour elle de mépris, de domination, de probabilités d'être victime.

2 / Triangle dont la base est sous les pieds, la pointe vers la poitrine

Position du triangle du féminin qui correspond à l'énergie combinée à l'affectif, sans le 3e œil, sans une conscience plus subtile de soi en tant que Soi.

• **La dépendance affective. L'immaturité. Le petit garçon.** Pour cette position du féminin chez l'homme, seule existe la réalité visible. Son 3e œil non activé l'empêche de prendre conscience des réalités plus subtiles de la vie. Il cherche la Grande Mère, une grande matrice qui l'entoure et prenne soin de lui, au sein de laquelle il peut jouer à la vie sans prendre véritablement sa responsabilité. C'est un petit garçon déguisé en adulte. **Il est le pendant du chantage affectif de la mère auquel il répond par l'immaturité.** Certains s'appuient sur le masculin de la femme qui "porte la culotte". Il est immature, en dépendance affective, manipulé par la blessure d'abandon ou de non-reconnaissance. C'est l'homme qui attire la femme sauveuse qui sait si bien pressentir le potentiel chez lui si seulement il… Jusqu'au jour où épuisée, la femme dénoue les fils de ses attachements et retourne l'attention envers elle-même.

• **La manipulation des émotions.** Cette position est typique des émotions irrépressibles, jaillissantes des profondeurs et auxquelles la conscience de soi (3e œil) en tant que source de l'amour, inactive ici, ne peut répondre. Ce sont ces hommes colériques qui, par ailleurs, peuvent avoir un grand cœur. Ils peuvent avoir le cœur fragile qui matérialise leur affectivité et leurs émotions instables. Ils portent une quête non reconnue, teintée de nostalgie d'un paradis perdu ou d'une désillusion profonde. Leur élan les pousse vers la dimension subtile et universelle de la vie, la blessure de l'âme empêche qu'elle devienne une réalité. À la première occasion, l'émotion s'enflamme, car là ils se sentent vivants, tandis que devant la blessure ils se croient impuissants.

• **L'éjaculateur précoce.** Les hommes qui se retrouvent dans cette combinaison ne sont pas tous des éjaculateurs précoces. Cela dépend du masculin en eux.

C'est l'amant enfant qui se liquéfie rapidement, tel l'enfant qui s'endort d'un coup sous la tétée, le ventre repu. Il arrive ravi dans la matrice et ne peut contenir son émotion. "Oh la la, c'est trop bon…" Il ne se permet pas l'amant véritable car il s'abandonne lui-même à l'enfant qui s'abandonne à la matrice. Il lui faut rencontrer la capitulation à la mère toute-puissante pour découvrir l'amant face à l'amante. Il détourne les yeux au cœur de l'émotion et son regard s'absente. Il a peur d'être exclu hors de la grande matrice et n'a pas encore découvert la sienne propre.

Ce n'est pas le même que celui de l'ombre du masculin chez l'homme dans la combinaison ventre/tête (voir p. 67) qui lui est l'amant nerveux sans ancrage ; ici nous avons un enfant liquéfié. Les deux peuvent se combiner.

Cette position représente pour l'homme, dont le féminin est infantilisé par la présence prégnante de la mère, l'immaturité, la dépendance et la manipulation affectives qui l'empêchent de véritablement rencontrer la femme dans l'autonomie et la liberté de partager.

En clonant le masculin des hommes, la femme ne reconnaît pas le sien propre, pour lequel elle n'a pas de référence. Sa mère l'ignore et les Livres Saints le lui interdisent en la rendant coupable du péché originel. Ève prend la pomme et l'offre à Adam. Son initiative, son masculin fait d'elle la Pécheresse. Le patriarcat interdit implicitement le masculin à la femme et fait d'elle une réprouvée si elle s'y tient, telle Lilith. Le patriarcat pressent sa propre fin si la femme retrouve son **M**asculin. Cette femme fait vaciller par sa Présence et son accueil la séparation induite par le patriarcat.

En clonant le masculin des hommes, la femme ne reconnaît pas le sien propre, pour lequel elle n'a pas de référence.

Cependant il est plus aisé dans une réalité patriarcale de restaurer son **M**asculin pour une femme que son **F**éminin pour un homme.

Ayant intériorisé être coupable du péché originel, le masculin de la femme expérimente un doute ontologique sur son action. Collectivement, les masculins se sentent coupables de quelque chose d'indicible. À cause de cette culpabilité, le masculin de la femme miné vacille sur son axe, il doute de la confiance en son action, de la direction où le pousse son Désir. Cela le mène à l'impuissance. Il remet alors au monde patriarcal le pouvoir de veiller sur son féminin, il s'en détourne et se rassure dans des causes extérieures. La femme se sent alors en danger et remet à l'extérieur le pouvoir de se sentir en sécurité.

Parallèlement **comme elle se sent honteuse et indigne, la femme ignore le "Pote Mafé" qui ne peut pas alors lui transmettre la sécurité intérieure, la confiance, la reconnaissance de son essence divine et de sa beauté.** Elle remet à l'homme le pouvoir de reconnaître sa beauté qui dépend alors du regard de l'homme. Elle finit par ignorer totalement sa divinité et expérimente les abysses de la victime. Le "Pote Mafé" vit l'impuissance d'être ignoré.

Cela donne des femmes qui ne savent pas dire non, même quand elles le hurlent car quelque chose en elles ne leur en donne pas véritablement le droit. Elles ne savent pas non plus dire oui car leur accueil est conditionné, à juste titre, par la peur. Leur corps n'a pas d'axe, leur colonne est fragile, elles "en ont plein le dos". Leurs mains et leurs bras se croisent pour les protéger. Elles cherchent inlassablement dans le miroir la raison d'être aimées, la dignité d'être femme, que seul leur **M**asculin peut leur donner.

Résumé de "L'ombre du masculin à travers les femmes"

Le masculin de la femme vit une culpabilité indicible qui génère le doute et la pousse :

- *à remettre son pouvoir à l'autorité extérieure autant pour sa sécurité que pour sa propre reconnaissance. Elle s'identifie à la victime de l'homme. Son manque d'intention claire l'empêche de s'incarner, de se choisir jusqu'au bout. Elle idéalise et se disperse*
- *à prouver qu'elle n'appartient pas au sexe faible, à travers un masculin copié sur celui de l'homme, dans un besoin de revanche. Son masculin continue d'abandonner son féminin dans cette illusion extérieure, et qui perpétue ainsi la blessure.*

Le "Pote Mafé" ignoré ne peut être le centre de la reconnaissance de l'essence divine et de la beauté à travers la femme.

3 / Triangle dont la base est aux genoux, la pointe à la tête, mais coupé au cœur

Position du triangle du féminin qui correspond à la vitalité profonde combinée au mental, sans la dimension de l'amour, c'est-à-dire l'intelligence de l'énergie sans l'amour.

Le séducteur. Le grand illusionniste. Il manque ici le cœur, rappelons-le, tant nous sommes façonnés à nous laisser séduire par la séduction. Un homme séduisant… Ces mots seuls évoquent pour chacun, homme ou femme, un fantasme, à conquérir ou à personnaliser. Son cœur n'est pas disponible pour nous, il aime séduire et il le fait avec intelligence et intuition. Il devine ce que nous avons envie d'entendre. Il utilise consciemment l'énergie qui agit comme un charme, pour obtenir ce qu'il désire. Il nous invite à un voyage sublime (3e œil) où seul le plaisir des sens (ventre) et de l'esprit est convié. Il est un miroir du fantasme de l'autre. Il reflète nos attentes. Sa présence nous met sous une lumière sublime qui ignore l'ombre, la nôtre et la sienne. Si nous nous laissons séduire, il se retire et disparaît. Il a peur de s'engager, de toucher le tangible, le choix d'aimer. Il accumule les conquêtes afin de vérifier l'attention de la mère à travers celle de l'autre. Enfant, il a subi le chantage affectif, l'amour conditionnel. Il est tel l'acteur sur l'écran duquel il projette ses rêves.

C'est un homme redoutable et charmeur qui utilise l'autre en sachant entrer dans son rêve ou son désir, sans s'engager intimement.

4 / Triangle dont la base est à la poitrine, la pointe au-dessus de la tête

Position du triangle du féminin qui correspond au mental émotionnel qui cherche à sublimer la matière, dans une quête désincarnée de spiritualisation. Le ventre est déserté, il y a un manque d'ancrage et de concrétisation. Toute l'énergie est vers le haut au risque d'une hypersensibilité ou d'une instabilité psychique.

Ce féminin est tellement abîmé qu'il déserte le ventre. Enfant, l'autorité domine et interdit l'amour qui étreint et touche, elle humilie la sensibilité et la violence, physique ou psychique, est vécue au cœur des entrailles. Il lui manque la consistance et le concret, ainsi qu'une cohérence dans l'expérience du corps. Cet homme méconnaît la profondeur de la blessure qu'il porte au ventre, et ne vit pas l'assise dans son ventre, même s'il laisse l'embonpoint donner le change. Ses yeux évitent la rencontre profonde, il zappe intérieurement.

Il manque de la consistance intérieure qui émane de "je reconnais et connais de quoi je parle". À l'image de ces hommes aux belles idées sur la vie qui ne les incarnent pas car ils n'ont pas fait le travail intérieur préalable.

Il sublime en méconnaissant la profondeur de la blessure de son féminin.

Résumé de "L'ombre du féminin à travers les hommes"

Dans le monde patriarcal, le féminin de l'homme est tabou, atrophié et refoulé, car il le croit au prix de son identité d'homme. En refoulant la blessure de son féminin, l'homme génère en lui le monstre féminin qu'il reproche à la femme. Cette ombre le manipule et le happe dans la dépendance affective ou la violence irrépressible des émotions, l'immaturité et l'inconsistance qu'il croit compenser par la séduction ou la sublimation.

3 • L'ombre du masculin à travers la représentation de Dieu

1 / La représentation de Dieu dans les religions judéo-chrétiennes

Quelle représentation ? Un Dieu dont le dogme est tout-puissant et soumet les êtres à une Loi immuable et implacable.
Un Dieu distant et hautain qui réserve sa connaissance et son approche à certains intermédiaires qui doivent lui sacrifier leur vie, leur sexualité et mortifier leur corps.
Un Dieu injuste qui réserve une vie d'épreuves à certains sans cause apparente ni possibilité d'une autre vie meilleure.
Un Dieu autoritaire et paradoxal qui octroie le libre arbitre tout en exigeant le respect de sa Loi.
Un Dieu vengeur qui voue à l'enfer ceux qui ne suivent pas ses principes.
Un Dieu de terreur au nom duquel on peut massacrer, piller, violer.
Un Dieu sévère et austère qui divise le monde entre ce qui est pur et impur.
Un Dieu inique dont on peut acheter l'indulgence.
Un Dieu coléreux et punisseur qui massacre sans pitié ceux qui ont dévié ou ceux qui ne font pas partie des "siens".
Un Dieu cruel qui impose le sacrifice.
Un Dieu sourd aux supplications.
Un Dieu arbitraire qui a des préférences despotiques.
Un Dieu impitoyable qui juge le corps et la sexualité impurs.
Un Dieu terrible qui nous considère pécheurs depuis l'origine.
Un Dieu sexiste et phallocrate qui méprise la femme et le féminin.
Un Dieu misogyne qui stigmatise le féminin et condamne la première femme comme coupable du péché originel.
Un Dieu phallocrate qui assujettit et asservit la femme à l'homme.

Ce portrait terrible est la conséquence d'hommes, incarnant le masculin obscurci, qui réécrivent, interprètent, traduisent, censurent, trahissent... ce qui peut être une parole ou une intuition divine véritable. Ce Dieu Père habite notre inconscient et notre psyché, même si nous nous sommes éloignés de la religion. Il représente le masculin dénaturé, opaque et obscurci. Il fait de l'ombre au **M**asculin. Il est l'ombre du masculin. Nous ne pouvons guérir le masculin sans guérir en nous le dieu des religions patriarcales.

2 / Le Dieu Père destitue et ensevelit la Déesse Mère

Le Dieu du patriarcat destitue et ensevelit la Déesse. Celle-ci en tant que **F**éminin de Dieu est absente des grandes religions monothéistes patriarcales du Livre. Seul reste le féminin, ayant perdu la conscience de son essence et de sa divinité, coupable du péché originel et source de tous les maux, incarné par la femme. L'histoire écrite est l'histoire patriarcale.

L'écriture signe la destitution de la Déesse et la séparation intérieure. Nommer différencie et sépare sujet/objet. Étape nécessaire à la conscience de soi : je (sujet) prends conscience de cela (objet). Préalable à la quête de la Conscience de Soi, un avec le Tout. Le dieu du Livre est

3 • L'ombre du féminin à travers la Déesse

1 / L'ombre du Féminin avant le patriarcat

L'histoire patriarcale écrite qui représente au plus 6 000 ans nous fait adhérer à un Grand Commencement masculin sanctifié d'un Dieu Père et passe sous silence une culture précédente d'au moins 30 000 ans dont le premier symbole incisé sur la roche fut la vulve féminine et son triangle.

S'il y a un temps béni de la Déesse, avec la civilisation dravidienne chère à la tradition tantrique, il y a aussi la distorsion au nom de la Déesse. Le Conte du Temps de la Déesse et de la Chute (voir p. 177) propose une version intuitive de ce moment où la distorsion se met en place. Le féminin prend pouvoir sur le masculin en ritualisant son sacrifice. La fécondité de la vie exige, pour être fertilisée, la mort du héros porteur de semence, divinisé une fois sacrifié. La colère sourde des hommes, leur peur du féminin et des femmes s'installent dans leurs profondeurs archaïques. La violence atteint un climax avec les rites d'émasculation lors d'initiations, comme pour les prêtres de Cybèle, divinité romaine vénérée.

Le féminin tout-puissant incarné par les femmes perd l'hommage et le respect du masculin incarné par les hommes. L'homme est réduit à un objet sexuel et sensuel puis émasculé.

Prélude au grand changement de paradigme où le masculin prend le pouvoir et domine. La Déesse est destituée et ensevelie.

2 / L'ombre du féminin à travers 7 des déesses grecques

La mythologie grecque reflète notre psyché, à travers ses archétypes vivants en nous. Rendons hommage au travail magnifique de Jean Shinoda Bolen à laquelle j'emprunte la classification : *Goddesses in every woman*.

Au cours de sa destitution, la Déesse est scindée ici en 7 déesses, 7 facettes de la Déesse d'origine. Retrouver le **F**éminin sacré demande à la femme d'intégrer et unifier ces 7 aspects, même sans les connaître sous cette représentation. Le mot déesse est en minuscule. Même lumineuse chacune incarne une vibration réduite de la Déesse.

L'histoire patriarcale écrite qui représente au plus 6 000 ans nous fait adhérer à un Grand Commencement masculin sanctifié d'un Dieu Père et passe sous silence une culture précédente d'au moins 30 000 ans dont le premier symbole incisé sur la roche fut la vulve féminine et son triangle.

Artémis, Athéna et Hestia gardent leur masculin, au cours du patriarcat dont elles refusent d'être victimes, mais non leur **M**asculin. Pour cela, elles s'isolent comme Artémis, mentalisent comme Athéna, se retirent comme Hestia. Au détriment de leur capacité d'aimer à travers la relation. Déméter, Perséphone et Héra refoulent leur masculin et remettent leur pouvoir au masculin extérieur. Elles sont victimes du patriarcat à cause de leur engagement dans la relation. Aphrodite ne remet pas son pouvoir à l'autre, mais à l'intensité, elle n'est pas victime du patriarcat mais de la passion.

Ces 7 aspects du féminin représentent l'impasse des enjeux de pouvoir du féminin incomplet et opacifié.

à la Déesse ce que le masculin est au féminin. Il la nie dans son essence divine, la juge coupable du mal et l'assujettit, pour la refouler et l'enfouir. Il reste quelques traces du **F**éminin sous les traits de la Sophia et dans certains textes du début de notre ère. Seules les traditions orientales, particulièrement le Tantra, gardent vivante la vibration du **F**éminin et de la Déesse.

Étapes de l'ensevelissement de la Déesse.

• **La Grande Mère de Tout Ce Qui Est**, le reflet et l'expression de Dieu, la matrice de l'univers, **devient la Mère des dieux**. Chez les Grecs, la Grande Mère Gaea devint Gaia, déjà associée à Uranus.

• **La Mère des dieux est scindée en Déesses multiples.**

"Diviser pour mieux régner" est une tactique efficace du masculin. La Déesse est dispersée et éradiquée insensiblement en étant banalisée sous de multiples aspects. Dans le Proche et Moyen-Orient, on trouve Innin, Inanna, Nana, Nut, Anat, Athirat, Anahita, Ishtar, Ishara, Asherah, Attar… Plus près Diane/Artémis, Déméter/ Cérès, Hestia/ Vesta, Héra/ Junon, Vénus/ Aphrodite, Rhéa… pour une seule Gaea/Gaia !

• **La déesse mineure devient la sœur et l'épouse des dieux.**

Déméter/Cérès, déesse de la Fertilité est la première épouse de Zeus/ Jupiter mais aussi sa sœur. Hestia, sœur de Déméter, de Jupiter, de Neptune et de Pluton, doit refuser catégoriquement les avances de Neptune.

• **La déesse, épouse des dieux, destituée de son rôle sacré peut être violée, trompée.**

Déméter enceinte de Jupiter est violée par Neptune sans que Jupiter ne s'en offusque.

Pluton sous la forme d'un narcisse attire Perséphone et l'enlève. Il reçoit la caution de son frère Jupiter, pourtant père de la jeune fille. Jupiter trompe Héra/Junon avec de multiples femmes, les abuse sous des formes diverses, les viole si nécessaire.

• **L'épouse devient mineure et peut être vendue, prêtée, forcée.**

La femme destituée du rôle de manifester et d'incarner le **F**éminin Sacré devient une marchandise sexuelle et utilitaire. Son corps est soumis, elle vit l'avilissement. Il lui reste le rôle de mère, mais elle peut être abandonnée, elle et ses enfants.

• **Le féminin est démonisé, soumis au service du masculin dominant patriarcal.**

La beauté et la sensualité de la femme deviennent diaboliques, son intuition, démoniaque, son sang, maléfique et honteux. La destitution de la Déesse à la sexualité libre et sacrée, garante de fertilité et de fécondité, passe par la soumission du corps de la femme qui devient vile, inférieure, interdite de sa propre sexualité.

Dans le christianisme, la trace de la Déesse d'origine est presque éliminée et se retrouve déchirée entre Marie et Marie Madeleine. La Mère et la prostituée. Cette déchirure est présente dans notre corps, entre notre cœur et notre désir. Marie Madeleine perd discrètement et récemment le statut de prostituée aux yeux de l'Église. Le best-seller *Da Vinci Code* sollicite des millions de personnes à la question du **F**éminin sacré sexué.

Résumé de "Dieu Père destitue et ensevelit la Déesse Mère"

La représentation du dieu patriarcal nie l'essence divine du féminin, dans l'inconscience qu'il s'agit de son propre féminin. Il la juge coupable du mal et l'assujettit, pour la refouler et l'enfouir. Puis il la destitue de son rôle sacré, la viole, la vend, la prête, la force. Il démonise le féminin et le soumet à son service. Il diabolise la beauté, la sensualité, l'intuition de la femme. Il diabolise ainsi son propre potentiel intérieur.

Les 7 déesses grecques : territoire et ombre

• **Artémis =** la nature vierge et pure, l'instinct profond, la sororité, l'intégrité.
L'ombre d'Artémis = la rage destructrice devant la transgression de l'intégrité, l'inaccessibilité, l'isolement.

• **Athéna =** la sagesse, la dextérité, la lucidité, le sang-froid, l'artisanat.
L'ombre d'Athéna = la déshumanisation du mental, le déni du féminin sensuel et aimant, la froideur et la sécheresse.

• **Hestia =** l'âme, l'intériorité, le sacré, la sérénité, la maison, le foyer.
L'ombre d'Hestia = le retrait, le refus de l'incarnation, l'inadaptation.

• **Héra =** l'union sacrée, le mariage intérieur, la loyauté à son époux.
L'ombre d'héra = la fureur dévastatrice contre les femmes, la jalousie, la mégère, la rivalité entre femmes, la querelle.

• **Déméter =** l'amour nourricier, la matrice bienveillante, la connaissance des cycles.
L'ombre de Déméter = le chantage affectif, l'amour conditionnel, l'oubli de soi, la dépression émotionnelle.

• **Perséphone =** la malléabilité, le psychisme, la médiumnité, l'orgasme et l'extase.
L'ombre de Perséphone = la manipulation, la tyrannie de la victime, le déséquilibre et la dépression psychique.

• **Aphrodite =** la création, la procréation, la passion envers la vie nouvelle.
L'ombre d'Aphrodite = la trahison, la passion de la séduction, la tromperie, la tricherie, l'idéalisation, l'exaltation.

Artémis : la colérique ! Athéna : la frigide ! Hestia : la grenouille de bénitier !
Héra : l'emmerdeuse ! Déméter : la gaveuse ! Perséphone : la cinglée ! Aphrodite : la salope !

Résumé de "L'ombre du féminin à travers la Déesse"

La haine viscérale du patriarcat pour la tentatrice, démone et séductrice, coupable du péché originel, à l'origine de la chute, est la réponse à la distorsion de la fin du temps de la Déesse où le féminin tout-puissant au nom de la déesse émascule le masculin dans une défiguration de la sexualité sacrée. Les 7 déesses grecques révèlent le territoire de l'ombre du féminin, la tyrannie de la victime, les émotions déséquilibrées, le chantage affectif, l'amour conditionnel, l'oubli de soi, le déséquilibre et la dépression psychique, la trahison et la tromperie, la manipulation et la séduction, la passion destructrice.

3 / L'occultation d'un des deux récits de la Genèse dans la Bible

Le patriarcat occulte un des deux récits et subordonne le féminin.

La Bible fait autorité. Les fondamentalistes influent sur l'enseignement public américain. Il existe deux récits de la Genèse de l'Ancien Testament, à quelques pages d'intervalle. Seul le deuxième est pris en compte. Le premier est occulté…

• Premier récit

L'homme et la femme sont créés ensemble le sixième jour, après le ciel et la terre, les eaux, les astres et les étoiles, les animaux, poissons et oiseaux. Yahvé dit :

"Faisons l'homme à notre image, comme à notre ressemblance…"
Dieu créa l'homme à son image, à l'image de Dieu, il le créa,
Homme et femme il les créa.
Dieu les bénit et leur dit : "Soyez féconds, multipliez, emplissez la terre…"

Homme et femme, il les créa : masculin et féminin, il les créa…

• Deuxième récit

L'homme est créé seul avant toutes les autres créatures, modelé avec la glaise du sol.

"Yahvé Dieu prit l'homme et l'établit dans le jardin d'Éden pour le cultiver…
Yahvé Dieu dit : "Il n'est pas bon que l'homme soit seul. Il faut que je lui fasse une aide qui lui soit assortie…"
Yahvé fit tomber une torpeur sur l'homme qui s'endormit. Il prit une de ses côtes et referma la chair à sa place. Puis, de la côte qu'il avait tirée de l'homme, Yahvé Dieu façonna une femme et l'amena à l'homme qui s'écria :
"Pour le coup, c'est l'os de mes os et la chair de ma chair ! Celle-ci sera appelée femme car elle fut tirée de l'homme, celle-ci."

Seule la version où la femme est subordonnée à l'homme comme aide est prise en compte.

4 / Lilith, véhicule du Féminin Sacré, finit par incarner l'ombre du féminin

Dans le livre Kabbalistique de la tradition Talmudique, "L'Alphabet de Ben Sirah", Lilith est la première femme d'Adam et correspond au premier récit ("*Homme et femme, il les créa*"). Lilith, véhicule de la Grande Déesse, choisit par elle-même, mais à quel prix. Ève est la deuxième femme d'Adam, non la première, là aussi un aspect occulté.

Un différent éclata entre Adam et Lilith sur la façon de faire l'amour. Qui dessus, qui dessous. Conflit symbolique quant à la suprématie de l'un sur l'autre dans la sexualité, qui confirme Lilith comme avatar de la Grande Déesse à la sexualité libre et passionnée. Adam campe sur sa position de la maintenir dominée en dessous. Lilith rompt et sort du jardin d'Éden. Elle prononce le nom de l'Ineffable, reçoit miraculeusement des ailes et s'en va. Dieu la soutient encore. Adam se plaint à Dieu. Celui-ci envoie trois anges persuader Lilith de revenir, sinon cent de ses fils seront condamnés chaque jour à mourir. Désespérée par l'injustice et la cruauté du châtiment, Lilith veut se donner la mort.

4 • L'ombre du féminin, pressentiment du Féminin

*Quel pressentiment, quelles pistes du **F**éminin découlent des différentes tonalités de l'ombre du féminin ?*

L'ombre du féminin touche le territoire des émotions, de l'affectif, de la sensualité, du psychisme, de la passion. Le **F**éminin, lui, s'associe à l'énergie sous toutes ses formes, ce qui nous anime, la vie en nous et ses qualités, sensuelle, vitale et subtile, belle, désirable, joyeuse et joueuse, innocente, créatrice…

L'ombre du féminin touche le territoire d'être la source du mal, de la honte et de l'indignité. Le **F**éminin, lui, s'associe à la reconnaissance de l'essence divine, de la source de l'amour et l'amour de la source en soi, de la pureté, la beauté, l'amour. Le **F**éminin le reconnaît en soi et en tout. Par son étreinte, il alchimise et reconnaît l'essence divine…

L'ombre du féminin touche le territoire de la manipulation et de la séduction, de la remise de pouvoir au masculin. Le **F**éminin, lui, s'associe à la puissance de l'abandon, du lâcher prise, du pardon à la complétude grâce à la reconnaissance du "Pote Mafé"…

L'ombre du féminin touche le territoire de l'amour conditionnel qui manipule, séduit, contraint, dévitalise, exclut, interdit. Le **F**éminin, lui, s'associe à l'amour inconditionnel qui exprime la vérité, rend libre, régénère, unifie, inclut, permet.

L'ombre du féminin touche le territoire du corps et ses mémoires non pacifiées, de la matière. Le **F**éminin, lui, s'associe au vécu intérieur, aux sensations, aux messages de l'âme à travers le corps, à la corporalité, à la matérialisation.

L'ombre du féminin touche le territoire de l'objet victime du masculin. Le **F**éminin, lui, s'offre en conscience et amour à matérialiser et à refléter l'action du masculin par son vécu d'être objet du masculin et source de l'amour. Le **F**éminin accueille sans recevoir personnel-lement.

L'ombre du féminin permet de pressentir la magnificence du **F**éminin, sa beauté, son amour, son accueil. N'est-ce pas merveilleux ?

Réprouvée, elle rencontre Samaël, le maître des Anges déchus, qui tombe amoureux d'elle. Samaël est en accord sur le principe d'égalité entre l'homme et la femme. Ils s'installent ensemble dans la vallée de la Géhenne qui est celle de l'Enfer, auquel sont condamnés les deux rebelles, hors-la-loi du patriarcat. Samaël est par la suite appelé Satan. La diabolisation des enfants nés hors mariage renforce le mariage patriarcal où l'époux domine l'épouse.

Passage crucial où la femme véhicule de la Déesse à la sexualité libre et passionnée est réprouvée par Dieu lui-même.

Résumé de "L'ombre du masculin à travers la représentation de Dieu"

L'ombre du masculin trouve son origine à travers le Dieu Père patriarcal tout-puissant de son propre potentiel intérieur, qui destitue le féminin de son essence divine et de son rôle sacré, dans l'inconscience et l'inconséquence qu'il s'agit de sa propre polarité féminine. Il met l'humanité en position d'immaturité, pécheurs soumis à une loi inique, et incite à la culpabilité et l'impureté du féminin et à la domination du masculin. Le dieu patriarcal hait viscéralement le féminin sensuel et tentateur qui dispose librement de lui-même et divise la femme entre la mère et la prostituée.

4 • L'ombre du masculin, pressentiment du Masculin

Quel pressentiment, quelles pistes du Masculin découlent des différentes tonalités de l'ombre du masculin ?

L'ombre du masculin touche le territoire de la conquête du pouvoir dans l'obsession du résultat et la prétention de l'ego. Le **M**asculin, lui, s'associe à la quête de sens qui l'amène à prendre conscience de lui-même à travers son Désir qui lui donne un sens, et ce que lui reflète le **F**éminin.

L'ombre du masculin touche le territoire du mental qui cherche à avoir raison en imposant sa vérité qu'il pense être La Vérité. Il hiérarchise et regarde de haut, méprise la réalité du féminin. Il néglige, banalise par abstraction. Le **M**asculin, lui, s'associe à la conscience universelle qui voit la situation dans son ensemble et l'éclaire de sa compréhension. Il est Un avec ce qu'il perçoit et ressent le vécu du féminin. Il s'éveille au Un.

L'ombre du masculin touche le territoire du sujet qui assujettit l'environnement car il le considère comme un objet sans conscience dans une prétendue objectivité. Il légitime ainsi de forcer, abîmer, prendre pouvoir sur le féminin. Le **M**asculin, lui, s'associe à l'amant qui sait que l'objet de sa conscience et de son action est son propre **F**éminin et ce qu'il fait à l'autre, il le fait à lui-même. Il veille sur le **F**éminin comme sur sa bien-aimée et s'émerveille. Il honore l'aspect sacré du féminin qui lui reflète et lui matérialise sa pensée et son action.

L'ombre du masculin touche le territoire de la force physique qui blesse l'environnement dans son inconscience et son inconséquence et l'impuissance à rectifier.

Le **M**asculin grâce à son "Pote Féma" s'associe à l'action juste, unie au cœur et à la conscience. Il ajuste son action en fonction de son ressenti qui l'informe de l'effet de son action.

LA POLARISATION DES CHAKRAS

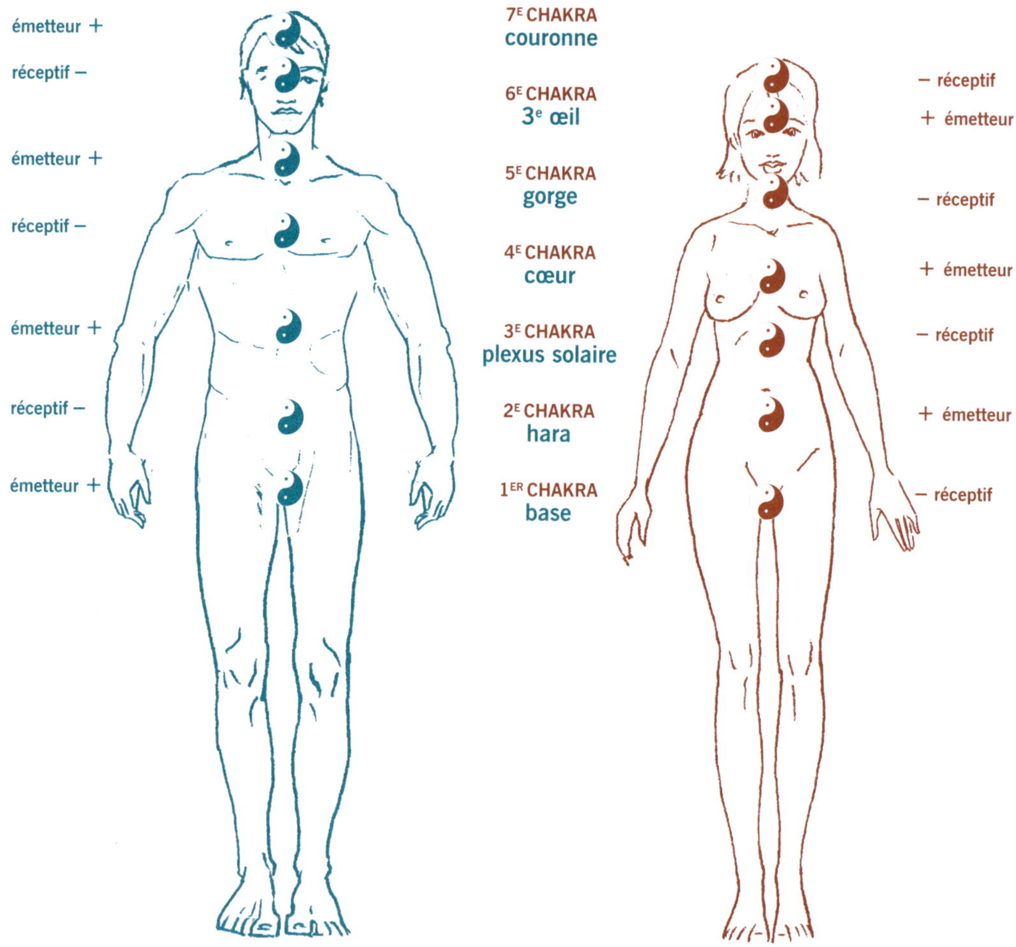

CHEZ L'HOMME

CHEZ LA FEMME

Par son axe, il enracine et offre la Présence venant du ciel à la Terre et au féminin. Il est tel le Chevalier engagé de sa force virile au sacré de toute vie.

L'ombre du masculin touche le territoire de l'ignorance, l'inconséquence, la culpabilité, l'impuissance, le pouvoir.

Le **M**asculin s'associe à la conscience, la connaissance, la responsabilité, l'émission de la source, la puissance lumineuse. Il est la conscience divine agissante qui éclaire et s'émerveille de l'objet de sa quête et l'ensemence de sa conscience aimante.

L'ombre du masculin permet de pressentir la splendeur du **M**asculin, sa lumière, sa conscience, son émission. N'est-ce pas merveilleux ?

LE CIRCUIT DU MASCULIN CHEZ UN HOMME ET CHEZ UNE FEMME

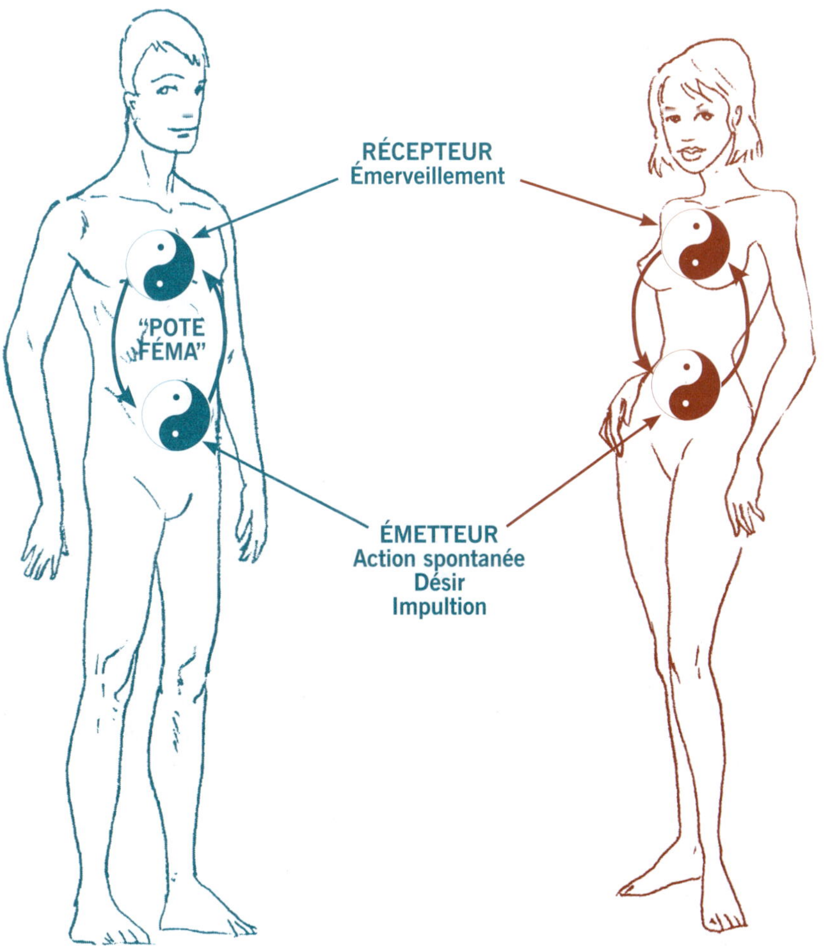

CHEZ L'HOMME
Polarité physique

CHEZ LA FEMME
Polarité intérieure

LE CIRCUIT DU FÉMININ CHEZ UN HOMME ET CHEZ UN FEMME

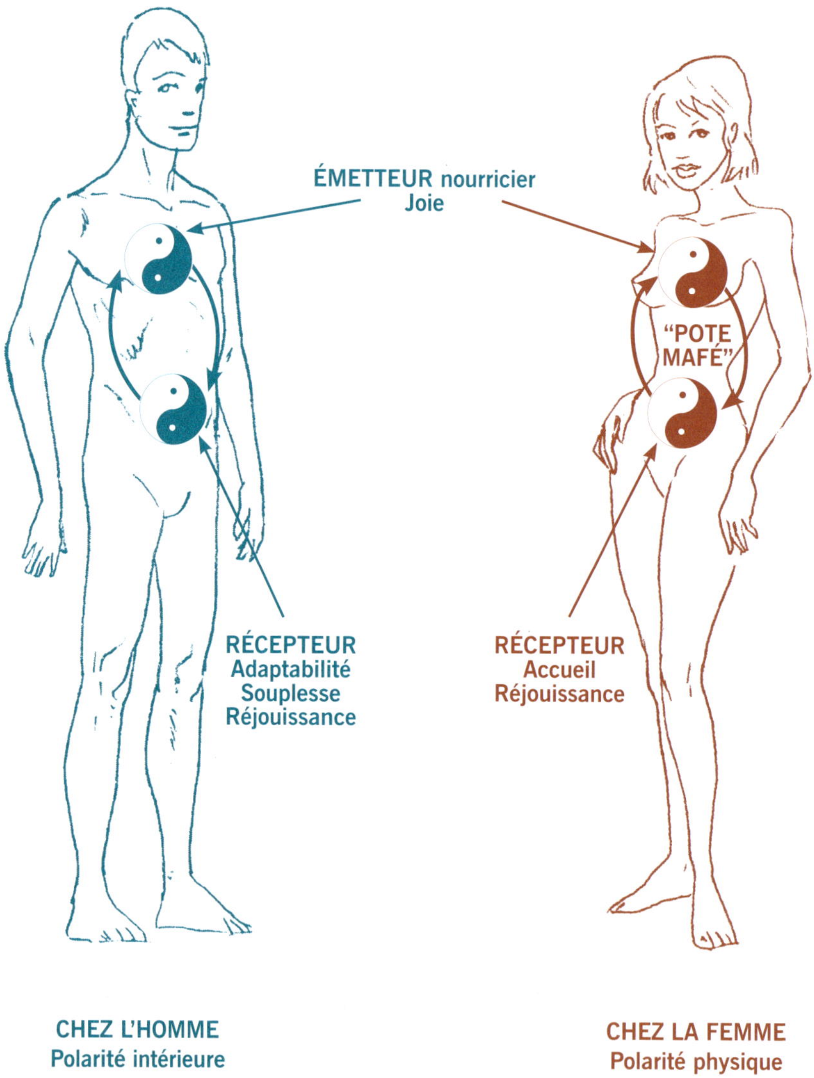

HISTOIRE DE CLARA

L'extraterrestre et eux

Se faire violence par refus de la violence

Thème : Le masculin, dans son refus de s'incarner à cause de son jugement sur la violence, se fait violence, se refuse la vitalité et rejette la dimension organique du féminin. Une belle surprise l'attend.

Clara, 45 ans, dynamique, chaleureuse. La vie brille dans ses yeux. Elle est thérapeute et a une vraie connaissance de l'énergie subtile. Elle a un grand amour pour la vie et un grand amour tout court. Elle est disponible à son âme. Elle me fait partager une relation intime à l'essence du féminin et sa compréhension de la vulnérabilité. Elle assure et connaît tous les enjeux, ce en quoi elle a raison. Avec un petit quelque chose de systématique à être en forme. Il manque quelque chose de complicité humaine, d'accessible, malgré la sympathie réciproque évidente.
Elle me dit se sentir coupée de son masculin alors qu'elle l'extériorise. Son énergie est assez Yang, même percutante. Elle connaît ses jugements sur ce qu'elle appelle le masculin de l'humanité : bestialité et divinité en berne. Elle vient spécifiquement de province pour le rencontrer avec moi et ne rentre pas dans son histoire personnelle. Elle connaît bien ce genre d'exploration intérieure pour l'utiliser elle-même. Nous allons directement au sujet : la rencontre de son masculin.

"J'atterris du ciel, dans un module lunaire. J'y vais mollo. J'ai envie d'y aller par la tête pour garder plus de contrôle. Si j'y allais par les pieds, je m'abandonnerais plus à la Terre. Pas question. Je peux repartir, je n'ai pas confiance. Je me sens oppressée, j'ai un poids sur le plexus, je me sens tirée vers le bas. Toutes mes épaules remontent en un mouvement de recul. Cela me fait une armure légère, mais le bas n'est pas protégé."
Nous contemplons grâce à Clara une réaction assez classique du masculin dans son besoin de contrôle, dans un non-équilibre entre le haut et le bas.
"Connais-tu cette armure dans ta vie ? Ce mouvement d'épaules ?
— Vieille connaissance. Pour mon ostéopathe aussi."

Nous entendons son côté Yang… Pas un mot de trop, efficace.
"Quelle relation y a-t-il entre le module et l'armure ?
— Le module me protège comme l'armure. Parfois tout est couvert de l'armure.
— Demande au masculin qui a besoin d'être rencontré de se présenter.
— Il est sorti. C'est un tout petit bonhomme. Il n'est pas du tout en confiance vis-à-vis des hommes. Dans la nature là, près des arbres, il est en sécurité, tranquille. Pour lui, les hommes sont des Cro-Magnon, des paysans du Moyen Âge. Ils sont violents, bestiaux, ignorants.
— Quelle relation a-t-il avec les hommes ?
— Ah non, il n'en a pas. Lui ne se considère pas comme humain. Il observe, il voit les choses comme elles sont et ce n'est pas comme ça que ça devrait être."
Clara confirme cette drôle d'impression du début. Clara est très humaine, mais jusqu'à un certain point. Son masculin n'est "pas humain", il observe et juge que "ce n'est pas comme ça que ça devrait être" !
"Quelles émotions a-t-il envers eux ou envers la Terre ?
— Il se demande ce qu'il fait là. Il avait pour mission de s'installer quelque temps. Mais il ne veut pas totalement intégrer le processus, alors il remonte dans son module, au-dessus, là personne ne l'embête."
Je comprends mieux que Clara se sente coupée de son masculin puisque celui-ci "ne veut pas intégrer le processus".
"Que se passe-t-il dans ta vie quand il remonte et prend cette distance un peu extra-terrestre vis-à-vis des hommes ?
— C'est vrai, maintenant je la sens cette distance comme un espace de protection, de réserve même, autour de moi. Je sens aussi cette sensation de faire le yo-yo, de vivre parfois en autofonctionnement, quand il est dans son module. Au bout d'un moment je m'étiole, je manque d'air. Alors il redescend et moi je m'expands comme pour me rassurer."
Le mécanisme est plus clair. Elle vit l'expansion à travers "être dynamique, efficace, en forme" et compense ainsi la fuite d'énergie. Clara a de la chance de pouvoir redescendre facilement. Cela tient au chemin de guérison déjà accompli. D'autres restent en l'air et n'habitent pas totalement leur corps et leur vie.
"Quand tu t'étioles, comment fais-tu pour qu'il redescende ?
— Je ne sais pas. Je crois que je porte mon attention sur la terre, celle que j'aime, celle de la nature.
— Sans les hommes ?
— Oui.
— La terre "comme ça devrait", sans la violence des hommes ?
— Oui.
— Dans ta relation aux autres, reconnais-tu ce mécanisme de mise à distance ?

— Maintenant que tu mets le doigt dessus, oui, il y a comme une supériorité de conscience, de celle qui sait la vie, l'âme, tout ça. Pour lui, c'est sa supériorité technologique, son module invisible aux humains. C'est vrai que je me rends intouchable. Je peux être là chaleureuse sans être véritablement là, en réserve. Je ne l'avais jamais regardé sous cet angle. C'est moins joli."

C'est beau, c'est fort, un être qui se regarde avec lucidité et honnêteté.

"Mais c'est plus vrai, et c'est courageux... Demande au petit bonhomme comment cela se fait qu'il se met en distance ainsi ?

— Ils l'ont agressé, terriblement. C'était il y a très, très longtemps, au début des temps. Il a d'abord vécu au sein d'une communauté d'âmes, sans véritablement un corps, plutôt sous forme de lumière, il ne se passait pas grand-chose, juste du temps qui passe. Puis il a pris un corps, ça lui a fait perdre une part de conscience, il était comme un enfant. Puis la horde des hommes est passée. Il a reçu un coup de massue sur la tête, il a été atterré, touché dans son intégrité, il n'en est pas revenu. On n'est pas là pour ça, pour se faire massacrer !"

Peu importe le décor ou le temps, Clara accède à une dimension archaïque d'un coup brutal qui atterre l'enfant de lumière, certes, mais manquant encore d'une forme de conscience de maturité, et le sépare de son heure. Surtout elle nous confie que "atterré, il n'en est pas revenu". Depuis ce temps immémorial, un pardon n'est pas fait, le jugement porté sur l'expérience empêche d'en revenir car "ce n'est pas comme cela que cela doit être".

"Le petit bonhomme n'est toujours pas revenu que 'ce n'est pas comme cela que cela doit être ?' Que vis-tu, toi, de cela ?

— Oui. On n'est pas là pour ça, pour se faire massacrer ! Ça me rend triste car je sens que je garde une charge. Elle est entre moi et la vie. Je me rends compte qu'elle me limite plus que je n'imagine."

Clara me répond depuis sa conscience, mais l'émotionnel n'est pas activé.

"Quelle émotion vis-tu 'qu'on ne soit pas là pour se faire massacrer' ?

— Déjà l'armure et les épaules remontées. En fait l'armure, oui, me protège des hommes, mais avant tout de sentir la charge envers eux. Ça fait comme une noix de coco fibreuse qui limite l'expansion de mon cœur. Au plexus, j'ai aussi un gant en métal qui serre et empêche certaines émotions. Ne demande pas lesquelles. Je ne sais pas, juste insupportables. Et avec tout ça, à la tête, une enflure un peu floue, nébuleuse mais pleine de supériorité. Ce n'est pas joli, joli, tout ça."

Clara répond depuis cet endroit d'hyperlucidité, avec une écoute claire de son corps, sans les émotions. Le féminin viscéral, organique, émotionnel, vital, animal est absent, malgré la relation intime de Clara à l'essence du Féminin. Elle décrit la Terre "comme cela devrait être" sans la dimension pulsionnelle, volcanique, plutonienne, sans la beauté tragique certes mais aussi alchimique du feu des profondeurs.

"Rends grâce à cette lucidité magnifique en toi… Quelle relation le petit bonhomme a-t-il avec les femmes ?

— Ce n'est pas son problème, les femmes. Elles font leur truc avec les enfants. Il ne veut pas trop les voir, car elles subissent à cause des hommes. Il les voit faibles sans protection. Ça le gêne, il se sent lâche, mais s'il y va, il va se faire massacrer. C'est trop dangereux de s'approcher. Alors il ne prend pas part à la vie des femmes, il reste à l'écart, le plus possible dans la nature ou dans le module."

Par peur d'être massacré, le masculin de Clara se sépare des femmes, de son propre féminin, de son "Pote Féma". Il juge son "Pote Féma" de même que le féminin : faible, soumis, sans protection, qui fait son truc avec les enfants, et ignore qu'il se sépare ainsi de la capacité d'être un avec lui, il se coupe de l'intimité, "elles font leur truc". La peur d'être massacré vient du fait qu'il n'habite pas la profondeur de son ventre, de sa pulsion de vie.

"Et sa sexualité ?

— Il ne se sent pas vraiment humain, l'accouplement est dégoûtant pour lui, tout ce qui est organique l'inquiète, il n'appelle pas ça faire l'amour. Et surtout, il ne veut pas s'unir pour ne pas prendre pied sur Terre, pour ne pas se connecter à la terre. Il ne veut pas s'investir, à la limite donner et se retirer, OK, mais non assumer les conséquences de son action. S'autogérer, oui. Et puis, il ne veut voir que la beauté des femmes, leur côté nourricier, maternel, pas la chair humide, pas les viscères.

— Comment cela joue-t-il dans ta vie de femme ?

— Je comprends pourquoi je n'ai pas d'enfant. Je me rends compte que j'ai construit quelqu'un envers l'extérieur qui repose sur une faille, sur une béance. Dans ma sexualité, c'est vrai, je privilégie les câlins au hard.

— Quels sont les rêves du petit bonhomme, ton masculin ? Qu'est-ce qu'il adore faire ?

— Tes questions le rendent infiniment triste. Depuis très, très longtemps, il ne s'est plus posé ce genre de questions. Il se définit comme "non-eux", mais il a oublié qui il est, lui.

— Honore son courage de te confier cela. Accueille-le ainsi, transmets-lui que tu comprends qu'il ait pu se sentir ainsi. Invite-le à reprendre contact avec lui-même. De quoi a-t-il besoin ?

— Pour l'instant, il est plongé dans la honte. Honte d'être juste peureux, lâche, d'avoir fui, évité. Il juge même son côté extraterrestre. Il se voit de haut juger les hommes, mais il ne voit pas de geste d'amour dans sa vie. Ou plutôt tout tourne autour de ne pas être eux."

Le masculin se rend compte que son cœur est fermé avec le manque de son "Pote Féma" et que la vigueur et le courage n'habitent pas son ventre. Quelque chose est en train de se détendre, de s'humaniser.

"Accueille-le avec tout l'amour qui est en toi, exactement tel qu'il est, depuis si longtemps il n'a pas retrouvé la paix et l'amour. Il prend conscience que ses jugements ne génèrent pas l'amour. Transmets-lui ta gratitude et la reconnaissance de son courage de faire cela. Il contemple que ce qu'il a construit le mène à une impasse et c'est très douloureux. Il s'est complètement identifié à ne pas être eux dans son refus de la violence et son jugement que ce n'est pas comme cela que cela doit être. Et cela l'isole dans une vie parallèle, replié dans son module, il rejette et s'isole de son humanité. Il a oublié ses rêves et qui il était vraiment.

— Il avait des rêves, oui, de vivre cette communauté d'âmes dans un corps, sur la Terre, de toucher les êtres comme la nature le touche, d'apporter l'amour. Mais il ne peut pardonner la violence de l'incarnation, il ne peut se pardonner d'avoir choisi l'incarnation. Pardonner serait pour lui dire merci et accepter tout ce qui vient, donc la violence."

Nous y sommes. Elle reconnaît le pardon non fait, la violence impardonnable et garde l'illusion d'un paradis désincarné. Inutile de l'inviter à pardonner, il est trop tôt, plutôt inviter la vitalité à habiter son corps car en refusant la violence, elle se fait violence. La colère qu'elle refoule contre la violence lui fait violence et la désincarne.

"À juger la violence, il en a oublié ses rêves, son action. Il s'est séparé de la vie, il s'est mis à distance. Il se juge supérieur. Il a oublié l'amour. Il semble qu'il se fait violence, à fuir la violence et que la violence persiste dans son champ de conscience. Avec son armure, il crée même une forme de violence… Que vit-il à ses mots ?"

Ce à quoi on résiste est nourri de notre résistance et persiste jusqu'à finir par se manifester.

"Il est très, très en colère, comme si tu le prenais à un piège. Mais ça lui donne de la densité, il est moins pâlot.

— Et la vitalité dans son corps, comment est-elle, avec cette colère ?…

— Étonnamment, ça lui va plutôt bien, il est moins petit bonhomme, c'est plus vivant dans son ventre, il a l'impression de bouillir."

J'ai sciemment provoqué la colère du masculin, elle est la clef du passage. Le masculin commence à prendre contact avec sa vigueur, rejetée en même temps que le masculin des hommes.

"Remercie-le de permettre la vie dans son ventre à travers cette colère, d'autoriser le feu sacré, d'honorer la vie en lui. Non pas pour vivre la violence, mais pour la libérer dans la conscience, dans un lieu opportun, sans la projeter sur l'environnement. Autorise-le, encourage-le à exprimer sa colère, une sainte colère, une sacrée colère. La colère de se rendre compte qu'il porte en lui ce qu'il projette sur les autres. Pour ne pas être comme eux, il s'est interdit la violence, alors il a refoulé la colère et il s'est fait violence ! Il s'est fait violence en réprimant la vie… En réprimant l'amour… En réprimant son humanité organique…

"Qu'il laisse la vie reprendre ses droits dans son ventre. Qu'il exprime cette charge contenue si longtemps. Qu'il exprime sa colère... Laisse-le taper des pieds, des mains, s'exprimer par des sons... Qu'il libère la vie réprimée... Qu'il libère son amour de la vie...

"Dis-moi ?

"Il était un peu timide au début, il voulait s'adresser à toi, par sécurité, puis il s'est pris au jeu. Tu sais quoi, j'ai l'impression qu'il bande. Oui, ça se voit clairement maintenant avec son armure qui ne va pas jusqu'en bas, comme si c'était fait pour. Qui aurait dit que je pourrais trouver ça beau ? Il devient très viril, mec quoi. Moi ça m'enracine. J'ai chaud. Oh c'est bon, ça libère le gant de fer au plexus et c'est plus large dans mon ventre.

— Prends le temps de goûter la beauté de cette force qui jaillit, qui régénère, qui ensemence. Accueille ce feu sacré qui libère, qui déploie ton masculin, dans sa virilité. Célèbre cette armure malicieuse qui témoigne de sa virilité. Répète-lui ce que tu viens de me dire : tu le trouves beau, viril, mec...

— Ça lui plaît, il se redresse.

— Le module ?

— Le module n'est plus là, pourtant il était toujours dans le fond."

Quelque chose se transforme radicalement en autorisant l'émotion dans un cadre de conscience, de respect, d'amour. Maintenant, la vie est à offrir à son enracinement.

"Reçois dans ton ventre, ton bassin, ce jaillissement de vie... Ton masculin qui bande ! Laisse-le descendre dans tes cuisses, dans tes jambes, dans tes pieds, jusqu'en dessous... Laisse les circuits se retisser, se régénérer. Ressens, visualise sensoriellement, ces fils de lumière dorée, légers et puissants qui te relient au cœur sacré de la Terre depuis ce masculin vivant, incandescent, qui bande. Laisse tes racines se démultiplier, par milliers, par milliards de radicelles, qui se ressourcent, qui se régalent, qui célèbrent l'incarnation et l'enracinement de ton masculin.

— Il a grandi, il a l'air d'un jeune guerrier, avec un cœur immense, mais il semble bien vouloir partir en guerre. »

— Autorise la vie en lui, le mouvement spontané qui le met en mouvement... Fais confiance à la vie, en lui et en toi... Autorise la guerre à la non-vie... Permets au jeune guerrier de s'embraser de son engagement à la vie. Laisse-le expérimenter le feu de son désir, l'air vif de sa pensée... Laisse-le danser sa guerre d'amour. L'amour fait la guerre au non-amour. L'amour doux et guerrier, féminin et masculin. Fais confiance à l'amour qui habite ce jeune guerrier. Encourage-le dans sa danse de feu. Comment reçoit-il ceci ?"

J'invite le masculin à reconnaître et à célébrer en lui le Masculin Chevalier qui porte la force de vie et d'amour dans ses entrailles. L'énergie vibre dans la pièce comme une chevauchée.

"Ah, il est plus que convaincu, il piaffe, il est fier, sa poitrine s'est élargie. Je ris car il se tape la poitrine comme Tarzan, moi qui ai horreur des machos.
— Invite-le maintenant à s'adresser aux hommes. Qu'il leur dise sa colère et sa tristesse. Sa peine derrière la colère. Il se libère de la colère contre la violence. En libérant consciemment, amoureusement, sainement la colère, il peut faire maintenant la paix. Il sent sa peine de ne pas se sentir appartenir à l'humanité car il s'en est isolé. Qu'il leur exprime sa peine de se sentir isolé de sa communauté d'âmes.
— Il est surpris car ils se sont approchés doucement, l'air gêné et malheureux aussi. Ils écoutent. Certains sont particulièrement touchés depuis qu'il exprime sa tristesse. Oh, mon Dieu, ils enlèvent leurs perruques, ils n'ont plus du tout l'air de Cro-Magnon, ils lui ressemblent.
— Et lui, les reconnaît-il... ?
— Tu le savais, n'est-ce pas ? C'est sa communauté, il les retrouve enfin, ils l'entourent avec émotion. Ils le touchent, comme pour vérifier qu'il est bien dans un corps. Ils l'attendaient depuis si longtemps, ils savaient que c'était lui dans le module. Lui qui croyait son module invisible. Il est assis, il pleure toutes les larmes retenues si longtemps. C'est comme un raz-de-marée. Les pleurs libèrent son cœur de la noix de coco. Ça m'émeut, moi aussi.

— Laisse grandir en lui, dans chacune de ses cellules, ce sentiment d'appartenance, de retrouvailles avec sa famille d'âmes incarnée sur Terre. Depuis cet état d'appartenance, demande à la sagesse en toi si c'est juste de libérer maintenant et définitivement le module. Si oui, qu'il retourne à la lumière dont il est issu. Rends-lui grâce de t'avoir servie. Dis-lui adieu, à Dieu. Rends-le à la vie, à l'univers. Accueille encore plus profondément l'appartenance à sa communauté d'origine et incarnée sur Terre.
— J'ai senti partir le module, il avait vraiment agi comme une montgolfière, discret mais redoutable, dans toute ma vie. C'est fou. Et en même temps, c'est un peu triste de le lâcher, comme un nid que j'abandonne, mais un nid sans plumes, froid, technologique. Lui, depuis que le module est parti, est plus défini, sa présence est plus précise, plus nette, comme si j'avais fait le point.
— Et sa supériorité ?
— Ce serait absurde, il n'y a plus besoin de se défendre. Ce sont les siens. Il est à sa place.
— Dans cette communauté, reconnais-tu certains visages dans ta vie ?"
Il est question d'intégrer les retrouvailles dans la vie quotidienne de Clara.
"Oui, il y a beaucoup de visages familiers. Cela me touche beaucoup. Ce sentiment très fort d'appartenance, de famille, de fraternité. Une très grande famille.
— Pour lui, à quel moment est apparu ce sentiment de fraternité ?

— Quand il a osé montrer qu'il était malheureux, ils ont accueilli son chagrin, ils ont compati. Il s'est senti reconnu et il les a reconnus. Il a ressenti la fraternité. Ils partagent quelque chose en commun.
— Dans un espace de conscience vigilante, quand il exprime sa vulnérabilité depuis la force qui vit dans ses entrailles, il ressent son appartenance à l'humanité, à la fraternité d'âmes… C'est sa connexion et son action de chevalier de lumière et d'amour…
— Ça peut changer ma vie, ça… C'est comme un manteau lourd qui tombe. Ça me permet d'être moi, juste moi… Il n'est plus en guerrier. Ils portent tous une tunique écrue. Ils sont beaux. C'est paisible.
— Serait-ce leur divinité qui vient de se révéler ?
— Mon Dieu, oui… Ooui… !"
Clara sourit, émerveillée, amoureuse de la vie. J'invite son attention dans toute la zone des épaules, elle respire largement. La boucle est bouclée pour la rencontre du masculin.
Nous complétons par un espace méditatif.

Il serait opportun par la suite de rencontrer "le féminin non reconnu dans la beauté de l'organique, du truc avec les enfants", de vérifier aussi ce qu'il en est du jugement sur l'incarnation : "Ce n'est pas ainsi que ça devrait être. On n'est pas ici pour se faire massacrer", que nous avons simplement invité ici dans la guérison.
Merci Clara.

La rencontre du masculin de Clara donne chair à :

- Le masculin dans sa peur de s'incarner, son besoin de contrôle, qui vit de haut son incarnation dans une forme de supériorité mentale, ici dans un module lunaire.
- Le masculin qui se met à l'écart de l'aspect du féminin organique, viscéral, car il n'habite pas lui-même son ventre dans sa vigueur.
- Le masculin coupé de son cœur, le"Pote Féma", qui se coupe du féminin et des femmes.
- Le pardon non fait envers l'incarnation qui mobilise toute l'énergie et filtre la relation à la vie.
- Le masculin obsédé à être "non-eux" qui perd ses rêves et le sens de lui-même.
- Ce que l'ego a construit en nous faisant croire à la victime ou au persécuteur n'est pas l'amour, ne génère pas l'amour et nous en détourne. Le courage de contempler cela.
- Le courage de contempler l'illusion de l'ego spirituel dans sa prétendue supériorité qui connaît les enjeux de la vie, mais n'incarne pas sa véritable humanité.
- Le masculin qui se fait violence en jugeant la violence et la maintient dans sa vie en réprimant sa vitalité aimante.
- La libération de la vitalité à travers l'expression saine, consciente et aimante de la colère refoulée.
- Le Féminin intègre l'organique, le viscéral, le pulsionnel.
- L'amour est doux et guerrier. L'amour sait être guerrier, faire la guerre sainte et intérieure au non-amour en soi.ˇ

Chapitre 3

Blessure du féminin : victime et honte

Chapitre 3

Blessure du masculin : culpabilité et impuissance

1 • Le féminin objet et victime du masculin

Dans la réalité duelle, le féminin est blessé, celui de l'humanité, de chaque femme et de chaque homme. La blessure du féminin de l'homme est ignorée et refoulée. À travers sa blessure qu'apprend-on du féminin et de sa relation au masculin ?

Nos automatismes signalent notre féminin blessé. La blessure du féminin jalonne la réalité duelle où le masculin domine par force le féminin. Le féminin expérimente et incorpore la domination forcée du masculin. Le féminin est blessé. En chacun.

Tant que nous ne sommes pas stabilisés dans la 5e dimension, une partie même infime de notre féminin est blessé. La blessure n'est pas tout le temps activée, nous vivons des états de bien-être, de paix, par moments d'expansion, mais face à certaines situations ou relations, notre réaction automatique émotionnelle ou viscérale ou corporelle nous in-forme d'une résonance encore active. L'automatisme est la réponse immédiate de l'inconscient du masculin qui se substitue à sa conscience habituelle afin de s'éloigner de la blessure du féminin.

La colère, l'anesthésie, la fuite... L'automatisme signale la blessure. Automatiquement, le masculin s'en défend. Ainsi lorsque nous recevons les nouvelles, nous prenons parti la plupart du temps de façon automatique depuis une résonance avec cette blessure alors que nous nous croyons soi-disant objectif.

Face à certaines situations ou relations, notre réaction automatique émotionnelle, viscérale ou corporelle nous in-forme d'une résonance encore active. L'automatisme signale la blessure.

Reconnaître la persistance de la blessure de notre féminin ne signifie pas que nous n'avons pas cheminé en nous-mêmes. La blessure du féminin appartient au principe même de la réalité duelle. Il est juste de reconnaître que tant que nous ne nous présentons pas au plus intime de nous-mêmes, elle est là au fond de nous et attend d'être ramenée à la maison. Lorsque la rencontre essentielle est avancée, certaines circonstances peuvent encore faire résonner notre humanité blessée, tester l'attachement de la personnalité dramatique ou inviter la compassion véritable à se déployer sur nous et le monde.

1 • La culpabilité, blessure de l'action

Dans la réalité duelle, le masculin blesse le féminin.
À travers les tonalités des blessures fondamentales de l'humanité,
il abandonne, méconnaît, maltraite, humilie, rejette, trahit, isole le féminin.

Le masculin blesse le féminin dans notre couple intérieur. Le masculin en nous abandonne, méconnaît, maltraite, humilie, rejette, trahit, isole le féminin en nous.

Prenons les exemples des cas vécus.

- Bruno a la blessure de non-reconnaissance dans sa vie, il ne reconnaît pas la blessure de son féminin.
- Clara juge la violence de l'humanité, elle se fait violence en se refusant la vitalité et en se retirant de l'humanité par son masculin extraterrestre.
- Paul perpétue la trahison en trahissant son féminin sur le bûcher et en lui refusant la compassion.
- Véronique torturée dans une mémoire d'inquisition se comporte en inquisiteur envers elle-même.
- Ariane juge massacreur le masculin de l'homme et se comporte intérieurement comme tel.

Ce que nous jugeons dehors est la matérialisation de ce qui se joue en nous. La blessure insupportable du monde est le reflet de notre blessure intime. Nous interprétons la réalité à travers ce filtre. Le masculin se sent coupable de la blessure et tente de s'en séparer. Face à la blessure du monde, notre masculin cherche des coupables afin de mettre de la distance avec le sentiment de sa propre culpabilité.

Moins la blessure est étreinte, plus la culpabilité est forte et plus nous la projetons à l'extérieur sur le bouc émissaire alors que nous la refoulons tel un poison intime. Notre masculin fait la guerre aux masculins extérieurs, il accuse, il juge, il prend parti. Mobilisé sur l'extérieur, il évite de sentir que ce qu'il juge est intérieur. **Il donne de l'énergie à ce qu'il juge et perpétue ainsi ce qu'il juge,** au lieu de se présenter à son féminin blessé. Méditer contre la guerre nourrit la guerre. Projeter à l'extérieur la culpabilité renforce à l'intérieur le féminin victime. De même, s'identifier à la victime renforce l'énergie du tyran. Le couple "coupable/victime" est indissociable. Tant que nous nous sentons victimes, notre masculin se sent coupable. Notre adhésion au couple victime/coupable renforce la croyance en notre incomplétude et donc en notre impuissance.

• Le féminin est objet. Le monde est notre féminin !

Par leur nature même, le masculin est sujet et le féminin est objet. Le masculin agit en sujet et le féminin est l'objet par lequel la conscience du masculin agit.

"Je regarde le ciel" : moi, je = sujet conscient, regarde = action de la conscience du sujet, le ciel = objet par lequel la conscience du masculin agit et regarde.

Le masculin agit par la pensée et l'action. La conscience agissant sur le monde à travers sa façon de penser le monde et d'y agir est synonyme du masculin agissant sur le féminin. Le sujet en nous-mêmes de la conscience agissante est le masculin agissant sur le féminin par sa pensée et son action.

L'objet de conscience par lequel le masculin exerce son action est le féminin, son féminin. Tout ce dont nous avons conscience, ce que nous percevons, imaginons, aimons, jugeons, refoulons du monde est notre féminin. Notre perception du monde oscille en fonction de notre humeur, des situations, des relations. Amoureux, nous percevons la beauté du monde, en colère son obscurité. Le monde que nous percevons est notre féminin.

Le monde est notre féminin. Le réaliser intégralement est la Réalisation. C'est non seulement un changement de plan de conscience, c'est aussi la réalisation de notre nature absolue dans l'union.

Tout ce dont nous avons conscience, ce que nous percevons, imaginons, aimons, jugeons, refoulons du monde est notre féminin. Le monde est notre féminin.

• Le masculin blesse le féminin par ses pensées et ses actions sur le monde. Dans la réalité duelle, le masculin domine le féminin par la force mentale ou physique. L'action du masculin dans la réalité duelle blesse, fait violence au féminin, car le masculin croit devoir dominer l'autre, au lieu de simplement dominer. Quelqu'un de grand domine la situation, sans écraser.

En tant que sujet conscient et agissant, nous blessons notre féminin par nos actions et nos pensées blessantes sur le monde, nous blessons le monde par nos actions et nos pensées blessantes sur notre féminin. Cela responsabilise, culpabilise parfois, lorsque la culpabilité n'est pas transformée. La culpabilité est la blessure du masculin. La boucle est bouclée. Chaque interrelation avec le monde y contribue. Nous sommes responsables de ces interrelations et réalisons alors notre état de cocréateurs du monde. Notre féminin reflète le monde que nous percevons. Nous sommes responsables du monde que nous percevons. Sans plus accuser personne. Notre interrelation et nos actions avec le monde procèdent de la perception que nous en avons. Nous sommes véritablement un avec le monde. Nous ne voyons rien d'autre que notre propre perception du monde. Ainsi les sciences du cerveau interrogent sur ce que nous savons vraiment de la réalité, les mêmes réseaux neuronaux s'activent dans le cas d'une perception visuelle d'un objet et de son imagination sensorielle.

• Du féminin objet au féminin blessé. Un potier malaxe l'argile. Elle est l'objet qui matérialise son rêve et son idée, lui reflète sa capacité et son art. Dans l'instant où le potier est tout entier focalisé sur l'argile, elle est son féminin qui matérialise son action, grâce à laquelle il prend conscience de l'effet de chaque geste et réajuste, rectifie instant par instant.

Dans la réalité duelle, le masculin ne réajuste pas son action. Lorsqu'il prend conscience de la blessure du féminin, il préfère nier, ignorer, banaliser, minorer, car il se sent coupable et impuissant à trouver une solution. Ainsi les gouvernements envers la Terre.

Tant que nous excluons, rejetons, jugeons un rôle, nous ne pouvons être Un ni vivre l'union car le Un est avec le Tout. Ce rôle s'impose alors dans notre vie (voir cas vécu d'Ariane, p. 286). Nous portons les deux aspects qui attendent la réconciliation.

• **La culpabilité.** La culpabilité est en relation avec l'action du masculin. Le masculin qui se sent coupable n'est pas le masculin dans les profondeurs de l'ombre. Celui-là ne se sent pas coupable, il nie, il banalise, il ignore, il méprise, il refoule, il projette… Il met à distance la culpabilité, il se ferme à son ressenti. Le masculin qui se sent coupable est celui dont le cœur est suffisamment ouvert, courageux pour ressentir ce malaise, ce poids qui l'oppresse, les nœuds, le vide, la faille dans son ventre. Il se dit : "Et si j'avais su… Et si j'avais pu… Si j'avais deviné… Si j'avais fait autrement…" Le masculin se sent coupable de son action qu'il ait ou non pu, su agir. Il peut se sentir coupable de n'avoir pas agi, d'avoir été dans l'impuissance d'agir ou de ne pas avoir été là pour agir. Il se sent coupable que son action n'ait pas produit l'intention de son cœur. Quand l'action est en accord avec l'intention du cœur, le masculin se sent en paix avec son action, il la reconnaît juste.

La culpabilité est la blessure de l'action. Elle est la réponse intérieure de n'avoir pas produit l'action juste.

• **L'action juste.** L'action juste résonne en accord avec le cœur et la conscience. C'est l'unification des trois plans, à l'unisson, en accord et accordés, appelée l'alignement. Dans la partie 2, la pratique initiatique de l'Alignement permet d'approcher cet état.

L'action juste offre la paix au cœur, même si certains choix ne sont pas toujours légers. Il y a des situations où sur le plan physique, quel que soit le choix, il y a une perte. L'action est juste pour soi et peut être injuste pour l'autre. Elle devient juste en soi quand elle est intimement en accord avec le cœur et la conscience.

• **Le processus de la culpabilité.** J'ai eu un Maître, il m'enseigne encore. À 4 ans, il traverse ma vie de façon fulgurante. Son enseignement vit dans mon cœur. Il offre sa vie pour moi. Il a le corps d'une sauterelle à qui j'arrache avec application les ailes. Je le vois mourir, je le sens mourir. Mon cœur s'effrite. Je me souviens encore, cinquante ans après, du froid dans mon ventre et du vide sous mes pieds. Un monde s'écroule à jamais. J'ai fait quelque chose d'irréparable, d'irrémédiable. C'est ma faute. Je perds mon innocence à jamais. Un poids s'insinue dans ma vie. Longtemps après, je comprends que s'active là une mémoire que mon âme me présente atténuée mais très tôt afin d'être assurée que je comprenne de bonne heure les conséquences de mes actes. Je fus une enfant sage et gentille. Depuis la culpabilité s'est apaisée, elle me signale parfois une sensibilité à certaines situations.

La culpabilité n'existe que dans une vision limitée de la réalité où n'existe nul moyen de rectifier notre action qui apparaît irrémédiable, irréparable, sans solution. **La culpabilité est la conséquence de l'impuissance, elle-même engendrée par l'incomplétude.**

Aucun moyen de faire repousser les ailes à la libellule, de la réanimer. Le masculin est dans une impasse douloureuse. Il aimerait tant réparer le féminin abîmé, trouver une solution à son action et il n'y en a pas, apparemment. Dans la réalité patriarcale, la culpabilité est amplifiée, nous sommes nés pécheurs, coupables devant Dieu, coupés de la Source de l'Amour et de l'Amour de la Source en nous.

Le masculin n'est plus en contact avec son cœur et son ressenti, il est coupé de son "Pote Féma" (voir p. 215 et 217). Il perçoit le monde comme un objet extérieur et ne se sent pas concerné intimement dans l'ignorance qu'il s'agit de son féminin.

Le féminin n'est plus en contact avec son centre et vit l'indignité qui le met dans l'impuissance à pacifier sa blessure, il est coupé de son "Pote Mafé" (voir p. 214 et 216). Le féminin blessé devient la victime du masculin car la blessure qui ne peut guérir met le masculin dans l'impuissance à pouvoir faire quelque chose.

Pour ces raisons combinées, **le masculin ne réajuste pas son action.** Collectivement, nous continuons à poser des actes inconscients et violents, tels des enfants immatures et inconséquents.

• **Du féminin blessé au féminin victime.** La voiture tombe en panne. L'un se sent trahi par sa voiture, un autre, abandonné par l'univers, un autre, méconnu dans ses efforts de bien faire, un autre, humilié, un autre, rejeté par la chance, un autre, maltraité par la vie… Chacun expérimente personnellement l'événement et se sent victime de la situation. "Qu'est-ce que j'ai fait au bon Dieu ?" L'interprétation personnelle filtre la réalité. **Le féminin devient victime parce qu'il prend personnellement ce qui lui arrive. Cela affecte et procède de son identité intime.** C'est le filtre de la blessure fondamentale : trahison, abandon, non-reconnaissance, humiliation, rejet, maltraitance, activée dans l'enfance, déjà présente dans l'âme. C'est la blessure fondamentale du féminin.

> La blessure est un fait. Être victime est une interprétation ! Grâce au concept de victime, nous mettons une distance entre nous et l'impuissance.

• **La blessure est un fait. Être victime est une interprétation ! Être blessé devient synonyme d'être victime parce que nous nous jugeons incomplets et impuissants à transformer la blessure. Cette incomplétude fait de nous une victime. Être blessé et incomplet est insoluble.** Grâce au concept de victime, nous mettons une distance entre nous et l'impuissance. La victime crée le sauveur, par la même croyance que l'autre est incomplet et que sa blessure, inconsciemment similaire à la nôtre, est insupportable.

Il existe un numéro de téléphone "SOS VICTIME", destiné aux victimes anonymes qui ont besoin d'être reconnues comme telles, protégées et accompagnées, qui prennent tout juste conscience qu'il est anormal d'être battu, violé, prisonnier, asservi. Notre société les reconnaît comme victimes et les invite à se reconnaître comme telles. C'est une étape fondamentale, à condition de ne pas y demeurer. Dans la pratique thérapeutique, reconnaître l'aspect victime de l'enfant intérieur, pour l'être qui nie, refoule ou banalise sa souffrance, est une étape essentielle. Passer à une dimension initiatique de cocréation demande d'admettre que cette blessure existe en amont des faits, portée par les mémoires de l'âme. Rencontrer cet aspect victime, comme dans les cas vécus, sans y être identifié, en pratiquant ses ressources, individuelles, universelles et subtiles est la clef du pardon, de la transformation, de la libération. L'être sort alors de l'aspect victime. Il y a un temps pour cela (voir cas vécu de Paul, p. 231).

• **Culpabilité = dette = programme limitant.** Coupés de la Source de l'Amour et de l'Amour de la Source, il est impossible de nous pardonner et d'imaginer être pardonnés. C'est notre enfer. Dans cet instant intense et éternel, le masculin tire des conclusions qui se programment dans les profondeurs de l'âme : "Je suis maudit à jamais", "Je ne mériterai plus jamais d'être aimé", " La beauté est dangereuse et m'éloigne de la vérité", "Je suis redevable à jamais à cet être, même si je dois le payer cher". Il est important d'en prendre conscience afin de pouvoir les libérer, sinon ces programmes limitent notre vie et la contractent malgré notre cheminement. Ils viennent d'une vision donnant-donnant où l'amour est un échange commercial. Nous avons fait quelque chose que nous jugeons, il faut donc payer par quelque chose d'équivalent ! Ce qui ne libère aucunement la culpabilité. Aucunement.

• **Le "Pote Féma" et la culpabilité.** Lorsque la culpabilité est insupportable, le masculin met de la distance entre lui et le féminin. Il ferme son cœur et s'abstrait de l'expérience. Le triangle du masculin remonte dans l'abstraction. Le vécu de l'autre devient étranger. **La culpabilité empêche de ressentir le vécu de l'autre.** En fermant son cœur, le masculin occulte le "Pote Féma" grâce auquel on ressent le vécu de l'autre. Sentir est courageux car on sent. Sentir, c'est être in-formé que nous sommes Un, que ce que nous faisons à l'autre, nous le faisons aussi à nous. C'est l'expérience d'être Un avec l'autre, avec Tout.

Le Masculin uni à son "Pote Féma" qui s'exprime à travers le ressenti du cœur agit dans une conscience qui unifie et ajuste, rectifie son action. Il reconnaît la justesse de son action, la beauté de l'élan qui l'anime. La culpabilité fait pressentir par défaut l'innocence, la spontanéité de notre état d'origine. Ainsi pour le féminin, la honte fait pressentir par défaut l'état de pureté.

• **Coupables ?** Le masculin, en tant que conscience agissante, agit. Son action, l'élan naturel le pousse dans une quête où il explore les limites. Comment le masculin pourrait-il explorer, sans traverser les limites antérieures ? Il est par nature appelé à aller au-delà des limites. Elles peuvent être physiques, une terre vierge, aller dans l'espace, traverser les mers... Mentales ou philosophiques, la physique quantique, les nanosciences... Corporelles, les plongeurs en apnée dépassent celles imaginées du corps humain. **À chaque limite, il y a un choix et donc un risque.** Chacun en fait l'expérience à travers l'expérience intime de l'intégrité, la sienne et celle de l'autre.

Sommes-nous coupables de chercher ? Chercher, explorer fait de nous des êtres conscients et agissants. Comment l'enfant pourrait-il comprendre le feu à travers la seule explication de ses parents, sans en faire l'expérience personnelle ? **Il faut l'expérience pour comprendre.** Alors l'enfant et l'humanité se brûlent et brûlent quelque chose. Nous avons appris des expériences et ajusté pour acquérir la maîtrise du feu. Si la culpabilité nous avait étreints, nous aurions inhibé, prohibé l'utilisation du feu ou créé un culte de peur et de punition. C'est pourtant ce que nous faisons de nos expériences. Dans la 3e dimension, nous vivons sous le règne de la peur, du jugement et de la dette, entre coupables et victimes.

À force de culpabilité, le masculin se détourne de sa responsabilité.

• **De la culpabilité à la responsabilité. En quittant la réalité duelle, l'illusion de la culpabilité se détache pour découvrir la responsabilité.**

Qu'entendons-nous par responsabilité ?

• **Le choix de sortir de l'aspect victime.** Il vient un temps où l'être est au bout de son attachement aux jeux de pouvoir (victime/ tyran/sauveur) de la 3e dimension. Il n'a plus le goût du "pourquoi" et passe au "comment". Le pourquoi est sans fin et débouche sur le "pourquoi pas". L'essentiel est : que faire de cette blessure ? Sommes-nous prêts à la reconnaître, la regarder, la rencontrer afin de la libérer ? Avons-nous suffisamment exprimé les émotions retenues ? Sommes-nous prêts à pardonner ? Alors quelque chose se redresse intérieurement et le cœur peut se rouvrir comme une coupe. S'il y a pardon, ce qui est contracté se libère et permet au flux de l'amour de couler à nouveau en soi, et il y a un changement de conscience.

• **Victime / tyran / sauveur.** La victime n'existe que dans une vision où il y a un bourreau, cela crée le sauveur qui prend parti. La "victime" tyrannise souvent son environnement qui essaye alors vainement de la sauver, c'est la tyrannie de la victime. Le sauveur est souvent le tyran de lui-même, il refoule sa propre blessure pour la sauver chez l'autre et devient victime de la "victime". Le tyran ignore que ce qu'il fait à l'autre, il le fait à lui-même et son féminin est victime du tyran en lui. C'est une boucle sans fin de "victime / tyran / sauveur" qui sont les rôles clefs de notre 3e dimension. Le sauveur déifié cautionne cette vision duelle de la réalité. **La 3e dimension s'inscrit dans le cercle vicieux victime / tyran / sauveur.**

Le féminin qui retrouve son "Pote Mafé" retrouve la conscience d'être la source de l'amour et d'accueillir l'amour de la source. Il expérimente en lui une source pure, inaltérable, infinie et s'y abreuve.

• **La complaisance de l'état durable de victime.** Le féminin blessé a besoin de rendre l'autre coupable afin de projeter sur l'autre son émotion et mettre une distance avec l'impuissance. Ce peut être la vie, Dieu, l'incarnation, la mère, les hommes, les femmes, soi-même… Le féminin ne se sent pas reconnu dans sa blessure, c'est pourquoi il rend coupable le masculin. **L'être identifié à la victime croit que cela se joue entre lui et l'autre alors que c'est entre lui et son masculin.** Le masculin dans le sentiment d'être coupable et impuissant à répondre à la blessure du féminin s'en détourne. Il s'abstrait. Plus il se distancie, plus le féminin se sent abandonné à la blessure, se complaît dans la victime pour être reconnu dans sa blessure ou reconnu tout court, rend coupable le masculin qui se détourne d'autant… Le féminin a besoin de retrouver qu'il est la source de l'amour et de pardonner.

Le féminin se complaît dans la victime jusqu'à ce qu'il se sente reconnu dans sa blessure par le masculin, à l'intérieur.

• **Être blessé sans être victime. Accueillir sans recevoir personnellement, sans interpréter personnellement.** Le féminin qui retrouve son "Pote Mafé" retrouve la conscience d'être la source de l'amour et d'accueillir l'amour de la source. Il expérimente en lui une source pure, inaltérable, infinie et s'y abreuve. Il redevient le **F**éminin. Il peut être blessé dans sa forme incarnée, physique, sans affecter l'expérience du **F**éminin Sacré. Il vit une douleur. Sans

Responsabilité : habilité à répondre aux conséquences de son action. L'union intérieure est le plan de conscience des réponses à la fois multidimensionnelles et interconnectées à notre fin de cycle. Répondre ne veut pas dire trouver une solution dans l'instant. En fin d'hiver rien ne pousse encore et un matin en quelques heures une fleur éclôt. Nul ne peut faire avancer le printemps, tous profitent de l'hiver pour le préparer. Il est de notre responsabilité de compléter les travaux d'hiver afin de préparer le nouveau printemps de la Terre.

• **Passer de la culpabilité à la responsabilité.** Ce travail fondamental et initiatique pour le masculin, donc pour l'union, est une part essentielle de la "Fusion au Cœur de la Séparation". Un protocole est proposé dans la partie 3 afin d'accompagner le masculin vers la paix du cœur et de l'âme (voir chapitre 8, p. 307).

D'ici là, donnons la parole à Dick Ruffin, un acteur du changement du XXIe siècle, "passeur d'espoir" dans sa ville de Richmond au sud des États-Unis où il est engagé à résoudre dans le respect mutuel les phénomènes de tensions raciales, de violence, de ghettoïsation, produits d'une mémoire collective esclavagistes / esclaves.

"Le premier temps consiste à rencontrer individuellement les responsables des différentes communautés… Pour inviter chacun à réfléchir, sans aucune perspective culpabilisante, à sa responsabilité et à son possible engagement afin de contribuer à résoudre le problème. Dans un deuxième temps, ces responsables apportent leur soutien et leur contribution à la mise en œuvre de groupes locaux de réflexion. À ce moment se joue une phase critique du processus. Chacun doit pouvoir se sentir respecté, écouté et compris au-delà des différences et des souffrances. C'est de cette écoute approfondie et respectueuse que naîtra la capacité à se pardonner pour guérir les blessures du passé puis à dialoguer pour construire ensemble les chemins de l'avenir… Quand deux personnes ou deux communautés humaines, qui se sont blessées puis isolées dans l'ignorance et le mutisme, apprennent à se rencontrer et à s'écouter pour comprendre la souffrance de l'autre, alors tombe la principale cause du racisme : l'incompréhension et la peur. C'est seulement dans un troisième temps que sont définies de possibles actions individuelles ou collectives, symboliques ou effectives pour bâtir l'avenir" (extrait de *Passeurs d'espoir*, de Marie-Hélène et Laurent de Cherisey).

Tout est là. Tout est dit. Réjouissons-nous de l'existence de tels êtres qui contribuent concrètement et retrouvent au cœur de la vie les vérités universelles.

- *"Inviter chacun à réfléchir, sans aucune perspective culpabilisante, à sa responsabilité et à son possible engagement"* : inviter le masculin, hors de la culpabilité de la 3e dimension, à contempler son action, juste à contempler, sans juger, ni comparer. Prendre conscience. Préalable nécessaire à pouvoir y répondre. Afin d'éveiller l'élan naturel du masculin à servir une juste cause.
- *"Phase critique du processus. Chacun doit pouvoir se sentir respecté, écouté et compris au-delà des différences et des souffrances"* : le moment clef de la plus grande séparation et aussi du passage de la réconciliation est d'offrir à l'autre ou à un aspect de soi l'écoute et le respect qui est la base de toute croissance, quel que soit son vécu antérieur. C'est le moment clef pour les couples en crise. C'est le moment clef de la partie 3 où masculin et féminin sont chacun face à face avec leur vérité. Là est un choix fondamental, tenter d'imposer sa vérité de force dans la dualité de "c'est ou ma vérité ou la sienne" (ou /ou) ou accueillir que la Vérité inclut toutes les vérités personnelles, c'est-à-dire reconnaître sa vérité personnelle et la vérité de l'autre (et /et).
- *"C'est de cette écoute approfondie et respectueuse que naîtra la capacité à se pardonner pour guérir les blessures du passé."* : seul cet état de présence à soi-même et donc à l'autre dévoile et manifeste la puissance alchimique du pardon, qui libère le flux de l'amour contracté dans l'impardonnable. Le pardon véritable qui ouvre le cœur et libère.

l'interpréter personnellement. Et non : "Pas cela. Ce n'est pas juste. Je n'ai pas mérité cela." La question du mérite n'a aucun sens pour le Cœur Un, mais dans ce mouvement de rejet, nous sortons de nous-mêmes et fermons le cœur dans un grand NON. Certains Maîtres, Saints, Prophètes vivent des défis, des martyres même, sans s'identifier à la victime, ni nier la douleur. L'identité ne se cristallise pas en victime sous l'effet de la blessure. Ils restent instant par instant avec la douleur sans en faire une souffrance. **La douleur est physique. La souffrance est ce qu'en fait la personnalité.** C'est confrontant. Oui. Initiatique aussi. Nul besoin d'être martyr pour passer de la souffrance à la simple douleur. Chaque jour est l'opportunité d'accueillir sans recevoir personnellement.

Le féminin est identifié à une réceptivité passive. Le **F**éminin accueille activement avec un OUI. Il est invité ici dans sa fonction d'accueil, sans jugement, dans la reconnaissance de l'essence à travers le dense. **Le Féminin accueille sans recevoir personnellement.**

Résumé de "Féminin objet et victime du masculin"

Par nature, le féminin est objet du masculin. Dans la réalité duelle, il est objet de la domination violente du masculin qui le blesse par ses pensées et ses actions dans l'ignorance que ce qu'il blesse est son féminin.
Le monde que nous percevons est notre féminin.
Nos automatismes signalent comment nous tentons de nous séparer de la blessure de notre féminin.
Victime / tyran / sauveur sont les rôles qui définissent cette réalité.
Le féminin s'identifie à la victime.
La blessure est un fait. En être victime est une interprétation.
Être blessé devient synonyme d'être victime lorsque nous nous jugeons incomplets et impuissants à transformer la blessure. L'incomplétude fait de nous une victime.
La conscience du "Pote Mafé" permet de retrouver en soi la source de l'amour.
Le masculin se détourne dans une quête extérieure de la blessure du féminin car il se sent coupable et impuissant envers elle.
Sortir de la victime est le choix du héros qui demeure avec la douleur sans la transformer en souffrance.
Le ***F****éminin accueille sans recevoir ni interpréter personnellement.*

- *"Puis à dialoguer pour construire ensemble les chemins de l'avenir."* : à ce moment-là, non avant, masculin et féminin ensemble et réuni, laissent apparaître les solutions qui se révèlent à eux de l'état de non-séparation.

Rendons hommage à Monsieur Dick Ruffin, aux "passeurs d'espoir" et autres acteurs de changement qui retrouvent au fond d'eux-mêmes les principes de la Vie Une. Ils sont les véhicules et les émissaires d'une véritable spiritualité effective. Le monde à naître est déjà là.

• **Redonner sa responsabilité au masculin par la reconnaissance de lui-même.** Le **M**asculin est dans la joie de sa responsabilité car elle célèbre qui il est dans sa fonction et dans son action. Le masculin, lui, ne peut reprendre sa responsabilité dans la culpabilité et l'impuissance. Celles-ci se traduisent par un manque d'alignement et un centre contracté coupé de la source de l'amour qui ne peuvent lui offrir la véritable puissance nécessaire pour se présenter à la rencontre de son féminin.

Le masculin, en particulier le masculin de l'homme, a besoin et désire libérer le passé et restaurer, honorer, célébrer sa vérité. La reconnaissance de lui-même demande qu'il restaure une noblesse intérieure basée sur la reconnaissance de sa vérité universelle et individuelle. La partie 2, "Les Retrouvailles", offre des pratiques initiatiques qui restaurent le masculin à lui-même et le célèbre dans sa vérité magnifique.

Alors il accède à son cœur, à son aptitude à ressentir et à son émerveillement. Il s'installe dans la noblesse du Chevalier qui porte son Étendard et le plante en terre, dans un enracinement sûr. Il retrouve son Épée de Lumière qui veille à la protection et à l'intégrité de son **F**éminin. Il accueille dans l'humilité la véritable puissance et transmet la présence des plans célestes. Alors le masculin révèle le **M**asculin prêt pour l'Initiation Amoureuse avec son **F**éminin, engagé au service du sacré de toute vie.

Résumé de "La culpabilité du masculin"

Dans la réalité duelle, ce que nous jugeons à l'extérieur nous reflète ce qui se joue dans notre couple intérieur, entre le masculin coupable et le féminin victime, couple indissociable de cette réalité. Tant que nous jugeons un aspect de la réalité ou un rôle, nous ne pouvons vivre l'union avec le Tout qui inclut la totalité.
*Le **M**asculin est par nature impulsé à explorer les limites afin de prendre conscience de lui-même et de la vie.*
La culpabilité est la blessure de l'action du masculin, conséquence de l'impuissance de ne pouvoir rectifier son action. Elle enferme dans un système de dettes et de programmes limitants et occulte le "Pote Féma" qui coupe le masculin du ressenti et le fait fuir dans l'illusion de trouver vite une solution. À force de culpabilité, le masculin se détourne de sa responsabilité et n'apprend pas de ses actions.
*Le **M**asculin est au service du sacré de toute vie grâce au ressenti de son "Pote Mafé" qui lui permet d'ajuster son action en accord avec son cœur et sa conscience. Il célèbre la beauté et la justesse de l'élan qui l'anime. Son "Pote Féma" lui offre l'expérience que nous sommes Un à travers le ressenti du vécu de l'autre. Il est dans la joie de sa responsabilité, car elle célèbre qui il est.*

2 • La honte du féminin

Le fait est que le féminin de la 3e dimension est victime du masculin.
Quelles en sont les conséquences pour le féminin ?

Que ressentent, qu'ont en commun les féminins blessés, celui des fillettes transgressées, des petits garçons ridiculisés, des femmes méprisées, des hommes asservis ? La femme violée ressent la sensation de garder en elle la souillure, l'impureté. Comme si quelque chose d'essentiel était profané qui faisait sourdre la honte. Honte indicible car elle touche quelque chose de l'essence de l'être. De même le petit garçon humilié de pleurer son chagrin. L'homme traité de femmelette. Lire la déception dans le regard du père. L'être trahi dans ses sentiments les plus vulnérables. Être une fille. N'être pas digne d'amour. Ne pas pouvoir être respecté, ne pas pouvoir se respecter. La honte d'être indigne, profané.

La honte n'est pas d'être blessé. **La blessure dévoile la honte.** La honte est déjà présente en amont. Quelqu'un qui se cogne dans une porte vitrée n'a pas honte d'avoir mal, mais honte d'être à terre, humilié. Quelqu'un d'autre se sent trahi par la vie à travers la vitre. Ainsi pour chacune des blessures fondamentales.

La honte est la trace vivante de notre essence divine et de ce qui nous en sépare.

La blessure interprétée par le féminin victime fait ressentir fugacement quelque chose de sacré qui ne l'est plus, quelque chose d'infiniment précieux qui est abîmé, quelque chose de très pur qui est dégradé. La honte nous révèle la chute d'un état d'origine. La honte fait ressentir au féminin qu'être victime n'est pas son état d'origine. Non qu'on ne se cogne pas la tête contre la porte vitrée, mais l'état de victime ne contracte pas la réalité, l'événement de la porte est incluse dans une réalité plus vaste. La honte fait prendre conscience que nous nous séparons de notre état d'origine chaque fois que nous nous identifions à la victime.

La honte est la trace vivante de notre essence divine et de ce qui nous en sépare.

La honte informe le féminin de la remise de pouvoir d'être jugé digne ou non d'amour. La remise de pouvoir produit la victime.

Être digne d'amour est notre essence. Nous sommes issus de l'Amour, de l'union sacrée d'origine. Être digne d'amour ne dépend pas de ce que nous sommes ou de ce que nous faisons. Pour l'amour conditionnel dans lequel nous et les générations précédentes avons baigné, oui. “Tu es méchant, maman ne t'aime plus.” Dans la 3e dimension, le féminin ignore son essence divine, son “Pote Mafé” et vit la honte. Ignorer ne veut pas dire que le “Pote Mafé” n'est pas là, mais que le féminin l'ignore et remet son pouvoir à l'extérieur pour être reconnu dans son essence (voir chapitre “Pote Mafé”, p. 212).

2 • L'impuissance, désaveu de l'action

Dans la réalité duelle, le masculin rencontre l'impuissance de son action à cause de la croyance en son incomplétude qui l'empêche de rectifier. Il se perd dans les jeux de pouvoir pour compenser l'impuissance. Que sont ici la puissance, le pouvoir, l'impuissance ?

• **La puissance**. Quelle expérience commune de la puissance partageons-nous ? Chacun de nous, enfant, accomplit un jour un exploit qui le fait passer d'un monde à l'autre, moment souvent célébré par l'entourage. Lorsque pour la première fois, nous nous tenons sur nos deux jambes et accomplissons nos premiers pas. Aboutissement de semaines et de mois à concentrer la force dans notre ventre et nos jambes, à persévérer aux chutes et aux renoncements, à nous choisir et nous installer fermement dans notre verticalité et notre cœur. Nous expérimentons une sensation d'énergie vibrante et réjouissante dans notre ventre qui monte de la terre par nos jambes et en même temps la sensation d'être portés par quelque chose de plus vaste. En cet instant, nous sommes tout entiers rassemblés, notre cœur est au centre de notre ventre. C'est un moment d'unité, le cœur et le ventre sont Un, d'où la sensation d'énergie qui pulse. Le 3e œil aussi vibre à l'unisson, ce qui nous donne cette impression d'être porté par l'accord de l'univers, portés par notre rêve de nous relever. Au moment où l'enfant se dresse pour ses premiers pas, l'univers célèbre l'individu dans une étape essentielle de son autonomie. Les trois plans sont unifiés, l'action est couronnée de succès dans la reconnaissance et la célébration.

Après cet instant magique, l'enfant reçoit de multiples façons le message d'impuissance. L'éducation, la religion, la société limitent ses explorations et transmettent le doute et l'impuissance sur son action, à force de contrôle, de punition, de manipulation, d'interdiction, ou de manque de limites. "C'est comme cela, on n'y peut rien, il ne faut pas rêver, il faut être réaliste." L'être perd la confiance que son action concentrée dans son ventre et connectée à l'univers peut matérialiser le rêve de son cœur et contribuer à quelque chose de grand et beau.

La perte d'âme de la société, l'ironie narquoise du conformisme ambiant, le manque de repères spirituels nous convainquent que la magie n'est pas de ce monde. Certains en gardent une nostalgie et un attrait pour les films de fantaisie héroïque. Ceux-là cachent au fond de leur cœur l'espoir qu'il existe quelque part, au moins en rêve, un paradis perdu où les dimensions s'entremêlent et "la force est avec nous" ! Cette nostalgie touche une dimension vivante en nous, même inaccessible à notre perception habituelle.

La magie et la puissance sont une même chose. Comme l'enfant dans ses premiers pas, la magie s'accomplit lorsque nous accueillons par nos jambes jusqu'à notre ventre la force de vie de la Terre et que nous la concentrons dans une intention Une, tout entiers rassemblés, unifiés, confiants que le temps est venu, reliés et accordés intimement à l'univers.

• **La remise de pouvoir.** Dans la réalité duelle et patriarcale, nous vivons dans l'axe horizontal où n'existe que ce que nos cinq sens perçoivent. Les mots plans célestes, réalités subtiles, corps énergétiques, réalité multidimensionnelle, sont suspects. La conséquence en est que **l'axe vertical qui nous relie à l'univers comme à la terre est occulté, fragile ou morcelé.** Un axe vertical sain est la seule façon de s'enraciner profondément, de se ressourcer à la Terre Mère et de se relier consciemment à la source de bienveillance et de guidance de l'univers, au Soi ou à ses guides. Retrouver le déploiement de l'axe vertical demande pratique, humilité, maturité et une écoute fine de la différence entre la voix de l'ego et celle du cœur. Cela s'apprend, cela se retrouve, et fait partie de notre nature profonde.

Le "Pote Mafé" donne au **F**éminin la conscience de son essence. **C'est le centre qui lui donne le respect de soi et donc de l'autre et l'axe entre ciel et terre qui lui donne la dignité, le droit à son essence.** Droit, dans le sens de l'axe dressé et de l'autorisation. Nulle surprise que respect et dignité manquent à notre représentation du monde et ses médias. Restaurer le "Pote Mafé" du féminin est essentiel car du domaine de l'essence.

La Méditation de "La connexion intime à notre pure essence" conscientise et actualise le "Pote Mafé" à travers le temple qui protège l'essence (voir p. 218 et CD audio).

Résumé de "La honte du féminin"

Le féminin vit la honte d'être indigne de l'amour, dans l'ignorance de son "Pote Mafé" qui lui donne la conscience de son essence divine.
La honte n'est pas d'être blessé, mais de chuter de notre état d'origine dans l'état de victime. La honte informe le féminin de la remise de pouvoir d'être ou non digne d'amour.
La honte informe de l'inconscience et de la non-reconnaissance de notre essence divine qui, elle, se manifeste par la dignité, le respect de Soi et de l'autre.

Du fait de notre axe vertical abîmé, nous remettons notre pouvoir au seul axe horizontal. Cercle vicieux. L'axe horizontal est celui grâce auquel nous sommes en relation avec le monde perceptible. Nous lui donnons le visage de l'autre. L'autre est alors l'objet de notre quête, qu'elle soit amoureuse, spirituelle ou affective. L'autre est la réponse. L'autre a la réponse ou nous l'avons pour l'autre. L'autre est la réponse : nous devenons tyran, car il faut nous approprier l'autre. L'autre a la réponse : nous devenons victimes, car il a pouvoir sur nous. Nous avons la réponse pour l'autre : nous devenons sauveurs de le considérer incomplet. Victime / tyran / sauveur. **Les jeux de pouvoir signalent l'impuissance qui accule à prendre pouvoir sur l'autre.**

L'impuissance est le désaveu de l'action du masculin.

L'impuissance de son action est la plus grande peur du masculin car il est fait pour agir. Il s'identifie à son action puisqu'elle lui permet de prendre conscience de lui-même. Il ressent l'impuissance quand son action ne peut aboutir ou s'il ne peut en sentir la joie et le plus de vie. **L'impuissance de son action est pour lui la remise en question de qui il est.** Il ne parle plus alors de l'impuissance de son action, mais d'impuissance comme un état d'être. Un homme à la retraite a besoin d'une activité qui le maintienne dans une représentation saine de lui.

Par extension, l'homme a peur de l'impuissance sexuelle. **Pour l'homme qui choisit de trouver la véritable virilité** (voir p. 189), **le paradoxe est qu'il a à s'ouvrir à son féminin**. De même, une femme qui choisit de guérir son féminin a besoin en premier de redresser son masculin afin de veiller à l'intégrité du féminin.

• **Pouvoir et dépendance. Puissance et autonomie.** Dans la réalité duelle, notre sentiment de pouvoir dépend de l'effet de notre action sur le monde, du résultat. **Le pouvoir génère la dépendance au résultat.** Alors que nous voulons avoir du pouvoir, nous devenons dépendants. **Seule la complétude génère la satiété.** Le pouvoir offre fugacement un sentiment d'intensité, de plus de vie, qui crée le besoin de pouvoir. L'insatisfaction redouble, comme un trésor qui s'éloigne au fur et à mesure que l'on s'avance. L'excitation devient exigeante et redoutable car les sens s'habituent à l'intensité. Engrenage.

La puissance véritable n'a pas besoin de résultat. Elle est un état d'autonomie, de joie et de conscience. Elle se vit même au cœur de la "contre-performance".

• **Au cœur de l'impuissance.** Pour vivre la fusion avec le féminin, le masculin a besoin de se présenter face à la blessure du féminin. Il découvre qu'il n'y a pas de solution sauf de rester là en présence de la blessure du féminin et d'accepter que d'une façon ou d'une autre il y a contribué. Il connaît là la totale impuissance. C'est là aussi qu'accompagné il peut découvrir la véritable puissance. Ce qui se passe alors est magique (voir Préparer les noces alchimiques, p. 295).

Résumé de "L'impuissance, désaveu de l'action"

Dans la réalité duelle, l'axe vertical qui nous relie au ciel comme à la Terre est abîmé, nous remettons notre pouvoir au seul monde perceptible, sur lequel nous exerçons des jeux de pouvoir qui perpétuent l'impuissance et la dépendance à un résultat. L'impuissance est le désaveu de l'action du masculin qui obstrue son "Pote Féma" et la plus grande peur du masculin. Face à la blessure du féminin, le masculin expérimente la totale impuissance. Là, il peut se révéler la véritable puissance, état d'autonomie, de joie et de conscience qui ne dépend d'aucun résultat.

HISTOIRE D'ALBERT

Le petit prince et la râpe

Le rejet de l'enfant

Thème : Le rejet destructeur de la blessure la rend destructrice. L'ombre de l'enfant rejeté est accusée d'être la cause de la blessure alors qu'elle en est l'effet. Le potentiel alchimique de l'ombre.

Albert est un homme de 60 ans, solide, large, puissant, avec une belle réussite sociale porteuse d'une vision de paix entre les peuples. Son mental est très fort, il le dit, cela se voit. Ses yeux jaugent et pèsent avec expérience et hypervigilance la cohérence de l'esprit de son interlocuteur, il teste avant de faire confiance.

Albert est dans une véritable démarche de réconciliation et de pardon avec sa propre histoire.

Sa mère vient de mourir et favorise l'héritage de sa sœur qu'elle qualifie de "pauvre petite". Albert se vit comme déshérité de sa mère, celle-ci ne lui laissant aucun signe de reconnaissance.

À travers une de ses activités, il accompagne les êtres avec des méthodes corporelles et mentales. La qualité de sa présence, ancrée, rassurante, validante, doit accomplir des miracles. Il a encore du mal à le reconnaître.

Je lui partage une forme de royauté temporelle et spirituelle qui émane de lui, tel un pilier entre ciel et terre. Le mot royauté le secoue. Il se sent tronqué d'une connexion spirituelle et émotionnelle intime, dimension rejetée de son éducation religieuse et intellectuelle coupée de tout ressenti. Il reconnaît en lui une puissance mais coupée d'une véritable intuition, dans une forme d'isolement intérieur.

Il travaille avec moi en groupe et y trouve ce qui lui manque, l'intégration des différents plans de l'être, physique, émotionnel, mental et spirituel, dans une pratique cohérente qui détend son mental et le relie à son cœur. Il approche plusieurs fois quelque chose qu'il ne peut nommer. C'est l'objet de la rencontre d'aujourd'hui.

Je lui souffle une peine sans fond, mais aussi l'opportunité d'un passage. Il acquiesce malgré le découragement compréhensible et habituel du chemin déjà parcouru et de l'abîme encore devant. Il se sent reconnu par moi et ne tergiverse pas.

Je lui parle de l'enfant déshérité. Il écarte fermement la proposition, ayant déjà pardonné… Nous nous accordons sur l'isolement comme sujet de l'exploration. L'isolement est un aspect de la blessure du féminin.

Dès l'enracinement, ses racines retrouvent avec évidence une place naturelle perdue depuis longtemps, tel un retour à la maison. Cela conforte le travail de guérison déjà accompli, sa personnalité ne résiste pas et se relie à l'amour inconditionnel de la Terre Mère, malgré les blessures avec sa mère. Préalable nécessaire à chacun, essentiel pour Albert. Il approche de la rencontre avec l'isolement.

"Je suis dans l'espace. C'est froid, noir, loin, vide. Je n'aime pas aller là… Je le connais cet endroit. J'y suis allé souvent petit. Puis, j'ai dit stop.

— Comment se présente cet aspect de toi dans cet espace ?

— Oh ! Un enfant. 3-4 ans, il est mignon, il a une culotte de velours noir, des boucles blondes, une chemise blanche en soie, il est vraiment mignon."

Un symbole s'impose dès qu'il décrit l'image.

"Étais-tu habillé ainsi enfant ?

— Pas du tout. Normal, propre. Pourquoi ?

— À quel genre d'enfant te fait-il penser, habillé comme ça ?

— Il est très chic, comme pour une cérémonie. Pourtant cela semble lui être naturel. Un peu comme le Petit Lord Fauntleroy.

— Un petit prince en somme ?

— Mon Dieu, oui…"

L'émotion le parcourt d'un pressentiment de cette royauté intérieure. À suivre…

"Qu'émane-t-il de cet enfant ?

— Il a un regard magique. Il est gentil. Il est seul dans un champ plein d'herbes sauvages, il communique avec la nature. Il est chez lui avec la nature, en osmose."

Cet enfant est l'enfant de lumière qui vit l'unité du Masculin / Féminin, au-delà de toute blessure, en amont de l'isolement. La blessure du féminin en tant que tel n'est pas accessible, la rencontre avec l'enfant s'impose d'elle-même. À travers l'enfant de lumière, Albert rencontre sa connexion naturelle, intimement en résonance avec la nature.

"Et l'isolement, comment s'exprime-t-il ?

— Il y a un nuage noir qui bouche la lumière. C'est comme l'ombre elle-même qui s'abat. Tout devient sombre. Ça se refroidit. L'enfant se voûte, il se referme. Maintenant il est seul au monde. C'est terrible, il va se désintégrer. C'est la force du vide qui veut le désintégrer. Ça râpe. À chaque coup de râpe, ça râpe son existence. Ça me presse de tous côtés. J'ai peur, ce serait terrible s'il disparaissait.

— Qu'est-ce qui disparaîtrait s'il disparaissait ?

— Je ne sais pas, quelque chose d'essentiel.
— Quelque chose de ton essence ?
— Oui…"
Il est important qu'il reconnaisse sa connexion naturelle comme quelque chose de son essence.
"Ce nuage, à quel moment dans ton enfance s'est-il abattu ? Dis-moi sans réfléchir…
— Je suis vraiment petit. Je suis dans la pièce à l'arrière de la maison. Je suis en train de jouer. Quelque chose se passe. Ma mère arrive avec le nuage. Elle m'engueule comme jamais. C'est menaçant. Très. Je suis menacé. Elle va me quitter. Elle s'en va. Je sens qu'elle va me remplacer. C'est comme un énorme aqueduc où elle s'en va dans un train pour ne jamais revenir. Ensuite, ça n'a plus jamais été pareil avec ma mère, je savais que je l'avais perdue.
— Que se passe-t-il pour l'enfant ?
— Je me dis, ici, je crève ou je m'enferme. Pas question de crever. Ça, j'ai toujours eu cette force indestructible en moi, rien n'a entamé cette force."
"Je crève ou je m'enferme !" La dualité s'impose à l'enfant. Ou ceci ou cela, ou le mental ou les émotions. L'enfant de lumière se retire dans la conscience des tréfonds pour laisser place à l'enfant blessé qui sépare désormais le masculin du féminin, le mental des émotions. S'il choisit de ressentir, il crève, donc il s'en coupe. En choisissant un plan de bataille et de survie, il est déjà un pas en avant de la totale impuissance face à la souffrance.
"Où vit cette force en toi ?"
Il me montre son plexus solaire, symbole solaire, royal…
"Juste avant, dans l'instant juste avant de décider de ne pas crever, que se dit-il intérieurement et qu'il n'ose pas dire à sa mère ?
— 'Ne me quitte pas. Ne me laisse pas tout seul. Ne me fais pas subir ça.' Le vide essaie de me détruire, de me râper vivant… C'est comme des mots que je n'avais jamais pu dire. De les prononcer, ça s'effondre en moi.
— Laisse fondre… Tout va bien. Tu ne t'effondres pas. Perçois cette force dans ton plexus. La force dans ton plexus permet que l'enfermement fonde, sans que tu t'effondres. Ce qui fond, c'est l'enfermement qui t'empêche de ressentir. Permets-toi simplement… Permets-toi."
Je l'invite à permettre la plainte du féminin, à laisser couler la peine présente dans son cœur depuis cet instant-là. Je l'invite implicitement à offrir la présence alignée du masculin au féminin blessé (voir p. 386).
"Oui, mais je pleure… Je n'ai pas pleuré depuis des années."

Pour Albert qui se sent coupé de ses émotions, c'est merveilleux d'accéder à nouveau au flux émotionnel. L'accès est là où il a été coupé, le désespoir d'être abandonné et rejeté par la mère.

"Oui, tu pleures et c'est merveilleux. Tout va bien. Permets-toi de pleurer... Autorise ces pleurs. Laisse ce chagrin si longtemps contenu s'exprimer... Et l'enfant ?

— Mais l'enfant, il ne pleure pas et la râpe continue son travail de destruction. Elle veut l'avoir. Elle me fait peur cette râpe. Elle est dangereuse pour l'enfant."

Son inconscient prévient de l'importance de la râpe : "l'enfant ne pleure pas et la râpe".

"La râpe, que dit-elle ? Qu'exprime-t-elle en relation avec l'enfant ? Permets à la râpe d'exprimer tout ce qu'elle garde pour elle, en râpant.

— Je te réduirai à néant par ma force de sape. Tu es tout ce que je ne suis pas. Tu es la vie. Je te hais. Moi aussi, j'aimerais être joyeuse et belle. Moi, je n'ai pas tout ça. »

— Veux-tu dire que la râpe est jalouse de tout ce que représente le petit prince, qu'elle est l'opposée du petit prince ? »

— C'est ça, exactement ! On ne l'a pas nourrie, on ne s'est pas occupé d'elle. Elle a toujours su qu'elle n'était pas comme il faut. Alors, elle veut le détruire lui, car lui, il l'a."

La râpe se présente comme l'ombre du petit prince, comme la colère de l'enfant blessé qui veut détruire ce qu'il n'est plus, mais qui le lui rappelle douloureusement. Ainsi des personnes détruisent ce qui représente pour elles le plus précieux, car elles s'en sentent éloignées. Pour elles comme pour Albert, il est nécessaire de retrouver et de reconnaître en eux-mêmes cette essence, ce qui permet d'intégrer la responsabilité de la destruction depuis un choix nouveau et responsable, non plus de densifier sans fin la culpabilité et le rejet de cette essence qui ne fait qu'alourdir et perpétuer ce qu'ils jugent.

"Le petit prince hérite de façon naturelle de la lignée transmise par ses parents, n'est-ce pas ?"

Il acquiesce.

"La râpe n'a rien de tout ça. Elle n'est pas comme il faut. Comment faut-il être pour hériter naturellement de ta mère ?...

— C'est ça oui, elle a toujours dit qu'elle aurait préféré une fille. Oui ! Oh, oui... L'aqueduc, j'y suis, c'est quand elle a fait une dépression. C'est là qu'elle décide d'avoir une fille, qu'elle décide de me remplacer. Alors, j'ai senti juste. Elle m'a bien abandonné. Elle me disait souvent : 'De toute façon, toi, tu t'en sortiras toujours', comme un reproche.

— Et comme si la râpe répétait sans fin : 'Je ne suis pas comme il faut, je ne suis pas la fille que ma mère attendait. C'est ma force et ma reliance qui éloignent ma mère. C'est normal que ma mère ne s'occupe pas de moi car j'ai cette force, cette reliance et non ma sœur'. Tu finis par légitimer que ta mère te rejette du fait de ta connexion naturelle. En le légitimant, tu rejettes, tu sapes en toi ta reliance…
— Oui, je l'ai en quelque sorte autorisé car j'ai cette force qui m'anime. C'est le bon mot, légitimer. Je ne l'aurai jamais dit comme ça mais ça fait tellement sens.
— La râpe a tant souffert silencieusement de ne pas recevoir l'amour de la mère qu'elle s'est mise à râper, à saper sa connexion naturelle, son héritage divin et légitime qui la sépare de sa mère… Comment est maintenant la râpe ?
— Oh ! Elle est en verre. Une râpe en verre. Elle est moins terrifiante, mais elle râpe encore.
— Elle n'est pas encore totalement reconnue, ni accueillie. Elle vient juste d'être reconnue comme l'expression d'un déchirement indicible, mais elle a été longtemps le bouc émissaire. Ne sois pas étonné de porter un doute lancinant sur ta connexion et une angoisse à l'idée de la légitimer car intérieurement, cela repousse l'amour de ta mère et t'isole dans cet espace froid et vide d'amour. Ta mère rejette la reliance et la force du petit prince car probablement elle a besoin d'aimer, de protéger sa propre petite fille blessée intérieure, révélée par sa dépression et dont elle croit sortir en prenant soin d'une petite fille sur laquelle elle projette a priori *une dimension victime. Tu t'isoles de ta connexion afin de ne pas sentir qu'elle t'isole de ta mère. Tu t'isoles du petit prince pour ne pas sentir son isolement, mais tu te sens douloureusement isolé de ta reliance qu'il représente. Et cela râpe tellement c'est déchirant…*
— Répète… C'est tellement fort que j'ai zappé."
C'est l'endroit de la séparation la plus intime, si proche que le mental dévisse. Je lui répète.
"Où est dans ton corps ce déchirement qui râpe ?
— Dans mon ventre, dans ce gouffre sans fond, dans cette faim irrépressible qui m'habite malgré tous les efforts que j'ai pu faire.
— La râpe et la faim dans ton ventre sont une même chose. Approche-toi sans peur de la râpe. Dis-lui avec tes propres mots : 'Râpe, faim, je n'ai pas d'autre nom pour toi, je commence à comprendre combien tu as faim de l'amour, de l'attention, de la douceur, de la reconnaissance de ta mère et combien je t'interdisais de l'exprimer. C'était si douloureux que je le rejetais et te rejetais par là même, à la mesure du rejet de ma mère. J'ai rejeté la profondeur de la blessure de l'enfant. Tu étais si peu entendue que tu t'es transformée en râpe. Je te croyais la cause de ma blessure alors que tu en es l'effet. Repose-toi maintenant, je suis là. Pardonne-moi de t'avoir rejetée, méconnue, jugée et finalement isolée. Je ne savais pas qu'ainsi

je te transformais en râpe. Je comprends que tu es mon cri sans fond. En t'isolant de moi, je t'ai transformée en monstre, en force de destruction. Je ne savais pas. Pardonne-moi.' Et caresse-la, offre-lui toute cette douceur qui lui a tant manqué, laisse parler tes gestes, toi qui sais prendre soin des autres, qui sais rassurer, prends-la contre toi. Laisse-la retrouver la saveur de l'amour, son odeur, sa douceur. Nourris-la de ton cœur. Laisse simplement couler cette essence sacrée qui lui a tant manqué. Reconnais-la, offre-lui sa place naturelle. Replace-la dans sa légitimité. Remplis ce gouffre par l'amour infini qui t'habite et que tu offres aux autres. 'Tu es cette sensibilité infinie en moi, cette faim, cette soif de contact, d'osmose, de communication, de communion. Sens ma force, je n'en ai jamais douté. Je te l'offre. J'ai tant à te donner. Prends, ma belle, ma douce. Sois en paix, repose-toi. Tu es de retour à la maison. Je t'accueille. Tu es la pièce qui me manque pour être complet. Tu es ma précieuse'."

C'est maintenant le passage initiatique où l'être peut réaccueillir la blessure de son féminin dont il s'est séparé et qu'il a jugée comme étant l'ombre (voir chapitre 2a, p. 56). L'ego peut essayer de récupérer le terrain en jugeant ce qu'il a fait. Cela dépend de la résonance avec les mots proposés et du chemin antérieur de fluidification de l'ego.

"Elle s'est blottie contre moi, elle est toute douce, toute claire.

— Présente-la au petit prince… Dis-moi ce qui se passe.

— Dieu, elle se transforme en couronne. Oh ! Elle est grosse et lourde…

— Tu t'es longtemps vu comme gros et lourd. Plus tu rejetais ta reliance, plus elle s'imposait par ce poids du corps. Le poids non reconnu de ta couronne t'alourdissait… Reconnais la présence indéniable de ta reliance par la puissance de ta couronne. Celle-ci légitime ta transmission, ta connexion, ta lignée intérieure, ta reliance."

Le chakra de la couronne est celui qui relie Albert à son héritage d'âme, sa connexion universelle et spécifique à Qui Il Est dans les dimensions plus vastes que celles de la dualité.

"Offre la couronne au petite prince en lui confiant que c'est la sienne. Il l'avait abandonnée le jour du nuage.

— Oui, elle est parfaitement adaptée. C'est fou ce truc.

— Quand tu le sens juste et qu'il est prêt, couronne-le. Et témoigne, légitime qu'il retrouve son appartenance, sa lignée, sa connexion.

— C'est le petit prince Couronné…"

Quelques larmes perlent. Dans la pièce, l'énergie est forte, elle lui ressemble, large, puissante, elle m'assomme presque. Je décuple mon enracinement afin d'accompagner jusqu'au niveau cellulaire ce qui se passe sur un plan subtil.

"Avec cette couronne, comme une antenne, tu retrouves ta reliance, en osmose. Elle a toujours été là, tu l'avais simplement rejetée. Aujourd'hui, tu retrouves ta capacité d'accompagner ceux qui sont perdus dans cet espace vide, de leur montrer le chemin du retour, car tu as tiré la quintessence de ton expérience. N'est-ce pas ce que tu cherches chez les chamans et qui t'a mené jusqu'à moi ?"
Silence. Albert respire profondément sous l'effet de cette compréhension, de cette reconnaissance de lui-même.
"Comment est le petit prince ?
— Il est rayonnant. Il est vraiment magique, cet enfant. Il joue avec la couronne. Le nuage a disparu, il fait grand soleil. Le lieu noir s'est transformé. Que c'est beau. Il se relie aux fleurs, à l'herbe. Elle lui avait tellement manqué, l'herbe. Il dialogue avec un trèfle à quatre feuilles. Il rit. C'est comme un jeu. Il suffit de jouer. Après le nuage, je crois que je n'ai plus su jouer. Quelle belle vie on va avoir tous les deux. C'est léger et très puissant. C'est plein, c'est ça, c'est complet. Je suis au complet. C'est fou, ce truc. Comme si le plexus solaire et le ventre s'étaient reliés.
— Reconnais cette connaissance qui ne s'apprend pas dans les livres, qui est tienne, cette sagesse acquise avec ton expérience. Appelons ensemble l'assistance de l'univers, la présence de l'amour qui guérit. Respire profondément, autorise cela. Pose ton attention sur l'aqueduc et le train par où a disparu ta mère. Présente-toi entier, complet, dans cette sagesse sur l'aqueduc.
— Ma mère en descend. Elle est plus douce et plus jeune que dans mon souvenir. Je l'embrasse. Je l'honore et je lui dis que je comprends.
— Serais-tu en train de légitimer de nouveau son rejet ? Dis-lui simplement ta vérité, sans jugement, ni attente. Dis ta vérité, combien cela a été déchirant pour toi, comme une râpe affamée. Dis-lui que tu pressens la petite fille abandonnée en elle. Honore-la véritablement, en la reconnaissant entière et parfaite, non pas idéale. Si elle avait été idéale, tu n'aurais pas su combien ta couronne était précieuse, combien ta force était puissante, combien ta sensibilité était immense. Invite l'enfant qui a vraiment souffert à lui pardonner, toi tu l'as fait, il y a longtemps, mais la râpe te disait combien c'était terrible pour l'enfant affamé d'amour. Reconnais ces liens de résonance entre ta mère et toi. Laisse l'amour couler à nouveau entre vous. Partage avec elle ta joie du petit prince Couronné rayonnant et magique.
— Elle est très émue et moi aussi, elle me transmet pour la première fois son amour. Comme si nous nous retrouvions au niveau de l'âme.
— Vos âmes vivent la réconciliation."

Nous complétons. Albert est émerveillé, le petit prince brille dans ses yeux. Il n'a jamais été si lumineux, son cœur déborde, son énergie est large et sereine. Royale...

Pour Albert, l'enfant blessé isolé dans un monde vide et froid est le "Pote Mafé" du féminin qui n'a pas la conscience de son essence et de sa connexion naturelle ! Le masculin mental rejette le ressenti de l'enfant rejeté par sa mère, ce ressenti refoulé se cristallise comme une râpe affamée qui est en fait l'enfant affamé d'amour. Albert le rejette et l'accuse d'être la cause de la blessure alors qu'il en est la victime. Il légitime le rejet de sa mère et rejette la légitimité de l'amour. L'enfant isolé et affamé reconnu et aimé, la légitimité de l'amour se redéploie à travers la couronne qui légitime son petit prince.

La rencontre du féminin d'Albert donne chair à :

- Le rejet de l'enfant blessé rend sa blessure destructrice. Ici sa faim d'amour rejetée la transforme en râpe destructrice.
- Ce qui est rejeté s'impose. L'enfant blessé rejeté s'impose à la rencontre.
- L'enfant de lumière hors de la blessure vit son "Pote Féma" en osmose et son "Pote Mafé" dans une connexion naturelle et spontanée à la nature.
- L'enfant rejeté à cause de sa reliance la rejette avec la conscience de son essence qui est son "Pote Mafé". Albert souffre du manque de son "Pote Mafé". Le retrouver demande d'accueillir l'enfant rejeté.
- Se séparer de la blessure pour y survivre dissocie du potentiel lumineux présent au cœur de la blessure. C'est la pièce manquante à retrouver.
- Au cœur de la blessure est le trésor. Ici, au cœur de l'isolement avec la reliance réside la reliance, à travers la couronne. Au cœur du non-héritage d'Albert réside le petit prince Couronné.
- À la mesure du potentiel de l'être est l'intensité de l'ombre à rencontrer. À la mesure de l'isolement douloureux d'Albert est sa connexion naturelle. À la mesure de l'ombre rencontrée est la puissance énergétique rendue disponible.
- La présence alignée du masculin qui reconnaît la blessure de l'enfant blessé sans s'y identifier permet à la carapace de fondre et à l'émotion refoulée de l'enfant de s'écouler sans s'effondrer.

HISTOIRE DE MORGANE

La Reine noire et le bébé dinosaure

Le féminin tout-puissant et le masculin castré

Thème : Le féminin ne pardonne pas au masculin et le castre en le séduisant par une illusion lumineuse. Le masculin happé par la culpabilité est fasciné, se laisse séduire et castrer. Oser reconnaître l'illusion et pardonner donne accès à l'union…

Morgane est une fée. Un charme fou, malicieuse, drôle, créative, fine et légère, l'intelligence au cœur. Elle est une muse d'hommes clefs de sa vie. Malgré des talents certains, ses projets n'aboutissent pas. Sur terre, elle se sent dépassée par la violence qu'elle ne comprend pas. Elle a une relation profonde et magique avec un homme aussi charismatique qu'elle, mais qui ne s'engage pas véritablement. Elle a déjà grandement pacifié son histoire personnelle.

Nous choisissons de rencontrer la relation masculin/féminin en elle, en ce qu'elle freine la manifestation dans sa vie.

Après l'enracinement et le processus d'intériorisation, elle se retrouve dans une forêt entièrement dorée, où elle se sent chez elle. Il y règne une énergie à la fois légère, un peu irréelle, une grande force et une sagesse universelle. Elle me décrit une dimension féerique où elle a intimement accès à un Féminin archétypal de la nature, au-delà du personnel, merveilleux, mais comme elle dit "irréel". C'est sa connexion spécifique à sa Source, qui a besoin d'être reconnue et de s'incarner.

"Je suis pleine, sans peur, immense et douce, comme si je volais."

Les oiseaux volent et sont enracinés. Morgane ne l'est pas complètement, quelque chose en elle plane.

"Je ressens vivante chacune de mes cellules.
— Dans cette forêt dorée, laisse se présenter ton masculin ou ton féminin…
— Oh, c'est un dragon rouge avec plein de pattes, une énergie coquine, ludique, un peu BD, sa tête est drôle. Chacun a le sien. Le mien est rouge. D'autres sont verts. C'est mon masculin : il me donne une colonne vertébrale… Mais mon plexus solaire est serré et mon ventre, inquiet.
— Qu'est-ce qui te rend inquiète ?
— C'est ambigu. Il est rigolo, mais il est un peu grand, géant pour cette forêt. Il est pataud, pour ne pas abîmer la forêt. Il fait très attention. Il trouve ça beau, il voudrait y entrer. Il s'est trompé d'endroit. Il se sent inadapté, dépité, ne sait pas comment l'aborder ou comment changer de monde. Oui, un peu comme moi, mais moi je suis la forêt.
— Oui tu es la forêt, ainsi que le dragon. Deux aspects intérieurs de toi-même. Raconte-moi ce côté inadapté du dragon qui se vit aussi dans ta vie.
— Hum… Oui, c'est sans doute vrai. Je m'identifie plus à la forêt. Pour le dragon, la forêt l'attire irrésistiblement, très, très doucement. Il y a une musique et une lumière incroyablement attirantes. D'ailleurs les dragons qui sont déjà dans la forêt ont dû se faire tout petits et ils sont verts. Le mien cherche une solution, il est à l'orée avec d'autres.
— Ils sont verts dans la forêt, et les rouges, où sont-ils ?
— Dans la forêt, ils deviennent verts, un peu des bébés dinosaures. Ils ont gagné de la mobilité, de l'aisance, de la douceur. Ils se nourrissent d'herbe maintenant.
— Les dragons rouges en entrant dans la forêt deviennent herbivores, verts et bébés. C'est bien cela ?… Ce n'est pas un peu triste pour un dragon ? Ils ont gagné la douceur, ont-ils perdu quelque chose ?
— Mon Dieu, c'est vrai… Quand tu présentes cela comme cela, c'est dur… Ils ont perdu la rage de vivre. Avant ils marchaient beaucoup, ils emmagasinaient plein d'infos sur le monde, sur les gens. Marcher, c'était leur fonction. Et maintenant ils sont inutiles. Mais ils sont tranquilles.
— Tranquilles mais inutiles. Ils ont perdu leur fonction. Ils ne peuvent plus emmagasiner d'infos sur le monde. Qu'est-ce que ça te fait vivre ?
— Il y a une main en fer qui me tient derrière, qui me serre.
— Qui s'exprime à travers cette main ?
— Une énergie comme une femme sans visage, grande, habillée en reine mais noire. C'est elle qui attire en chantant, elle les hypnotise. Le pire, c'est qu'après ils se mangent entre eux. Pourtant il y a de l'herbe !"
Morgane pleure.

En l'invitant à poser concrètement sa conscience sur ce qu'elle dit et sur le ressenti de son cœur, elle ne peut plus s'illusionner et son cœur exprime la douleur présente dans le décalage entre l'illusion que lui présente sa conscience et le ressenti de son cœur, de son corps.
"La reine a la haine du vert. Sa douceur est fausse, monstrueuse même."
"La reine a la haine du vert." Ils sont verts ou rouges. Le monde, clairement séparé entre deux opposés, se déchire devant ce qui apparaît comme irréconciliable. Vision duelle de la réalité. La reine préfère le rouge, couleur de la vitalité, de la passion, de la colère. Elle les transforme en ce qu'elle déteste et leur refuse la vitalité. Morgane dans une vraie transparence entreprend une plongée intime et courageuse dans sa vérité.
"Je suis en colère contre ce monde parallèle faussement beau. La reine sent ma colère et resserre sa main. J'ai mal… C'est comme si j'étais tout entière dans cette histoire.
— Je comprends, c'est tout toi. Fais simplement confiance, ne juge pas… Qu'est-ce qui motive la haine et la colère de la reine ?
— Elle les déteste, ces gros balourds, ils écrabouillent tout avec leurs grosses pattes. Ils sont frustres, bêtes, manipulables. Et pour venir vers elle, ils se transforment en ce qu'elle déteste le plus. Elle désire qu'ils se détruisent tous.
— Elle les manipule et déteste qu'ils soient manipulables… Elle leur en veut d'être vulnérables ?
— Oui, elle les déteste, elle les méprise. Elle les déteste qu'on puisse si facilement les détruire. Plus ils sont vulnérables, plus elle les méprise et elle veut les détruire… Ils en ont tellement détruit des bébés. Ils ne savent faire que ça, écrabouiller, détruire, massacrer."
J'ai le choix de lui faire prendre conscience qu'elle agit sur eux, ce que justement elle déteste et leur reproche. Conséquence inévitable d'une compréhension duelle de la réalité. Elle risque de se trouver dans une impasse où ne se présente que la destruction, le jugement. L'autre choix est de reconnaître et d'activer en premier la dimension lumineuse afin que celle-ci puisse embrasser l'ombre.
"Quel est le désir le plus profond de la reine ? Éviter aux bébés d'être écrabouillés en castrant les dragons et retourner leur pulsion de vie contre eux-mêmes ?"
Elle a un soupir de soulagement si profond qu'elle touche l'impasse de la dualité alors que tout son être aspire à en sortir. La motivation lumineuse émerge derrière la destruction.

"Dis à la reine que tu comprends qu'elle a dû beaucoup souffrir du massacre des bébés, pour agir avec une telle colère. Dis-lui que nous appellerons la guérison.
— Oh, ça s'est détendu dans mon dos, elle a relâché sa main. Elle pleure d'avoir été comprise. Elle est mal de faire ça dans l'ombre, c'est pour ça qu'elle n'a pas de visage, son visage est autre, ça c'est l'ombre d'elle-même. Elle ne sait pas quoi faire pour empêcher que ça continue.
— Permets-lui d'exprimer la peine infinie de ce qui a été écrabouillé et qui écrabouille toujours son cœur.
— Oh ! Oui. Je vois des images terribles de massacres, d'innocence massacrée ! J'ai l'impression qu'elles sont toujours plus ou moins là et que je les refoule régulièrement. Je n'en ai jamais eu autant conscience."
Je prends un temps pour l'accompagner à libérer le débordement d'images morbides à l'aide de la vibration de la lumière violette qui transmute. Je l'informe du besoin de libérer par la suite plus conséquemment une mémoire qui reste vivante et s'impose dans ce "toujours".
"Cela va mieux. Mais elle leur en veut toujours. Ils ne savent qu'écrabouiller.
— Oui. C'est ce qu'elle ne peut pour l'instant transformer et pacifier de cette mémoire. La charge qu'elle garde écrabouille son cœur. Son identité se cristallise là-dessus, même si toi tu sais être plus vaste que cela. L'expansion et la lumière, que tu as accueillies de plus en plus dans ta vie, mettent en évidence cette cristallisation. Informe la reine de ton engagement à libérer rapidement cette mémoire. Dans ces conditions, est-elle d'accord pour continuer ?
— Oui.
— Transmets ton amour, ton accueil inconditionnel à la reine au cœur écrabouillé… Elle essaye de ne pas sentir cette souffrance en les méprisant, en les castrant. Comment s'expriment dans ta vie cette colère de fond, cette castration de l'énergie de vie ?"
Un long temps…
Ma formulation la ramène à la conscience que les images de la reine, de la forêt et des dinosaures parlent de son propre monde intérieur et de sa vie quotidienne. Je l'invite ainsi à reprendre sa responsabilité. Il y a une mémoire, oui. Ce qu'elle en fait, ici la colère de fond et la castration, lui est propre et se matérialise dans la vie.
"Aïe ! Aïe !… C'est vrai… Cette colère, je la sens. C'est celle qui m'empêche de réussir. Comme si je détruis énergétiquement mes projets dans l'œuf. Je n'arrive pas à assumer de réussir"
Morgane a un vrai chemin de conscience derrière elle, cela lui permet cette lucidité et cette authenticité.
"Qu'est-ce que cela lui fait vivre que tu reconnaisses que tu l'empêches de réussir et que tu l'hypnotises ?

"Demande à ton dragon ce qu'il dit de tout ça ?
— Il a hâte qu'on lui donne la parole, il n'y en a que pour elle. C'est vrai… Il est désemparé et infiniment triste, il est dépassé aussi. Les autres dragons aussi. Comme s'ils devaient porter quelque chose qu'ils n'ont pas directement commis, mais ils sentent confusément qu'ils y sont associés quelque part… Ailleurs… Avant. En même temps, il est en colère de n'être considéré que comme un gros balourd, dangereux.

Le masculin de Morgane nous parle de la culpabilité indicible et de l'impuissance du masculin de l'humanité devant la blessure du féminin, celui de la terre, des peuples, du sien. Dans le cas de Morgane, la Reine, le féminin est identifié à la rancœur et l'animosité contre le masculin qui se sent seul à essayer de résoudre le dilemme. La charge non pardonnée par le féminin maintient le masculin dans l'impuissance. Plus il se courbe, se vivant comme coupable (voir p. 109), moins elle pardonne, plus elle lui en veut. Plus il sacrifie son énergie de vie, plus son énergie se retourne contre lui.

"Il semble très engagé envers la forêt, consacré même… ? Il paie même le prix fort pour y entrer. Est-ce qu'il en est conscient ?
— Lui le sait très bien. C'est elle qui ne s'en rend pas compte. À force de le croire balourd, elle ne voit même pas combien il accepte de se sacrifier pour essayer de transformer la situation. Sans succès. Les siens donnent les plus grandes preuves de leur consécration à la forêt, dans leur chair. Ils acceptent de devenir herbivores, au risque de se castrer. Il est tellement triste aussi qu'elle ne reconnaisse pas combien ils font attention de ne pas écrabouiller. Ils sont bien conscients d'être patauds mais c'est comme si plus ils essayaient de faire attention, plus la forêt était comme irréelle.
— Qu'est-ce que cela lui fait vivre à elle d'entendre cela ?
— Elle est étonnée, elle est touchée même. Elle ne les a jamais regardés de cette façon-là. C'est vrai qu'ils font attention. Elle commence à avoir un visage. Mais elle a besoin d'un passage pour sortir de la forêt, elle la connaît par cœur sa forêt, elle veut explorer le monde, mais ils sont tellement nombreux qu'ils encerclent la forêt.
— Avant d'aller plus loin, de partir ailleurs, peut-elle prendre le temps de reconnaître que les regarder vraiment lui donne un visage ?
— Oui, cela lui fait du bien d'être obligée de les regarder, même si ce n'est pas confortable. Elle se rend compte qu'il y a une différence entre ceux-là et ceux qu'elle ressasse dans la tête…
— Cette mémoire obscurcit ce qu'ils sont ?
— Oui…
— Elle veut sortir de la forêt… Veux-tu dire qu'elle est prise à son propre piège de ce monde irréel où elles les attirent mais où ils l'encerclent ?
— Oh… C'est idiot comme situation… C'est une impasse."

L'impasse est paradoxalement et merveilleusement le signe d'un passage. Le monde ancien de la rancœur, de la revanche finit par se mordre la queue. Pour en sortir, il faut changer de plan de conscience.

"Qu'est-ce qui fait qu'ils sont si nombreux ?

— Ce sont eux tous, tous les hommes, toute la race humaine… C'est beaucoup pour sa forêt. Pourtant cela l'arrange de les mettre tous dans le même sac. C'est contre l'espèce humaine qu'elle a de la rancœur.

— Elle a porté les conclusions de la mémoire sur toute l'espèce humaine… ?

— Oui… Oui, il y a ça dans ma vie. J'ai toujours trouvé les hommes frustres. Je les accueille là-dedans, mais avec un côté un peu supérieur. Je les attire vers un raffinement. Et les vraies brutes, j'ai un mépris terrible pour eux. Si la reine reconnaît qu'il y en a de différents, cela change complètement sa vision et elle est forcée de changer aussi. Ça, elle en a peur. Cela serait radical et il faudrait qu'elle lâche ce à quoi elle tient… Elle s'en rend compte. Elle est triste. D'autant qu'elle croyait avoir de belles idées sur la vie. Elle a honte de ce qu'elle découvre d'elle-même…"

Quelle leçon de conscience au contraire.

"Honore plutôt son courage de reconnaître cela. Elle contemple dans la transparence son humanité, en particulier de contribuer à perpétuer ce qu'elle juge, de vivre à l'intérieur ce qu'elle juge à l'extérieur. Elle prend conscience de combien elle est attachée, identifiée à sa colère. D'en prendre conscience est le premier pas pour se réconcilier avec l'humanité et l'incarnation. Elle est en train de grandir… Qu'en dit le masculin ?

— Cela le rassure qu'elle prenne conscience de cette rancœur omniprésente. En même temps, cela fait monter une immense fatigue. Il est fatigué… Il est fatigué d'être coupable. Il ne se reconnaît pas d'avoir écrabouillé des bébés. Il a toujours voulu protéger la forêt, le sacré, la beauté… Oui, être au service de la beauté, c'est ce qui lui tient le plus au cœur… Il est masculin, oui, il a dû s'enflammer. Oui, c'est normal pour un dragon. Son élan a dû dépasser ce qu'il avait imaginé. Il se souvient vaguement avoir été un dragon impétueux, ardent. Ce n'est pas ce qu'il voulait… Il voulait célébrer de son feu la vie qui l'habitait… Oh ! Il est triste… Triste que son feu ne soit plus… Il le reconnaît parfois à travers la colère de la reine, mais le sien était plus somptueux, plus franc… C'est tellement triste tout ça… Comment faire pour que ça n'ait pas eu lieu ?…"

La profondeur la plus précieuse s'installe. J'accompagne simplement l'énergie.

Le masculin est en contact avec son "Pote Mafé", son cœur est ouvert, il ressent sa propre vulnérabilité. Il s'avance lui-même vers la compréhension et la guérison.

"Mais il ne veut pas laisser le passage, il a trop peur que la forêt s'enfuie par là. Ça, ça serait vraiment terrible, tout aurait été en vain. Il ne peut envisager de vivre

loin de sa forêt, ce serait pire que la mort, la non-vie. Le monde, il connaît, il a tellement marché dessus, il peut lui raconter, elle n'a pas besoin d'y aller. Le monde est tellement moins beau que la forêt."

Le masculin rejette le monde de l'humanité, comme la reine. Tous deux portent, et c'est normal car ils sont les deux parties complémentaires d'un même être, Morgane, une nostalgie d'un monde ancien lumineux, de beauté. Lui aussi oppose le monde à la forêt en jugeant le monde et contribue à la séparation. Il contribue ainsi à ce que les projets de Morgane ne puissent se réaliser dans le monde, malgré ses efforts.

"Je ne le trouve pas du tout balourd, ce dragon… Il est drôlement conscient et son cœur est ouvert. Quelle allure a-t-il maintenant ?

— Il n'est plus du tout BD, ni bébé dinosaure. Oh ! Il semble dans un corps d'homme mais de dos, avec une cape. Il est voûté. La reine se rend compte du gâchis ! Elle ne sait pas quoi faire. En le jugeant frustre, balourd, en le détestant, en le castrant, elle s'est coupée du meilleur de lui. Elle s'est coupée du monde avec son côté supérieur et sa rancœur alors qu'en fait, elle est terrorisée par le monde.

— Qu'elle se permette simplement de ressentir la présence du masculin dans sa consécration, son axe et le cœur ouvert. Qu'elle se permette de s'abandonner au ressenti de leur histoire, gâchée longtemps par l'attachement à la rancune, mais aujourd'hui complètement ouverte. Tout cela lui apprend combien son Masculin est consacré au Féminin, même au risque d'être castré par fidélité. Qu'ils soient là tous les deux, sans avoir rien à faire, juste là en présence l'un de l'autre.

— Elle n'a pas l'habitude de montrer sa vulnérabilité, elle a l'impression qu'un raz-de-marée peut sortir. Il y a toute une marée de femmes blessées derrière elle. C'est sans fin et sans fond.

— Regarde bien. Comment est le masculin ?"

Elle est en contact avec une dimension collective ou transgénérationnelle. Elle peut aussi avoir tendance à s'autofasciner. Je focalise son attention sur son masculin qui dans ce qu'il partage est déjà dans le Masculin. Il lui reste qu'elle doit en prendre conscience.

"Mon Dieu… Il s'agenouille. Il retrouve un visage et un corps d'homme. Il est très beau avec une profondeur, une intensité. Il exprime à la fois l'impuissance et son engagement. Il est grand. J'ai l'impression qu'il grandit. Il est de plus en plus grand. Il est comme un Chevalier devant sa Reine.

— Et elle ?

— Elle est à genoux, son visage est découvert, avec une infinie compassion, sa douceur ne lui fait plus mal, elle est douce, douce… Elle est vaste et douce. Elle a mon visage."

L'énergie dans la pièce est très élevée et en même temps profonde, comme une cathédrale avec une grotte sacrée. C'est l'énergie, terrestre et céleste,

que je connais dans certains rituels en groupe. Quelque chose s'accomplit. J'invite l'énergie du pardon et de la réconciliation.
"La forêt est immense, elle brille. Il n'y a plus de séparation, elle est. Dedans il y a des hommes et des femmes qui se regardent et se découvrent. C'est tellement beau, c'est la fin de la guerre ! Au centre, il y a le couple. Oh… Il est royal. Ils sont royaux…
— Ils le sont… Peut-elle désormais pardonner tout ce qui a créé sa colère ? Peut-elle se pardonner de s'être coupée de l'amour, de s'être illusionnée ? Sachant qu'il y aura rapidement un temps consacré à cette mémoire.
— Oui. Elle pardonne… Même si le plus difficile, c'est à elle… Elle lui pardonne. C'est finalement assez facile. Elle choisit de se pardonner… Oh ça s'ouvre dans son cœur. Son cœur grandit. Oh ça fait du bien comme si ça libère un flux d'amour…"
Morgane nous offre à ressentir le pardon qui permet à l'amour de couler à nouveau. Grâce à elle, nous pressentons que le pardon le plus difficile n'est pas envers le masculin, mais le pardon du féminin envers lui-même qui s'est fermé à l'amour alors qu'il est l'amour (voir "Le pardon du féminin à lui-même", p. 388).
« Reconnais et célèbre leur union… Permets leur réunion et leur union. Libère maintenant et définitivement la main de fer… Amène la vibration de cette union dans ton Hara. Reconnais dans ton Hara l'engagement de ton dragon. Autorise-lui totalement la couleur rouge. Invite-le à déployer son action dans tes projets… Célèbre l'attraction intime qui les relie désormais et qui n'a plus besoin d'exercer un pouvoir de fascination… Reconnais dans ton 3e œil cette vibration dorée de beauté, cette vibration universelle et très élevée… Rayonne depuis ton cœur vaste et immense leur union qui révèle leur royauté empreinte de douceur et d'émerveillement. Ton Masculin et ton Féminin dans un respect véritable l'un de l'autre grâce au chemin accompli l'un vers l'autre. Que s'unissent en toi la consécration du dragon (Hara), l'amour vaste et immense (cœur), et la vibration dorée universelle (3e œil) (voir "À propos des trois plans de l'être, p. 54).
"Offre cette réconciliation à la marée de femmes, à la dimension collective avec laquelle tu es en résonance.
"Reconnais en toi le courage, l'honnêteté, la lucidité, et l'amour infini nécessaire au Passage que tu viens d'accomplir. Un déclic est accompli."

La fréquence vibratoire qui nous relie en cet instant ressemble à la forêt de Morgane, dorée, immense, universelle, humaine, pleine, douce et puissante. Gratitude.

L'histoire de Morgane donne chair à :

- L'impardonné perpétue l'impardonnable.
- Le féminin attaché à la colère, à la rancune, au nom de la victime perpétue la destruction qu'elle juge.
- La charge de l'impardonné filtre et obscurcit la vision du monde.
- Le féminin juge le masculin juge le sien et n'a pas accès au meilleur du masculin, ici sa fidélité et sa consécration, afin de changer de réalité.
- Le féminin juge, castre le masculin et matérialise dans sa vie un manque d'aboutissement.
- Le féminin fascine et hypnotise le masculin pour mieux le castrer.
- Le féminin s'illusionne de belles idées et dissimule son visage de haine.
- Le masculin ardent, happé par la culpabilité, prend le risque d'être castré par sa fascination pour le féminin qui le culpabilise.
- La matérialisation dans le monde des défis du couple intérieur.
- Le pardon qui permet que l'amour coule à nouveau.
- Le passage disponible au cœur de la séparation demande courage, honnêteté, lucidité et amour.

DEUXIÈME PARTIE

METTRE EN AMOUR LES RETROUVAILLES

"Lorsque vous ferez que les deux soient un,
vous deviendrez fils de l'Homme
et si vous dites : 'Montagne, déplace-toi !',
elle se déplacera."

ÉVANGILE SELON THOMAS

LA MISE EN AMOUR

La deuxième partie manifeste l'énergie du Féminin par la mise en amour, alors que la première partie véhicule l'énergie du Masculin à travers la conscience qui éclaire sans concession l'ombre et le potentiel de Masculin et de Féminin.
Cette deuxième partie révèle et reconnaît l'essence, la dimension divine, sacrée et universelle de Masculin et de Féminin.
Elle permet de stimuler et restaurer, rendre hommage et célébrer Masculin et Féminin par des pratiques simples, concrètes, joyeuses, adaptées à la vie quotidienne.

Fonction et action du Féminin et du Masculin

Le **F**éminin comme le **M**asculin, et toutes choses, sont bipolarisés. Appelons ici fonction et action les deux polarités. La fonction comme l'action, sont elles-mêmes bipolarisées : réceptrice Yin et émettrice Yang.

La fonction est ce que **F**éminin ou **M**asculin induit et produit par sa qualité d'être. L'action est le mouvement naturel du **F**éminin ou du **M**asculin, son élan intime qui cherche à s'accomplir. Intégrer qu'au cœur du Yin se révèle le Yang et réciproquement nous sort de l'opposition des deux polarités.

Chapitre 4

La Fonction du Féminin en vérité

Chapitre 4

La Fonction du Masculin en Vérité

Le féminin, dont l'ombre, la blessure et le potentiel viennent d'être éclairés avec lucidité (1re partie), est contemplé ici dans sa globalité par la conscience bienveillante et sans jugement du Masculin (2e partie).
Le Féminin peut être reconnu dans sa véritable beauté, sa vérité.

1 • Le Féminin est l'Amour et le matérialise

*Dans sa fonction Yin, le **Féminin** est l'amour et dans sa fonction Yang, il l'incarne.*

1 / Qu'est-ce que l'Amour ?

L'Amour est l'aspect Féminin de la Source, le **F**éminin de Dieu. L'Amour est l'aspect **F**éminin de Tout Ce Qui Est. L'Amour est la pure énergie de la Source de Tout Ce Qui Est et en Tout Ce Qui Est. L'amour est l'essence de l'énergie, l'énergie pure. **L'Amour est l'expression de la Source manifestée**. L'amour est l'émotion originelle, d'où toutes sont issues et où toutes reviennent.

L'amour est la Déesse, la Shakti, l'amour de Dieu, à la fois son expression originelle et sa manifestation, son amour manifesté et son amante.

L'Amour est la force amoureuse d'aimantation qui maintient le monde en forme, telle la colle de l'Univers. Le monde tient en tant que lui-même par la force amoureuse d'aimantation. L'amour maintient l'identité du monde et de l'univers et de tous les univers. L'amour est en nous, autour de nous, à travers nous. L'amour nous relie à tout, à toute chose, à tout être, à travers le temps, l'espace et les dimensions. L'amour nous unit, il nous offre l'expérience d'être Un avec Tout.

Notre origine, notre essence est le Un. Nous nous croyons séparés de l'amour et c'est ce que nous vivons dans l'expérience de la dualité, même s'il nous en reste le pressentiment et la nostalgie.

L'amour indissociable et interrelié à la conscience, l'amour conscient, est la trame qui unit chaque être, chaque chose à la totalité. Il nous guide à réaliser que nous sommes le tout, cohérent,

Le masculin, dont l'ombre, la blessure et le potentiel éclairés avec lucidité (1re partie), est contemplé dans sa globalité par la conscience bienveillante et sans jugement (2e partie). Le Masculin peut être reconnu dans sa véritable beauté, sa vérité.

*Dans sa fonction Yang émettrice, le **M**asculin émet la conscience lumineuse, il éclaire de sa conscience, dans sa fonction Yin réceptrice, le **M**asculin concentre, individualise l'univers en l'unique.*

1 • Le Conte du Un et de la Déesse

Commençons par une histoire, un conte. Les traditions chamaniques affirment que les histoires, les légendes sont le meilleur moyen de transmettre. Laissons "le Conte du Un et de la Déesse" transmettre le pressentiment de l'essence du **M**asculin.

Il était une fois sur la vague du Temps…
La vague ondule, ondule, ondule…
La vague pulse, pulse, pulse…
La vague ondule et pulse…
Laissons-nous voguer sur elle à travers le temps du rêve…
Un temps d'il y a longtemps… Vraiment, vraiment longtemps…
Un temps d'il y a si longtemps que c'est avant le Temps…
Avant même l'origine du temps… Et même longtemps avant.
En ce non-Temps d'avant le temps, il y a le Un…
Je devrais peut-être l'appeler le "zéro" ou le "point", mais ce n'est pas un nom pour l'Unité, l'Unique…
C'est avant la Création. Juste le Un… L'unique…

syntonisé et interconnecté et, en même temps une partie du tout. Partie elle-même interconnectée avec chaque partie et avec le tout, à travers le temps, l'espace et les dimensions. Les physiciens quantiques appellent cette trame "le Champ au Point Zéro", "le Champ Unifié", "le Champ Akashique" (voir Méditation de "Connexion au Champ Unifié", p. 219). L'amour conscient nous guide vers la réalisation que **la trame de l'amour tisse les fils de la Réalité où nous sommes à la fois tisserand, tissé et tissage** (Masculin, Féminin, Initiation). **Réaliser que nous sommes cette trame et que nous en faisons partie est l'essence et la voie du Tantra.**

Chacun porte l'empreinte de l'Amour en soi. C'est notre essence. C'est la flamme au cœur du sanctuaire de notre cœur qui est là depuis que l'étincelle divine jaillit de la Source (voir Méditation de "Connexion intime à notre pure Essence", p. 218). La véritable quête est de retrouver, réveiller, activer cette flamme en nous afin qu'elle nous libère de l'illusion d'être coupés de l'amour. Quels que soient notre histoire, nos choix, notre conscience ou non de l'amour, il est en nous, matérialisé par notre cœur.

La quête de l'amour extérieur signale un manque d'activation de l'Amour en nous. Lorsque l'Amour est activé en nous, nul besoin d'être aimé, nous sommes Amour. Quand un être est amour, beaucoup se pressent en sa présence ! Le monde accourt en sa présence.

Le **F**éminin matérialise l'amour, en particulier à travers la matière qui s'offre inconditionnellement. Imaginons un magicien qui fait apparaître une colombe. Il n'est pas la colombe. Il se contente de la dévoiler. Le **F**éminin est à la fois la magie qui matérialise la colombe et la colombe elle-même. Magie et colombe. **Le Féminin matérialise l'Amour par le don total et inconditionnel de s'offrir à être l'objet de la conscience agissante. Le Féminin s'offre à être objet.** Le **F**éminin s'offre à la Vie Une et s'abandonne. **Le Féminin s'offre à être l'objet de la conscience agissante dans l'abandon du lâcher prise qui dit OUI.**

2 / L'Amour dit OUI, bénit et permet

Le OUI est en lui-même un mot magique. **Nous savons à quoi nous disons non, nous ne savons pas à quoi nous disons OUI...** Comme dans un mariage ! Le oui des jeunes mariés n'appartient pas à la réalité duelle où l'amour est conditionnel, il appartient à un instant d'amour inconditionnel. Cela explique l'émotion collective au moment du oui.

L'Amour dit Oui et bénit. Le Oui de l'Amour inconditionnel accepte et bénit. Le Oui est la bénédiction de l'instant présent. **La bénédiction est la dimension sacrée et alchimique de l'acceptation.** L'Amour bénit ce qui est car il reconnaît l'amour en tout et tous. Cette bénédiction n'est pas la complaisance, mais l'acceptation consciente et inconditionnelle.

La mère prépare ses enfants à explorer l'inconnu, à sortir de sa matrice pour découvrir le monde. La Mère, qui véhicule le **F**éminin, stimule l'individualité de ses enfants et leur créativité, quelles qu'elles soient. La Mère bénit ses enfants dans une reconnaissance et une acceptation consciente et inconditionnelle de qui ils sont. **La bénédiction de la Mère est le Oui qui permet**, dans l'assurance que l'enfant est toujours aimé, accueilli, reconnu dans son essence, quels que soient ses choix et son chemin, même différents de ceux de la Mère.

Le Un, qui n'est pas encore la Source de Tout Ce Qui Est… Et pour cause… Il n'est la Source de rien car il est tout seul… Vraiment tout seul… L'Unique…
Il n'est pas non plus l'Origine car il n'y a rien dont il peut être l'origine…
Il n'y a rien sauf le Un… Le Un est…
Mais le Un ne sait pas qu'il est car il n'a pas conscience… qu'il est…
Le Un est… Il veille et rêve… Sans conscience qu'il veille et rêve…
Le Un est… L'Unique…
Un ne sait pas qu'il est l'Unique. Il ne sait pas qu'il n'y a rien.
Un n'a pas conscience de Lui-même.
Pendant très, très longtemps… Le Temps n'est d'ailleurs pas encore là pour en rendre "conte". Le Temps n'est pas né. Personne n'est là pour en rendre "conte".
À un moment… Un instant qui dure une infinité de temps, sans que le Temps ne soit…
Émerge du Un comme un souffle, un effluve… Émerge comme une pensée divine… Dans un souffle de béatitude, Un s'éveille…
Un s'éveille à Lui-même…
"Je suis…"
"Je suis !"
Un réalise qu'il existe. La réalisation qu'Un existe se met à exister.

Un prend conscience de Soi, de son Soi à travers le reflet aimant de la Déesse… Il tombe amoureux… Ce qui est toujours le cas…

C'est la première extase… Le premier mouvement de la Conscience… "Je suis… !"
La Conscience de Soi en tant qu'Un s'extasie…
Il se passe encore un certain non Temps que personne ne conte, ni ne raconte…
Tôt ou tard, c'est une façon de parler, de "Je suis" émerge le Désir…
Comme le début d'une pulsation… L'envie… L'en-vie…
Un désir… Le Désir…
Un pulse de désir… Un rayonne… Un désire…
Il n'y a rien à désirer. Il n'y a qu'Un, qui est "Tout Ce Qui Est"…
Il émet le désir et expire…
Un réfléchit… Et inspire…
Dans sa réflexion, Un crée la réflexion.
Cette réflexion le reflète… Un se reflète lui-même à lui-même.
Il s'objective lui-même. Un crée un reflet, un miroir de lui-même…
Il crée l'objet qui le reflète objectivement et dont il est le sujet…
La réflexion de Un… Son fidèle reflet…
Il perçoit la beauté suprême et l'amour absolu de cet Autre…
Il perçoit la beauté suprême et l'amour absolu à travers la Déesse…
Car c'est ce que Un est… Beauté suprême… Amour absolu…
Ce que "Je suis" est…
Un prend conscience de Soi, de son Soi à travers le reflet aimant de la Déesse…
Il tombe amoureux… Ce qui est toujours le cas…
Le reflet de la Déesse, la réflexion de Un lui permet de prendre conscience de Lui-même en tant que Lui-même… en tant que Lui-même…
"Je suis ce Je suis…"
"Je suis ce Je suis !"

L'Amour bénit et permet. **Le Féminin aime au point de permettre d'oublier l'amour et de vivre loin de Lui.**

Nous avons tendance à garder les nôtres près de nous pour soi-disant les protéger. Nous oublions l'étincelle divine propre à chacun, étincelle parfaite et libre à l'image de la Source, libre d'explorer l'incarnation même dans ses territoires les plus obscurs afin de prendre conscience de l'amour et de la lumière, présents en lui et à travers lui. L'amour des véritables guides nous laisse totalement libres de nos choix, de notre chemin et honore le cocréateur en nous. **L'Amour libère les êtres et leur permet leur vie propre.** Dans son amour, le **F**éminin lâche prise et permet. Passer du féminin au **F**éminin est l'initiation de l'amour de la mère qui aime son enfant, puis le reconnaissant d'une nature universelle, Enfant de l'univers, elle l'aime alors d'un amour à la fois personnel et universel, elle s'ouvre à l'amour transpersonnel par-delà ses propres préférences et lui permet sa vie propre.

L'amour inconditionnel de la Terre Mère permet. Elle porte l'énergie de la Mère qui nous permet le libre arbitre, inconditionnellement sans qu'elle l'expérimente par son vécu et dans son corps afin que nous prenions conscience de nous-mêmes à travers nos actions. Elle est notre Maison qui nous accueille, nous nourrit, accepte des souffrances pour notre croissance. Les peuples premiers reconnaissent et honorent l'amour conscient de la Mère Terre. Certains scientifiques et le mouvement alternatif planétaire reconnaissent une conscience à Gaia. Si la conscience est partout à travers le Champ Unifié comme le déclarent la physique quantique et la tradition chamanique et tantrique, elle est en la Terre Mère. Quel cadeau, son amour…

3 / Le Féminin dit Oui au Moment Présent, il est la Maison

• L'instant présent, l'"ici et maintenant" est notre seule véritable richesse. **Rien ne nous appartient réellement, sauf le moment présent.** Tout le reste dépend de quelque chose d'autre que nous, la jeunesse, la richesse, même la compétence… Le moment présent est notre seule richesse, mais elle est infinie. Le moment présent est la matrice de tous les potentiels, de la puissance de création. **Le moment présent est notre demeure dans l'incarnation offerte à notre libre arbitre.**

Le moment présent peut être intolérable, banal ou merveilleux. Il est ce qu'il est, il est comme il est. Le **F**éminin ne juge pas, ne cherche pas à le changer, il l'accueille inconditionnellement. Contrairement au mental du masculin qui juge que "ce n'est pas comme cela qu'il devrait être" (voir cas vécu de Clara, p. 95) et crée une chaîne de conclusions qui résistent à la vie et perpétuent justement ce que le mental juge. Au fond qu'y a-t-il de plus insensé que de résister à ce qui est déjà là, de s'opposer à la vie même, qui est maintenant ? La vie est toujours maintenant. Le mental du masculin n'existe qu'en référence au passé et nous fait croire à un futur. Le Oui au moment présent du **F**éminin fait de la vie une alliée, non plus une force contraire à laquelle résister. Reconnaître en nous **le Féminin nous invite à accueillir le moment présent comme si nous l'avions choisi.**

• **Le Oui au moment présent fait de l'Ici et Maintenant la maison du Féminin.** Ici et maintenant est une localisation spatio-temporelle, une place. Sachant localiser la place dans l'espace, le **F**éminin connaît le Temps. Non pas le temps du masculin linéaire chronologique, mais le Temps sacré où tous les temps se vivent en même temps, le Temps du Présent. Ce Temps

"Je suis ce Je suis..."
"Je suis ce Je suis!"
La Déesse ressent ce que Un perçoit.
Elle ressent l'amour... La joie jaillit... L'énergie est...
Un prend conscience du miracle d'amour qu'est la Déesse...
Son propre miroir, son parfait reflet, et la manifestation de Qui Il Est.
Un s'émerveille de cette révélation qu'Il est cet amour et cette beauté que lui matérialise la Déesse...
Dieu ! Sans Elle, Il ne peut le savoir...
La Déesse est son rêve manifesté...
La Déesse est le rêve et le Un la Présence...
Il voit la puissance de l'amour...
Ils s'unissent pour la première fois...
Le monde jaillit de leur étreinte indicible...

L'empreinte de cette union d'origine est là vivante à travers la nostalgie. Comment regretter quelque chose que nous ne connaissons pas ? Parce qu'une partie de nous, dont nous sommes inconscients, vit dans cette réalité.

Dans le Conte, Un et la Déesse existent dans des dimensions ineffables, non soumis aux limites de notre réalité qui n'existe pas encore. Nous accédons au Un et à la Déesse du Conte par notre **M**asculin qui permet de les concevoir et par notre **F**éminin qui en offre l'intuition.

Ainsi commence le Vijñānabhaïrava tantra (voir lexique, p. 415).

"Bhaïrava et Bhaïravi amoureusement unis dans la même connaissance sortirent de l'indifférencié pour que leur dialogue illumine les êtres."

Bhaïrava et Bhaïravi sont les équivalents de Shiva et Shakti, Dieu et Déesse, Yang et Yin, **M**asculin et **F**éminin, Conscience et Énergie.

Le mot Dieu obscurci, dénaturé du fait par les religions monothéistes est devenu difficile à utiliser sans périphrase afin de ne pas induire d'interprétation émotionnelle. Dans notre contexte, **M**asculin et Dieu sont équivalents, comme **F**éminin et Déesse. Entendons à travers le mot Dieu lorsqu'il est incontournable : le **M**asculin d'origine, le Un du Conte, la Source de Tout Ce Qui Est dans sa tonalité mâle. Dans la vision tantrique qui nous est proche, il est Shiva ou Bhaïrava.

Comment regretter quelque chose que nous ne connaissons pas ? Parce qu'une partie de nous, dont nous sommes inconscients, vit dans cette réalité.

Le **M**asculin divin d'origine : le **M**asculin, celui des femmes et des hommes, dont on ignore que tel est son nom : le soleil bienfaisant, réconfortant, l'éclair fulgurant de conscience qui entrebâille la Réalité, la quête inébranlable de l'explorateur, l'engagement total du héros, la connaissance sans âge du vieux sage, la qualité de présence d'un regard, la consécration passionnée de l'amoureux, la clarté d'une parole juste, le service ardent du chevalier à la juste cause.

est inaccessible à la réflexion rationnelle du masculin. L'expérience intérieure du **F**éminin permet l'éternel présent, le Temps de l'ici et maintenant, celui de tous les possibles, c'est-à-dire la Présence. **La Présence porte la connaissance du Temps Présent (voir "Pote Mafé" du Féminin, p. 212).**

• **La Maison.** Le **F**éminin est la Source de l'Amour et l'Amour de la Source. C'est l'Origine, sujet de toute quête, là où nous retournons pour découvrir que nous ne l'avons jamais quitté. C'est l'expérience de "la Maison". Être chez nous. Être arrivé à la maison avec la sensation de ressourcement et d'enveloppement, de protection et de sécurité, de familiarité et d'appartenance, d'intimité et d'intégrité, de liberté et joie, de retrouvailles, "C'est bon d'être de retour à la maison". Nous y déposons les bagages qui s'allègent immédiatement pour devenir les richesses rapportées du voyage. Chacun porte cette mémoire de la Maison, telle la nostalgie existentielle. Le pressentiment et la nostalgie de la Maison sont une fréquence vibratoire, tel le billet de retour qui maintient le cap. Arriver à la Maison est l'Union Intérieure où le **F**éminin accueille, baigne, nourrit, reconnaît le **M**asculin comme l'hôte sacré, tant attendu et espéré, l'Unique.

Le Féminin matérialise le chemin de retour et matérialise le but du chemin. La voie du **F**éminin nous ramène à la Maison, pour nous révéler que nous sommes la Maison. Tous les Enseignements initiatiques s'y accordent. Il est l'Amour de la Source tout au long du chemin et la Source de l'Amour au bout du chemin. **Le Féminin est la Maison et le chemin de la Maison.**

Bruno (voir son histoire p. 13) décrit parfaitement l'expérience de "la Maison" :

"Je sens à l'intérieur de moi. Je sens tout mon intérieur. Je me sens de l'intérieur et à l'intérieur. C'est incroyable comme sensation… C'est comme si j'étais chez moi. Chez moi pour la première fois ! Tout à l'heure je voulais aller au centre, maintenant j'y suis. C'est naturel d'y être. Le centre et moi, ça fait Un. C'est normal d'être à l'intérieur."

"Ce qui est ici est ailleurs. Ce qui n'est pas ici est nulle part", dit le Tantra.

4 / Le Féminin matérialise et nous in-forme

• **Le Féminin nous in-forme.** Le Conte du Un et de la Déesse (voir p. 145) est un pressentiment de l'Essence du **F**éminin et du **M**asculin. La Déesse y matérialise le rêve du Un. Elle est son rêve rendu manifeste.

À chaque instant, à travers la forme ou l'absence de forme, le **F**éminin dans son amour infini et son inconditionnalité rend manifeste l'effet de la conscience agissante du **M**asculin en matérialisant ou en reflétant son effet. Le **F**éminin informe le **M**asculin. Il rend manifeste notre perception du monde et notre action. À chaque instant, notre **F**éminin nous in-forme de nous-mêmes et de notre relation au monde (voir lexique, Champ akashique, p. 413).

• **Le Féminin matérialise par la matière et l'élément terre.** La matière permet de matérialiser notre action, notre pensée. Nos premiers jouets nous invitent à jouer avec la matière afin de faire et défaire, de comprendre la conséquence de notre action sur la matière. En grandissant, nous prenons conscience que l'environnement n'est pas un jouet d'enfant.

2 • Le Masculin est la conscience, le centre, le Veilleur

Contemplons pour l'instant le Masculin dans sa fonction émettrice.

1 / Le Masculin est la Conscience qui veille

La Conscience permet d'être conscient de soi en tant que soi-même et en tant que le Tout. Elle permet d'être conscient d'être conscient et d'être conscient de la conscience d'être conscient et… ainsi de suite. Elle permet de prendre conscience de la multidimensionnalité qui vit en et à travers nous. De prise de conscience en prise de conscience, elle conduit jusqu'au moment où "moi, je" se détend et ne laisse que le Tout. La conscience individuelle explose alors dans l'universel et s'éveille à la réalité absolue, s'éveille à la Conscience.

"Moi, je" se détend et ne laisse que le Tout. La conscience individuelle explose alors dans l'universel et s'éveille à la réalité absolue, s'éveille à la Conscience.

Les physiciens quantiques rejoignent les mystiques et la vision tantrique et **décrivent l'univers à la fois par un vide cosmique, le Féminin matriciel, et un plein essentiel, c'est-à-dire le Masculin conscience.** Ils décrivent *"un vide cosmique et un plein essentiel qui contient toute l'existence en potentiel, un champ de conscience d'une intelligence infinie et d'une force créatrice dont le monde phénoménal est la création, la réalisation et la concrétisation de son potentiel intrinsèque"* (pardon à l'auteur ignoré). "Toute l'existence en potentiel" est le "Pote Mafé", aspect créateur et lumineux au centre du **F**éminin. "L'intelligence infinie et la force créatrice" est le "Pote Féma" au cœur du **M**asculin.

2 / Le Masculin est le Veilleur

Que nous dormions ou soyons éveillés, que nous soyons inconscients ou dans un état de conscience modifiée, que notre corps physique meure ou que nous soyons dans le coma, la conscience en nous veille et **nous in-forme**. Dans la pratique des explorations intérieures en état de conscience détendue, il est courant que l'inconscient fasse émerger du corps des mémoires. On peut ainsi accéder à la mémoire consciente d'un coma ou d'un temps qui n'appartient pas à cette existence.

La conscience universelle individualisée veille en nous, à travers chaque cellule de notre être. La présence de la Source n'a ni début ni fin, et veille à tout instant et de tout temps, en tout lieu et à travers toutes les dimensions, à travers la forme et l'informé, la conscience et l'inconscience.

Appelons Veilleur le Masculin dans sa fonction de la Conscience, même au cœur de l'inconscience. Certains appellent observateur ou conscience témoin l'état d'attention qui demande néanmoins d'être éveillé. L'observateur est une étape qui permet de ne pas s'identifier, mais peut aussi s'abstraire. Le Veilleur, lui, veille. Il est conscient qu'un moment d'inconscience

Ou peut-être pas encore. La croyance collective à l'incomplétude qui engendre impuissance et culpabilité nous détourne de notre responsabilité, nous n'apprenons pas de nos actions et utilisons la matière et le féminin tel un jouet. Nous abîmons dans l'inconscience de l'offrande inconditionnelle du **F**éminin, le nôtre et celui des autres, interconnectés, interdépendants, car Un.

D'après la physique quantique, l'observation ou les mesures précipitent les particules vers un état fixe. La répercussion en est bouleversante. La conscience de l'observateur conduit l'objet observé à être. **La conscience de l'observateur conduit l'objet à se matérialiser ! Rien dans l'univers n'existe donc comme objet indépendant de la perception que nous en avons** (voir bibliographie, *L'univers informé*, Lynne Mc Taggart, p. 410). À chaque instant nous créons notre monde, même si le réaliser est la réalisation.

Les artistes utilisent la matière pour donner forme à leurs inspirations, les scientifiques, pour vérifier leurs hypothèses. La matière est le cadeau magnifique et prodigieux du **F**éminin que les Anges nous envient. **Sans la matière, le Masculin ne peut concrétiser ses abstractions, ne peut réaliser ses rêves, ne peut toucher l'esprit.** La matière est l'Alliée qui nous initie à nous-mêmes, telle la potière qui s'éveille à sa nature absolue à travers la terre qu'elle pétrit, le vide et le plein (voir bibliographie, *Tantra, L'Initiation d'un Occidental à l'amour absolu*, Daniel Odier, p. 409).

"Je me sens tellement chanceuse de pouvoir me mettre en ses mains comme un morceau de glaise. Je sais qu'il me façonnera et que, en échange je pourrais m'abandonner en toute liberté. Sans peur d'être endommagée. Il prend énormément soin de ses acteurs. Du coup, il peut atteindre des couches inexplorées de notre personnalité et même toucher notre âme. Sans nous meurtrir, car il le fait avec beaucoup d'amour. Il m'a prouvé que je pouvais avoir une confiance totale en lui." (Pénélope Cruz à propos du réalisateur Pedro Almodovar et du rôle qui lui a valu, à elle et aux cinq autres actrices du film *Volver*, le prix d'interprétation féminine au festival de Cannes 2006).

• **Le Féminin matérialise par le corps.** Notre corps est une matérialisation de notre **F**éminin, c'est notre matière première qui rend nos choix manifestes, hygiène de vie ou choix d'incarnation comme le matériel génétique et familial ou nos mémoires vivantes. Notre corps nous les matérialise par des symptômes, physiques ou émotionnels. Le corps est notre allié le plus magistral et le plus humble.

Dans l'histoire du cas vécu de Paul (p. 231), le masculin de Paul refuse de se soumettre aux lois du corps et considère traîtresses la matière et la souffrance de son corps dans une illusion de toute-puissance. Même méprisé, le féminin est. Celui de Paul non reconnu dans sa souffrance exprime dans sa vie une plainte indicible que Paul justifie de nombreuses façons. Paul peut, quand il le choisit, prendre conscience du cocréateur en lui-même.

L'écoute fine du corps donne accès à une dimension inaccessible pour le mental et révèle une sagesse infinie à qui prend le soin et le temps d'écouter, ainsi le symbolisme du corps, le décodage biologique, les médecines orientales, et tout praticien du corps dans la maturité et l'humilité de son expérience (voir "Développer son ressenti par la Sagesse du Corps", p. 258).

La réalité du Champ Unifié, une fois intégrée dans l'inconscient collectif, va changer radicalement la relation au corps et le sortir définitivement d'une vision mécaniste où il est depuis Descartes et Newton, telle une machine séparée de notre esprit et de l'univers. Une science nouvelle est à naître qui réconcilie les traditions spirituelles et scientifiques, les méthodes de guérison chamaniques avec la pointe de la technologie.

est le prélude à un autre moment de conscience au cœur de la Conscience. Il est conscient que même inconscient, il est conscient. Il est la conscience de la conscience jusqu'au cœur de l'inconscience.

3 / Tout Ce Qui Est procède de la Conscience

L'univers, la création, le monde, Tout Ce Qui Est et qui inclut ce qui n'est pas, tout est issu de la Conscience, du **M**asculin. C'est l'axiome tantrique de base, confirmé par la physique quantique. À chaque instant, la conscience en nous crée le monde. Éveillons-la à un monde de beauté, de paix et d'équilibre…

La conscience est partout, omniprésente.

"La conscience est partout, il n'y a aucune différenciation. Réalise cela profondément et triomphe ainsi du temps."
"Ressens la conscience de chaque être comme ta propre conscience" (Vijñânabhaïrava tantra).

La pratique tantrique propose l'expérience de la vision quantique. Réalité tantrique et réalité quantique sont de même nature.

Chaque aspect de l'univers, la matière sous ses multiples formes, la pensée, l'émotion, Tout Ce Qui Est échange de l'in-formation, comme le décrivent depuis longtemps les chamans (voir bibliographie, *Le Serpent Cosmique, l'ADN et les origines du savoir*, Jeremy Narby, p. 409). Pour eux, la conscience est partout et la nature leur parle pourvu qu'ils se mettent en état d'écoute. Cette dernière demande maturité, humilité et transparence.

La conscience sort du cerveau où nous l'avions emprisonnée dans une vision mécaniste de la vie pour se retrouver dans chaque molécule de l'univers avec laquelle elle est en relation, elle communique, elle partage des informations.

À chaque instant, la conscience en nous crée le monde. Éveillons-la à un monde de beauté, de paix et d'équilibre...

L'ADN lui-même, véritable condensé de vie, de **F**éminin, est conscience. *"Notre ADN pourrait embobiner la Terre cinq millions de fois !… Comment la biologie peut-elle présupposer que l'ADN n'est pas conscient ? Alors qu'elle ne comprend même pas le fonctionnement du cerveau humain, où elle présuppose notre conscience. Alors que le cerveau lui-même est élaboré à partir de l'information contenue dans l'ADN… Notre conscience est le fruit de la nature. Comment cette dernière pourrait-elle ne pas être consciente ?"* (Jeremy Narby, voir bibliographie, p. 409). Au centre du **F**éminin est la conscience, au centre du **F**éminin réside le **M**asculin.

4 / L'absolu est notre nature fondamentale

Notre conscience est de même nature que la Conscience, même contractée, fragmentée dans la réalité individuelle, même perçue limitée par la conscience limitée. Le long voyage commencé depuis le Cœur Un, nous destine à prendre conscience d'en être un aspect individualisé et cependant universel, à retrouver cette perfection originelle. À chaque réfraction en une facette plus petite de notre nature divine, la Conscience sait laisser derrière elle un fragment

Résumé de "Féminin est l'Amour et le matérialise"

Le Féminin est l'expression de la Source,
l'Amour inconditionnel qui dit Oui, bénit et permet.
Il matérialise l'Amour par le don total et inconditionnel d'être objet de la conscience agissante. Le Féminin matérialise, incarne les projets du Masculin,
il lui donne vie et forme.
Le Masculin peut ainsi prendre conscience de l'effet produit par sa conscience agissante.
Grâce au cadeau d'amour inconditionnel du Féminin d'être objet,
le Masculin peut se reconnaître sujet.
Le Féminin est "la Maison" et le chemin de "la Maison". Il dit Oui au Moment Présent
qui est notre Maison dans l'incarnation, notre seule vraie richesse.
Grâce à son "Pote Mafé" et sa Présence, le Féminin peut accueillir le Présent
comme s'il l'avait choisi et faire de la vie une alliée.

2 • Le Féminin est le miroir qui reflète

1 / Le Féminin est la Beauté

Le Conte du Un et de la Déesse (voir p. 145) témoigne du reflet aimant du **F**éminin et de sa beauté. **Le Féminin est la beauté de la Source, présente en chaque être, en chaque chose, en chaque situation.** Rien n'a été conçu sans la Source. La beauté nous reflète l'amour de la Source. La Beauté est l'Amour de la Source rendu manifeste. La Déesse, le **F**éminin est ce à quoi la Source ressemble. **Le Féminin est ce à quoi Dieu ressemble, il est son reflet.** Propos digne du bûcher dans les temps d'Inquisition. Dieu est ici au-delà des religions.

Le Féminin est ce à quoi Dieu ressemble… L'Amour et la Beauté. Le **F**éminin est en chacun de nous, même si nous nous en croyons coupés. Le **F**éminin à travers ses infinis reflets donne à contempler la Source que nous ne pouvons pas regarder en face, au risque d'être consumés. Ainsi la beauté présente en chaque chose et chaque être donne à pressentir la beauté infinie et absolue de la Source.

Dans la réalité duelle, il y a laideur ou beauté. Quasimodo est laid aux yeux du monde, il est la pureté et la beauté de l'amour aux yeux du cœur, il est la beauté tragique de l'humanité aux yeux de l'âme. Il est ce que nous voyons de lui. Les femmes traditionnelles africaines sont fières de leurs seins flasques et pendants, gage de nombreux allaitements, et s'esclaffent des seins refaits défiant la gravité. Nos critères de beauté et de laideur nous reflètent ce que nous sommes à ce moment-là. Le **F**éminin reflète la beauté de la Source, même cachée, même obscurcie, même enlaidie. Au cœur de l'ombre, la beauté se révèle pour celui qui contemple sans juger, comme à travers des histoires de cas vécus. Le cœur reconnaît l'amour, quelle qu'en soit la forme ou son absence. Quand le cœur reconnaît l'amour, il voit la beauté.

La femme et la beauté. La femme qui vit le **F**éminin en elle reconnaît sa beauté propre. Non pas plus belle qu'une autre, ou dans une correspondance aux critères en vogue, mais la beauté de la Source individualisée en elle. Elle est la beauté incarnée de façon unique car elle est un véhicule de la Déesse. Elle est Femme. Elle est un reflet de la Déesse.

d'une identité plus parfaite. Le voyage du retour à la Maison récupère et rassemble ces parcelles de notre identité divine. Nous sommes l'univers individualisé. Le réaliser est notre fabuleux destin.

La conscience pressent que certaines limites la contractent, dont l'illusion d'être séparé du Tout et de Dieu. Se réconcilier avec le **M**asculin et le restaurer passe par reconnaître ce que nous entendons par les mots Dieu et divin. Nul ne peut tenter l'aventure de la conscience sans se réconcilier avec Dieu, quel que soit le nom qu'il lui prête, sans libérer les mémoires et charges reliées au dieu des religions et à ses intermédiaires.

Le **M**asculin est à l'Esprit ce que le **F**éminin est à la matière. Matière et esprit sont les deux éléments fondamentaux et complémentaires d'une même réalité. La matière et l'esprit ne sont pas deux réalités distinctes et séparées, mais bien les aspects d'une réalité plus profonde qui a un aspect matériel extérieur et un aspect conscient intérieur" (voir bibliographie, *Science et Champ akashique*, Ervin Laszlo, p. 410).

5 / Le Masculin est le centre et le sens

Le **M**asculin peut être ressenti dans le corps telle la perception d'un centre, à la fois spatial et émetteur, autour duquel notre conscience habituelle tourne. Dans les moments de Présence, nous sommes au centre et celui-ci illumine la réalité avec la conscience d'une unité sous-jacente et cohérente qui nous relie à tous les éléments de l'univers. Le centre illumine la vie en lui donnant sens et cohérence. Le **M**asculin est le centre et le sens. Le sens est compris comme compréhension intime et orientation. **Le Masculin est conscience de l'unité, cohérence, sens et orientation.**

Le **M**asculin est la source de la conscience agissante comme le Un du Conte, le centre créateur autour duquel le monde phénoménal se déploie. Il est le centre dont le centre est le cœur, le "Pote Féma". **Le manque de centrage découle d'un défi avec le masculin. Sans le centre, nous sommes happés par l'extérieur, nous nous identifions à ce sur quoi nous portons notre attention.**

Le **M**asculin donne sens à la Vie et à la nôtre. Il fait rencontrer nos idéaux, nos identifications, les grands archétypes avec lesquels nous résonnons, les moteurs intimes et sublimes qui font mouvoir notre action.

Résumé de "Le Masculin est la conscience, le centre, le Veilleur"

La fonction de notre Masculin divin est la conscience qui donne sens et cohérence, compréhension intime et orientation. Grâce à notre Masculin, la conscience en nous veille, même au cœur de l'inconscience. Nous sommes des êtres conscients grâce à notre Masculin. Il nous in-forme et nous éveille à notre nature divine et universelle à travers notre dimension individualisée, réfractée. À chaque instant, notre Masculin crée le monde phénoménal, car tout procède de la conscience.

2 / Le Féminin reflète l'Amour de la Source

Le Féminin matérialise et reflète. Il reflète inconditionnellement, fidèlement, amoureusement. **Il ne juge pas, ne compare pas, n'étiquette pas.** Il reflète l'essence de ce qui est là et l'essence est beauté. **L'essence est par principe l'union de l'Amour et de la Lumière, l'union du Masculin et du Féminin.**

Ainsi le regard d'un Maître véritable. Ses yeux sans fond nous reflètent la beauté de notre essence, et notre réaction à son regard nous reflète là où nous en sommes de notre relation à l'amour. En séminaire, j'invite les participants à se regarder dans un miroir dans les moments de présence intime à eux-mêmes, leur beauté unique leur est révélée. Réconciliation intense. Nouveau regard. Lorsque nous sommes amoureux, notre regard sur le monde est amoureux, le monde est beau, il nous reflète l'amour vibrant en nous.

Le Féminin est le miroir posé sur le monde où nous observons sans le savoir à chaque instant la relation de notre masculin envers notre féminin, par la perception de ce que nous croyons être un reflet objectif alors qu'il est notre reflet. Grâce à ce reflet, nous nous reconnaissons. Plus nous vivons la transparence intérieure, moins l'interprétation de la personnalité vient altérer cette reconnaissance.

3 / Le Féminin est l'Eau de la Source qui reflète

Contemplons l'effet induit en nous par le mot source… L'origine de l'eau et de l'amour. L'élément liquide éveille la mémoire de la vie *in utero* où nous baignons et communions physiquement avec la mère et la mer, divine, enveloppante, nourricière, protectrice.

Nous sommes constitués à plus de 80 % d'eau. L'eau calme reflète tel un miroir. Narcisse tombe amoureux de son propre reflet dans l'eau. L'eau reflète la luminosité du soleil (voir Méditation du "Reflet du soleil sur l'Eau", p. 353). L'eau reflète ce que nous émettons…

Le Japonais Masaru Emoto (voir bibliographie, p. 409) témoigne, par les photographies de cristaux d'eau, de l'impact des mots, des émotions, de la musique, de la discorde comme de l'amour sur les molécules d'eau, de **l'influence de nos émotions individuelles et collectives sur l'eau.** Un lac pollué est ainsi purifié en quelques jours par un groupe méditant sur ses berges. À chaque instant, nous programmons inconsciemment l'eau dont nous sommes constitués, par nos pensées, nos paroles, nos émotions. Nous pouvons le faire consciemment et choisir de boire de l'eau que nous programmons avec une intention d'amour pour nous-mêmes et pour la Terre, car l'eau retourne à l'eau.

L'eau est le reflet physique du Champ Unifié (voir lexique, p. 413). Le Champ Unifié est l'océan de l'énergie de la Source. L'eau partage avec le Champ Unifié des qualités similaires. Elle nous relie et nous en sommes constitués, elle est un réservoir infini de ressources pour nous connaître et nous reconnaître, nous guérir et nous régénérer, nous abreuver. L'intimité avec l'eau signe souvent une capacité naturelle pour se brancher sur le Champ Unifié, qui débouche souvent sur la dimension médiumnique, où la frontière entre soi et l'autre devient poreuse. En astrologie, un potentiel de médiumnité empathique peut se signaler par des fortes conjonctions en eau. Nos corps énergétiques sont les circuits des eaux éthériques connectées aux chakras, par lesquels nous émettons et recevons l'énergie et l'in-formation de l'univers (voir Méditation de "Connexion au Champ Unifié", p. 217).

3 • Le Masculin est la lumière, il éclaire et illumine

1 / Lumière-matière

La conscience éclaire. Elle illumine. Elle est lumineuse.

Pour la physique quantique, chaque molécule dans l'univers est une émission lumineuse biophotonique qui dispose d'une fréquence unique pour communiquer avec le monde par une onde de résonance. **À un niveau subatomique, nous émettons de la lumière par laquelle nous communiquons avec tout l'univers et nous sommes interreliés à tout ce qui est.** En être conscient nous rend à notre état de cocréateur.

"Tout ce qui brille n'est pas or." Dans la réalité duelle, la lumière est séparée de la matière, la conscience et l'amour sont séparés et ce que nous appelons lumière ne porte pas nécessairement la vibration de l'amour. Ainsi existent des initiations de lumière, de transcendance ou de sublimation au prix du corps, de la matière, de la joie, du féminin, où seul l'esprit est glorifié dans un déni de l'incarnation.

2 / Le Masculin illumine l'ombre

Dans une pièce sombre, une seule bougie suffit pour éclairer l'obscurité. Le **M**asculin par sa simple présence, par le fait qu'il est la lumière, illumine l'ombre. L'ombre mise en lumière redevient lumière. L'ombre est issue de la Source, donc de la lumière, elle est de la lumière densifiée. **La lumière rend l'ombre à la lumière.** L'ombre illuminée par la lumière retrouve son origine. **La lumière du Masculin révèle l'origine lumineuse de chaque être et de chaque chose dont celle de l'ombre.**

Plus le masculin se coupe de son "Pote Féma", plus il obscurcit sa propre lumière en jugeant l'ombre qu'il ignore être la sienne et son propre potentiel intérieur (voir p. 61). Le masculin obscurci sait inconsciemment qu'il est lumière. Il se souvient inconsciemment avoir été pure lumière, il le sait si bien qu'il juge l'ombre qui lui rappelle qu'il ne l'est plus, dans l'illusion d'en être séparé. Il sépare le monde entre la lumière et l'ombre et s'identifie à la lumière. **Le masculin croit se séparer de l'ombre, alors qu'il la perpétue par son jugement qui l'attache à elle.** Le masculin se focalise sur le problème de l'ombre en oubliant qu'il est la lumière. Son attention sur l'ombre fait exister l'ombre. "Nous sommes pécheurs" fait exister le péché et la 3e dimension. "Nous sommes la lumière", même si nous portons de l'ombre, éclaire le monde. Là, tous les aspects se trouvent inclus.

> La véritable liberté n'est pas d'être qui nous voulons être mais de vouloir être qui nous sommes.

Le Masculin connaît et contemple l'ombre, sans accroche, sans juger, et l'éclaire de sa lumière sans discrimination. Le soleil comme Dieu ou le **M**asculin offre sa lumière sans discrimination. Il éclaire sans discrimination.

Résumé de "Le Féminin est le miroir qui reflète"

***Le Féminin** est ce à quoi la Source ressemble, il est la Beauté présente partout, en chaque être, en chaque chose, en chaque situation.*
***Le Féminin** est le miroir qui reflète notre interprétation que nous croyons être objective, grâce auquel nous pouvons reconnaître nos interprétations et nous-même.*
Il est l'Eau de la Source qui reflète et nous in-forme.

3 • Le Féminin, l'obscurité qui reflète

1 / L'obscurité bienveillante et matricielle permet la vie

La terre est sombre. Les racines des plantes poussent dans le noir. Dans le ventre de notre mère, nous connaissons l'obscurité bienfaisante du **F**éminin. Notre appel le plus profond se dirige vers l'obscurité de la Voie lactée. La dimension matricielle, obscure, sombre du **F**éminin permet la croissance du germe ensemencé par le **M**asculin. L'obscurité bienveillante permet le Mystère de la Vie. **L'obscurité est la matrice de toute création. L'obscurité bienveillante de la matrice permet la création et la vie.**

Aux confins de l'Univers, au sein de l'obscurité, là où nul ne peut aller, veille un Point de Lumière d'une puissance si extraordinaire qu'on ne peut approcher à moins d'être pulvérisé. De ce Point de Lumière émanent des vagues d'amour-lumière rendues accessibles et supportables par la traversée des dimensions. **En comprenant la vraie nature de l'obscurité, nous reconnaissons la lumière présente au cœur de l'obscurité.** Le "Pote Mafé" du **F**éminin est le Point de Lumière au sein de l'obscurité.

2 / L'obscurité révèle notre ombre et notre bénédiction ; l'ombre

• **Ombre et bénédiction.** De l'obscurité derrière nos yeux ou celle de la nuit, surgit la rencontre avec nous-mêmes, ombre et lumière. Le féminin dénaturé en l'absence de son "Pote Mafé" est identifié à l'ombre par le masculin qui s'identifie à la lumière. L'obscurité bienveillante et matricielle devient l'ombre inquiétante et malfaisante.

L'ombre se révèle être le féminin blessé, jugé par le masculin ; reconnue et aimée, elle se dévoile être notre Féminin et son potentiel infini.

Ainsi le cas vécu d'Albert (p. 120). Il perçoit une râpe monstrueuse qui semble vouloir éliminer le précieux petit prince. Il juge et cherche à éliminer la râpe qu'il considère monstrueuse. Rencontrée et écoutée, la râpe se révèle être sa connexion divine dont il s'est coupé, enfant. Reconnue et accueillie, la râpe se transforme en couronne pour le petit prince. L'ombre n'est pas la râpe, mais le jugement et l'émotion contre elle. L'ombre n'est pas l'ombre mais le jugement et l'émotion contre elle.

La véritable liberté du Masculin n'est pas d'être pure lumière, mais plutôt de se reconnaître fondamentalement lumière, même si parfois la lumière est obscurcie. Ainsi la vision tantrique reconnaît le moment d'inconscience comme le prélude à un autre moment de conscience, dans la grande matrice de la Conscience. Ainsi jaillit la perfection de notre imperfection.

La véritable liberté n'est pas d'être qui nous voulons être mais de vouloir être qui nous sommes. Notre liberté véritable n'est pas de ne plus toucher l'ombre, illusion générée par une vision de mérite, mais d'être libre même au cœur de l'ombre. Se reconnaître au cœur de la non-reconnaissance. Être libre au cœur de l'emprisonnement. Alors la non-reconnaissance, l'emprisonnement n'ont plus d'accroche. Nous changeons de réalité et changeons la réalité.

L'illumination est la vérité révélée de Qui Nous Sommes en réalité. L'éveil est la véritable réalisation de Qui Nous Sommes en réalité. L'illumination est au **M**asculin ce que la réalisation est au **F**éminin. Tous deux sont l'aboutissement de la Fusion.

3 / Le Masculin est la vérité

Ainsi la révélation soudaine d'une vérité "vraie", même difficile à admettre par la personnalité, vient comme un flash mettre en lumière ce qui jusqu'à présent était dans l'ombre.

Dans les "Cas Vécus", le **M**asculin illumine le moment où l'être voit, prend conscience de l'illusion construite par l'ego. C'est un moment initiatique où l'être sort de sa réalité obscurcie et accède à une réalité plus vaste. En cet instant d'illumination, l'être découvre les masques, les justifications, les automatismes de l'ego, sa propre inconscience et son manque d'amour. Le piège est alors de juger la construction egoïque. L'ego risque alors de récupérer la situation et d'empêcher le changement de réalité, par la honte, la culpabilité, et toujours en ajoutant quelque chose à lui-même. Comment moi, ai-je pu... ? Comme dans le cas vécu de Véronique (p. 208). Le jugement perpétue ce qu'il juge, le pardon conscient libère. Être accompagné afin de prendre conscience de la beauté de la nouvelle réalité aide grandement.

L'ombre est révélée
par l'intense lumière.
Il n'y a pas plus d'ombre,
il y a plus de lumière.

La nouvelle réalité offerte par la révélation d'une vérité prend sens, c'est-à-dire offre une orientation qui fait sens. Cette vérité était là en attente et l'être le sait, même confusément. Il reconnaît (voir "Le ressenti intuitif du Cœur reconnaît", p. 170) qu'il connaissait la vérité, même s'il ne pouvait l'écouter. Cette reconnaissance produit un soulagement intérieur, même si la nouvelle réalité est inconfortable, car tout ce que l'être a mis en place pour nier son ressenti lâche en cet instant dans la lumière de la vérité. Ainsi dans ma pratique, au cours d'explorations intérieures comme celles des cas vécus, les secrets de famille peuvent émerger et libérer l'impression d'étrangeté, de décalage entre l'extériorité et l'intériorité. **La vérité est là où il n'y a plus de secret.**

Le **M**asculin illumine la vérité qui révèle un sens plus général, qui englobe une compréhension plus vaste, plus cohérente avec l'universel. La vérité déploie la réalité perçue. **En vérité, le Masculin illumine l'histoire personnelle de sa dimension universelle. Le Masculin révèle l'universel au cœur de l'individuel en illuminant la vérité.**

Au cœur de l'obscurité, que nous appelons l'ombre, se cache notre peur fondamentale qui dissimule la blessure d'amour la plus intime. Au cœur de l'ombre est le rendez-vous d'amour le plus intime. La peur, non la haine, est le contraire de l'amour. La peur nous sépare de notre blessure intime. Le temps est venu de retrouver notre chemin dans le noir.

L'ombre est notre grand malentendu où nous fuyons par peur de nous-mêmes devant ce qui est notre bénédiction.

• **L'ombre et la lumière dans la spiritualité.** La véritable spiritualité ne découle jamais d'une approche où l'ombre et la lumière sont séparées. La partie ne peut être séparée de l'ensemble. *"Dès que nous cessons d'être en relation avec la réalité qui est ombre et lumière, pour être en relation avec l'absolu, nous perdons l'absolu"* (Daniel Odier).

À la mesure de notre lumière est l'obscurité en nous à éclairer ! À la mesure de l'amour que nous portons est l'ombre à étreindre... Nul hasard. Notre être se déploie entre ces deux extrêmes. Nous avons à alchimiser l'ombre au cœur de notre propre obscurité pour y découvrir la lumière et manifester l'amour véritable. **Ce qui semble notre malédiction est notre bénédiction qui nous offre l'opportunité d'actualiser l'amour véritable qui sinon resterait virtuel.**

Ainsi le cas vécu de Véronique (p. 208). Elle vient de vivre une ouverture du cœur et rencontre en elle-même un inquisiteur à la mesure de son amour. Cadeau initiatique qui lui permet d'actualiser son ouverture du cœur.

La Source est en toute chose, la lumière comme l'ombre. **L'amour-lumière de la Source dans son inconditionnalité permet à l'ombre son royaume car l'ombre elle-même obéit à une finalité, celle de nous révéler ce que nous y cachons.** Renier son ombre est renier sa propre lumière. Ombre et lumière ne font qu'Un, l'un reflétant l'autre, et l'autre incluant l'un.

Il est illusoire et impossible de guérir l'ombre, elle n'existe que parce que nous la percevons comme telle. Ce que nous voyons dépend de ce que nous choisissons d'en voir. Le cocréateur en nous reproduit ce qu'il conçoit de l'univers.

La lumière est in-formation. L'ombre est un manque d'information. **Sur le chemin de retour à l'Un, l'ombre devient une composante de l'environnement avec lequel nous n'avons plus d'accroche.**

Résumé de "Le Féminin, l'obscurité qui reflète"

Le Féminin matérialise l'obscurité bienveillante et matricielle qui révèle la vie, et où germe le potentiel du cocréateur que nous sommes. L'ombre est le grand malentendu où nous fuyons par peur de nous-mêmes, de notre féminin blessé devenu monstrueux à force d'être jugé et qui se révèle être notre bénédiction. Le "Pote Mafé" du Féminin est la Source d'Amour, le Point de Lumière au sein de l'obscurité.
À la mesure de notre lumière est l'obscurité à éclairer. À la mesure de notre amour est l'ombre à étreindre. En nous-mêmes. C'est l'opportunité d'actualiser en nous l'amour véritable. La lumière est in-formation et l'ombre, un manque d'information.
Sur le chemin de l'Union, l'ombre devient une composante de l'environnement avec lequel nous n'avons plus d'accroche. Une spiritualité véritable et initiatique ne sépare pas l'ombre de la lumière.

Dans une faible lumière, nous ne voyons pas l'ombre car il y a peu de contraste entre la lumière et l'ombre. À travers l'accélération planétaire et individuelle, la lumière grandit en nous et autour de nous. L'ombre est révélée par l'intense lumière. Il n'y a pas plus d'ombre, il y a plus de lumière. Nous avons tendance à poser l'attention sur l'ombre plutôt que sur la lumière intense qui la révèle. Dans la dimension nouvelle où nous nous installons, l'ombre est une illusion en tant qu'ombre, elle n'a pas de réalité par elle-même, elle est une tonalité de la lumière. Seuls existent l'amour et la lumière. Méditons pour la paix. Honorons, rendons grâce à tout ce qui s'accomplit de lumineux, les entreprises servant la vie, la paix.

Résumé de "Le Masculin est la lumière, il éclaire et illumine"

La conscience de notre Masculin éclaire et illumine. Nous émettons de la lumière à un niveau subatomique, par laquelle nous communiquons et nous sommes interreliés à tout ce qui est, avec tout l'univers.
La lumière de notre Masculin révèle l'origine lumineuse de chaque être et de chaque chose en l'illuminant. Grâce à la dimension divine de notre Masculin, nous pouvons contempler, éclairer, illuminer l'ombre, sans accroche ni jugement.
Notre masculin obscurci lui croit se séparer de l'ombre, en la jugeant alors qu'ainsi il s'attache à elle et la perpétue.
La véritable liberté que nous offre notre Masculin divin n'est pas d'être pure lumière, sa liberté nous offre de nous reconnaître fondamentalement lumière, même si des aspects en sont obscurcis.
La véritable liberté n'est pas d'être qui nous voulons être mais de vouloir être qui nous sommes.
L'illumination est la vérité révélée de Qui Nous Sommes en réalité.

4 • Le Masculin émet la fréquence de la Source, l'immanence

1 / Le Masculin éveille au Soi cocréateur et immanent

Nous portons l'empreinte du Un et la diffusons dans chacune de nos créations. Ainsi la partie contient le tout et en fait partie. En nous est le Tout, comme nous en faisons partie.

Gregg Braden dans *Le Code de Dieu* (voir bibliographie, p. 410), démontre que *"les lettres précises de l'ancien nom de Dieu sont encodées sous forme d'information génétique dans chaque cellule de tout ce qui vit. Le Message se lit : 'Dieu éternel dans le corps'."* Il établit un lieu entre les alphabets bibliques hébreu et arabe et la chimie moderne et remplace les lettres clefs de l'ancien nom de Dieu par les éléments qui composent notre ADN, l'hydrogène, l'azote, l'oxygène, et le carbone.

4 • Le Féminin est la Vie et l'énergie, il est la Joie

1 / L'Amour est l'énergie de la Source qui permet la vie

L'Amour, la Déesse est l'expression de Dieu, son énergie. Le **F**éminin est l'Énergie. L'Amour, l'énergie de la Source est l'essence et la quintessence de tout ce qui est créé. L'amour de la Source pénètre tout et constitue tout, à travers l'énergie. Rien n'est né sans la présence de l'amour. L'énergie est amour, l'amour est énergie.

La fonction la plus mystérieuse du **F**éminin est de permettre la vie. C'est un mystère angoissant pour le féminin de la 3e dimension, coupé de la Source et séparé de son propre masculin. Pour une femme, qui s'identifie au seul féminin dans l'oubli du **F**éminin en elle et autour d'elle et vouée par Dieu le Père à accoucher dans la douleur, c'est bien compréhensible. Permettre la vie n'est pas une action volontaire, c'est une fonction du **F**éminin qui ne crée pas la vie, mais la permet dans un "OUI" inconditionnel. Le **F**éminin s'y abandonne dans la réceptivité intime et profonde, la patience et la gratitude du miracle en cours.

2 / L'énergie, l'amour anime la matière, $E = mc^2$

La vie est sacrée. **Elle est sacrée car elle est vitale !** Le **F**éminin est sacré car vital. **Le Féminin matérialise la vie, il est la Vie et anime la matière. Il est l'âme.** L'amour est l'âme au cœur de la matière. La Déesse est l'Âme de l'univers et son Histoire. Notre âme est un aspect du **F**éminin universel individualisé. Par le Champ Unifié, notre âme est Une avec toutes les âmes, à travers le temps, l'espace et les dimensions, Une avec l'Âme de l'univers. À nous de rouvrir nos connexions universelles ou spirituelles.

$E = mc^2$ en termes d'amour-lumière. Selon Einstein : $E = mc^2$. C'est le rapport énergie-matière. Toute matière peut être convertie en énergie, et toute énergie, en matière. M est la masse de l'objet. C est la vitesse de la lumière (± 300 000 km/s). C^2 veut dire qu'il faut mettre cette vitesse c au carré d'elle-même, ce qui fait un très gros nombre : 9 avec 10 zéros. Même une très petite masse peut générer une très grande quantité d'énergie…

Reprenons en termes d'amour-lumière. Toute matière peut être convertie en amour et l'amour se matérialise dans la matière. La lumière est le **M**asculin conscience dans le plan physique de notre univers. Le carré de la vitesse de la lumière est le passage à une dimension supérieure de conscience d'une fréquence beaucoup plus élevée, et cependant interdépendante de la conscience du **M**asculin physique de l'univers. On peut donc matérialiser une très grande quantité d'amour et d'énergie en élevant sa conscience au carré d'elle-même. Le changement à une dimension supérieure de conscience génère un amour proportionnellement démultiplié. Plus la matière s'élève en fréquence vibratoire, plus la conscience s'élève, plus l'amour se déploie. Élever notre fréquence génère beaucoup, beaucoup d'amour… **L'amour illumine la matière.**

Depuis Einstein, les physiciens quantiques découvrent que la masse n'équivaut pas à l'énergie, mais plutôt qu'elle est énergie (Haisch, *Beyond* $E = mc^2$). La science témoigne de l'omniprésence de la Déesse. Nous sommes amour, os, chair, sang. **L'amour anime la matière.**

Le Féminin = l'Amour = l'Énergie = la Matière animée = l'âme = la Vie.

"La découverte du nom de Dieu dans l'essence de toute vie démontre que nous sommes tous apparentés non seulement les uns aux autres, mais aussi à la vie elle-même, et ce, de la manière la plus intime possible. Du simple brin d'herbe… Toute vie est façonnée à partir de l'équivalent chimique d'un seul nom."

Gregg Braden est à la fois un scientifique confirmé et quelqu'un qui a vécu une ouverture de conscience. Il relie en lui-même les mondes et le transmet. Sa démonstration est scientifique et son sujet est mystique. Le regard scientifique s'unit à l'intuition.

> "Les lettres précises de l'ancien nom de Dieu sont encodées sous forme d'information génétique dans chaque cellule de tout ce qui vit. Le Message se lit : 'Dieu éternel dans le corps'."

À un niveau subatomique, chaque particule est une émission in-formatrice biophotonique. Cette in-formation est la fréquence de la Source, la Conscience, la pure connaissance, non pas la connaissance intellectuelle même brillante. Le **M**asculin est l'in-formation divine consciente d'elle-même en chaque être comme en chaque chose. Le **M**asculin inscrit la fréquence de la Source, l'essence du Un, dans le monde phénoménal. L'émission du **M**asculin porte l'empreinte divine à travers chacune des graines de sa semence.

Le Masculin est la conscience divine individualisée et unique, en chacune de nos particules, communiquant avec chaque particule de l'univers et appelée à se réaliser en tant qu'elle-même, cocréatrice de son propre univers.

Réaliser cela est réaliser l'immanence. Le **M**asculin rend disponible l'immanence de notre nature fondamentale. **Il est l'immanence.** "Tout Ce Qui Est" est contenu dans la nature de la Source. Le **M**asculin est la conscience intime, la connaissance au cœur de l'individu de sa propre origine divine ("Pote Mafé" du **F**éminin).

2 / L'oubli de l'origine divine génère le libre arbitre

Le **M**asculin émet, et son émission est centrifuge, du centre vers l'extérieur, comme l'énergie électrique à laquelle il est associé.

Le masculin obscurci oublie son essence, son origine divine et sa connexion à la Source. Il s'identifie à sa nature centrifuge extériorisée. Il s'identifie à son émission. Il oublie qu'il émet la fréquence divine qui est son intention d'origine. Il se focalise sur l'action séparée de l'intention. Il s'identifie à l'action qui devient sa raison d'être comme dans l'addiction au travail. Sa quête est transcendante dans un au-delà de lui-même. Sa quête se densifie dans la conquête.

Le masculin se détermine sans autre cause que sa propre volonté et définit ainsi le libre arbitre. Il se proclame créateur de son action, mais ne peut en prendre responsabilité à cause de l'incomplétude, de la culpabilité et l'impuissance générées. **Le libre-arbitre est le cadeau extraordinaire accordé au masculin qui choisit de faire l'expérience de l'amnésie de son origine divine. Le libre arbitre est le code de l'origine divine qui reconnaît l'être comme cocréateur.** Le libre-arbitre est le propre du **M**asculin. Le **M**asculin dans la conscience de son origine divine se reconnaît cocréateur, responsable de son action **et sa raison d'être est la consécration à la Vie à travers sa transmission consciente et unique de la fréquence divine.**

3 / Énergie vitale de la Terre, énergie subtile du Ciel

L'énergie nous constitue comme l'amour nous constitue nous et toute chose autour de nous. Les interactions entre les objets de ce monde se font par le biais de l'énergie qui transmet toujours un effet d'un objet à un autre, d'un lieu à un autre, quelle que soit sa forme : cinétique, thermique, gravitationnelle, électrique, magnétique, nucléaire... Laissons aux scientifiques l'étude des énergies mesurables et perceptibles par les cinq sens, par le masculin. Contemplons rapidement celles que l'on ressent, sent ou pressent, non perceptibles par le mental masculin, et qui n'ont donc pas d'existence officielle dans notre monde patriarcal.

L'amour ne se mesure pas, sous la forme ni de l'énergie vitale ni de l'énergie subtile. Comme pour l'amour, il n'y a pas d'échelle pour le ressenti. Le monde masculin se coupe du ressenti et conséquemment de l'in-formation qui y est disponible. Lorsque nous écoutons l'énergie, nous écoutons l'amour. Lorsque nous ressentons, percevons, pressentons, accueillons l'énergie, nous accueillons l'amour, en fonction du récepteur que nous sommes à cet instant. Retrouver l'énergie spontanée, libre, fluide est retrouver l'amour spontané, libre, fluide. Nous ne pouvons nous unir au tout sans faire Un avec l'énergie en nous et à travers nous. Libérer ce qui limite ou contracte la fluidité de l'énergie vitale en nous est la base de l'équilibre intérieur.

L'énergie vitale est réprimée par le patriarcat qui contraint et interdit ce qu'il ne contrôle pas. Tant que notre vitalité n'est pas joyeuse et libre, spontanée et sans projet autre que révérer la vie, l'ego spirituel tente d'accéder au subtil dans le but plus ou moins conscient de fuir la Terre, le corps, dans l'illusion de retrouver le ciel sans avoir à faire la paix avec les défis d'amour sur Terre, de chercher à se propulser sans le corps. Plus l'être s'associe, s'unit consciemment à la Terre, se reconnaît de la Terre, plus il en accueille la force de vie, la force d'amour qui agit alors comme **l'ancrage indispensable à l'accès sain et sécurisé aux autres plans de conscience et énergies subtiles.**

L'énergie vitale vient de l'intimité de la Terre et **monte** par nos racines terrestres du Cœur de la Terre. Elle s'exprime par la pulsion de vie qui rayonne de notre ventre (chakra du hara). Elle donne accès à la sagesse des instincts profonds et à une animalité joyeuse et spontanée, fort différente de la bestialité propre à l'humain dénaturé. Elle sait les gestes spontanés du corps, toucher, caresser, flairer, rire, étreindre. Elle n'est pas sérieuse et fait éclater naturellement, spontanément les rigidités physiques, émotionnelles, mentales. Elle fronde les certitudes des dogmes et les inquiétudes des culs serrés. Les anciens Maîtres tantriques la pratiquent à travers l'inconvenance, l'obscénité et l'absurdité sacrées.

L'énergie subtile vient des plans célestes, de la connaissance universelle. Elle **descend**, s'incarne en se concentrant à travers nos racines célestes. Elle utilise généralement des codes, des symboles, des gestuelles, des mantras. Elle se pratique dans une ambiance d'intériorité, recueillie et méditative. Quand elle passe par le cœur, **elle est le "Pote Féma" du Masculin**, canal des plans célestes dans l'humilité, la simplicité et la transparence. Toutes les pratiques d'écoute intérieure aident à retrouver le contact avec le subtil.

Kundalini et adolescence. L'élan vital y est à son maximum d'intensité, dans un élan créateur, intense, sublime qui pousse l'adolescent à créer, à participer, dans l'envie profonde d'offrir sa vie à la Vie, de se consacrer au Tout, de s'unir avec le Tout que certains nomment Dieu dans leur représentation culturelle. Le jaillissement de la vie lui donne l'opportunité de se définir par

Résumé de "Le Masculin émet la fréquence de la Source, l'immanence"

Notre Masculin divin est la conscience divine individualisée et unique, en chacune de nos particules, communiquant avec chaque particule de l'univers et appelée à se réaliser en tant qu'elle-même, cocréatrice de son propre univers. Grâce à lui, nous sommes disponible à réaliser l'immanence de notre nature fondamentale, la conscience et la connaissance intimes de notre origine divine au cœur même de notre individualité.

Le masculin obscurci oublie sa connexion au centre, son origine divine, son intention d'origine et s'identifie à son émission. Il se focalise sur l'action séparée de l'intention.

Il se proclame créateur de son action et définit le libre-arbitre dont il ne peut prendre responsabilité véritable à cause de l'incomplétude, de la culpabilité et l'impuissance générées.

Le Masculin divin lui dans la conscience de son origine divine se reconnaît cocréateur, responsable de son action et de sa transmission consciente et spécifique de sa fréquence divine

5 • Le Masculin récepteur individualise l'univers et concentre l'ego

Jusqu'à présent, le Masculin est contemplé dans sa fonction Yang émettrice. Contemplons maintenant sa fonction Yin réceptrice à travers la force de concentration.

1 / Le Masculin est la force d'individuation et de concentration de l'univers

Le Masculin est la force d'individuation qui concentre l'univers en l'individu, qui individualise l'univers de façon spécifique et unique.

Chaque individu est unique et cependant universel. Grâce à lui, nous sommes l'univers individualisé.

UNIVERS ➠ INDIVIDU.

Le **M**asculin individualise **le Un en l'unique**.

UN ➠ UNIQUE.

L'univers lui-même prend conscience de lui-même en tant qu'univers à travers ce que lui révèle l'expérience de chacune de ses fragmentations. L'univers et sa conscience universelle sont en expansion et chaque partie y contribue. Nous sommes comme les têtes chercheuses de l'univers qui explorent de nouvelles voies.

Le libre arbitre est le cadeau extraordinaire accordé au masculin qui choisit de faire l'expérience de l'amnésie de son origine divine.

lui-même, indépendamment de ses parents dont il s'autonomise affectivement. Le temps est venu pour lui de ressentir viscéralement son rêve, l'action qu'il porte, ce qui le fait vibrer de tout son être, de toute son âme, son expression spécifique et créative. La sexualité à l'adolescence est l'expression organique de cet élan naturel et spirituel qui cherche à s'unir à l'Amour. C'est l'éveil de la Kundalini intrinsèque à l'adolescence. Nous l'avons tous connu et n'est nullement réservé à de seuls initiés.Ce mouvement vital de cet élan grandiose rencontre et bute sur tout ce qui va à son encontre c'est-à-dire les tabous, les interdits, les croyances de l'environnement proche et culturel, les défis individuels, qui sont autant de barrages énergétiques, de murs, de failles, de fuites, de trous, et qui provoquent des malaises, des révoltes, une vie parallèle, ou pire le renoncement. Lorsque l'énergie spirituelle frappe intérieurement une muraille de croyances niant la divinité intérieure, proclamant le péché alors que l'adolescent vit intimement le divin, et que sa puissance de vie se propulse jusqu'au 3e œil lui offrant ses premières révélations ou visions, comment peut-il l'intégrer, le partager ? Dans un monde qui dénie les 3/4 de l'être, qui suspecte l'énergie et sa sagesse, qui ignore les états modifiés de conscience, il fait l'expérience de ce qui n'a pas de concepts, de mots pour se nommer, dans l'ignorance des dimensions chamaniques propres à l'accompagner et le canaliser. Le masculin à travers la médecine occidentale use alors d'étiquettes et de moyens radicaux pour bloquer et lénifier l'élan puissant de la Vie, du **F**éminin… L'énergie spirituelle et sexuelle attend au bas de notre colonne vertébrale et appelle à retrouver sa dimension saine et sacrée.

4 / La joie

L'énergie libre dans le corps qui traverse librement et spontanément le cœur est la joie. Celle-ci est le mouvement naturel du cœur. La gaieté en est une expression personnelle, parfois fabriquée, ce que la joie ne peut être. La joie peut côtoyer la peine et l'inclure dans son étreinte paisible. La joie n'a nul besoin de s'exprimer extérieurement pour se vivre. Son pétillement doux connaît la perfection des choses même dans son imperfection et s'y abandonne. Le cœur ouvert connaît la joie et elle en est le témoin et le signal. Cette joie est la Source de l'Amour reconnue et activée dans le centre du cœur où l'être s'abreuve intérieurement. C'est l'incandescence douce qui est amour et n'a plus besoin d'amour puisqu'elle l'est elle-même. Cette joie offre la véritable autonomie et les êtres autour se pressent en sa présence.

Résumé de "Le Féminin est la Vie et l'énergie"

*Le **F**éminin est l'amour en mouvement, la joie, la vie aimante qui anime la matière par l'énergie. L'énergie vitale nous appelle à être Maître et Disciple de la vie que nous ne contrôlons pas. L'énergie subtile nous invite à l'enraciner au cœur du quotidien et du corps. Nous sommes invités à réunir énergie vitale et subtile.*

2 / Le Masculin concentre l'ego

Chacun est, conscient ou non, dans un processus unique et universel de réalisation de Soi. Aidé en cela d'un Allié dans le sens chamanique, qui confronte avant de révéler sa ressource et sa bénédiction. L'ego, mal connu et mal aimé.

La fonction de l'ego est de coaguler tout ce qu'il rencontre, de se l'approprier en le rapportant à lui-même. Il s'identifie et construit "moi, je" séparé de l'Unité, seul et unique. La conscience est consciente et c'est un choix de conscience. "Père, pourquoi m'as-tu abandonné ?" Passage nécessaire et initiatique au cœur de la solitude intérieure, dans le labyrinthe de nos identifications. Se reconnaître soi afin de se connaître Soi. Finalement la conscience de soi réalise la Conscience de Soi.

"Lorsque tu affirmes : 'j'existe', 'je pense ceci ou cela', 'telle chose m'appartient', accède à ce qui n'a pas de fondement et, au-delà de telles affirmations, connais l'illimité et trouve la paix" (Vijñânabhaïrava tantra).

La force colossale de coagulation de l'ego est nécessaire au plan terrestre. Ni bonne, ni mauvaise. Elle concentre l'univers à travers l'individu qui s'approprie peu à peu le monde en s'y identifiant. L'ego fige à son bénéfice ce qu'il interprète du monde et justifie ainsi le sens de lui-même. Il ramène tout à lui, ainsi il se construit. Ainsi l'enfant ou l'être immature est le "centre du monde". "Moi, je" bien structuré et stable est nécessaire à notre survie. Grâce à lui, nous mobilisons la force de vie pour entreprendre, nous relever quand nous sommes tombés, pour nous lancer dans l'inconnu et ouvrir de nouvelles voies... **L'ego est essentiel. C'est un contresens de vouloir le tuer.** Cela lui donne l'énergie qu'il récupère en ego spirituel. L'ego est notre Allié, démon et maître. Il aime être important. Reconnaître sa contribution le laisse coi ! C'est un comédien né. Il aime faire grand drame, nous fait croire aux histoires de victime / tyran / sauveur. À qui sait l'écouter, il dit le défi d'amour de la blessure et l'opportunité d'en prendre soin. Et nous pouvons dire avec douceur, humour et lucidité : "C'est tout moi, ça..." Il est formidable ! Je confesse mon nom : "Bellego" !

L'ego est notre Allié, démon et maître. Il aime être important. Reconnaître sa contribution le laisse coi ! C'est un comédien né. Il aime faire grand drame.

L'ego a besoin d'être construit pour pouvoir fondre et se rendre au Soi. Il est à la mesure de notre puissance d'amour. Notre **M**asculin est à la mesure de notre **F**éminin ! À la mesure de notre ombre est notre lumière. À la mesure de notre contraction est notre révélation.

5 • Le Féminin est intuitif

1 / Le Féminin ressent et le Masculin sent

Le Féminin est ce que Dieu ressent, il est l'expression de Dieu.
Ressentir et sentir implique des vécus différents.

Le mouvement du ressenti implique d'accueillir en soi à travers le vécu intérieur qui ramène au cœur et donc à une forme d'humilité et de vulnérabilité. Nous ressentons par notre corps et notre cœur, dans un mouvement centripète. Le **F**éminin ressent.

Sentir nous informe sans passer nécessairement par le cœur. Sentir perçoit les énergies subtiles, dans un mouvement descendant de l'universel à l'individuel. Le **M**asculin sent.

2 / Ressentir = danger

L'être, homme ou femme, ressent à travers son **F**éminin, par le corps, les sensations, les émotions, l'âme. Et comme nous sommes Un, il ressent la vérité de l'autre. Notre **F**éminin reçoit à l'intérieur de lui-même la reconnaissance de l'autre. Le ressenti n'a pas de préférences, il ressent ce qu'il y a à ressentir, c'est-à-dire l'amour sous toutes ses formes, mais aussi le non-amour. La 3e dimension qui nous définit comme incomplets et coupés du Tout pose l'attention sur ce qui fait souffrir puisqu'elle ignore le reste, alors le ressenti nous fait ressentir la souffrance ! Ouvrir au ressenti sans prendre soin de la blessure est folie, car alors l'on reçoit et l'on interprète personnellement ce que l'on ressent. Comment demeurer sain en ressentant les masques, les mensonges, les jeux de pouvoir, l'inconscience, le manque d'amour, sans fuir hors du monde ou du corps ?

À l'instant de la naissance, arrivant avec tout son système sensoriel complètement ouvert, le jeune être reçoit de plein fouet dans sa chair, ses os, son sang, avec une incroyable acuité la réalité de la 3e dimension, le décalage entre la vérité des êtres qu'il pénètre de son ressenti et ce qu'ils vivent d'eux-mêmes, l'amour conditionnel et l'inconscience du monde dans lequel il arrive. Cette douleur quasi insupportable touche la folie. Déchiré entre une médiumnité terrible du féminin et l'inconscience du masculin, il choisit le masculin qui va lui permettre de survivre parmi les hommes. Il ferme son ressenti, pose un écran, et accepte de croire à ce qui lui est communiqué. Plus tard en fonction de l'environnement familial et culturel, d'autres fermetures adviennent (Voir bibliographie, *L'accompagnement de la naissance*, Bernard Montaud, p. 410). **Ressentir est courageux.**

3 / Les émotions saines et naturelles

Nous sommes des générateurs de fréquence et nos émotions en sont le diapason.

Par son effet électromagnétique, l'activation émotionnelle ouvre une fréquence. Quand l'émotion est saine et naturelle, la fréquence est élevée, quand l'émotion est lourde et vient du passé, la fréquence est basse. Lorsque l'émotion est celle du cœur, la fréquence élevée ouvre à la multidimensionnalité de l'être, accès à l'alchimie intérieure.

Ainsi le Sage Milarepa. Il est déjà un magicien puissant et dans le pouvoir de la magie quand il rencontre le Maître auquel il demande la Voie. Le Maître sans explication lui fait construire, pierre après pierre, une maison tout en haut d'une montagne. Milarepa y consacre tout son ego. Au bout de mois, puis d'années, le Maître lui fait démolir, pierre après pierre, puis reconstruire, puis démolir, sans un mot d'enseignement, ni un mot tout court. Son ego passe par toutes les formations humaines et inhumaines. Il lui faut un sacré ego pour tenir sans s'enfuir, pour accepter le test de fondre, pierre après pierre, identification après identification. L'ego de Milarepa est immense, à la mesure de sa puissance d'amour et d'éveil qui illumine ses écrits.

3 / Le Masculin est la force d'involution

Le **M**asculin utilise l'ego pour expérimenter l'involution à travers la densification. En parallèle, le **F**éminin est la force d'évolution qui alchimise la matière. Par l'involution, le **M**asculin prend conscience de lui-même en tant que sujet conscient et agissant. La force d'involution se focalise sur une partie de plus en plus condensée du tout, elle focalise l'attention.

La densification progressive sous l'effet de l'involution nous destine soit à faire éclater physiquement le monde, soit à faire éclater l'illusion de la séparation d'avec le monde et réaliser la fusion…

L'accélération planétaire et individuelle annonce la fusion : plus la fréquence accélère et augmente, plus elle sollicite l'élévation de la conscience. La dimension subatomique et quantique nous révèle que :

Chaque partie du tout contient le tout.

Chaque partie est reliée, unie au tout.

Chaque partie est interdépendante du tout.

Chaque partie est tel un hologramme du tout et cependant unique.

En tant que individuation de l'univers, nous sommes cet hologramme unique.

La force d'involution de l'univers nous « destine » à en prendre conscience.

Elle nous destine à réaliser que nous sommes Un, Unique et Uni. C'est le concept même du Tantra dans une représentation de la Trame, dans lequel nous sommes tisserand, tissé et tissage. Cette réalisation est la Réalisation.

Je rends grâce ici à mon Premier Maître Éveilleur : "la Vache Qui Rit". Elle a ouvert des millions de personnes à ce grand frémissement cosmique… Dans ses boucles d'oreilles se reflète la vache qui rit dont les boucles d'oreilles reflètent la vache qui rit dont les boucles d'oreilles… Je m'en souviens. J'ai 6-7 ans. Un raz-de-marée intérieur, un grand pressentiment terrible

Maître Éveilleur : "la Vache Qui Rit". Elle a ouvert des millions de personnes à ce grand frémissement cosmique... Dans ses boucles d'oreilles se reflète la vache qui rit dont les boucles d'oreilles reflètent la vache qui rit dont les boucles d'oreilles reflètent la vache qui rit dont les boucles d'oreilles...

L'émotion est l'énergie en mouvement dans notre corps. Dans le cas d'un choc, le processus émotionnel recycle la pression subie, par l'énergie en mouvement en émotion qui retrouve ainsi sa fluidité d'origine sous forme de paix et d'harmonie. Nous pouvons refouler, nier, banaliser… Les émotions sont. Elles sont une composante intrinsèque de notre humanité. Dans la culture du masculin, les émotions sont refoulées, détournées, parfois interdites. “Un homme ne pleure pas !” Quelqu'un fond en larmes submergé par un événement et nous essayons de trouver un argument ou de lui tapoter le dos pour éluder cette émotion qui nous désarme. Certains intégrismes religieux interdisent le rire en public.

Nous fuyons les émotions pour éviter de ressentir. Nous en avons peur car elles nous mènent à la vulnérabilité où nous nous croyons impuissants car incomplets. C'est la porte de “l'Initiation Amoureuse”, comme dans chacun des cas vécus. En fuyant nos émotions, nous nous privons du ressenti intuitif du cœur et court-circuitons l'énergie vitale qu'elles véhiculent. Une maman, face à une voiture qui risque en reculant d'écraser son enfant, ressent une colère prodigieuse. Elle trouve la force surhumaine de soulever la voiture. La saine émotion de colère qui dit non à l'obstacle et totalement oui à la vie rassemble dans son ventre la totalité d'elle-même.

Les émotions récurrentes expriment le passé toujours vivant et filtrent le ressenti, signalent le manque de liberté envers le passé. Ce sont les émotions automatiques.

Les émotions naturelles sont aussi observées chez les animaux. Certains chiens et chats se laissent mourir de chagrin. On commence à reconnaître des comportements de peine et d'adieu chez les mammifères évolués comme les éléphants et les dauphins. Le désir et la peur sont utilisés pour le dressage.

La colère est l'émotion naturelle pour dire non. La peine est l'émotion naturelle pour dire adieu. Le désir est l'émotion naturelle pour avancer. La peur est l'émotion naturelle pour préserver notre intégrité (voir bibliographie, *Conversations avec Dieu, N.D. Walsch, p. 409)*.

Nous ajoutons : **la joie est l'émotion naturelle du cœur qui dit oui,** du cœur qui partage et se relie.

La gratitude est l'émotion naturelle du cœur qui connaît l'amour. L'émerveillement est l'émotion naturelle du cœur qui reconnaît l'amour. L'allégresse est l'émotion naturelle du cœur qui se connaît comme source de l'amour et reconnaît l'amour de la source en tout et partout.

4 / Le ressenti intuitif du Cœur reconnaît

L'émotion du Cœur est le ressenti intuitif libéré de la houle de la personnalité et des émotions affectives du passé. Le ressenti du Cœur n'est pas l'affectivité. Par le Cœur, nous sommes Un. Un avec Tout. Un avec notre réalité personnelle et universelle.

• **Le ressenti du cœur discerne ce qui est vrai et juste pour nous.** Le ressenti intuitif du cœur ne trompe pas. C'est notre sonar intègre et vrai et non le mental qui sait et pense à partir du passé et reproduit une forme de déterminisme, telle cause, tel effet. La personnalité blessée interprète personnellement le ressenti du cœur et c'est le cheminement humble et profond de la maturité intérieure. Le ressenti du Cœur discerne parmi toutes les informations, sans juger, ce qui est réellement approprié à l'instant présent. Rétrospectivement, reconnaissons que le ressenti du cœur nous informe dès le début d'une relation des défis comme des potentiels.

et fascinant m'envahit, dans le métro, devant une immense affiche. J'entrevois alors, sans la nommer bien sûr, cette force de concentration de l'universel à l'individuel. Réconfortée de ce sentiment vaste d'être comme "la vache qui rit", cette grande divinité qui accueille avec bienveillance toutes ces petites parties d'elle-même et en même temps angoissée d'être piégée dans l'infiniment petit et obscur des toutes petites boucles d'oreilles. Moment initiatique en un éclair pour l'enfant que je suis : les multiples dimensions, la peur de l'éclatement dans la densité, la bienveillance divine et l'idée malicieuse d'un grand Jeu Cosmique, être tout cela à la fois, le tout et ses parties qui le contiennent… Ma passion est de relier les mondes, les dimensions, l'individu et l'univers, le **M**asculin et le **F**éminin. Dans cet éclair, l'enfant entrevoit ce qu'elle est.

Nous complétons ici la fonction du **M**asculin dans sa vérité.

Résumé de "Le Masculin récepteur individualise l'univers et concentre l'ego"

*Le **M**asculin est la force d'individuation qui concentre l'univers en l'individu,*
qui individualise l'univers de façon spécifique et unique.
Chacun est dans un processus de réalisation de Soi aidé
par la force universelle de concentration, l'ego.
Celui-ci interprète ce qu'il rencontre afin de s'identifier, séparé, seul.
Un ego structuré et stable est nécessaire à la survie et à l'entreprise de tout projet.
Il a besoin d'être construit pour pouvoir fondre et se rendre au Soi.
Il est à la mesure de notre puissance d'amour.
*Le **M**asculin divin utilise l'ego pour prendre conscience de lui-même*
en tant que sujet conscient et agissant à travers l'involution.

POSITION DU MASCULIN SOUVERAIN INCARNÉ CHEZ UN HOMME

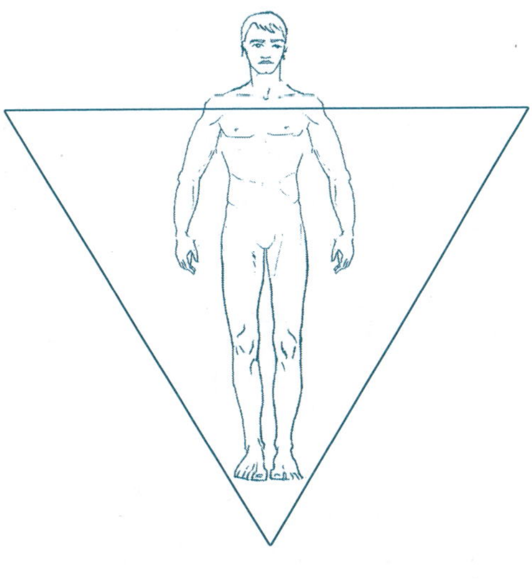

• **Le ressenti du cœur permet et reconnaît un changement vibratoire.** Le ressenti du cœur permet aux énergies de se rassembler, de se fondre ensemble, de s'unir et de se fusionner. Il alchimise et transmute (voir "L'action du **F**éminin en vérité", p. 182). Le ressenti du cœur a la capacité de transcender des réalités différentes, de les traverser et d'accéder à des états de conscience plus élevés. C'est lui qui reconnaît le niveau d'énergie et ses changements, en nous, autour de nous, en l'autre, **il nous in-forme en reconnaissant**.

Dans les cas vécus, il signale quelque chose qui lâche au plus profond de l'être, souvent accompagné de larmes, sans complaisance. Le cœur ramène au cœur. L'amour ramène à l'amour. L'être fond en son cœur, une porte du cœur s'ouvre réellement.

Comme pour Marina (voir p. 370) : *"Oh ! Mon Dieu, c'est tellement fort… J'ai l'impression de TOUT comprendre. Il bat le rappel à la maison. Le tambour, c'est mon cœur. Il bat mon cœur. Je suis vivante. C'est important le battement de mon cœur. C'est comme le cœur de l'univers. Merci la vie, merci Masculin."*

Résumé de "Le Féminin est intuitif"

Nous sommes des générateurs de fréquence par nos émotions qui signalent l'énergie en mouvement dans le corps. Les émotions affectives du passé sont des réactions automatiques qui signalent notre blessure. Le féminin blessé ressent la souffrance et l'évite en se coupant des émotions ou en s'y identifiant pour se sentir plus vivant.

*Le **F**éminin ressent par le vécu intérieur qui ramène au cœur avec humilité et sensibilité, ce qui permet le ressenti intuitif du Cœur. Celui-ci discerne ce qui est vrai et juste pour nous. Il permet le changement de fréquence par la fonte de la personnalité dans l'ouverture du cœur. Le **F**éminin reconnaît et est intuitif.*

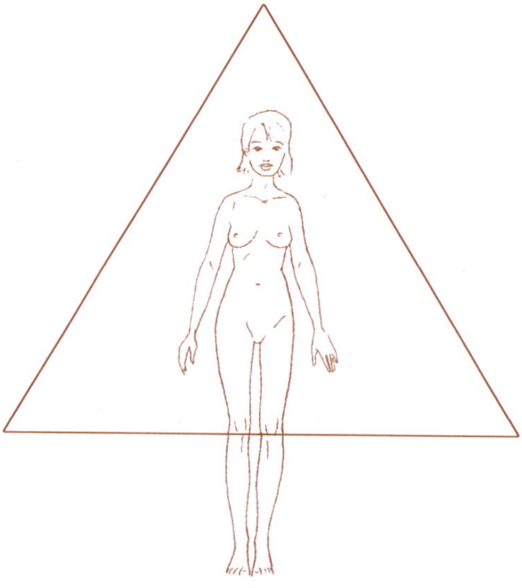

POSITION DU FÉMININ SOUVERAIN INCARNÉ CHEZ UNE FEMME

Résumé de "La Fonction du Masculin en vérité"

*Notre **Masculin** divin, dans sa fonction, est le Veilleur,
le centre au cœur de la conscience agissante, l'axe autour duquel le monde
phénoménal se déploie. C'est la conscience qui donne sens et cohérence,
compréhension intime et orientation. La conscience veille,
même au cœur de l'inconscience, nous in-forme et nous éveille.
Notre **Masculin** divin illumine et éclaire notre histoire personnelle
de sa dimension universelle. Il dévoile la vérité de Qui Nous Sommes
et l'origine divine et lumineuse de chaque être et de chaque chose.
Notre **Masculin** nous offre la véritable liberté, non pas d'être
qui nous voulons être mais, de vouloir être qui nous sommes.*

*Le **Masculin** est le Soi, la conscience universelle et divine, qui se concentre
et s'individualise dans un processus de conscientisation de soi
jusqu'à la réalisation du Soi co-créateur à travers et grâce à l'ego
qui construit nos identifications, notre identité coagulée.
Le masculin obscurci choisit de faire l'expérience de l'amnésie
de son origine divine grâce au libre arbitre. Ce dernier est le code de
reconnaissance du cocréateur en cours de conscientisation.*

*La densification progressive nous destine soit à faire éclater physiquement le monde,
soit à faire éclater l'illusion de la séparation d'avec le monde et réaliser la fusion.
L'ego est notre Allié, à la mesure de notre Amour,
révélateur de qui nous sommes dans l'ombre afin d'y révéler notre lumière
et notre amour. Le **Masculin** divin contemple l'ombre sans accroche
ni jugement et l'éclaire sans discrimination.
L'accélération d'évolution intensifie la lumière et dévoile l'ombre
qui attend que nous révélions son origine et son potentiel divins.*

Résumé de "La fonction du Féminin en vérité"

*Le **Féminin** est ce à quoi la Source (Dieu dans sa dimension non duelle) ressemble et ce qu'elle ressent.*
*Le **Féminin** est l'expression de la Source, c'est-à-dire la Beauté, l'Amour, la Vie, l'Énergie, présents partout, en toute chose et toute situation.*
*Le **Féminin** attend d'être révélé.*

*Le **Féminin** incarne l'Amour par son cadeau d'amour inconditionnel, son Oui qui s'offre à vivre l'expérience, à ressentir d'être objet du **Masculin**.*
*Le **Féminin** en vivant l'expérience, incarne, donne vie et forme, reflète les projets du **Masculin** afin que celui-ci réalise par l'effet produit que sa conscience est agissante et co-créatrice. Grâce au cadeau d'amour inconditionnel du **Féminin** d'être objet, le **Masculin** peut se reconnaître sujet.*
*Le Oui à l'expérience du **Féminin** permet le libre-arbitre du **Masculin**.*

*Le **Féminin** matérialise l'obscurité matricielle et bienveillante qui permet la vie, la création, et qui révèle le potentiel de l'instant présent, ombre et lumière, aux cocréateurs que nous sommes. L'ombre est le grand malentendu que nous fuyons par peur de nous-mêmes et qui se révèle notre bénédiction. Le "Pote Mafé" du **Féminin** est le Point de Lumière au sein de l'obscurité, la Source infinie d'Amour.*

À la mesure de notre lumière est l'obscurité à éclairer. À la mesure de notre amour est l'ombre à étreindre. En nous-mêmes. C'est l'opportunité d'actualiser et d'incarner l'amour véritable qui sinon demeure virtuel. Une spiritualité véritable ne sépare pas l'ombre de la lumière. L'ombre sur le chemin de l'union devient une composante de l'environnement avec lequel il n'y a plus d'accroche.

*Le **Féminin** est "la Maison" et le chemin de "la Maison". Il dit Oui au Moment Présent qui est notre Maison dans l'incarnation, notre seule vraie richesse.*
*Grâce à son "Pote Mafé" et sa Présence, le **Féminin** peut accueillir le Présent comme s'il l'avait choisi et faire de la vie une alliée.*

*Le **Féminin** est le miroir qui reflète notre interprétation que nous croyons être objective, grâce auquel nous pouvons reconnaître nos interprétations et nous-mêmes.*
Il est l'Eau de la Source qui reflète et nous in-forme.

*Le **Féminin** est la Vie. Il anime la matière par l'énergie. Nous sommes des générateurs de fréquence et nos émotions signalent l'énergie en mouvement dans le corps.*
Les émotions récurrentes ou leur refoulement sont des réactions automatiques à la blessure du passé toujours présente qui interprètent l'instant. Les émotions saines et naturelles équilibrent et fluidifient la pression résultante d'un stimulus.

*Le **Féminin** sent et ressent par le vécu intérieur.*
Il ressent et reconnaît intuitivement par le mouvement qui ramène au cœur.
Il reconnaît par la résonance du cœur ce qui est vrai et juste pour nous.
*Le mouvement du **Féminin** qui ramène au cœur unifie les différences et permet d'accéder à une fréquence plus élevée.*

POSITION D'HARMONIE ET D'UNION
Pour un homme

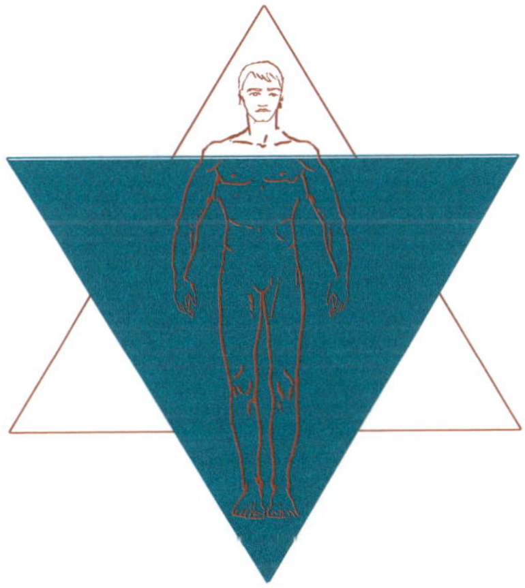

POSITION D'HARMONIE ET D'UNION
Pour une femme

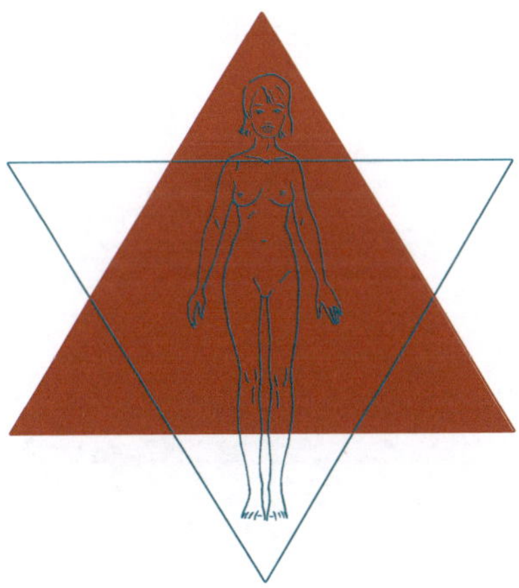

CORPS ÉNERGÉTIQUE DE LA FEMME DANS L'ÉQUILIBRE MASCULIN-FÉMININ

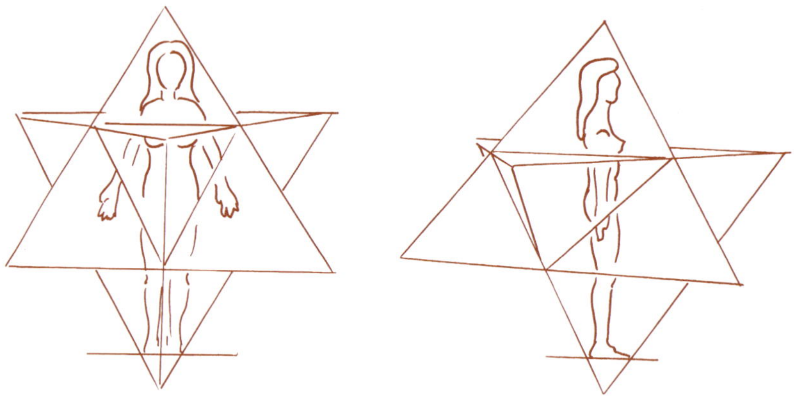

CORPS ÉNERGÉTIQUE DE L'HOMME DANS L'ÉQUILIBRE MASCULIN-FÉMININ

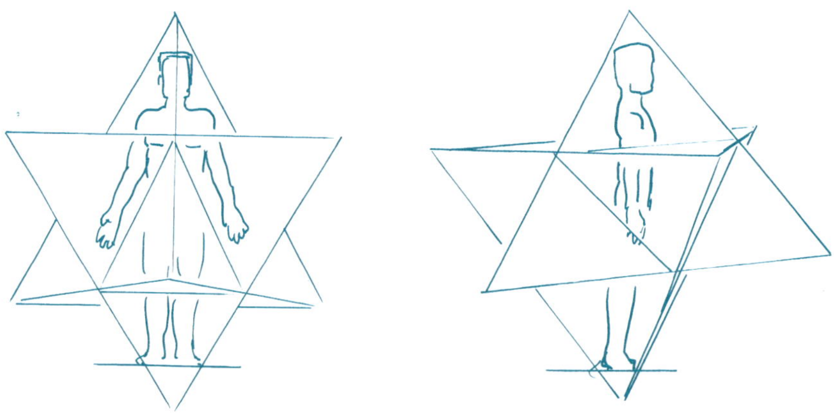

Conte du temps de la déesse et de la chute

Cette histoire est un conte. En tant que tel, il ne porte pas la Vérité, juste le désir de réveiller des bribes de mémoire archaïque, de rêver par-delà l'histoire officielle. Il existe bien d'autres contes sur le sujet. Certains nous vont tout aussi bien. Merci de ne pas remettre votre pouvoir à une nouvelle histoire, au risque d'en faire un nouveau dogme, même plus vaste, plus fascinant, mais plutôt de ressentir et d'honorer ce qui résonne spontanément. Chacun porte en soi une propre représentation de la chute, imprégnée de la religion ou en rejet de celle-ci. De là se sécrète la séparation Masculin / Féminin. De là nous vient une nostalgie intime et infinie d'un paradis perdu. Rêvons un peu...

Laissons-nous porter très, très, très longtemps en arrière. Une mémoire si lointaine... On l'appelle antédiluvienne... Sans doute est-ce même encore avant... Bien, bien avant l'écriture... Tellement avant que personne ne peut dire si c'est vrai ou pas... Avant avant...

C'est le Temps de la Déesse.

La Terre et l'humanité vivent un Âge d'Or...

On y ressent un état extraordinaire de beauté, d'harmonie et de paix. On en parle longtemps, longtemps après comme du paradis... C'est le Temps de la Déesse.

Masculin et Féminin en Tout sont en parfait équilibre, dans une danse sacrée, depuis la polarité Masculine de la Volonté et de l'Autorité de Père Dieu et la polarité Féminine de l'Amour et la Révérence pour la Vie de Déesse Mère.

Masculin et Féminin en Tout sont en parfait équilibre en chaque homme et chaque femme.

Les hommes et les femmes sont en parfait équilibre entre eux... Peut-être leurs corps sont-ils moins denses, plus légers, plus lumineux, plus jeunes aussi... Il ne semble pas y avoir de vieux ou de malades. Leurs centres énergétiques et spirituels, leurs chakras sont pleinement ouverts et permettent de communiquer consciemment avec toutes les facettes du divin, en eux et autour d'eux. Ils font Un avec le monde et jouissent de l'incarnation. Ils rendent grâce à la Vie sous tous ses aspects et à la Nature qui est leur Mère.

Ils communiquent avec la Nature, les plantes et les animaux qui leur enseignent leurs mystères. Ils ont pour toute forme de vie un profond respect. Ils vivent la fraternité et la sororité. Ils créent dans la beauté, la perfection et la pureté et créent beauté, perfection et pureté. L'art est leur mode de vie et s'exprime à travers chaque geste, car chaque geste suit l'énergie spontanée et libre et chaque geste rend grâce. Ils créent selon le talent spécifique de chacun et tous contribuent à la communauté.

Les femmes incarnent la Vie, le mystère de la création. Leurs cœurs et leurs ventres sont des sources infinies d'amour. Elles vivent la puissance sereine d'une autorité intérieure qui n'a pas besoin de se démontrer.

Les hommes rendent grâce à la Déesse, à la Mère, à la Nature, à travers elles. Ils mobilisent généreusement leur force physique et leur autorité à protéger la Vie. Leur enthousiasme les pousse à explorer et découvrir le monde, devant lequel ils s'émerveillent. Leur chant rend grâce et bénit.

Les hommes et les femmes de l'Âge d'or de la Déesse se savent les Enfants Bien-Aimés de "Dieu/Déesse/Tout Ce Qui Est". Tout leur fait sens et est merveilleusement à sa place, ils sont à la Maison. Tout est à la Maison. Rien n'est extérieur de la Maison. Ils apprennent de leurs expériences en en exprimant la quintessence avec compassion et sagesse.

Ils vivent une sexualité joyeuse et spirituelle. Ce mot n'a aucun sens pour eux, le divin et le sacré sont en chaque chose. L'attirance des amoureux est le Désir de la Vie à travers eux. Ils s'émerveillent l'un de l'autre et l'union est une danse sacrée et divine où ils communient intimement et expriment la puissance et la vitalité de leurs animaux totems. Leur sexualité connaît la spontanéité, le rire et le jeu, la félicité et l'offrande. Il n'y a pas de couples en tant que tels, les enfants sont sacrés, dans l'amour de leurs mères et de tous, sous la vigilance attentive et attentionnée des hommes.

Ils vivent l'Âge d'Or et l'Âge d'Or est dans leur corps.

La polarité du Masculin Divin brille à travers l'hémisphère cérébral gauche et irradie par leur chant.

La polarité du Féminin Sacré brille à travers l'hémisphère cérébral droit et diffuse d'amour à travers leur cœur.

Les deux hémisphères du cerveau sont à l'unisson, pleinement activés, comme aujourd'hui dauphins et baleines. Les centres cérébraux spirituels sont pleinement activés (glandes pinéale, pituitaire, hypothalamus...). Leur médiumnité est naturelle et limpide. Ils communiquent avec le monde subtil. Les esprits de la nature leur sont parfaitement perceptibles et certains tissent une familiarité avec eux. Les guides font partie de leur vie quotidienne et ils se savent en leur présence aimés et reconnus. Chacun voit l'autre dans sa transparence et sa vérité. Il ne peut y avoir de mensonge car il n'y a pas de voile en eux.

Ils vivent l'Âge d'Or et sont dans l'expérience de la gratitude et du service à la vie. Ils souhaitent offrir cela, comme aujourd'hui les amoureux, capables de déplacer les montagnes, désirent offrir le cadeau de leur amour à la vie. Gratitude et Service puissamment unis dans un même chant, comme un appel,

ainsi sont unis les polarités féminine et masculine. Leur appel est telle une pulsation scintillante.
Au bout d'un long temps, l'appel est entendu. Il est en résonance avec une demande universelle.

Lors d'un accord mûrement réfléchi, tant céleste que terrestre et humain, il est accordé à une vague d'âmes, venant des confins de l'univers, l'opportunité de s'installer sur Terre et de bénéficier de leur amour-lumière.
Cette vague d'âmes porte une forte tendance masculine, agressive et techno-logique.
La Terre leur offre un espace adapté à leur choix d'évolution, afin de poursuivre leur retour vers le Un.
L'équilibre et l'union intérieure du peuple de la Déesse sont parfaitement appropriés à les rééquilibrer, à les harmoniser, au cours des échanges, des partages et des unions qu'ils auront avec le peuple de la Déesse, dans l'espace de libre arbitre qu'est la Terre.
Durant plusieurs générations, des guides et de grands enseignants préparent le peuple de la Déesse à recevoir cet afflux d'âmes qui est accueilli inconditionnellement, avec amour et révérence.

Après avoir remarqué que les nouvelles âmes possèdent une technologie très avancée, qui agit directement sur la matière, phénomène jusqu'alors inconnu, certains, parmi le peuple de la Déesse, commencent subtilement à les admirer. Sans en prendre conscience, ils commencent à remettre leur pouvoir, à idéaliser leur action sur la matière qui ne passe pas par la communion avec elle. Un temps passe, et ils commencent à les envier. Un temps passe, et ils veulent les imiter. Ils ne se rendent pas compte que la base de cette technologie ne réside pas sur l'amour et la révérence de la Vie. Elle les éloigne au contraire de l'expérience directe avec la Source. Ils laissent la séparation s'insinuer. C'est pour eux, le commencement de la Chute.

Les âmes nouvellement arrivées observent le rôle presque divin des femmes et choisissent de se les allier en cultivant l'idée de leur supériorité. Ils en favorisent certaines de leur technologie et commencent à planter la rivalité, là où il y a sororité et solidarité. Le peuple de la Déesse non aguerri à la manipulation et à la ruse se laisse abuser. Le culte à la Déesse se codifie d'un rituel vidé de spontanéité joyeuse, de célébration, de gratitude. L'amour et la révérence de toute vie s'adressent désormais à certains et non plus à tous. L'énergie mâle n'est plus honorée, ni reconnue comme indissociable, interreliée à l'énergie féminine, mais au contraire considérée comme inférieure et assujettie.
Tout cela manipulé par une énergie mâle autrement violente qui se camoufle derrière une forme de dogme, le pouvoir de la conscience sans l'amour.

La volonté propre de l'énergie féminine se sépare de la Volonté et de l'Autorité de la Source. Le "Pote Mafé" du Féminin se sépare du Masculin. Les hommes du peuple de la Déesse commencent à avoir peur de l'énergie féminine et de la divinité qu'elle représente. Les femmes commencent à vivre des émotions lourdes et folles qu'elles ne comprennent pas. Elles ne savent plus les alchimiser par l'union sacrée, tant intérieure qu'extérieure. Leur joyeuse et magnifique animalité devient bestiale. Femmes et hommes recherchent dans l'excitation, puis l'exacerbation des sens coupée du cœur, le frémissement qui les animait auparavant. C'est pour eux le commencement de la Chute.

Tous ne suivent pas cette voie et acceptent qu'ils suivent des voies différentes. Ils sont encore unis à la globalité du peuple de la Déesse par cette acceptation. Ils incluent les autres dans le champ matriciel de leur cœur et respectent apparemment leur libre arbitre. Oui... Oui... Oui, mais...
"Oui, mais... !"
Oui, mais ils ne peuvent nier une forme de séparation extérieure. Oui, certains du peuple de la Déesse ont pris une voie qu'ils respectent, mais qui sépare... Oui, mais... Oui, mais... Le "mais" installe cette séparation en eux. L'inconditionnalité de leur compassion se contracte à ce mot. "Oui, mais" porte déjà une restriction... Un temps passe et ils finissent par découvrir l'amertume et la réprobation. Leur "mais" juge et contracte physiquement le calice de leur cœur. Un temps passe et ils commencent à s'étioler dans des considérations de victime, de bon et de mauvais. Leur énergie masculine généreuse devient mentale. Ils accueillent ceux qui s'éloignent de la Source par ce "oui, mais" conditionnel. Ils oublient en cela la révérence et l'unité de toute vie et de tous chemins. La bénédiction qui est la forme la plus profonde de l'acceptation s'assèche en eux.
C'est pour eux aussi le commencement de la Chute.

Le peuple de la Déesse imprégné par une énergie mâle de pouvoir et de contrôle non alchimisée se scinde, tels les frères rivaux. Ceux qui suivent la voie de la nature et ceux qui suivent celle de la culture deviennent longtemps après les pasteurs et les cultivateurs des grands mythes, les frères rivaux... Caïn et Abel, Horus et Seth, Israël et Palestine...

La Chute résulte du choix des Enfants Bien-Aimés de Dieu pour une nouvelle réalité où le libre arbitre sépare de la Grâce de la Déesse Mère et de la Volonté de Dieu Père.
Sans l'équilibre de l'amour de la Déesse et la conscience de l'Unité de toute vie, le pouvoir et le contrôle finissent par densifier la dualité. L'énergie de la Déesse n'est plus l'essence qui crée et exprime beauté, perfection et pureté. L'humanité

commence à expérimenter la souffrance et ferme son chakra du cœur, afin de ne pas trop souffrir. La conséquence terrible est de bloquer le portail, constitué de tous les cœurs, à travers lequel l'Amour Divin et la Révérence pour la Vie de la Déesse pénètrent le plan terrestre. Le portail de la Déesse s'obstrue. La Déesse est contrainte de se retirer de la Terre. Avec Amour et Révérence pour le chemin de chacun, la Déesse se retire de la Terre.

La lumière et l'amour sont réduits à un filet juste suffisant à maintenir la conscience du cerveau. L'hémisphère droit du cerveau s'endort et cause l'atrophie des centres spirituels du cerveau. Le déséquilibre conduit le chakra de la couronne à se refermer. Nous perdons alors contact avec les aspects de notre propre divinité, la communion avec les plans subtils se perd dans les légendes. La capacité du cerveau se détériore jusqu'à 10 % de son potentiel d'origine.
La volonté et le pouvoir sont utilisés sans l'équilibre de l'amour et la révérence pour la vie. Le déséquilibre s'installe entre masculin et féminin. L'humanité perd la conscience de l'unité de toute vie. Notre univers et notre unique réalité deviennent le seul plan terrestre, le corps physique, la seule identité. La Conscience se contracte en une conscience basée sur la peur, le manque et la limitation. Nous chutons dans la densité des dimensions inférieures.

Les trois courants se mêlent et génèrent notre humanité actuelle. Chaque homme et chaque femme est constitué de ces trois courants et porte sa propre version de l'Histoire car elle est fondue en lui avec sa propre histoire. Chacun est appelé à la réconciliation intérieure et à l'union de ce qui semble séparé, opposé.
Chacun est appelé à retrouver et exprimer l'équilibre entre la volonté et l'autorité du Masculin et l'amour et la révérence pour la Vie du Féminin. En cet instant même.

Aujourd'hui le portail s'ouvre à nouveau. Un cycle se boucle, un autre commence. Toutes les traditions et les calendriers sacrés en témoignent. La Déesse est de retour. Il suffit de regarder autour de nous, les livres, les groupes, les séminaires, l'écologie et la solidarité, les groupes d'hommes, la sororité des femmes, les nouvelles spiritualités avec leurs excès et leurs intuitions, les pratiques alternatives... La Déesse est de retour dans le cœur de chacun et aussi dans le ciel comme sur la Terre.

Retrouver la source en nous et réaliser que toutes choses sont interreliées et que nous en faisons partie est une tâche sacrée car vitale.

Chapitre 5

L'Action du Féminin en vérité

Chapitre 5

L'Action du Masculin en Vérité

La fonction du Féminin est d'être l'amour, la beauté, la vie, l'énergie sous toutes ses formes et de les matérialiser.
L'action du Féminin est l'action de l'amour. Elle est double, réceptive et active.
L'action active du Féminin aime, nourrit, réjouit, exprime la gratitude.
L'action réceptive du Féminin accueille, reconnaît, alchimise.

1 • L'amour émetteur du Féminin nourrit, réjouit, exprime la gratitude

1 / L'expression de l'Amour est la joie pure : l'amour nourrit et réjouit

Le Féminin est l'amour, la vie, l'énergie, l'expression de Dieu. La joie est l'expression de l'amour. **La joie est l'émotion de Dieu, l'émotion divine de l'amour.** Quand l'énergie est fluide en nous, la joie est présente dans nos cellules. La joie est générée par l'amour. La joie, l'amour, la vie, l'énergie sont une même chose. La joie est le frémissement naturel de notre cœur, c'est son expression. **L'émission du cœur est l'amour, son expression est la joie.** La joie est l'expression naturelle du cœur libre et spontané. Notre cœur est l'émetteur de l'amour nourricier et joyeux. La fluidité de l'amour s'exprime par la joie spontanée et libre. L'amour scintille, pétille, étincelle, rit, danse, joue spontanément et allégrement. L'amour nourrit de joie la vie. C'est l'énergie à l'état pur. La joie est l'essence de l'énergie.

La joie est l'aliment essentiel de nos cellules. **La joie dit Oui à la vie dans sa totalité et s'offre à la vie comme la Bien-aimée s'offre au Bien-aimé.** Nous pouvons nous repaître des nourritures les plus délicieuses, tant que nous ne retrouvons pas la joie, nous sommes sous-alimentés. Retrouver la joie est le meilleur remède à la boulimie. L'enfant a besoin de recevoir la joie avec le lait. Un être sans joie est un être au cœur blessé et asséché. Un être à la joie pure et gratuite s'abandonne à la puissance de l'univers et à la perfection des choses. L'amour réjouit le corps, le cœur et l'âme. La joie touche l'âme. Elle est douce et intérieure.

La Joie est au Féminin ce que la Présence est au Masculin.

La fonction du Masculin est la conscience du Soi issue de la conscience de soi.
L'action du Masculin met en action la conscience agissante.
L'action du Masculin est double, Yin réceptive et Yang active.
L'action Yang active du Masculin éveille, initie, transforme et transmet.
L'action Yin réceptive du Masculin réfléchit et s'émerveille.

1 • L'action Yin : le Masculin réfléchit, s'émerveille, s'éveille au Désir

1 / Le Masculin réfléchit, prend conscience et s'éveille

L'action Yin du **M**asculin agit dans son champ de conscience, non dans le monde extérieur. Il agit dans la dimension de la conscience, il prend conscience. Dans la dimension du mental, il pense. Alors que les pensées du masculin sont piégées dans une abstraction coupée de la réalité concrète, le **M**asculin réfléchit à ce que lui reflète le **F**éminin.

Il prend conscience ainsi d'être la cause d'un effet. Être la cause lui fait prendre conscience qu'il est sujet agissant et créateur. Il a aussi conscience d'être objet de ce qui le dépasse, d'être sujet et objet.

Par la réflexion, le Masculin prend conscience qu'il est cocréateur du monde qu'il perçoit, maître et disciple de la vie qu'il ne contrôle pas.

"Tout être vivant perçoit sujet et objet, mais le tântrika réside dans leur union" (Vijñânabhaïrava tantra).

La prise de conscience que le monde lui reflète et lui matérialise son action l'amène en son centre dans un mouvement de concentration. Au cœur du centre, il perçoit la beauté et l'amour du monde qui lui reflète et lui matérialise sa pensée et ses actions. Il s'émerveille d'être Un avec le monde. Il com-prend, il « prend avec » lui la réalité absolue qui lui permet de réaliser qu'il est cocréateur du monde qu'il englobe de sa conscience.

Activer la joie est activer l'amour. C'est notre responsabilité. Activer la joie est au moins aussi important que guérir ce qui limite et blesse l'amour. Le chemin de développement personnel et thérapeutique est à la transcendance ce que la joie est à l'immanence, ce que le **M**asculin est au **F**éminin. Complémentaire, indissociable. La joie est la félicité du Vijñânabhaïrava tantra.

"L'essence du Soi est universelle. Elle est autonomie, félicité et conscience. L'absorption dans cette essence est le bain rituel."

La joie, l'autonomie et la conscience sont les trois pôles de l'assise de la réalisation intérieure et le potentiel du triangle "victime / tyran / sauveur". La joie est à la victime-féminin ce que la conscience est au tyran-masculin, ce que l'autonomie est au sauveur. Nous retrouvons le **F**éminin par la joie, le **M**asculin par la conscience et la relation libérée des jeux de pouvoir par l'autonomie.

"Fonds-toi dans la joie éprouvée lors de la jouissance musicale ou dans celle qui ravit les autres sens. Si tu n'es plus que cette joie, tu accèdes au divin."

Laisser la joie absorber tout le brouhaha mental et faire vibrer tout notre système sensoriel. Quelques instants. Et recommencer encore afin de laisser la joie imprégner notre vie. Cette pratique efficace et simple s'intègre merveilleusement à la vie quotidienne. Juste le Oui du cœur.

"Ressens ta substance : os, chair et sang, saturée par l'essence cosmique, et connais la suprême félicité."

2 / La gratitude du Féminin signe l'expansion de conscience du Masculin

Dans l'aspect récepteur du cœur, le Féminin (et le "Pote Féma" du Masculin) s'émerveille et dans son aspect émetteur, il exprime la gratitude. Il reconnaît ainsi par le ressenti du cœur l'amour et l'essence divine en chaque chose et chaque être comme un émerveillement et en exprime la gratitude. Le féminin victime, lui, juge que ce qui résonne avec sa blessure ne devrait pas être ainsi. Lorsque le **F**éminin ressent sa blessure résonner, il remercie l'opportunité de la guérir et de la pacifier grâce à la Présence du **M**asculin qu'il connaît en lui-même. Le **F**éminin reconnaît les territoires les plus obscurs et les plus denses avec la gratitude de les inclure dans son amour. Si le **F**éminin ne le fait pas, qui le fait ? Le **F**éminin inclut la totalité, Tout Ce Qui Est, dans son amour conscient pour la totalité sans rien exclure. Gratitude du **F**éminin pour le **M**asculin d'être la source de l'amour qui permet au **F**éminin de se reconnaître comme l'amour de la source. **Le Féminin exprime la gratitude d'être l'amour qui reconnaît l'amour en Tout Ce Qui Est.**

Exprimer à l'autre la gratitude d'être ce qu'il est nous permet d'être qui nous sommes. Le Oui inconditionnel du **F**éminin émerveille le cœur du **M**asculin (son "Pote Féma") et expand sa conscience à laquelle répond la gratitude du **F**éminin. Oui ➠ émerveillement ➠ gratitude. La gratitude du **F**éminin signale une expansion de conscience du **M**asculin. La gratitude est l'aboutissement du Oui du **F**éminin qui signale l'expansion de conscience du **M**asculin et lui permet de se connaître cocréateur.

La gratitude est une des façons les plus simples d'élever sa conscience.

Il réalise que le monde qu'il perçoit est l'objet de sa quête, son Féminin, et que son élan le plus intime le pousse au service du Féminin dans une Révérence à la Vie, à travers toute Vie.

Il comprend le Désir de la vie à travers lui qui maintient l'orientation de sa quête et le pousse à sa pure action. Il sait alors. Rien n'a été inutile, ni perdu. Tout s'assemble avec chaque chose à sa place même l'insensé, même l'incohérent et fait sens. Il vit la Présence. Il est d'une façon unique l'univers et sa conscience est universelle, même s'il sait qu'il va l'oublier pour mieux s'en souvenir. Chaque instant est l'opportunité d'honorer sa Bien-Aimée par sa présence au monde et son action. Il est le **M**asculin uni au **F**éminin. Il s'éveille à la réalité.

"Perçois la spatialité de l'univers et deviens la jarre qui le contient" (Vijñânabhaïrava tantra).

Voici une histoire que peut-être vous connaissez et qui représente fort bien la quête du **M**asculin...

C'est l'histoire d'un disciple qui chemine en quête de Dieu...
Il pourrait être chacun d'entre nous...
Il chemine longtemps... Il chemine depuis longtemps...
Il étudie les Livres Saints... Il pratique assidûment... Il rencontre des Sages... Il rencontre des Guides...
Il chemine...
Il croit s'approcher alors qu'il s'éloigne...
Il croit s'éloigner alors qu'il s'approche...
Il chemine...
Tant et si bien qu'un jour, il aperçoit la Maison de Dieu...
Il n'en croit pas ses yeux et se dit qu'il rêve... C'est une illusion...
Cela ne peut pas être vrai. Il ne l'a pas assez mérité. C'est une illusion de son ego...
Alors il reprend son chemin en sens inverse... Pour être sûr d'éviter l'illusion...
Tant et si bien qu'un jour, il aperçoit la Maison de Dieu...
Il n'en croit pas ses yeux et se dit qu'il rêve...
Mais cette fois, il approche...
Il frappe à la porte...
Dieu demande : "Qui est-ce ?"
L'homme répond tremblant : "C'est moi."
Dieu lui dit : "Tu t'es trompé, ce n'est pas ici."
L'homme repart sur son chemin dans l'incompréhension, le découragement, la désillusion...
Il marche ainsi pendant des vies... Il chemine... Il cherche...
Un jour par hasard, si le hasard existe, il se retrouve devant la Maison de Dieu...
Il n'en croit pas ses yeux et se dit qu'il rêve...
Il approche et frappe à la porte...
Dieu demande : "Qui est-ce ?"
L'homme répond : "C'est toi."
Dieu lui dit : " Entre Bien-aimé. Cette Maison est tienne depuis l'origine."

3 / Nos mains matérialisent l'amour, la beauté et l'art

Nos mains sont le prolongement et les racines de notre cœur. Toucher l'autre est le mouvement spontané de notre cœur. Ainsi une mère, une chatte, une ourse lèchent, reniflent, caressent, baignent, toilettent leurs petits dans un geste spontané, juste, joyeux, à moins que leur mouvement spontané n'ait été altéré, empêché. **Nos mains sont le prolongement du Féminin qui prend soin de la matière et nourrit d'amour.** Nous matérialisons l'amour par nos mains. Nous prenons soin de la vie par nos mains. Nous cuisinons, lavons, caressons avec nos mains.

Nous matérialisons l'amour en créant la beauté. L'amour est la beauté pure. Les amoureux jeunes ou vieux sont beaux. Vénus la Déesse de l'Amour est aussi celle de la Beauté et de l'Art. **Lorsque l'amour s'unit à la beauté, l'art est présent.** À l'origine, le dessein de l'art est de toucher le cœur en révélant à l'âme la beauté universelle présente au cœur de l'humanité, le sublime issu de la matière. **La fonction sacrée originelle de l'art est de révéler l'esprit dans la matière, le subtil dans le tangible, le divin dans le terrestre, la grâce dans le quotidien.** Cela est une des tonalités de l'action du **F**éminin. À l'origine, **l'art est œuvre alchimique**.

2 • L'amour récepteur du Féminin accueille, inclut et reconnaît

1 / Le Féminin Sacré accueille inconditionnellement, sans recevoir personnellement

Le féminin contracté reçoit personnellement sans plus pouvoir accueillir. Le **F**éminin Sacré est récepteur et le féminin contracté est réceptif. Le **F**éminin est conscient d'être récepteur. Il accueille consciemment et son récepteur est conscient. Il est l'amour qui inclut et alchimise. Il est ici **associé à nos entrailles. Il est la puissance amoureuse d'accueil et de transformation.** Il est la matrice d'amour, la Coupe qui enveloppe, entoure et baigne d'amour. Le **F**éminin accueille inconditionnellement sans recevoir personnellement car grâce à son "Pote Mafé", il reconnaît sa propre essence divine inaltérable et sa propre capacité d'alchimie intérieure. Le **F**éminin est conscient que aucune circonstance ou situation ne peut l'altérer, il ne se sent pas victime des circonstances, même difficiles. Sa dimension inclusive et intuitive est capable de tirer la quintessence de l'expérience. Ainsi notre ventre ingère et digère ce que nous lui faisons absorber et le transforme alchimiquement. **Le Féminin est la puissance alchimique amoureuse qui accueille et transforme.** Ce n'est ni complaisance, ni naïveté, le "Pote Mafé" fait en amont ce qui est possible pour l'intégrité du **F**éminin. Il est des circonstances qui dépassent notre compréhension ordinaire. Le féminin contracté lui dans l'ignorance de son "Pote Mafé" est objet passif et se vit comme victime des circonstances et d'un masculin obscurci. **Le féminin reçoit personnellement et interprète l'action du masculin en fonction du passé et le perpétue. Le Féminin accueille inconditionnellement, tandis que le féminin reçoit personnellement.** Approfondissons l'action de l'amour.

L'accueil inconditionnel prend pour moi le visage de Marie et de Marie Madeleine au pied de la Croix. Par-delà les croyances et représentations religieuses. L'accueil inconditionnel des deux visages complémentaires du **F**éminin sacré. "Comment avez-vous fait pour 'rester avec', sans flancher, sans en juger aucun car tous sans exception avaient besoin de votre

2 / Le Masculin s'émerveille

• La véritable virilité est la capacité de s'émerveiller ! L'émerveillement est l'accomplissement de la conscience agissante du **M**asculin qui prend conscience de la beauté du monde qui lui reflète sa pensée et son action. Il comprend que le monde est ce qu'il en perçoit et dont il est la cause. La beauté du monde lui révèle la beauté de sa propre action ! Il le reçoit dans son cœur, bouleversé de l'amour qui lui est reflété. L'amour du **F**éminin lui reflète la beauté en lui-même. Il s'émerveille de se reconnaître amour, il s'émerveille de l'amour qui le lui reflète, il s'émerveille de l'amour autour de lui et en lui. L'émerveillement est l'accomplissement de l'aspect réceptif du cœur du **M**asculin qui s'éveille à lui-même en tant qu'aimant, en tant qu'amant, en tant qu'amour... Il s'émerveille de s'éveiller à la Réalité.

Yannick Noah, sa puissance vitale au service de la joie, le Dalaï-Lama, à la responsabilité politique, religieuse, symbolique et au sourire d'enfant, les jeunes papas au bébé dans les bras, fiers dans leur axe, les étoiles dans les yeux sont des figures masculines qui fédèrent une virilité véritable et accomplie qui s'émerveille.

• Le Masculin s'émerveille du Désir. Il s'émerveille de comprendre que l'amour agit à travers son clair désir, que l'énergie qui le pousse à agir est l'amour. Le Désir de la Vie oriente son action à travers son désir. Son désir est le Désir de la Source à travers lui. Il s'émerveille de comprendre que porter son action est sa façon de faire l'amour au monde. Il s'émerveille de la Bien-Aimée qui lui reflète la beauté de sa conscience agissante.

Ainsi dans le "Conte du Un et de la Déesse" (p. 145) :

Un prend conscience de Soi, de son Soi à travers le reflet aimant de la Déesse...

Il tombe amoureux... Ce qui est toujours le cas...

Un s'émerveille de son reflet où il perçoit la beauté et l'amour. Il tombe amoureux du reflet qui lui reflète l'essence de Qui Il Est.

• Nous nous émerveillons et tombons amoureux de notre reflet dans lequel nous nous reconnaissons. Les jeunes amoureux aiment partager avoir reconnu l'autre. Ils reconnaissent aussi un reflet d'eux-mêmes qu'ils perçoivent dans les yeux de l'autre. Là est cette reconnaissance, ce fil de mémoire au-delà du temps et de l'espace. Les amoureux imaginent que l'autre détient ce quelque chose de magique qui les fait se sentir complets, l'autre leur reflète pour l'instant un aspect sublimé d'eux-mêmes. Une fois l'émerveillement passé à contempler en l'autre ce reflet de soi et à célébrer ces retrouvailles avec soi, l'on commence à prendre conscience que cet aspect n'est pas en l'autre. L'autre, fidèle reflet, continue à refléter. Nous faisons moins d'effort pour plaire à l'autre, le reflet devient moins flatteur... Phase de désenchantement et pourtant de nécessaire maturité amoureuse auquel nombre de couples ne résistent pas. Ce fil de reconnaissance les invite directement à se reconnaître afin de connaître la complétude et se découvrir cocréateur. Le chemin du couple est l'outil le plus puissant et le plus direct pour reconnaître ce qui n'est pas encore reconnu, ombre et lumière. L'autre est le révélateur, cet aspect du **F**éminin qui nous révèle à nous-mêmes.

Dans le "Conte du Un et de la Déesse" (p. 145) :

Un s'émerveille de cette révélation qu'Il est l'amour et la beauté que lui matérialise la Déesse...

Sans Elle, Il ne peut le savoir...

La Déesse est son rêve manifesté...

La Déesse est le rêve et le Un est la présence...

amour ? Comment avez-vous fait pour reconnaître l'amour à travers les bourreaux, les lâches, la masse hurlante, les inconscients, les ignorants? Comment avez-vous fait pour ne pas juger ? Comment avez-vous fait pour les aimer tous sans exception, pour laisser votre cœur se déchirer, sans repousser la douleur, sans garder de charge, sans vous disperser dans l'émotion, sans juger l'incarnation, sans en appeler au miracle ?... Sans vous échapper d'aucune façon, afin de le soutenir, afin de contribuer par votre Présence, afin d'enraciner les énergies spirituelles et subtiles présentes. Afin que tous sans exception en bénéficient. Fallait-il que le **M**asculin soit Présent en vous pour offrir sans faille son axe et sa transmission à votre Cœur ouvert à l'Alchimie Cosmique ?"

Cela est le chemin le plus intime du **F**éminin sacré. Nous n'avons plus besoin de vivre de telles situations et les initiations passées de ceux qui nous précèdent permettent un passage plus facile et léger comme nous le faisons pour d'autres. Notre blessure intime d'amour est cependant une crucifixion tant que nous la refoulons. Notre cœur est destiné à s'ouvrir telle une Croix entre l'axe vertical (Ciel-Terre) et l'axe horizontal (moi-le monde). Cette Croix est destinée à être une croix de joie, celle de l'union, puis celle de la Fusion.

Le **F**éminin peut être blessé dans sa forme incarnée, sans pour autant que cela affecte la reconnaissance et l'expérience de son essence à laquelle il s'abreuve sans discontinuité. Le **F**éminin vit une douleur, c'est tout. Cela reste pure sensation, sans interprétation. Cela n'affecte pas sa reconnaissance d'être la source de l'amour.

"Ne réside ni dans le plaisir ni dans la souffrance, mais sois constamment dans la réalité ineffable et spatiale qui les relie" (Vijñânabhaïrava tantra).

Se poser dans la réalité qui relie plaisir et souffrance détend le jugement de l'ego qui cherche à saisir l'un plutôt que l'autre et contribue à perpétuer ce qu'il cherche à éviter.

"Dans la stupeur ou l'anxiété, à travers l'expérience des sentiments extrêmes, quand tu surplombes un précipice, que tu fuis le combat, que tu connais la faim ou la terreur, ou même lorsque tu éternues, l'essence de la spatialité de ton propre esprit peut être saisie."
Chaque moment, exceptionnel ou banal, facile ou non, est une opportunité de Présence.

2 / L'amour inclut

Le féminin altéré exclut et perpétue la blessure. Le féminin inclut dans le champ d'accueil du cœur ce qu'il reconnaît et lui est familier, ce qu'il considère "sien" et exclut ce qu'il ne reconnaît pas et considère étranger (voir chapitre 2a, p. 56). Il rejette sans le savoir ce qui résonne avec sa blessure et l'exclut de son amour. **Ainsi on peut refuser des gestes d'amour véritables et accepter des moqueries, elles plus familières.** Le féminin exclut ainsi de l'amour un aspect de son masculin, alors que par essence le **F**éminin accueille le **M**asculin. Nous ne parlons pas ici d'hommes et de femmes. Le masculin se sentant indigne d'amour, coupable et impuissant à réparer, se détourne. Le féminin croit exclure de l'amour ce qui cause sa blessure, et exclut justement le seul qui peut l'accompagner à la transformer en trésor. La prise de conscience d'avoir exclu son masculin de l'amour est une étape essentielle des "Noces Alchimiques", que je propose en stage, où le féminin est face au pardon le plus difficile : se pardonner s'être fermé à l'amour et en avoir exclu le masculin. À ce moment-là, le féminin altéré se révèle le **F**éminin sacré.

• **L'émerveillement du Masculin l'éveille.**
"Le Un est… Il veille et rêve… Sans conscience qu'il veille et rêve… Un n'a pas conscience de Lui-même. Un est la présence qui veille et s'éveille à lui-même.

Prendre conscience de son inconscience éveille à la Conscience. La Source, la divinité, la présence divine, le Soi, supérieur, christique, tantrique… quel que soit le nom donné. La conscience veille et est disponible. Nous rêvons notre vie, inconscients d'être sujet agissant, inconscients du reflet du monde, inconscients d'être cocréateurs. S'éveiller à notre inconscience nous confronte à ce qu'a construit l'ego. La tentation est forte de juger. **Lorsque nous contemplons en nous notre humanité sans la juger, nous pouvons contempler la beauté de l'humanité, parfois tragique, parfois sublime, toujours divine.** Notre regard s'adoucit et devient amoureux, compassionné et passionné. Notre cœur caresse l'être qui s'éveille comme celui qui dort. C'est un regard sans complaisance ni attente, qui n'excuse ni ne cautionne, un regard sans jugement, conscient et aimant, devant une humanité diablement divine qui s'éveille à sa divinité sacrément humaine. Notre regard éveillé contribue à l'éveil planétaire. Plus nous nous éveillons, plus il est aisé à ceux qui somnolent autour de nous de s'éveiller. Ceux qui marchent devant ouvrent la voie parfois à coups de machette, car ils sont les premiers et les obstacles autour d'eux sont plus denses, des branches leur tombent parfois sur la tête, mais lorsqu'ils regardent par-dessus leur épaule ils voient la voie libre pour leurs frères, leur cœur est allégé. Nous sommes ceux qui marchent devant.

Une pratique de l'éveil au quotidien. Prendre conscience de nos pensées et de l'énergie ainsi émise avive la conscience. Lorsque nous prenons conscience d'une pensée limitante ou d'un jugement, celui-ci reste une quinzaine de secondes disponible dans notre champ vibratoire. On peut imaginer **un tampon effaceur doré qui imprime vibratoirement "annulé" sur cette énergie.** Le fait que les enfants adorent cette pratique signale sa pertinence.

3 / Le masculin désire un objet et cherche à savoir le sens ; le Masculin s'abandonne au pur Désir

• **Le masculin densifié cherche à avoir et/ou savoir.** Tout dépend des centres activés. Le masculin désire un objet physique ou mental, ainsi il désire avoir et savoir. Il croit qu'en possédant cela, il va se sentir complet. Son désir est sans fin car il ne peut lui offrir la véritable réponse qui est, elle, intérieure dans l'alchimie de la séparation. Lui croit combler la séparation grâce à l'objet, mais peu de temps après son désir se dirige vers un nouvel objet. La Vie dans son mouvement centripète d'unification lui ramène inéluctablement dans son champ de conscience ce qu'il refuse, ce dont il se sépare pour échapper en vain à la séparation. Exemple : je repousse un homme qui me fait penser à mon père pour choisir un autre homme qui lui, il me semble, va vraiment être rassurant. Pourtant, ce dernier ou les circonstances à travers lui vont finir par révéler l'insécurité et m'acculer à aller rencontrer et transformer cette insécurité. **Le désir de l'objet conduit inéluctablement le masculin à la séparation, car il sollicite ainsi sans le savoir la Vie à lui présenter ce qui le sépare de l'union.** N'est-ce point merveilleux… ? Rire.

"*Ce que nous nions, nous le déclarons. En le déclarant, nous le créons, donc nous le faisons apparaître*" (voir bibliographie, *Conversations avec Dieu*, Neale Donald Walsch, p. 407). Que ce soit une personne, une voiture, la réussite sociale, la connaissance ou même l'éveil, l'objet du désir

Ainsi dans le cas vécu de Bruno (p. 13) celui-ci rencontre dans son corps un concentré de sa blessure sous la forme d'une écharde. Il souffre dans sa vie de non-reconnaissance et prend conscience pendant l'exploration qu'il ne le connaît pas, ne reconnaît pas sa propre blessure. Il ne peut l'accepter comme "sienne". Il le dit clairement. Il l'exclut en essayant de l'évacuer, hors de son champ de conscience et d'amour.

"J'essaye de l'expulser, je n'y arrive pas. Ça part et ça revient. Je n'arrive pas à l'évacuer ! Mais comment l'accepter ? Ce n'est pas moi. Ce n'est pas mon Féminin. Mon Féminin ne peut être comme ça."

Et lorsque Bruno accepte qu'il est face à sa blessure la plus intime : *"Mais c'est comme un abîme. Cet endroit, je l'ai toujours évité. Je suis trop petit face à ça. C'est comme une plaine sans fond. J'ai envie de m'enfuir. Je ne peux rien faire pour cette blessure-là. Elle est trop terrible."*

Reconnue et accueillie dans le cœur, la blessure s'alchimise. Là où Bruno se croit impuissant est disponible la magie la plus extraordinaire, celle de l'alchimie du cœur.

Le **F**éminin ne juge pas, reconnaît et accueille le féminin blessé et le masculin tyran sans rien exclure. Pour lui, cela n'est ni juste ni injuste, cela est. **Le Féminin inclut dans son amour "ce qui est"**. Il les réconcilie en les redonnant à l'amour.

Dans le passage individuel et planétaire, comment ne rien exclure de notre amour, lorsqu'il y a déjà un grand Oui et aussi un "oui, mais", avec ses doutes et ses peurs ? Le "oui, mais" est à inclure, sinon les belles programmations positives sont ineffectives et le "oui, mais" sabote le Oui. Nous pouvons dire : "Je suis amour. J'aime. Je suis aimé. Même si... Même si j'ai des doutes, même si je ne sais pas comment, même si cela serait trop beau, même si je me sens encore tellement..." **"Même si" est l'expression magique qui permet d'inclure tous les aspects de la personnalité qui vivent encore la séparation dans le grand Oui.**

3 / L'amour récepteur du Féminin reconnaît

Le **F**éminin ressent par le vécu intérieur l'essence de chaque situation, de chaque expérience, de chaque être, de chaque chose, quelle que soit la forme ou l'absence de forme, quelle que soit la densité de l'ombre ou la luminosité trompeuse, quelle que soit la couleur de l'amour ou son absence, quels que soient le temps, l'espace ou la dimension. **Le Féminin reconnaît par la résonance du cœur.** Il sait le faire à distance par l'intuition qui vient toucher subtilement ce qui se présente encore loin et qui en reconnaît l'essence. Il se reconnaît amour et reconnaît l'amour en lui, à travers lui et autour de lui. **Il reconnaît l'amour en Tout Ce Qui Est, l'essence en chaque situation, et ainsi il la révèle. Le Féminin reconnaît l'essentiel et y résonne.**

Ainsi il traverse les couches qui obstruent et séparent l'amour. Dans cette intuition essentielle, loin d'être naïf, l'amour est "clair lucide". L'intuition du cœur ressent la vérité de l'autre, même à travers la séparation, car l'amour n'appartient pas à la séparation. Le **F**éminin reconnaît l'amour en ceux qui ont choisi de vivre loin de lui, ont oublié son existence ou agissent sans lui, il leur reconnaît être nés de l'amour et avoir le droit d'explorer loin de l'amour. Sans complaisance, sans excuse, sans approbation, inconditionnellement. De ce fait, il se reconnaît aussi le droit de choisir autre chose !

révèle inéluctablement qu'il ne peut combler l'incomplétude. Le désir duel connaît inévitablement les cendres. **Tant que la quête puis la conquête cherchent à satisfaire le désir par l'objet, elles renforcent la souffrance et l'ego.**

Il est un temps pour s'approprier le monde par la conquête de l'objet et un temps pour se rencontrer soi et désirer le Soi.

"Au début de l'union, sois dans le feu des énergies libérées par la jouissance intime ; fonds-toi dans la divine Shakti et continue de brûler dans l'espace sans connaître les cendres à la fin. Ces délices sont en réalité celles du Soi" (Vijñânabhaïrava tantra).

La conquête amoureuse est une des façons de s'approprier le monde, une autre d'accumuler les études théoriques. **Il n'y a rien de plus tantrique que la fidélité**, tant que la relation est vivante, car dans l'engagement de la relation, nulle échappatoire à se rencontrer soi-même, ombre et lumière. Les anciens Maîtres tantriques, dans le but de polir l'éveil à la réalité véritable, celle du quotidien, demandent à leurs disciples qui ont atteint un certain niveau d'éveil de se marier et d'élever des enfants. La voie la plus rapide, la plus confrontante aussi, est celle du couple. Le Maître n'est pas là-bas, mais dans la salle de bains, le lit, la répartition des tâches, de l'argent, dans l'opportunité de chaque instant de grandir en conscience et en amour, de s'émerveiller de ce que la Vie ramène à la conscience et tisse à travers la relation.

• **Le Masculin s'abandonne au pur Désir.** Le désir est sacré car il est vital. Il est la vie qui pulse en nous et nous donne l'orientation et le sens. Le désir de l'objet se libère de lui-même lorsque nous sommes en passion avec la globalité de la vie. Plus le désir est incandescent et rayonnant, moins il se focalise sur un objet. **Lorsque l'autre n'est plus l'objet visant à combler temporairement l'incomplétude, il reste le Désir qui pousse ou non vers l'autre**, il reste la joie et la liberté de partager sans poids, ni attente, ni projet avec l'autre. Il reste l'émerveillement et l'accueil, la créativité et la présence à ce qui est là. C'est le pur Désir, non en opposition à l'impur, plutôt dans le sens de l'essence du Désir qui impulse l'être.

Le Tantra est la voie initiatique qui utilise le désir comme un lieu de conscience par excellence, car là où il y a désir, il y a intensité, il y a opportunité. La guérison sexuelle et la sexualité sacrée sont de salubrité publique et la base incontestable d'un cheminement sain. Est-ce l'essence du Tantra ? Pour celui-ci, l'intensité est une opportunité de passage, de changement de conscience, à la condition expresse qu'elle soit offerte au cœur, à l'humilité et la vulnérabilité, et non au renforcement de la séparation et de l'ego. **Le pur Désir, telle l'émanation de la Vie dans son mouvement de réunification, ramène au cœur ce qui nous sépare de la totalité afin de nous réunir avec elle.**

Le Masculin s'abandonne et s'éveille au pur Désir.

"L'intuition qui émerge de l'intensité de l'adoration passionnée s'écoule dans l'espace, libère et fait accéder au domaine de Shiva/Shakti" (Vijñânabhaïrava tantra).

• **Le pur Désir donne une orientation au Masculin.** Le masculin dans sa quête de connaissance extérieure cherche et s'évertue à donner un sens, une signification à la vie et à la sienne, car lorsque se présente un espace où il n'y a pas de sens, il est face à sa blessure de séparation d'avec le Tout, c'est pourquoi certains ont réponse à tout. Le Masculin, lui, s'émerveille du Désir sans objet à travers lui qui lui imprime une orientation, un sens, sans chercher à donner sens à chaque situation, simplement il s'éveille "en connaissance de cause". Il n'a plus besoin de tout savoir, tout expliquer, tout contrôler, **il s'abandonne au sens qu'imprime en lui le Désir. Il lâche le sens, la signification, au profit du sens, de la direction, de**

3 • L'amour du Féminin récepteur alchimise

1 / La force centripète est la force d'aimantation de l'univers

La force centripète du cœur aimante et magnétise. La force centripète est la matérialisation physique de l'amour qui maintient et garde le monde en forme. La force d'aimantation de l'univers est l'amour.

L'amour maintient l'identité de qui nous sommes. Chacun de nos atomes, de nos particules, de notre corps, de notre âme, chacune de nos dimensions existant dans l'univers est maintenu ensemble dans la cohérence de notre identité depuis notre origine, notre individuation du Un. Tout au long de l'involution, afin de prendre conscience de Soi, la force d'aimantation maintient notre identité et le cap de notre quête, même inconsciente. Notre **F**éminin centripète est le sceau de notre origine et son lien indéfectible qui nous assure de ne jamais perdre notre chemin dans l'exploration de la force centrifuge de notre **M**asculin qui nous éloigne apparemment de la Maison. Tout au long de l'évolution qui rappelle en nous le cocréateur jusqu'au retour au Un, la force centripète d'aimantation nous signale le chemin de moindre résistance par la résonance de notre cœur.

"Seule cette contemplation de la plus haute réalité est la pratique du tântrika. Ce qui résonne spontanément en soi est la formule mystique" (Vijñânabhaïrava tantra).

Le cœur est prodigieux. Il nous in-forme du chemin du Un par résonance. Il émet notre propre fréquence et résonne avec chaque cœur et la totalité des cœurs. Il reconnaît par résonnance. Il est Un avec chacun et la totalité. Un avec le cœur de la Terre, le cœur de l'univers, le cœur de chaque homme, de chaque femme, de chaque animal, végétal, minéral… Un avec la totalité des cœurs. Il est synonyme de la vie pour le corps physique, synonyme d'alchimie qui apaise et unifie les différences dans sa dimension vibratoire.

L'amour du **F**éminin aimante et magnétise. Une femme amoureuse attire les regards. Un être passionné magnétise. On est mystérieusement appelé par un être avec lequel notre cœur résonne. On se presse en présence d'un être au cœur vibrant d'amour-lumière.

2 / L'Amour récepteur pacifie, la paix est inhérente au cœur

Que fait une mère dont l'enfant est désespéré? Que fait-on devant la détresse de l'ami ? Deux adversaires pour signifier le retour de la paix ? Deux amoureux après une absence ? Ou simplement se dire bonjour ? Nous nous embrassons, nous nous prenons dans les bras, nous mettons une main sur notre cœur ou sur le cœur de l'autre ou sur la place du cœur dans le dos de l'autre, ou nous joignons les deux mains à la hauteur du cœur… Nous amenons l'autre spontanément vers notre cœur ou nous touchons l'autre de notre cœur par le prolongement de notre main, même si le geste est inconscient. **Dans le geste universel de l'étreinte, nous offrons le cœur au cœur. La main posée sur l'autre prolonge le cœur et en offre la paix.** Nous savons inconsciemment que le cœur porte la capacité d'apaiser et que la paix réside dans la profondeur du cœur.

l'orientation. Le Masculin s'abandonne consciemment au Désir. Il réalise qu'il n'y a là nulle liberté, sauf celle absolue d'être consciemment Qui Il Est… Demeure alors la pure Spontanéité.

"Lorsque désir et savoir se sont manifestés, oublie l'objet de ce désir ou de ce savoir et fixe ton esprit sur le désir et le savoir libérés de tout objet comme étant le Soi. Alors tu atteindras la réalité profonde" (Vijñânabhaïrava tantra).

Résumé de "L'action Yin du Masculin"

L'action Yin féminine du masculin duel désire s'approprier sans fin des objets extérieurs, physiques ou mentaux, il veut avoir et savoir dans l'illusion d'être complet. Il sollicite inconsciemment la vie à lui présenter dans son mouvement de réunification tout ce qui le sépare de la totalité. Son désir pour l'objet extérieur perpétue son sentiment d'incomplétude, renforce l'ego et le projette dans une activité qui ajourne la rencontre avec soi. Dans l'inconscience que sa perception dépend de ce qu'il croit, ses sens lui confirment ses croyances et l'informent sans l'in-former.

*Le temps est là pour chacun à travers son **Masculin**, non plus de rajouter toujours plus à "moi-je" en voulant s'approprier le monde mais de se rencontrer soi à travers le reflet du monde dans le Désir du Soi. Lorsque l'autre n'est plus l'objet visant à combler temporairement l'incomplétude, reste le Désir qui pousse ou non vers l'autre, la pure Spontanéité. Le Désir du **Masculin** est l'émission de la Source qui fait l'expérience d'elle-même à travers sa réflexion sur sa création.*

*Le **Masculin** prend conscience en connaissance de cause qu'il est cocréateur du monde qu'il perçoit. Il s'émerveille de sa beauté qu'il réalise être celle de son **Féminin** et tombe amoureux de son reflet. Le **Masculin** incarne la véritable virilité par sa capacité à s'émerveiller. Consciemment et amoureusement, le **Masculin** s'abandonne au sens, à l'orientation du pur Désir de la Vie qui oriente sa vie.*

Il réalise qu'il n'y a nulle liberté, sauf celle absolue d'être consciemment Qui Il Est, dans la pure Spontanéité. Il s'en émerveille !

2 • L'action Yang du Masculin

1 / L'action du Masculin procède de la conscience

Au bout de l'organe sensoriel, l'ego se dissout, une vérité plus vaste se rend perceptible, une fenêtre sur l'espace, sur le Champ Unifié s'ouvre. Le **M**asculin divin projette (action Yang) sa conscience depuis le cœur, non depuis la personnalité, par ses sens et au-delà pour s'in-former. Il rayonne et s'in-forme ainsi dans toutes les directions et toutes les dimensions vibratoires. Il est tel un soleil dont chacun des rayons l'in-forme. Ainsi il pressent, il sait à distance.

On peut parler ici de clair savoir comme on parle de claire vision. **La conscience du Masculin reçoit l'in-formation du Champ Unifié sous forme d'intuition et d'inspiration.** Ainsi une même idée géniale, prête à être reçue par le mental humain, peut être captée par plusieurs scientifiques à une même époque.

Le Féminin pacifie en se mettant à l'unisson de la paix, inhérente au cœur. Mis en présence, les cœurs se mettent en résonance. Même blessé, fermé, caparaçonné, au cœur du cœur réside la paix, l'unité. Le cœur bouleversé de l'un s'apaise à l'unisson avec la paix disponible dans le cœur de l'autre. Le cœur pacifie quand nous nous posons dans sa résonance. La paix est l'émanation naturelle du cœur.

La paix du cœur sait dire non. Depuis son accueil inconditionnel. **Ce non procède d'un oui à la paix et au Soi. Il ne procède pas d'un non à l'autre, qui donne de l'énergie à ce qu'on cherche à éviter et crée une relation gagnant/perdant.** L'intégrer transforme la vie et le monde en une relation gagnant / gagnant.

"Dans une position confortable, les mains ouvertes à la hauteur des épaules, une zone de spatialité lumineuse se diffuse graduellement entre tes aisselles, elle ravit le cœur et cause une paix profonde" (Vijñânabhaïrava tantra).

Position que l'on prend spontanément dans une grande libération énergétique et émotionnelle qui permet au cœur l'expansion, la paix, le Oui.

3 / Le féminin réconcilie, harmonise et unifie le multiple en l'unique

Le mouvement centripète du **F**éminin ramène au cœur, au Un. **Le cœur fait ressentir par résonance l'essentiel, qui est ce que nous avons "en comme Un", en commun.** Il unifie.

Le cœur reconnaît à travers les multiples visages et tonalités de la résonance ce qu'il y a en commun. Le cœur sait qu'ils sont Un, même éloignés du Un, même éloignés les uns des autres. Il ramène le multiple à l'unique et unifie le multiple dans l'unique. Il réconcilie les différences et les différends en unifiant, en révélant le "comme Un", le commun. Nous nous réconcilions avec l'autre en retrouvant le commun qui nous relie, en portant l'attention sur l'essentiel commun. La paix durable entre deux adversaires s'enracine sur ce qu'ils partagent d'essentiel, ce "comme Un". Le **F**éminin unifie les différences en harmonisant. Lorsque les différences même extrêmes sont reliées par quelque chose en commun, un sentiment universel de connexion s'inscrit et permet l'unisson, la paix, l'accord. L'harmonie est agréable, elle fait résonner l'unité de la diversité. Le **F**éminin unifie la diversité dans l'unité, en révélant le commun. **Le Féminin unifie la somme des parties et permet l'unité dans la diversité.**

Le **F**éminin comme un Four Alchimique accueille des matériaux bruts, tels différents aliments avant la cuisson, et les unifie en une unité riche de chacune des parties.

Le Féminin transforme la diversité en universalité.

4 / L'amour du Féminin est alchimique

• **Alchimie.** L'alchimie révèle l'essentiel de la matière, en exprime la quintessence. Le **F**éminin est une matrice alchimique qui révèle l'essentiel. L'alchimie est l'action essentielle du **F**éminin. Sans elle, nous serions voués à être victimes de la densification progressive, dépendants de la main secourable d'un Dieu sauveur, objets de la chance ou d'un mauvais karma.

Le Féminin extrait la quintessence de l'expérience par son étreinte jusqu'au cœur du cœur. La quintessence est l'essence enrichie de toute l'expérience, rien n'est oublié ni

Le Masculin pressent à distance en projetant (Yang) sa conscience, simultanément il se rassemble pour ressentir sensoriellement à travers son "Pote Féma" (Yin) son idée manifestée. Il la voit, la goûte, l'entend, la respire, il la pressent intuitivement. Il vérifie ainsi si son intuition sert la Vie et son intention la plus haute. Il ajuste si besoin est. **Il émet alors (Yang) son intention ajustée et in-forme le Féminin. Il donne une direction à la matière.** Tout ceci se fait en un éclair de conscience.

Puis en fonction de ce que lui matérialise le **F**éminin, il réajuste. Il se responsabilise. À tout instant il ajuste en réponse à ce que lui reflète le **F**éminin. **Son action procède de la conscience**, alors que le masculin, lui, agit d'abord et réfléchit après.

Pratique pour donner forme à nos projets :

- Imaginer sensoriellement le projet réalisé.
- Ressentir dans le cœur s'il sert la Vie et notre intention la plus haute.
- Se concentrer sur l'intention.
- Projeter l'intention.

2 / La reconnaissance de l'action du Masculin

• **Le masculin densifié ne reconnaît pas son action.** Le masculin agit d'abord et réfléchit après. Il se décentre du ressenti du cœur et de sa responsabilité inhérente, au profit de l'activité dans l'espoir vain qu'elle le mène à la Conscience, par progression et mérite, qui sont autant d'ajournements à la rencontre avec soi et au désir du Soi, même si la quête extérieure contribue aussi à la conscience de qui nous ne sommes pas et au pressentiment de Qui Nous Sommes. Le masculin se limite aux seules perceptions de ses sens physiques qui l'informent sans l'in-former et sur lesquelles il appuie ses croyances qui définissent le monde. Les sciences du cerveau découvrent que ce que l'on voit et ce qu'on imagine procèdent du même endroit du cerveau et en déduisent que **la perception dépend de ce que l'on croit. La perception du masculin lui confirme ce qu'il croit, perpétue son illusion d'être séparé du monde qui le coupe de sa responsabilité.**

Le masculin s'identifie à l'activité mentale ou physique, au faire, dans un besoin de s'approprier le féminin afin de combler son sentiment d'incomplétude, son besoin de faire une différence, de laisser une empreinte, qui donne un sens à sa vie. Coupé de la responsabilité de son action, il abîme le féminin autour de lui et en lui et finit par toucher à la trame même du vivant en jouant au créateur dans l'inconscience du cocréateur en lui et de la cocréation. **Nous sommes destinés soit à faire éclater le monde dans la croyance d'en être séparé, soit à faire éclater la séparation d'avec le monde.** Le masculin ignore et repousse le Désir qui donne sens et oriente car l'ego voulant toujours ajouter quelque chose à lui-même, il veut faire par lui-même. Tandis que le **M**asculin divin sert la Vie Une en disant "Que ta volonté soit faite et non la mienne".

• **Le Masculin reconnaît son action.** Le **M**asculin réfléchit sur son action à travers ce que lui matérialise et lui reflète le **F**éminin. **Grâce à ce miroir, il se reconnaît comme la cause de l'effet produit. Il se responsabilise en vérifiant si l'effet produit sert la Vie et son intention la plus haute. Il ajuste son émission en "connaissance de cause".**

perdu, toute l'expérience contribue à la quintessence. L'essence est notre origine, la fréquence de l'union sacrée du **M**asculin et du **F**éminin présente en nous et dont nous sommes issus. La quintessence est le trésor ramené du voyage qui offre l'accomplissement à notre essence. **La quintessence est l'essence réalisée.** Le **F**éminin traverse toutes les couches pour aller à l'essentiel, il transmute la densité.

• **Alchimie = el - ka - mi**.

Alchimie = al - chi - mie = el - ka - mi. La matière (el) à travers l'utilisation adéquate de l'amour (ka) se transmute en conscience (mi) = "el - ka - mi".

Son complément indissociable "mi - ka - el" (voir "Le Chevalier et a voie initiatique – Mi-ka-el / El-ka-mi, p. 261). La conscience (mi) à travers l'énergie (ka) s'incarne dans la matière, c'est-à-dire la force d'incarnation consciente, le **M**asculin.

El-ka-mi / Mi-ka-el.

El - ka - mi = l'alchimie = le Féminin / mi - ka - el = l'incarnation = le Masculin

Ces deux vibrations inspirent intimement ce travail. Le titre pour les initiés pourrait être "*Mikaelkami*" : l'incarnation lumineuse et alchimique, ou "*Elkamikael*" l'alchimie incarnée et lumineuse.

5 / L'amour alchimique restaure à l'amour ce qu'il touche

La force centripète du cœur ramène au cœur et rend à l'amour. **L'amour rend à l'amour. Il restaure à l'amour, c'est-à-dire à la fréquence de l'amour.** L'amour restaure à sa propre fréquence tout ce qui en semble séparé, la victime comme le tyran comme le sauveur impuissant, tout ce qui est renié, abandonné, méconnu, rejeté, maltraité, perdu, isolé, abusé, trahi… Touché par l'amour, l'abandon redevient l'amour, le rejet redevient l'amour, la trahison redevient l'amour, et ainsi la maltraitance, l'injustice, l'humiliation, la non-reconnaissance. La peur elle-même redevient l'amour. Quand nous touchons, enveloppons la haine en nous avec l'amour, sans la juger en la reconnaissant issue de l'amour, elle redevient amour, elle s'y unifie. L'amour réveille à l'amour ce qu'il touche. L'amour change la vibration de ce qu'il touche, de ce qu'il infiltre. **Il le fait alchimiquement sans en être affecté, sans changer sa qualité originelle et indéfectible.** L'amour rend à l'amour en pénétrant, en caressant, en baignant, en enveloppant, avec infinie douceur. L'amour re-source, il rend à la Source. Il régénère. L'amour alchimise la séparation. L'alchimie est le retour à la Maison.

> L'amour restaure à sa propre fréquence tout ce qui en semble séparé. L'amour réveille à l'amour ce qu'il touche.

Ainsi au cours des explorations que je guide et que l'on retrouve à travers les cas vécus, une fois le vécu conscientisé, nous appelons et choisissons l'amour dans sa dimension alchimique. Nous appelons l'amour présent de tout temps dans notre cœur, l'amour de la source et la source

Notre **M**asculin agit à tout instant en tant que conscience agissante et, parmi toutes ces actions, une nous est particulière, intime, essentielle, elle est **"notre" action. Elle est le Désir individualisé de la Source à travers nous.** C'est notre fréquence propre, notre code vibratoire unique. Plus nous nous reconnaissons ombre et lumière, plus notre action se précise de façon unique. La reconnaître est un cheminement, alors même qu'elle est là vivante depuis l'enfance, jaillissante à l'adolescence. À travers des ajustements successifs, notre **M**asculin reconnaît ce qu'il aime le mieux faire, là nous nous sentons à notre place, dans notre connaissance intime, dans l'élan joyeux qui nous mobilise spontanément, même dans le doute. C'est dans notre action que nous nous sentons le plus vivant avec la sensation physique que la Vie vibre passionnément dans nos cellules. **C'est notre passion intime.** Non en termes de métier, de compétences, de violon d'Ingres, mais dans l'expression de l'élan profond que nous portons jusque dans l'âme. Notre action est différente de l'activité, même si elles peuvent se rejoindre. L'hyperactivité signale la non-reconnaissance de notre action qui donne, elle, un sens de complétude. Au cours de notre maîtrise, notre action se définit de plus en plus dans son essence, au point de révéler ce dont nous sommes l'unique Gardien et Veilleur.

Résumé de "L'action Yang du Masculin"

*Le **Masculin** divin s'informe intuitivement à travers le Champ Unifié en projetant sa conscience. Il pressent son idée manifestée grâce au "Pote Féma".*

En un éclair de conscience, il réfléchit sur le reflet et se reconnaît comme la cause de l'effet produit. Il ajuste son émission en "connaissance de cause" afin qu'elle serve la Vie et son intention la plus haute. Il oriente la matière.

Le masculin duel ne reconnaît pas son action et ses perceptions lui renvoient ce qu'il croit. Il réfléchit après avoir agi.

*L'action de notre **Masculin** divin est notre signature vibratoire, notre passion et notre connaissance intime, la pièce unique du puzzle dont nous sommes Gardien et Porteur. C'est notre élan spontané, inspiré par le Désir de la Source.*

3 • Les actions du Masculin : initier, transmettre, préserver, protéger

Notre action individuelle inclut et intègre la globalité des actions génériques du **M**asculin tout en se concentrant et se raffinant dans l'une. Nous les connaissons toutes dans la vie quotidienne, certaines plus aisées pour nous que d'autres. Lorsque l'une est particulièrement difficile, elle peut révéler combien elle nous est essentielle, gardant au cœur que tout aspect refoulé, contracté ou exalté de notre psyché est un lieu de passage en puissance. Ainsi le défi de parler en public peut indiquer combien notre essence cherche à s'exprimer à travers une forme de transmission ou de communication. Nous allons contempler les différentes actions du **M**asculin. Cela met en résonance la nôtre et signale celles qui restent à déployer.

de l'amour. C'est une prière ainsi qu'une canalisation énergétique. J'enracine l'énergie appelée et la personne crée en communion avec la Vie sa libération. L'amour, en nous, à travers nous et autour de nous, libère, guérit, régénère, réconcilie, pardonne, pacifie et unifie...

6 / La compassion alchimise l'irréparable, l'impardonnable

La compassion est entendue ici comme le cœur du cœur du cœur. Là nous sommes Un. Là tout est Un, dans le Moment Présent et la Présence, l'infini et l'absolu. Cette compassion se différencie de la pitié qui regarde du haut du masculin. La compassion du cœur reconnaît et exprime la quintessence. Ce faisant, elle transmute le tangible en subtil, le dense en léger. La compassion est l'élixir du cœur qui transmute le poison de la séparation. **La compassion est l'élixir du cœur du Féminin qui reconnaît, exprime et révèle la quintessence de là où se porte l'attention du Masculin.**

Ainsi le cas vécu de Véronique (p. 206) qui quelque temps après une ouverture du cœur rencontre en elle un aspect inquisiteur qu'elle juge et rejette. *"Toi qui as reçu la bénédiction de sentir la compassion couler en ton cœur, crois-tu qu'il y ait un hasard à aller profond dans l'obscur pour ceux qui apportent puissamment l'amour ? La compassion est d'aller baigner, d'étreindre l'obscur, la racine même de l'obscur. Crois-tu que ce soit en dehors de nous-mêmes ?*

"Cela n'est pas la complaisance ou la justification, cela est l'amour inconditionnel. Le masculin en expérimentant l'éloignement de l'Amour t'offre le défi l'opportunité de faire éclore ton Amour, d'expérimenter l'Amour véritable. Nous ne pouvons atteindre la lumière qu'en la reconnaissant dans l'ombre, la nôtre. Au cœur de notre propre obscurité. Au cœur de ce qui dépasse l'entendement humain. Honore ce chemin d'âme qui s'est donné la tâche sacrée d'aller connaître cet aspect de sa propre humanité et de se souvenir de Qui Il Est au cœur même de l'obscurité. Ton masculin s'est donné le défi tragique et sublime d'explorer et de vivre loin de l'Amour. Grâce à lui, ton féminin peut réellement choisir l'amour inconditionnel, le seul véritable amour. Souviens-toi de ton Oui à aller réveiller l'amour au cœur de l'obscur, le plus dérangeant, celui tapi dans les couches les plus denses. En comprenant la vraie nature de l'amour, l'illusion de noirceur n'a plus de prise sur toi."

La compassion est d'aller baigner, d'étreindre l'obscur, la racine même de l'obscur. Crois-tu que ce soit en dehors de nous-mêmes ?

Le **F**éminin sacré alchimise par le pardon et la compassion. Le **M**asculin divin éveille et rend unique ce sur quoi il se focalise.

Le **F**éminin exprime la quintessence. Le **M**asculin donne sens.

7 / Le Féminin spiritualise le tangible dans le subtil

Le **F**éminin spiritualise dans le sens qu'il révèle le subtil présent dans ce qui est dense et tangible. Il manifeste dans la matière ou le plan terrestre ce qui est d'une réalité immatérielle, légère et subtile. Cette dernière révèle le cœur subtil de la matière, la dimension céleste ou subtile présente au cœur de la réalité terrestre. Tel un artiste peintre qui tire une matière brute de la terre et en exprime une couleur dont il fait l'aile d'un ange. Il spiritualise.

L'alchimie du Féminin révèle le subtil dans le tangible, l'esprit dans la matière.

Pratique : à chaque action du **M**asculin s'associe un geste ou une position. Chacun est invité à ressentir, exprimer, enraciner à travers son corps physique le geste ou la position qui enracine son action. Pratique fort simple et fort puissante.

Il n'y a pas de bon ou de mauvais geste. Juste le mouvement de la vie en nous en réponse à "Quelle est mon action sur Terre ?" Les mouvements proposés ci-après sont de simples indications. Afin de reconnaître et célébrer la sienne, il est nécessaire de faire plusieurs fois par jour le geste en habitant son corps par la respiration et dans la conscience de son axe entre Ciel et Terre. Plusieurs actions peuvent ainsi se révéler. L'enchaînement des différents mouvements du **M**asculin est appelé à devenir une création personnelle, incarnation de son hommage au **M**asculin à travers soi.

1 / Le Masculin initie

La force centrifuge du désir pousse le **M**asculin à initier un mouvement qui le conduit à explorer un domaine inconnu ou nouveau. Il peut le faire physiquement comme un explorateur, mentalement comme un **chercheur**, artistiquement comme un **créateur**, spirituellement comme un **éveilleur**. Il repousse les limites habituelles et ose aller là où personne n'est encore allé. Pour cela, il est totalement engagé, il rassemble dans son ventre sa puissance vitale et son courage, son cœur est large et généreux. Il possède la foi et la force qui le poussent à explorer, dépasser, mettre en route, ouvrir les nouveaux chemins. En cela il doit veiller à l'abus de pouvoir et à chaque étape écouter, s'in-former, ressentir ce que lui renvoie le monde nouveau qu'il explore, et compléter l'étape qui s'achève en laissant derrière une trace saine et aimante que d'autres pourront suivre aisément après lui. **Il commence et il finit.** Il s'accorde avec l'inconnu pour y avancer et ne force pas. Sa souplesse et son cœur sont le garant de son action juste. **Il est celui qui nomme** ce qu'il découvre et officialise ainsi sa reconnaissance. S'il est focalisé sur la matière, il construit de nouvelles formes tel le grand architecte. S'il est suivi par d'autres, il est un **guide** dont l'autorité sereine vient d'une vision du cœur uni au ventre et à la conscience qui montre le chemin et en ouvre de nouvelles voies. Il est au centre de lui-même, au centre de la Croix de Vie entre l'axe vertical et l'axe horizontal.

Le mouvement de son action est une flèche pointée en avant qui unifie la force du ventre, la vision du 3e œil et la puissance du cœur.

Un mouvement associé : *main droite pointant à 30 centimètres devant soi au niveau du diaphragme, index et majeur joints, pouce, annulaire et auriculaire reliés, main gauche au centre de la poitrine.*

2 / Le Masculin transmet et relie

Différemment de celui qui initie vers l'avant, celui-là se retourne et transmet ce dont il est récepteur à ceux qui sont derrière. L'un n'empêche pas l'autre. Il transmet l'amour ou la connaissance sous tous ses aspects. Il peut le faire en enseignant s'il est intimement en contact

Or le **M**asculin est l'esprit. L'alchimie du **F**éminin révèle donc le **M**asculin au cœur du **F**éminin. L'alchimie du **F**éminin révèle que le potentiel intérieur du **F**éminin est le **M**asculin.

Au cœur du **F**éminin sacré est le **M**asculin, n'est-ce point merveilleux ?

Là nous sortons de la dualité, nous l'alchimisons.

Le mouvement qui spiritualise est un mouvement du dense vers le léger, du bas vers le haut, un mouvement d'élévation. S'il n'est pas associé à l'alchimie qui étreint, on retrouve la sublimation qui s'élève au-dessus de la matière sans la transformer. Ici le **F**éminin unit les deux mouvements, vers le cœur et vers le haut, une spirale ascensionnelle, celle de l'évolution. Le mouvement du **F**éminin est le mouvement de l'évolution. **Le Féminin est l'évolution. L'alchimie du Féminin est l'initiation spirituelle par essence**, la plus intime des initiations, celle de l'amour véritable, de l'amour en vérité.

"L'intuition qui émerge de l'intensité de l'adoration passionnée s'écoule dans l'espace, libère et fait accéder au domaine de Shiva / Shakti" (Vijñânabhaïrava tantra).

4 • L'amour pardonne

Chacun possède la capacité d'autoriser l'amour à pacifier. Lorsque cela semble inimaginable, il est probable que l'âme porte des mémoires associées. Et même si l'âme choisit de croire qu'il lui est impossible d'aimer, d'autoriser à nouveau l'amour, cela n'est qu'une vérité limitée. L'âme est issue de l'amour, l'âme est faite de l'amour, l'âme est amour, même si elle ne le croit pas ou ne le croit plus. **La puissance de l'amour en elle ne peut être altérée, car c'est sa propre essence et elle ne peut pas être détruite. L'essence de l'âme est inaltérable, indestructible, éternelle. Elle est amour. L'âme peut à tout moment choisir d'autoriser à nouveau, d'aimer à nouveau.**

Par le pardon.

Le pardon est la puissance de l'amour qui laisse couler de nouveau l'amour, qui aime à nouveau. Le pardon est la puissance de l'amour, tenue depuis toujours et pour toujours par l'âme. **Pardonner est choisir consciemment d'exprimer l'amour à nouveau.**

Seul le pardon peut libérer le cœur. Tant que le pardon ne s'installe pas, nous ne pouvons être libres ou fluides, car nous gardons ce que nous ne pardonnons pas, cela nous charge et nous obstrue. Cela filtre notre relation à la vie. Pardonner peut demander d'ajuster une situation, une relation, ce n'est en aucun cas cautionner, justifier, se complaire.

L'âme est issue de l'amour, l'âme est faite de l'amour, l'âme est amour, même si elle ne le croit pas ou ne le croit plus.

La descente dans l'incarnation nous éloigne vibratoirement de la Source de l'Amour comme de l'Amour de la Source. Pourtant la Source est, a été, et sera éternellement en nous et autour de nous. Seule notre fréquence vibratoire alourdie en "descendant" nous fait croire à cet éloignement. L'ego oublie avoir choisi et appelé l'expérience pour se connaître hors de l'indifférencié. Il s'approprie l'expérience en ne pardonnant pas l'éloignement de la Source, ce qui crée l'expérience de la séparation ! Il résiste à l'expérience en la jugeant et empêche le pardon qui avec **la connaissance** et la compréhension de l'univers et de ses lois universelles, en guérissant s'il porte la vibration de **la guérison**, en transmettant l'histoire, familiale, culturelle, universelle ou mythologique, universelle, s'il est gardien de **la mémoire**. Il peut officier des rituels ou planter des graines d'arbres ou de conscience comme autant d'antennes et de relais, car **il enracine l'énergie des plans célestes** à travers ses gestes, ses mains, sa présence. S'il transmet l'amour, il utilise souvent **la communication, l'art, le toucher**… Il est un canal qui se fait le relais entre le subtil et le tangible. Il a besoin d'enraciner et intégrer en lui-même ce qu'il transmet afin de le faire dans un état de cohérence et de "connaissance de cause".

S'il transmet l'amour, un mouvement associé à son action : *les deux mains venant du cœur et en ouverture le monde.*

S'il transmet la connaissance, un mouvement associé à son action : *un geste de la main droite, de haut en bas passant par le 3ᵉ œil jusqu'au cœur, index et majeur joints, pouce et annulaire reliés.*

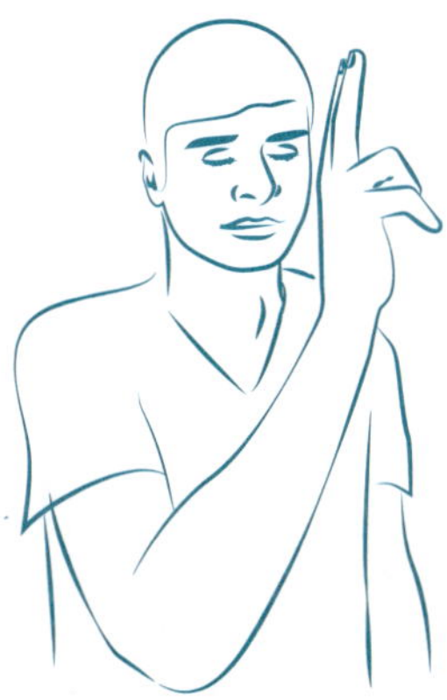

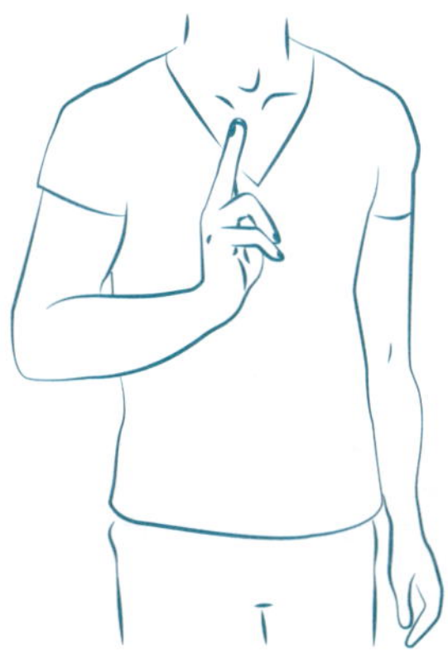

Le transmetteur peut aussi transmettre la vérité de chaque "bout" et permettre la communication fluide entre deux ou plusieurs centres qu'il relie par son cœur. Il peut **relier les êtres, les mondes, les réalités, les lieux, les temps, les dimensions.** Il est le relais qui sait accueillir des différences et les relier ; pour cela il les unifie en lui-même et les comprend en son cœur. Il est **le réconciliateur qui révèle le comme Un présent dans les différences**, le véritable **diplomate** qui concilie en reconnaissant la vérité commune et universelle à travers les vérités personnelles, en cela **il spiritualise et révèle le subtil dans le tangible**. Lorsque sa conscience relie les dimensions, il peut percevoir les esprits de la Nature et le Petit Peuple ou l'état intérieur d'un être. Lorsque sa conscience relie les réalités, il peut **accompagner les passages**, les moments clefs de la vie, les âmes lors des transitions. Il a parfois du mal à savoir d'où il est, puisqu'il est des deux en même temps, tel le **voyageur** qui se déplace continuellement **physiquement** ou **psychiquement**.

redonne accès à l'amour de la Source et la source de l'amour. **En ne pardonnant pas, l'ego perpétue la séparation.**

Dans le cas vécu de Paul (p. 229), son attachement à la toute-puissance l'empêche de pardonner. Il juge impardonnable la trahison de sa toute-puissance par la réalité de la chair. Il méprise la souffrance du corps qui l'amènerait à la totale impuissance et à la compassion. La plainte non entendue à l'intérieur s'exprime sans fin dans sa vie quotidienne.

Le pardon de ce que l'ego juge impardonnable et qui résonne avec la blessure la plus intime est une véritable initiation du cœur. Paul préfère pour l'instant perpétuer la trahison que de se pardonner la trahison. Grâce à lui, nous contemplons le mécanisme qui perpétue la blessure malgré la souffrance et la plainte plutôt que de pardonner.

Paul, Clara, Ariane, Véronique, Bruno, tous résistent à se pardonner, malgré la beauté et la profondeur de leur cœur. **Il leur faut d'abord prendre conscience que ce qu'ils jugent impardonnable à l'extérieur, ils se le font subir intérieurement.** Le pardon s'accomplit en reconnaissant et en honorant la vérité, ombre et lumière, que porte le cœur qui s'ouvre alors largement et permet un changement de conscience.

Le pardon produit une onde d'amour qui déferle dans tout l'être qui est justement le ressenti de ce qui a été gardé emprisonné, cristallisé et qui retourne à l'amour. Le cœur expérimente alors une grande détente et s'ouvre.

La partie 3, “Les Noces Alchimiques”, plonge dans la profondeur de quatre étapes essentielles du pardon afin d'approcher de “la Fusion au Cœur de la Séparation”. Pardon du **F**éminin envers le masculin. Pardon du **M**asculin envers le féminin. Pardon du masculin envers lui-même qui révèle le **M**asculin. Pardon du féminin envers lui-même qui révèle le **F**éminin.

5 • Enseignements — mantras du cœur

L'Action du **F**éminin en vérité offre les enseignements essentiels de l'Amour :
La reconnaissance de l'amour. L'alchimie. La spiritualisation. Le pardon.

Mettons-les en pratique en prononçant et en ressentant ces phrases mantras, c'est-à-dire qui portent une dimension vibratoire de transformation. Aide puissante pour activer en nous l'Amour du **F**éminin.

L'amour est en moi et autour de moi.
Je reconnais que je suis amour.
L'amour existe en Tout Ce Qui Est.

J'alchimise mes jugements sur Ce Qui Est.
Je pardonne inconditionnellement Ce Qui Est.
Je reconnais et révèle l'amour et la divinité en Ce Qui Est.

Nous complétons “l'Action du **F**éminin” et le **F**éminin en vérité.

Un mouvement associé à son action : *les deux mains sur l'axe de la poitrine ouverte, reliant par le cœur, un léger espace sous les aisselles.*

3 / Le Masculin maintient et préserve

Lorsque le **M**asculin est intimement concerné par la cohérence d'un ensemble en une identité, son action maintient et préserve cette identité. Sa conscience entoure l'ensemble et simultanément se pose au centre afin de centrer et maintenir ensemble. **Il répare et conserve, il reproduit à l'identique.** Il est guetté par la rigidité, le dogmatisme s'il néglige de s'adapter au changement inhérent à la vie, s'il oublie que l'identité même de ce qu'il maintient est en évolution. **Il est gardien des traditions.** Il contribue à maintenir ensemble ce qui semble disparate, dans sa famille, comme dans la matière. Il possède une solidité intérieure qu'il transmet par la densité de sa présence. Ses projets sont solides et faits pour durer. S'il est **bâtisseur**, il place l'édifice au centre d'un système et lui donne un cachet caractéristique de l'ensemble. Il prend soin de la Terre et de ses différents éléments en maintenant une synergie cohérente.

Un mouvement associé à son action : *les deux mains devant le plexus solaire comme tenant un ballon d'énergie.*

4 / Le Masculin protège

Lorsque son élan le projette entre deux, le **M**asculin protège. Il est alors un filtre qui permet à deux réalités différentes de coexister sans s'unifier. Il ajuste et stoppe ce qui peut être envahissant ou intrusif et protège ce qui peut être trop vulnérable ou poreux. Son énergie totalement aimante et lumineuse est en même temps ferme et définitive, tel un bouclier ou une épée de lumière plantée entre les deux réalités. Ce **M**asculin protège le **F**éminin qui dit Oui inconditionnellement et ajuste ce que le **F**éminin peut accueillir. Il sait exprimer un vrai Non et incarner un vrai Stop. Il est indispensable à chacun pour autoriser dans l'intégrité l'accueil inconditionnel du **F**éminin. C'est le **M**asculin Chevalier (p. 261).

Résumé de "L'Action du Féminin en vérité"

*L'expression de l'Amour du Féminin est ce que Dieu ressent,
la joie pure qui nourrit et réjouit. L'amour exprime la gratitude
d'être l'amour et de reconnaître l'amour en Tout Ce Qui Est.*

*La gratitude accomplit et aboutit le Oui du Féminin
qui permet au Masculin de se reconnaître co-créateur.*

L'amour du Féminin aimante et maintient l'identité de Qui Nous Sommes.

*Le cœur se met à l'unisson, résonne avec l'essentiel
et offre la paix qui lui est inhérente.*

*Dans son étreinte centripète, le Féminin accueille inconditionnellement,
sans recevoir personnellement, car il reconnaît par résonance
l'amour même opacifié en Tout ce Qui Est.*

Le Féminin sacré inclut la totalité.

*Il reconnaît et révèle l'essentiel et unifie les différences en les harmonisant
par ce qu'elles ont "en comme Un".*

Il unifie la diversité dans l'unité, le multiple en l'unique.

Il réconcilie.

*L'amour du Féminin est alchimique. Sa compassion exprime et révèle
la quintessence de l'expérience par l'étreinte jusqu'à l'essentiel.*

*L'amour alchimique restaure à l'amour ce qu'il touche,
sans changer sa qualité originelle et indéfectible.*

*Le Féminin dans son mouvement d'ascension spiritualise le tangible
en subtil et révèle l'esprit dans la matière,
c'est-à-dire le Masculin au cœur du Féminin.*

L'alchimie du Féminin est l'initiation spirituelle par essence.

*Le pardon de ce que l'ego juge impardonnable, auquel il résiste
et qu'il perpétue, est l'initiation la plus intime de l'amour du Féminin
qui choisit consciemment d'exprimer l'amour à nouveau.*

Un mouvement associé à son action : *geste de la main droite, majeur et index joints, du haut vers le bas, devant le plexus solaire, paume ouverte à l'extérieur.*

La reconnaissance de l'action individuelle de notre Masculin autorise le cocréateur en nous : *"Père, exauce-les ! Ils savent enfin ce qu'ils font..."*

Résumé de "L'Action du Masculin en vérité"

Dans une quête extérieure pour s'approprier le monde par l'avoir et le savoir, le masculin duel perpétue son sentiment d'incomplétude en ajournant le retournement vers soi. Dans l'ignorance que sa perception dépend de ce qu'il croit, il s'opacifie dans des croyances de limitations. Il oscille entre culpabilité – impuissance – toute puissance et joue avec inconséquence au créateur alors qu'il est co-créateur, inter relié et inter dépendant de la totalité. Le temps est là pour chacun à travers son masculin, non plus de toujours apporter plus à "moi-je" en voulant s'approprier le monde, mais de se rencontrer soi à travers le monde dans le Désir du Soi.

Le Désir de notre Présence divine, du Soi oriente notre vie vers la réalisation de notre action unique et spécifique. Celle-ci est notre signature vibratoire, notre élan passionné et notre connaissance intime, la pièce unique du puzzle dont nous sommes Gardien et Porteur. À travers notre réalisation, la Source se réalise elle-même à travers sa réflexion sur la création.

*Le **Masculin** projette son projet divin et focalise son intention et son attention. Grâce à son "Pote Féma, il pressent, ressent et réfléchit sur ce que lui reflète le monde. Il prend conscience "en connaissance de cause" qu'il est co-créateur du monde qu'il perçoit. Il s'émerveille et tombe amoureux du reflet dans lequel il se reconnaît. Il réalise que c'est son **Féminin**. Il s'y unit amoureusement à travers son action et l'ensemence de sa fréquence divine. Il ajuste et rectifie afin de servir la Vie Une. Il oriente et éveille le monde à sa divinité.*

TABLEAU DES TROIS PLANS

MASCULIN	FÉMININ	LA RELATION
DIEU	DÉESSE	TOUT CE QUI EST
LUMIÈRE	AMOUR	PUISSANCE
ESPRIT	ÂME	INCARNATION
CONSCIENCE	ÉNERGIE	LA RÉALITÉ
CONSCIENCE Chakra du 3e œil	AMOUR Chakra du Cœur	ACTION Chakra du Hara
CONSCIENCE Vijñânabhaïrava tantra	FÉLICITÉ	AUTONOMIE

HISTOIRE DE VÉRONIQUE

L'inquisiteur et la compassion

Le défi d'amour du féminin face au masculin inquisiteur

Thème : L'inquisiteur juge l'inquisiteur. L'amour alchimise l'ombre la plus dense. À la mesure de notre lumière est l'ombre à éclairer.

Véronique, tout juste 30 ans, porte bien son prénom, son visage a quelque chose d'une icône, d'une madone. Il y a quelques mois, elle a une expérience profonde d'ouverture du cœur en présence d'un maître indien, une femme. Elle sent depuis la résonance avec la compassion. Elle le vit dans sa vie, cela se voit, cela se sent et la profondeur douce de ses yeux le confirme. Nous vivons une belle et saine complicité.
Elle a vécu dernièrement dans sa vie amoureuse un mélange détonant de violence et de prétendue spiritualité à travers la rencontre d'un homme d'une grande puissance mentale et sexuelle. Depuis elle travaille avec moi en groupe et trouve des clefs pour déployer son énergie en sécurité en explorant la juste et saine distance à l'autre. Son corps, un peu épais pour sa beauté qui cherche à se révéler, compense et protège une sensibilité encore exacerbée.
Notre projet est de rencontrer et libérer son féminin et son masculin à travers le reflet de cette relation. La rencontre de son féminin a révélé un aspect cruellement supplicié dû à une mémoire. La charge et la mémoire sont désormais pacifiées. Véronique rencontre aujourd'hui son masculin.
Cette rencontre est racontée dans la chronologie des étapes plutôt que dans le suivi du dialogue afin de donner chair à la compréhension de l'ombre et de la compassion.

Le masculin de Véronique se présente sous l'aspect d'un inquisiteur aussi implacable que son féminin était supplicié.
"Ça, ce n'est pas Dieu. C'est l'ombre, je suis l'ombre. Je suis maudite. Je suis un monstre. Je ne suis pas digne de cet univers."
Elle juge l'inquisiteur et s'identifie à lui. L'ego en profite pour se gonfler à travers le jugement. L'ego est à la mesure de la puissance de l'être. Le sien l'emmène dans la malédiction à la mesure de la bénédiction expérimentée. La compassion appelle à la mise en pratique. Elle parle comme un

inqui-siteur, l'inquisiteur de l'inquisiteur. C'est la boucle sans fin qui perpétue le même programme, ici l'inquisition, tant que nous ne sortons pas de la dualité.
Véronique reconnaît avec lucidité qu'elle pourrait déposer la paix sur un inquisiteur, mais pas sur le sien.
"Comment moi, j'ai pu faire ça… Comment moi, ai-je pu… ?"
Moi ! Moi ! Moi ! Le test de l'ego qui cherche toujours à ajouter quelque chose à lui-même, la honte, la culpabilité, l'impuissance, l'indignité, peu importe, plus c'est énorme, plus cela lui permet l'importance recherchée. Véronique rencontre ce qui lui est insupportable, son cœur se ferme à la compassion à cause de "moi, je" !
Le masculin inquisiteur coupé de la compassion du féminin devient de plus en plus implacable, il se sait jugé par le féminin.
Véronique résiste et accepte finalement de laisser s'exprimer le masculin.
Celui-ci, se sentant jugé, se justifie par la défense du dogme et de la lumière à préserver à tout prix. Oui, même au prix du supplice car la chair est sans valeur aux yeux de la lumière.
Le féminin se détend dans la douceur quand je l'invite à reconnaître la vérité de l'inquisiteur, son engagement, sa consécration même à la lumière. Le féminin pour cela a besoin de sortir de la victime et déploie son "Pote Mafé", sa conscience d'une vision plus vaste. L'inquisiteur s'humanise et retrouve contact avec son "Pote Féma" lorsque le féminin reconnaît qu'il a fait ce qu'il croyait juste pour défendre la lumière. Le féminin en contact avec son "Pote Mafé" permet au "Pote Féma" du masculin inquisiteur de s'exprimer.
Quand le féminin lui exprime, uni à son "Pote Mafé", donc sans l'accuser, son désir que la lumière ne soit plus désormais au prix de l'amour, ni l'amour au prix de la lumière, l'inquisiteur s'effondre dans le ressenti des conséquences de ses actes, il est alors en union à son "Pote Féma" grand ouvert qui se sent Un avec les victimes de l'inquisition. C'est une des étapes de la fusion. L'âme rassemble ses expériences, ressent et comprend, comprend et ressent les conséquences de ses actions. L'inquisiteur se juge et se retrouve supplicié par son propre jugement, comme il l'a fait sur les autres. Il ne voit qu'une tragédie sans issue, dont il est l'auteur, alors qu'il se croyait consacré à la lumière.
"Nous servons aussi la lumière en jouant le rôle de l'obscur. L'inquisiteur a eu à sa façon le courage d'expérimenter une action extrême, le courage de plonger dans l'obscurité au point d'en oublier l'amour. C'est l'action du masculin d'aller au bout, d'explorer les limites. Certaines limites servent l'intégrité de l'amour, d'autres servent à nous apprendre l'amour de l'intégrité. Ton masculin a expérimenté la limite de son humanité. Il a expérimenté la conscience sans l'amour. Il a appris. Maintenant il sait. Il peut poser un autre choix… Comment reçoit-il cela ?

— Il écoute avec beaucoup d'attention et boit tes paroles. C'est moi par contre qui résiste.
— Toi qui as reçu la bénédiction de sentir la compassion couler en ton cœur, crois-tu qu'il y ait un hasard à aller profond dans l'obscur pour ceux qui portent puissamment l'amour et la lumière ? La compassion est d'aller baigner, d'étreindre l'obscur, la racine même de l'obscur. Crois-tu que ce soit en dehors de nous-mêmes ?
"Cela n'est pas la complaisance ou la justification, mais l'amour inconditionnel. Tant que tu le juges, que tu ne peux le reconnaître, l'accueillir, lui pardonner et te pardonner, tu le perpétues. Tes mots à son encontre auraient pu être les siens et portaient la même énergie. Toi qui portes l'énergie de la compassion du Féminin, laisse ton cœur baigner, étreindre, entourer cet aspect de ton masculin. Autorise l'amour au cœur du jugement. L'amour en toi étreint, touche doucement. L'amour restaure à l'amour ce qu'il touche. Tu as juste à permettre."
Des larmes coulent très doucement… La parole a touché le cœur. Ces mots reconnaissent l'ouverture déjà installée en Véronique. L'énergie dans la pièce est celle de la bénédiction, comme auprès du maître indien.
Bénédiction / malédiction… À la mesure de notre ombre est notre lumière. À la mesure de notre lumière est la profondeur d'obscurité à laquelle notre compassion est invitée. En ce lieu nous sommes Un.
Au bout d'un long temps :
"Tu sais, il est devenu très beau. Je n'y croyais pas, alors j'ai attendu. Mais il est vraiment beau, digne et souple pourtant. Il est assis dans une clairière avec d'autres de ses frères, ils sont très intériorisés. Au centre, il y a juste le même nombre de femmes. Elles chantent. Elles chantent, c'est beau, c'est doux, très doux. Elles chantent pour la terre. Ils enracinent le chant par leur présence."
Nous complétons par un espace de méditation où nous offrons ce que nous expérimentons à la terre, à tous et à ces fréquences denses de l'humanité.

Le masculin revient à la maison, par le miracle de l'amour du Féminin qui ouvre son cœur à l'insupportable, l'accueille inconditionnellement et permet l'alchimie. Le Masculin complète la boucle et nous informe de ses fiançailles avec le féminin par "le même nombre". Ils sont à distance, ils ont le temps dont ils ont besoin, pour se redécouvrir dans leur intégrité retrouvée. Le temps viendra de leur rencontre en tête à tête.

La rencontre du masculin de Véronique donne chair à :

- À la mesure de notre lumière est l'obscurité à éclairer en nous-mêmes. À la mesure de notre amour est l'ombre à étreindre. Notre être se déploie entre les deux extrêmes et appelle la fusion au cœur de la séparation. Au cœur de notre propre obscurité se révèle la lumière quand la compassion étreint l'impardonnable, sans jugement, ni complaisance.
- Notre malédiction est notre bénédiction qui nous offre l'opportunité d'actualiser l'amour et la lumière qui sans elle resteraient virtuels. L'inquisiteur est le cadeau certes initiatique pour Véronique qui lui permet de concrétiser son ouverture du cœur.
- L'amour alchimise et restaure à l'amour ce qu'il touche. L'inquisiteur retrouve sa beauté et sa consécration au féminin par l'alchimie du cœur.
- En intégrant la vraie nature de l'amour, l'illusion de noirceur n'a plus de prise sur nous.
- Dans la dualité, la conscience ne génère pas nécessairement l'amour, comme l'histoire de Paul où l'expansion de conscience ne l'aide pas à se pardonner et le maintient dans une illusion de toute-puissance. La béné-diction reçue par Véronique ouvre son cœur et lui permet le pardon et l'alchimie de l'inquisiteur.
- Juger un aspect difficile à accepter nourrit et perpétue cet aspect. Véronique devient l'inquisiteur de son inquisiteur.
- Lorsque Véronique revient au centre sans plus s'identifier à l'aspect, le "Pote Mafé" du féminin devient disponible avec l'alchimie de cœur.
- Le "Pote Féma" du masculin ressent en lui les conséquences de ses actes. Il a besoin d'être accompagné avec amour afin de se pardonner.

Chapitre 6

Le "Pote Mafé" : l'essence du Féminin

Chapitre 6

Le "Pote Féma" : la quintessence du Masculin

1 • Le "Pote Mafé" est l'essence du Féminin : conscience, connaissance, vigilance

Le "Pote Mafé", potentiel masculin occulté au cœur du féminin,
et le "Pote Féma", potentiel féminin occulté au cœur du masculin, sont les clefs de
la dimension universelle et subtile du Masculin et du Féminin dans leur vérité.

1 / Conséquences de l'occultation du "Pote Mafé" au cœur du féminin, en particulier pour la femme

Le féminin remet son pouvoir au masculin.

La femme remet à l'homme et à l'extérieur d'elle-même le pouvoir de reconnaître sa beauté et travestit son féminin en féminité dépendante du regard extérieur.

La femme remet à l'homme ou à l'autorité extérieure le pouvoir de reconnaître son essence divine et vit la honte intime d'être indigne.

L'homme et la femme, tous deux dans l'occultation de leur "Pote Mafé", se coupent de la reconnaissance de leur essence divine. Une honte secrète leur signale l'état d'origine de dignité, de pureté, d'innocence. La source intérieure de l'amour ignorée, ils la cherchent hors d'eux.

Objet par nature, le féminin sans son "Pote Mafé" reçoit personnellement la domination du masculin. D'objet devient victime. La femme s'identifie à la victime du masculin et de l'homme et le culpabilise plus ou moins consciemment.

L'amour inconditionnel est inaccessible et entraîne les jeux de pouvoir à travers la manipulation, le chantage affectif, la séduction, la victimisation.

1 • Le "Pote Féma" est la quintessence du Masculin, reconnaissance et émerveillement

Le "Pote Féma", potentiel féminin occulté du masculin,
et le "Pote Mafé", potentiel masculin occulté du féminin, sont les clefs de la dimension universelle et subtile du Masculin et du Féminin dans leur vérité.

1 / Conséquences de l'occultation du "Pote Féma" au cœur du masculin, en particulier pour l'homme

Le masculin obscurci, sujet agissant, assujettit et domine le féminin en le considérant comme un objet sans conscience. Il légitime ainsi de mépriser, forcer, abîmer et détruire même.

Il ignore que l'objet sur lequel il exerce sa domination est son propre féminin et que, ce qu'il lui fait, c'est à lui-même qu'il le fait.

Sans ressenti, il blesse le féminin. Coupé de son cœur, il se sent coupable et impuissant à guérir le féminin blessé et fuit dans l'illusion de trouver vite une solution. À force de se croire coupable, il se détourne de sa responsabilité et n'apprend pas de ses actions. Il perpétue la blessure du féminin.

Il remet son pouvoir au seul monde perceptible qui lui confirme ses croyances.

Pour compenser l'impuissance et la culpabilité, il exerce son pouvoir et ne fait que les renforcer et les perpétuer.

Sans le ressenti de leur "Pote Féma", les hommes, identifiés au seul masculin, se croient coupés du monde et cherchent à dominer par la force et la violence physique ou mentale, dans l'inconscience que c'est leur propre féminin qu'il blesse, à travers le plus vulnérable. Ils se sentent confusément coupables et/ou impuissants à réparer.

Sans le "Pote Féma", les femmes imitent les hommes et dominent avec inconscience le féminin en elles et autour d'elles et occultent leur ressenti. Lorsqu'elles s'identifient aux seules qualités masculines, elles prostituent leur féminin qu'elles utilisent comme un appât.

2 / Compréhension approfondie du "Pote Mafé"

• Le "Pote Mafé" rend le féminin au Féminin. Le "Pote Mafé" est le centre de la reconnaissance de l'essence divine et de la beauté du féminin qui lui permet de reprendre le pouvoir de reconnaître en soi la source de l'amour. Grâce au "Pote Mafé", le **F**éminin accueille jusqu'au cœur de son cœur sans recevoir personnellement. **Le féminin uni à son "Pote Mafé" définit le Féminin Sacré.**

Le "Pote Mafé" est au centre et le centre du **F**éminin qui lui offre la conscience et l'axe.

• Le "Pote Mafé" est l'immanence de l'Amour. Grâce au "Pote Mafé", le **F**éminin reconnaît et connaît en lui-même la Source de l'Amour. Il se reconnaît comme la Source de l'Amour et reconnaît en toutes choses l'Amour de la Source.

• Le "Pote Mafé" est la conscience de notre Pure Essence. Il est par essence le **M**asculin, sujet conscient et agissant. Par sa simple présence, il transmet la conscience au **F**éminin. Il porte la connaissance intime du **F**éminin puisqu'il est son centre conscient. **Le "Pote Mafé" sait la divinité de l'essence du Féminin pure, inaltérable, indestructible, éternelle.** Il est de notre responsabilité de faire grandir la conscience de notre essence.

Grâce au "Pote Mafé" qui le connaît, le **F**éminin se reconnaît en tant que **F**éminin qui matérialise et expérimente l'Amour de la Source et qui véhicule et exprime la Source de l'Amour et sa Beauté. Inconditionnellement. **Le Féminin reconnaît avec amour sa propre essence divine et diffuse consciemment l'Essence de l'Amour qui est la Beauté en lui et à travers lui. Il a conscience d'être la Beauté de la Source et la Source de la Beauté.**

Grâce au "Pote Mafé", une femme reconnaît en elle et à travers elle l'essence de l'amour et la beauté de façon unique et universelle. Elle l'exprime consciemment. De même pour l'homme au cœur de son **F**éminin.

• Le "Pote Mafé" enracine et concentre la connaissance universelle en l'individu. Il est le centre déployé en axe, entre ciel et terre, qui transmet la dimension universelle et qui canalise par cet axe conscient la connaissance universelle et la concentre en son centre.

Le "Pote Mafé" individualise l'univers à travers l'être.

Le "Pote Mafé" offre au **F**éminin sa présence érigée, centrée, vigilante. Il ne surveille pas, ni ne veille sur le féminin, il est la présence vigilante pour le féminin. Il veille. Il est le Veilleur du **F**éminin. Sa présence vigilante garde conscience et veille même au cœur de l'inconscience, le **F**éminin peut s'abandonner en sécurité.

L'axe vertical du "Pote Mafé" est synonyme de verticalité, de dignité. Grâce à lui, le **F**éminin se tient droit sans rigidité, érigé, la tête dans les étoiles, ancré dans la Terre, royal sans arrogance, néanmoins souverain, alors que le féminin s'affaisse ou se complaît. Grâce à lui, **le Féminin se reconnaît dans la simplicité de sa royauté intérieure et l'incarne au quotidien. Il se connaît et se reconnaît véhicule du Féminin Sacré. Il connaît en lui la Source de l'amour en lui et reconnaît en toutes choses l'amour de la Source. Il sait que toutes choses sont reliées entre elles et qu'il en fait partie.**

Grâce à son "Pote Mafé", une femme se reconnaît dans une souveraineté intérieure et dégage une forme de royauté simple. De même pour l'homme au cœur de son **F**éminin.

2 / Compréhension approfondie du "Pote Féma"

• **Le "Pote Féma" rend le masculin au Masculin. Le masculin uni au "Pote Féma" définit le Masculin divin.** Le "Pote Féma" est le **F**éminin au cœur du **M**asculin dont l'étreinte aimante et inconditionnelle ressent et reconnaît et lui permet d'ajuster son action. Il est le cœur réceptif du **M**asculin.

• **Le "Pote Féma" est la reconnaissance et le ressenti.** Dans un mouvement centripète, il ramène au cœur et accueille, il re-sent, sent à nouveau, il re-connaît. C'est l'amour de la Source qui accueille, ressent et reconnaît, qui étreint au cœur du **M**asculin.

Le "Pote Féma" ressent dans son propre vécu intérieur l'expérience vivante de l'autre. L'autre n'est plus un autre, étranger à soi mais un prolongement de soi-même. En ressentant l'expérience de l'autre, il le reconnaît dans son essence vitale et sacrée et le sort du rôle d'objet sans conscience.

Le "Pote Féma" nous offre le vécu que nous sommes Un avec l'autre, comme avec Tout, que nous sommes interreliés, indissociables, interdépendants.

• **Le "Pote Féma" reconnaît la quintessence. Le "Pote Féma" ressent le sacré de toute vie et accède à l'expérience que nous sommes Un, non séparé.** L'amour du "Pote Féma" nous permet de reconnaître l'essence de toutes choses et l'essence en toutes choses. Son amour reconnaît l'amour et l'union en toutes choses, le sacré de toute vie et en fait l'expérience. Le "Pote Féma" est l'Amour qui étreint et reconnaît la quintessence. Celle-ci se révèle être l'essence enrichie de l'expérience.

Le "Pote Féma" reconnaît la quintessence, le "Pote Mafé" connaît l'essence.

• **Le "Pote Féma" dit oui inconditionnellement.** Il a le cœur grand ouvert pour accueillir inconditionnellement et étreindre. La position d'harmonie du triangle du **M**asculin inscrit sa base dans le prolongement de son cœur, tels les bras grands ouverts. Il dit oui à ressentir sans discrimination ni jugement.

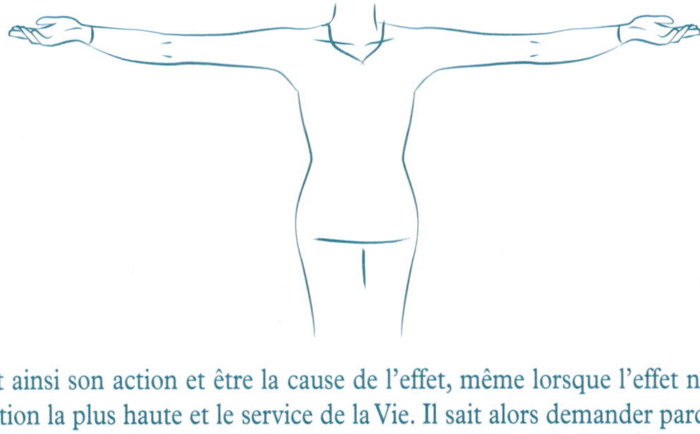

Il reconnaît ainsi son action et être la cause de l'effet, même lorsque l'effet ne correspond pas à son intention la plus haute et le service de la Vie. Il sait alors demander pardon et ajuster sans juger ni cautionner. Il reconnaît simplement et clairement la résonance de son action. Ainsi son oui inconditionnel ressent avec délicatesse la conséquence de son action qu'il ajuste au service du sacré de toute vie. Cela lui permet de reconnaître la beauté et la justesse de l'élan qui l'anime. Il sait pardonner et aimer à nouveau, tout en ajustant dans l'intégrité de son **F**éminin. Son oui inconditionnel et sa reconnaissance de la lumière et de l'ombre, chez l'autre comme chez lui même, peuvent lui demander d'ajuster, de rectifier.

2 • Méditation de "Connexion intime à notre Pure Essence"

La méditation de "Connexion intime à notre Pure Essence" active le "Pote Mafé".

Notre essence est inaltérable. Il est important d'y revenir pour ceux qui croient leur noyau intime altéré, profané, par leur histoire ou ce qu'ils en ont conclu. Notre essence est inaltérable, pure, éternelle et indestructible. Nous sommes une étincelle divine et sacrée. Quoi que nous pensions, croyions, vivions, fassions... Quelle que soit ou ait été notre histoire personnelle, familiale, culturelle... Notre Essence est. Notre essence est et porte la vibration de l'Union d'origine, celle de l'Union du **M**asculin et du **F**éminin. Cette méditation permet d'activer la vibration la plus haute de l'Union et de retrouver, contacter, pressentir, ressentir notre essence.

Au cours de la méditation, le "Pote Mafé" se présente comme le Temple, le Sanctuaire qui veille la Pure Essence. Il est en amont de toutes blessures, par-delà le brouhaha du mental et notre cœur le connaît de tout temps. Chaque nuit, tous les aspects de nous-mêmes s'y rassemblent et y vivent la paix. Le Sanctuaire recèle une qualité de Présence infiniment douce et puissante qui vibre la fidélité, la consécration, la conscience envers le **F**éminin.

Cette méditation peut être faite tous les jours et à chaque moment où nous ressentons le besoin de retrouver la beauté unique, la pureté qui nous habite, la paix véritable au-delà du brouhaha du mental.

Cette méditation est essentielle d'où le choix de la placer dans le livre avec le texte. Elle peut être faite... mental.

Prends quelques instants pour respirer amplement et habiter consciemment ton corps...
Autorise la verticalité, non dans l'effort, simplement dans l'intention de t'élever toujours plus haut et de t'enraciner toujours plus profond...
Dans l'intention de contacter l'amour et la lumière présents au cœur de la Terre Mère, de contacter les plans supérieurs de conscience présents dans l'univers.
Dans la conscience d'être un arbre de vie qui relie et unit le Ciel et la Terre, intimement enraciné dans la dimension terrestre. Permets à ton être de se déployer dans sa verticalité entre Terre et Ciel...
Pose ton attention au centre de ton cœur... Respire doucement au centre de ton cœur... Au centre du centre de ton cœur...
Ton attention te guide vers un endroit précieux... Dans l'intimité de ton cœur...
Respire doucement... Profondément... Apprivoise cette rencontre...
Tu reconnais l'énergie de ce lieu... Tu viens spontanément t'y réfugier la nuit... Ressource-toi en ce lieu, gorge-toi de sa beauté. Baigne-toi dans sa pureté... Ressource-toi à l'harmonie qui y règne...
Laisse pénétrer en toi la paix qui y règne...

En ce lieu, réside un sanctuaire... Peut-être un temple... Une chapelle... Une église... Des pierres dressées... Un cercle d'arbres...
Prends le temps de le percevoir... De le sentir... De l'imaginer...
Ce sanctuaire est en amont de toutes blessures...
Par-delà du brouhaha du mental...
Ton cœur connaît ce sanctuaire de tout temps.

• Le "Pote Féma" s'émerveille. Le "Pote Féma" qui étreint et reconnaît la quintessence s'émerveille. Le cœur réceptif du **M**asculin s'émerveille de ce qu'il reconnaît, de reconnaître l'essence et la quintessence en toutes choses, il s'émerveille de son action et de pouvoir ajuster, pardonner et restaurer. La fonction du **M**asculin est de s'émerveiller, c'est son "Pote Féma".

Grâce à son "Pote Féma", un homme ressent la dimension subtile de la vie et fait l'expérience d'être Un avec l'autre, Un avec l'environnement et la nature. Il a le cœur ouvert sans être naïf car il ressent quand il est en désaccord avec son action. Il sait ajuster, restaurer, pardonner, s'émerveiller. Il est amoureux de la Vie et reconnaît à travers le monde son **F**éminin. Il est au service de la Vie et reconnaît le sacré de toute vie.

2 • Méditation de "Connexion au Champ Unifié"

La méditation de "Connexion au Champ Unifié" active le "Pote Féma".

Le Champ Unifié est la fréquence de la Source, la matrice dans laquelle Tout Ce Qui Est baigne. Il n'y a pas de fin au Champ Unifié. Chaque étoile, chaque cellule, chaque dimension y baigne. Nos dimensions physiques, émotionnelles, mentales, spirituelles y baignent.

Notre nature essentielle est potentialisée, activée par la connexion à Tout Ce Qui Est à travers le Champ Unifié. Nous attirons l'énergie sur laquelle nous portons notre attention.

Notre connexion consciente au Champ Unifié invite l'aisance, la grâce et la synchronicité dans notre vie avec ce dont nous avons besoin et tout coule spontanément. C'est le miracle de la vie.

Se connecter consciemment au Champ Unifié est réaliser que toutes choses sont interreliées et que nous en faisons partie. C'est pourquoi cette méditation active le "Pote Féma". C'est une pratique simple et essentielle, sacrée car vitale, la plus directe pour expérimenter l'union avec Tout. Il est important de pratiquer cette méditation tous les jours. Elle peut être la base d'autres pratiques, accompagner un massage ou un geste créatif, ouvrir un espace d'infini dans un moment d'intimité, commencer ou compléter une journée… Elle est merveilleuse dans la nature et permet de se sentir Un avec le vent, les arbres, l'herbe, les odeurs, les oiseaux… Une fois intégrée, elle devient un état d'être de connexion à Tout.

Prends quelques instants pour respirer amplement afin d'habiter plus consciemment ton corps…
Autorise la verticalité, non dans l'effort, simplement dans l'intention de t'élever toujours plus haut et de t'enraciner toujours plus profond…
Dans l'intention de contacter l'amour et la lumière présents au cœur de la Terre Mère, de contacter les plans supérieurs de conscience présents dans l'univers.
Dans la conscience d'être un arbre de vie qui relit et unit le Ciel et la Terre, intimement enraciné dans la dimension terrestre. Permets à ton être de se déployer dans sa verticalité entre Terre et Ciel…
Pose ton attention au centre de ton cœur… Respire doucement au centre de ton cœur…
Prends conscience à travers ta respiration du Champ Unifié…
Il est présent en toi comme en chaque chose…
Il est présent en chacune de tes cellules, en chacune de tes molécules,
Tu respires à travers le Champ Unifié… Il est présent dans l'air que tu respires…
Prends en simplement conscience… Respire doucement… Consciemment…
Le Champ Unifié est là dans chacun de tes atomes… Tu t'accordes au Champ Unifié avec chaque atome…

Chaque nuit, tu t'y rassembles... Tous les aspects de toi y vivent la paix...
C'est là qu'ils se ressourcent dans le secret de ton intimité.
Ce sanctuaire veille ton essence. C'est le sanctuaire de ton essence...
Il y a là une qualité de Présence... Un silence qui chante...
L'énergie y est infiniment douce et puissante.
Tu peux y pressentir la présence de tes guides.
Ce sanctuaire entoure et veille ton Essence.
Nous lui avons donné un drôle de nom le "Pote Mafé"...
Fidélité... Consécration... Conscience...
Prends contact avec lui... Laisse-le te transmettre son axe, sa présence...
Sa conscience aimante d'un amour infini pour ton essence...
Il a toujours été là, présent, fidèle, digne... Prends le temps de le reconnaître...
De ce lieu émane la beauté, la pureté, la communion...
Il en émane un parfum particulier. De fleurs ? D'épices ?...
Accueille et reconnais l'énergie spécifique de ce lieu... Une tonalité... Un accord... Un symbole...
Un vent frais sur ton front... Une aile qui t'entoure doucement...
Tu ne peux exister sans ce lieu, même si tu ne le vois pas.
Le sanctuaire de ton essence... Ton refuge...
Quelle que soit ton histoire, celle de ton âme, de son cœur émane ton essence.
Pénètre doucement dans le sanctuaire, si tu ne l'as pas déjà fait.
Toi seul peux le faire.
Personne d'autre que toi ne peut pénétrer...
Tu es au cœur du cœur de ton cœur...
Respire doucement... Oui... Avance doucement... Encore... Oui...
Au cœur du sanctuaire, il y a une flamme...
Cette flamme est indestructible...
Inaltérable...
Éternelle...
Elle a toujours été là.
Et depuis toujours.
Elle a toujours été brillante et pure.
Même quand tu t'en éloignais.
Même quand tu t'en croyais loin.
Quelles que soient tes croyances, elle brille inaltérable.
Quelles que soient les blessures, elle est là éternelle.
Quelles que soient tes expériences, elle est là indestructible.
Tu voudrais la détruire, tu ne le pourrais.
Elle est ton essence.
Elle est ton origine. Elle est ton sceau.
Approche-toi...
Re-Source-toi à ta véritable nature.

Ce sont des Retrouvailles sacrées.
Il t'appartient d'y revenir encore et encore car tu t'y ressources à ta propre Essence.
Tu es appelé(e) à faire grandir cette flamme au cœur de ta vie quotidienne.
Être Un (e) avec elle.

Il est présent dans chacun de tes atomes comme en chaque atome de l'univers… Chaque photon…
Il est présent en toi comme en chaque chose… Il est présent en toi comme en chaque être…
Le Champ Unifié te connecte à chaque arbre, chaque graine, chaque fleur… Chaque animal… Chaque vague de l'océan… Chaque cristal comme chaque étoile…
Il te connecte à chaque souffle de la vie, à chaque battement d'ailes comme aux multiples aspects de toi qui vivent dans les royaumes célestes…
Par ta respiration, prends conscience que tu es Un avec chaque chose par le Champ Unifié…
Tu es Un par le Champ Unifié…
Respire à travers lui… Respire ta communion avec chaque être et chaque chose…
Il te connecte au Temps sacré qui unit toutes choses…
Il unifie en toi toutes dimensions…
Tu t'unifies par le Champ Unifié…
Le Champ Unifié est la lumière… L'amour… Et la fréquence de la Source…
Il est la puissance de la création…
La Source habite le Champ Unifié…
Respire la Source en toi, à travers toi, autour de toi…
La Source est toujours présente en toi et de tout temps…
L'amour, la lumière et la puissance de la création sont avec toi à chaque instant…
Tu y accèdes en t'accordant au Champ Unifié…
Simplement, naturellement, en prendre conscience… T'y accorder par ta respiration…
Le Champ Unifié est là pour toi à chaque instant, il suffit que tu y poses ton attention et que tu respires à travers lui doucement…
Tu actives ainsi ta nature essentielle… Un avec Tout Ce Qui Est…
Tu actives ainsi la présence divine en toi… À travers toi… Autour de toi…

Plus tu te connectes consciemment au Champ Unifié, plus la bénédiction, l'aisance, la grâce coulent dans ta vie…
Il y a tant de bénédictions pour toi à recevoir…
Tant de bénédictions attendent de t'être offertes…
Chaque arbre a une bénédiction pour toi quand tu te connectes au Champ Unifié…
Chaque instant a une bénédiction pour toi…
Accueille en cet instant…

Respire encore quelques instants dans cette présence au Champ Unifié…
Tu vas retrouver ta vie quotidienne… Dans la conscience que tu es Un avec le Tout…
Ouvre les yeux…
Et passe une merveilleuse journée…

Gratitude.

Qu'elle émane de toi à chacune de tes respirations, chacun de tes gestes...
Qu'elle se perçoive du bout de l'univers, toi qui traverses le mur de l'opacité, toi qui t'éveilles.

Prends le temps dont tu as besoin pour terminer...
À ton rythme, reprends contact avec la vie quotidienne tout en gardant la vibratin de ton essence vibrante en ton cœur. Baille doucement. Étire-toi si besoin est. Ouvre les yeux.
Passe une merveilleuse journée dans la conscience de la beauté de ton essence.

Gratitude.

Résumé de "Pote Mafé"

Le "Pote Mafé" rend le féminin au ***Féminin****. Même au cœur de l'inconscience, il est le Veilleur de son essence divine, le Point de Lumière au sein de l'obscurité. Il sait le* ***Féminin*** *être la Source de l'amour et l'y éveille. Grâce à lui, le* ***Féminin*** *exprime l'amour de la Source et le reconnaît en tous et en tout. Le "Pote Mafé" individualise la conscience universelle au cœur du* ***Féminin*** *et lui permet d'être en conscience la beauté de la Source et la Source de la beauté. Le "Pote Mafé" permet d'accueillir inconditionnellement sans recevoir personnellement, de savoir toutes choses reliées et d'en faire partie.*

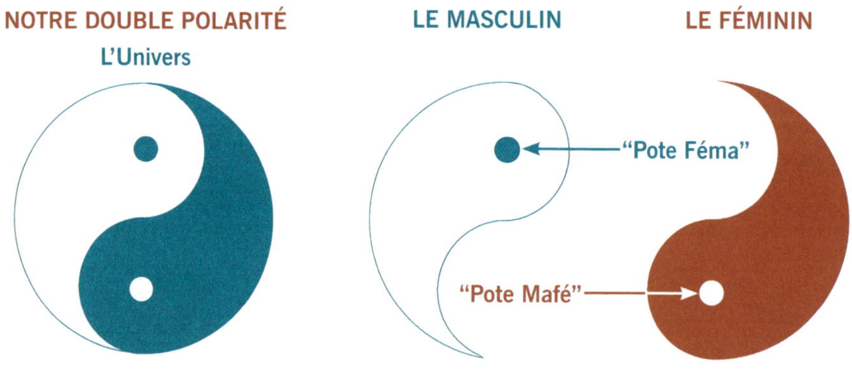

Résumé de "Pote Féma"

Le "Pote Féma" rend le masculin au ***Masculin****. Il est l'étreinte de l'amour au cœur du* ***Masculin*** *qui accueille, ressent et reconnaît l'essence de toutes choses et en toutes choses. Il est l'émerveillement de la reconnaissance. Il spiritualise le tangible en y reconnaissant le subtil, la quintessence. Il ressent et reconnaît que nous sommes Un, interreliés, indissociables, interdépendants. Grâce à lui, le* ***Masculin*** *par son action ajustée peut se consacrer au service du sacré de toute vie.*

LES POLARITÉS INTÉRIEURES

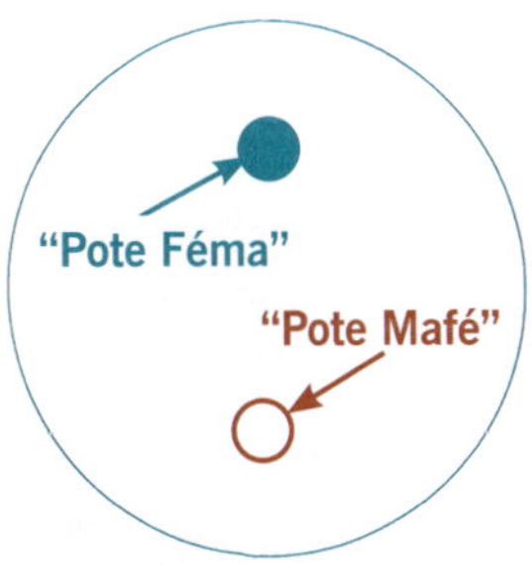

LE MASCULIN OBSCURCI **LE FÉMININ ASSOMBRI**

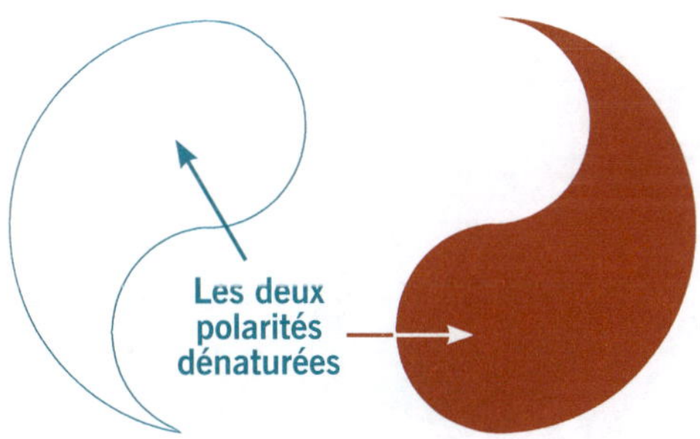

Résumé de "Le Féminin dans sa complétude et sa vérité"

Le Féminin est la force universelle centripète, intériorisée et réflexive par laquelle l'univers se reconnaît à travers la co-création de chacune de ses parties.

Le Féminin est l'expression et l'émotion de la Source, l'Amour inconditionnel, sa beauté et sa magie.

C'est l'amour qui anime et relie l'univers à travers le Champ Unifié grâce auquel nous sommes Un avec Tout Ce Qui Est, à travers le temps, l'espace et les dimensions.

L'amour du Féminin aimante, maintient notre Identité. Il nourrit de joie et exprime la gratitude d'être l'amour qui reconnaît l'amour en Tout Ce Qui Est.

Grâce à l'obscurité bienveillante et matricielle, le Féminin manifeste le potentiel créatif de l'univers. L'ombre en fait partie à la mesure de notre amour et de notre lumière.

Le "Pote Mafé" est le Point de Lumière au sein de l'obscurité.

L'amour du Féminin dans le don inconditionnel de faire l'expérience s'offre à matérialiser et refléter l'effet produit par la conscience agissante du Masculin.

Le Féminin dit Oui au Moment Présent, bénit et permet au Masculin son exploration.

L'amour du Féminin pardonne ce que l'ego juge impardonnable dans un choix conscient d'exprimer l'amour à nouveau.

Dans son étreinte amoureuse et alchimique, le Féminin accueille inconditionnellement sans recevoir personnellement et inclut la totalité dans toutes ses composantes dont celle de l'ombre.

Il réconcilie et pacifie les différences en harmonisant ce qu'il y a de "comme Un", et unifie la diversité dans l'unité, le multiple en l'unique.

Il exprime la quintessence à travers la compassion.

L'amour alchimique du Féminin restaure à l'amour ce qu'il touche, sans en être affecté.

Dans son mouvement d'ascension, le Féminin spiritualise et révèle le tangible dans le subtil, l'esprit dans la matière, le Masculin au cœur du Féminin.

Notre Féminin nous révèle qu'il est le monde que nous percevons dans lequel nous nous reconnaissons et qui attend notre consécration.

Résumé de "Le Masculin dans sa complétude et sa vérité"

Le Masculin divin est la force centrifuge, émettrice et créatrice de l'univers, la conscience lumineuse orientée par le Désir de faire l'expérience d'elle- même et de prendre conscience de Soi à travers sa réflexion sur la création.
Notre Masculin divin est la conscience divine individualisée en nous, coagulée par l'ego dans le processus de conscientisation de soi et destinée à la réalisation du Soi cocréateur. Il est notre centre créateur autour duquel se déploie le monde que nous percevons et qui se dévoile être notre Féminin.

Il nous donne sens, direction et cohérence.

Il nous in-forme et transmet notre héritage divin au service de la Vie.

Il est le Veilleur qui illumine notre histoire personnelle de sa dimension universelle et nous révèle la vérité de Qui Nous Sommes.

Grâce au reflet du Féminin et à sa propre réflexion, notre Masculin prend conscience qu'il est cocréateur du monde qu'il perçoit et s'émerveille de sa beauté telle celle de son Féminin.
Il éclaire l'ombre sans discrimination ni accroche. Il se concentre et projette son intention à travers son action spécifique qu'il ajuste et rectifie.

Sa capacité de s'émerveiller équilibre sa véritable virilité.

Son cœur, le "Pote Féma" ressent et reconnaît la quintessence des êtres et des choses. Il expérimente de l'intérieur que nous sommes Un, inter-reliés, indissociables, interdépendants.

Avec incandescence, notre Masculin s'unit à notre Féminin qu'il ensemence de sa signature vibratoire divine à travers la joie de son action.

Leur union crée une expansion de conscience qui porte une création unique et nouvelle.

Notre Masculin s'émerveille et nous éveille à la liberté de vouloir être qui nous sommes, maîtres et disciples de la vie que nous ne contrôlons pas.

Les qualités essentielles du Féminin

*Le **Féminin** est présent partout en chaque aspect de nous-mêmes. Dans nos centres d'énergie, il y manifeste des tonalités et des qualités spécifiques.*

***Base :** La matérialisation de l'amour, l'amour présent dans la matière, l'amour concret, le concret et le tangible, la patience, l'enracinement.*

***Hara :** La pulsion de vie, la puissance douce, la vitalité, la sensorialité, l'instinct par le ressenti organique, la création manifestée, la créativité, l'art, la beauté, le discernement, la réjouissance.*

***Plexus solaire :** Les émotions, l'expression et la célébration émotionnelles, la sensualité naturelle, l'expérience et le vécu intérieurs, la focalisation intérieure, l'aimantation, la résonance, l'harmonie, la plénitude, la sérénité et la confiance, la présence, la dignité du "Pote Mafé".*

***Cœur :** L'amour inconditionnel, la joie pure et nourricière, la compassion, la capacité nourricière, la générosité et le partage, l'accueil, la douceur, l'accord et l'unisson, le Oui au Moment Présent, la gratitude.*

***Gorge :** L'expression de l'amour sous toutes ses formes dont l'art, l'enseignement, la communication de l'amour, le son et le geste guérisseurs, la justesse, le toucher, la reconnaissance du sacré de toute vie, de l'universel en tous et tout, la bénédiction.*

***3e œil :** La gratitude, la conscience de l'essence, l'intuition, la claire vision et les talents psychiques, la reconnaissance de l'âme, le monde de l'âme, la sagesse.*

***Couronne :** La paix, l'unité avec tout, le sacré de toute vie, la guidance, l'extase, le silence, l'espace, le Oui à la connexion divine.*

Quintessence des qualités du Féminin à l'unisson de sa nature centripète, intériorisée, réflexive : L'accueil et la reconnaissance, la matérialisation et l'expérience, l'intuition.

Les qualités essentielles du Masculin

Le Masculin présent partout en chaque aspect de nous-mêmes. Dans nos centres d'énergie, il y manifeste des tonalités et des qualités spécifiques.

Base : *L'enracinement, l'ancrage, la stabilité, la sécurité intérieure. L'intégrité avec la conscience de soi et une présence à soi. L'aboutissement et la connaissance de la matière, la concrétisation et le sens pratique.*

Hara : *L'action et le désir. La pulsion, la force créatrice, l'ensemencement, la reproduction, la paternité. L'engagement. L'exploration et la traversée des limites. Le rassemblement et la focalisation de l'énergie. Le dynamisme, la force, le pouvoir. L'expérience du "Je Suis". L'émission.*

Plexus solaire : *La confiance en soi. La consécration, le service, l'honneur, l'héroïsme, le dépassement de soi, la générosité. La valeur, la capacité. La fierté. Le pouvoir de décision. La concentration de l'énergie, le centrage. L'individualité. La volonté. L'expérience de "Moi, je".*

Cœur : *La réceptivité et l'émerveillement. La re-connaissance. Le discernement. Le ressenti. Le ressenti du Comme Un et de l'essence. La conviction. La justesse et l'ajustement. Le sentiment d'être Bien-Aimé.*

Gorge : *L'émission de la conscience sous toutes ses formes : l'enseignement, la transmission, la communication consciente, l'art. La parole d'or et inspirée. Le langage, le verbe créateur. L'information. Le symbole, le rituel.*

3e œil : *La conscience et la conscientisation. La connaissance. L'orientation et l'intention claire. Le mental, la pensée claire, l'intelligence. La clarté et la lucidité. La quête de sens et le sens. L'idéal. La transmission. La guidance. L'éclairage. La transcendance.*

Couronne : *La compréhension supérieure. L'accès à la vérité divine. La guidance supérieure et la connexion divine. L'accord à la volonté divine. La conscience supérieure. L'extase. L'illumination. L'éveil.*

Quintessence des qualités du Masculin à l'unisson de sa nature centrifuge, émettrice, créatrice : L'émerveillement et la concentration, l'émission consciente et la volonté, la conscience de soi.

Les actions essentielles du Féminin

La nature centripète :
Aime, unit, unifie, accueille, accepte, s'accorde, harmonise, réconcilie, pacifie, relie, maintient, touche, étreint, embrasse, enveloppe, inclut, stimule, célèbre. Alchimise, spiritualise, transmute, transforme, pardonne, restaure, révèle, libère, permet.

La nature intériorisée :
Anime, aimante, vitalise, nourrit, donne la vie, rêve, ondoie.
Existe, expérimente, éprouve, ressent et sent, se pose, s'installe.

La nature réflexive :
Exprime, exprime la création et l'émotion, manifeste, matérialise, concrétise, reflète, reconnaît, ressent, discerne, révèle.

La quintessence de la nature du Féminin :
L'accueil et la reconnaissance, la manifestation et l'expérience, l'intuition.

La quintessence de l'action du Féminin :
Le Féminin aimante, reconnaît, exprime la quintessence.

"Une femme, une vraie"

Cette femme est complète, elle exprime librement son Féminin et intègre son Masculin. Elle porte la dignité et la reconnaissance profonde et véritable d'être Femme et créatrice, sans le besoin de séduire ou de craindre l'homme, sans intérêt pour les jeux de pouvoir. Elle n'extériorise pas un masculin fabriqué, elle n'a pas besoin de faire comprendre au monde qu'il faut la respecter, elle le porte en elle. Quand elle se trouve dans un environnement machiste, sa présence ne donne pas prise au pouvoir ou à la domination car il n'y a pas d'accroche en elle. Si l'environnement la contraint, la simplicité douce et le bon sens vital l'animent, sans qu'elle se sente victime personnellement de la situation. Grâce à son "Pote Mafé", elle expérimente le respect d'elle-même et des autres. Elle vit la reconnaissance de la beauté intrinsèque d'être une femme. Elle connaît et reconnaît sa divinité sans nul besoin de le démontrer, son corps et le sang des lunes l'incarnent. Elle reconnaît chaque femme à travers une sororité complice, ainsi qu'une fraternité naturelle envers l'homme. Son masculin lui donne l'axe de sa dignité et la royauté de ses actions. Elle est reine et prêtresse en elle-même et il émane d'elle une Présence douce et ferme, profonde et claire, concernée sans être accrochée. Sa Présence veille, libère et reconnaît.

Les actions essentielles du Masculin

La nature centrifuge :
Explore, projette, traverse, cherche, approfondit, étudie, désire, veut, initie, transmet, relie, protège, connecte, accède, pense, conceptualise, guide, se projette.

La nature émettrice et lumineuse :
Émet, émane, maintient, cherche et donne le sens, oriente, éveille, définit, délimite, ajuste, guérit, répare, illumine, éclaire, comprend, connaît et sait, veille, s'émerveille.

La nature créatrice :
Crée, imagine, invente, enracine, canalise et concentre, individualise, ensemence, in-forme et informe, désire, s'approprie, construit, maintient, garde et préserve, prend conscience, re-connaît, pressent, projette son intention.

La quintessence de la nature du Masculin :
L'émerveillement et la concentration, l'émission consciente et la volonté, la conscience de Soi.

La quintessence de l'action du Masculin :
Le Masculin connaît et s'émerveille, éveille et crée.

"Un homme, un vrai"

Cet homme est dans la complétude de son être complet, c'est-à-dire qu'il incarne naturellement son Masculin en intégrant son Féminin. Son axe s'enracine entre ciel et terre et il transmet consciemment par sa simple présence une dimension universelle ou divine à ce qu'il fait. Il habite avec souplesse et vigueur son corps et ensemence de sa passion le monde qu'il sait être son Féminin. Il fait l'amour au monde à travers son action qu'il connaît et ajuste. Pour aboutir son intention à travers son action, il se concentre et s'engage totalement, tout en déployant sa conscience intuitive à travers le Champ Unifié. Fier d'être homme, sans performer ni rivaliser, il ressent une fraternité franche pour l'humanité dont il éclaire l'ombre sans discrimination ni accroche, la connaissant en lui-même. Grâce au "Pote Féma", son cœur s'émerveille de ressentir la quintessence des êtres et des choses. Il expérimente de l'intérieur que nous sommes Un, interreliés, indissociables, interdépendants ; cette évidence le consacre amoureusement au service de la Vie à travers son Féminin et déploie sa cohérence créatrice. Son Féminin lui offre la reconnaissance en lui-même de la Source de l'amour, ce qui l'intériorise et l'accorde au moment présent. Ses gestes sont naturellement sensuels, à l'écoute de l'énergie subtile dans une qualité de Présence vraie et lumineuse, émerveillée et amoureuse, intense et intuitive. Sa Présence éveille et crée.

L'ÊTRE DANS SA COMPLÉTUDE

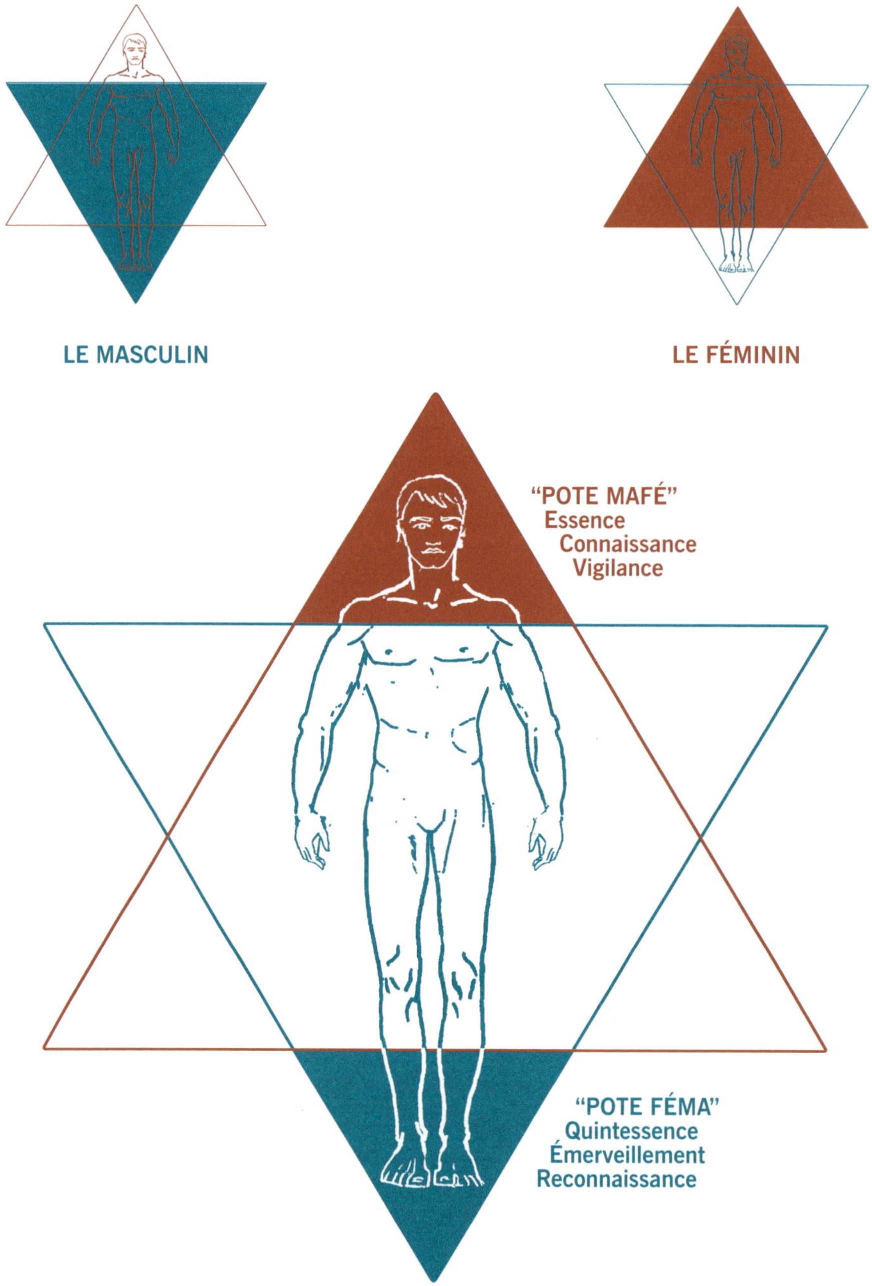

HISTOIRE DE PAUL

"Dis seulement une parole et je serai guéri"

Le masculin attaché à la toute-puissance

Thème : L'illusion de la toute-puissance abstraite du masculin de Paul méprise et perpétue la souffrance du corps. La vérité non reconnue de la souffrance du féminin s'extériorise sans fin dans la vie de Paul.

Paul, bel homme de 48 ans, professionnel de la communication dans de grandes entreprises. Il y réussit par une compréhension des jeux de pouvoir et une pratique du respect mutuel. À 18 ans, il vit spontanément une ouverture de conscience où il accède à un espace "sans limites" qui lui permet de décoder la vie en termes mathématiques. L'expérience est indéniable, même si elle m'apparaît un peu masculine, sans solliciter la compassion. Il garde une nostalgie de ce "sans limites" qui le met parfois dans des situations physiquement dangereuses où il refuse d'accepter les limites du corps. Son expérience n'incorpore pas la vie quotidienne. En parallèle, Véronique (voir p. 206) permet à son expérience spirituelle de toucher son cœur et peut pardonner. Paul porte un désespoir latent. Il vit des histoires lourdes avec des femmes qu'il veut sauver et qui finissent par le trahir.

Il me consulte de loin en loin, dans les moments de crise et nous n'avons pas l'opportunité d'approfondir, juste celle de le faire réémerger. S'il apprécie, s'il valide ce que je suis et se sent nourri intellectuellement de ma vision, quelque chose reste en surface. En relisant mes notes avant sa venue, me vient une gêne. Les guérisons passées m'apparaissent superficielles, camouflées derrière son adhésion émotionnelle. Quelque chose colle, attache, empêche une véritable profondeur. Si j'en prends conscience maintenant, quelque chose est peut-être prêt à émerger. Une phrase soulignée m'accroche : "Dis seulement une parole et je serai guéri."

Il me fait partager aujourd'hui plusieurs situations où il se sent trahi. Il me lit une très, très longue lettre à sa mère, où il lui exprime de façon apparemment non violente combien il s'est senti trahi par elle à de nombreuses reprises. C'est une litanie où il se plaint sans fin. Il cherche à me convaincre de la vérité de chaque situation. Il met du temps à reconnaître l'attachement à une trahison source et ignorée dont il se plaint sans fin. Il sourit de prendre conscience du spécialiste des jeux de pouvoir lui-même attaché à l'aspect victime. Où donc est le tyran pour que la victime soit mise en avant ?

Je dois l'assurer reconnaître la trahison dans sa vie. Je lui répète aussi que la source est intérieure pour que cela se répète sans fin.

Paul choisit de rencontrer "sa vérité non reconnue". Il ne retient pas ma proposition de "la plainte sans fin", je respecte son choix. La vérité est du domaine du masculin, la plainte sans fin est du domaine du féminin.

Après le protocole d'entrée, se présente un guérisseur sur un bûcher. La blessure commune à la famille d'âmes des guérisseurs est la non-reconnaissance, comme pour Bruno. Paul le sait.

"Que vis-tu, Paul, en relation à cet aspect de toi 'guérisseur sur le bûcher' ?

— Je pouvais guérir. C'était facile. J'avais la puissance. Je savais faire des miracles dans le corps souffrant des autres."

S'identifie-t-il au guérisseur ? (Voir l'histoire d'Ariane p. 284.)

"Oui… Et toi Paul, que vis-tu face à la souffrance de cet homme sur le bûcher ?"

Un long temps…

"Une forme de mépris."

Je comprends pourquoi il préfère rencontrer "la vérité non reconnue" à "la plainte sans fin". Il méprise la souffrance d'un aspect de lui-même, une tonalité de son féminin. Le guérisseur souffre dans son corps, son humanité incarnée brûle, son féminin souffre.

"Quel mépris ?

— Sa souffrance. C'est indigne de lui. Oui en fait, c'est ça, je le méprise.

— Tu méprises sa souffrance… ?

— Je le méprise. Je pouvais guérir. C'était facile. Je faisais des miracles."

De nouveau, il s'identifie.

"A-t-il pu guérir ?

— Ce serait trop facile.

— Qu'est-ce qui serait trop facile ?

— De guérir. Il a la puissance. Il fait des miracles."

Il se répète. L'image est comme arrêtée. Il est devant son propre filtre, son défi et son passage. L'ego ronge un os.

"Est-ce à dire qu'il n'a pas guéri malgré le fait qu'il le pouvait ? Ou plutôt qu'il souffre sans pouvoir guérir ?

— Il aurait pu guérir. Il faisait des miracles.
— Qu'est-ce qui fait qu'il n'a pas pu guérir alors qu'il faisait des miracles ?
— Ce serait trop facile."
Quelque chose de douloureux et de cristallisé bloque la circulation des pensées, des émotions. Quelque chose de proche puisque ce serait facile, mais qui résiste. Les enfants disent "ce serait trop facile" dans le cas d'une victoire qui ne peut être reconnue comme telle car acquise sans défi ! Qui y a-t-il à reconnaître avant de pouvoir guérir facilement.
Le masculin sous l'aspect du guérisseur a du mal à reconnaître la souffrance du féminin, du corps du guérisseur sur le bûcher. Il s'en abstrait. La souffrance du féminin n'est pas reconnue et même méprisée par le masculin. Paul exprime une plainte sans fin dans sa vie quotidienne.
"Qu'est-ce qui serait trop facile de guérir alors qu'il sait faire des miracles ?
— Ce serait trop facile."
Quelque chose ne peut se dire, quelque chose d'indicible, la clef de ce qui bloque et tourne en rond. Comment remettre Paul dans son alignement ?
"La vérité non reconnue et si douloureuse dans ta vie se présente comme la souffrance que tu méprises du guérisseur sur le bûcher… Qu'est-ce que ça te fait vivre ?…"
Silence. Très long silence.
"Ce serait trop facile…
— 'Ce serait trop facile'… Tu le répètes sans fin. Ce qui serait trop facile est indicible pour l'instant, mais c'est essentiel n'est-ce pas ?"
Silence… Il entend, acquiesce mais il n'habite pas son corps, ni ses émotions. Le mental comprime l'émotionnel et le flux est stoppé.
"Ce serait trop facile…
— Quelle vérité non reconnue l'empêche de guérir facilement ?"
Silence. L'énergie dans la pièce est à couper au couteau. Nous sommes au cœur du défi, mais comment renouer avec le flux ?
"Il faisait des miracles, n'est-ce pas ?
— Oui. C'était facile…"
Il répond. L'énergie change, cela se fluidifie.
Ce masculin guérisseur qui fait facilement des miracles dans le corps des autres vit une forme de toute-puissance, qui se sent trahie par la souffrance du corps sur le bûcher, trahie par son féminin. La confrontation de la toute-puissance du mental (le masculin du guérisseur) avec la réalité de sa chair suppliciée (le féminin du guérisseur) est insupportable à Paul, bien plus que la souffrance en elle-même dont il ne parle pas. Le guérisseur juge la souffrance du corps indigne de sa toute-puissance. Le masculin tout-puissant

méprise la loi du corps, de la terre, il s'en abstrait et refuse d'accueillir et d'intégrer la quintessence de l'expérience que vit son corps. Je ne partage pas cela avec lui. L'énergie a besoin avant tout de circuler.

"Et comment faisait-il des miracles dans le corps souffrant d'un autre ?

— Facile, par une compréhension cellulaire du Un.

— Comment est-ce dans son corps à lui, son corps de guérisseur, cette compréhension cellulaire du Un ?"

Je l'invite à un vécu du corps, à s'approcher de la terre, du féminin, par ce qui est facile.

"Il passe par ce qu'on a en commun.

— Qu'est-ce que nous avons en commun ?

— Du vivant, c'est pareil avec un mur."

Dès qu'il reconnaît ce "Comme Un", il le minore par l'exemple du mur, même s'il a raison à un niveau subatomique.

— Comment est-ce le vivant ?

— La puissance."

Il pourrait dire la toute-puissance. La puissance véritable vient consumer les constructions de l'ego, toute idée de puissance ou de supériorité. La puissance véritable se révèle au cœur de la totale impuissance (voir chapitre 10, p. 375). Mais avant tout, permettre à l'énergie de Paul de couler.

"Et c'est comment la puissance… ? Partage-moi son expérience de puissance quand il passe par le vivant et fait des miracles."

Le guérisseur a dû s'approcher de l'unité qu'il appelle "la compréhension cellulaire du Un". Le Un conduit au cœur.

"Il sait comment faire, il sait ce qu'il y a en commun avec le mur ou n'importe quoi d'autre."

Il insiste dans son mépris de l'humanité avec le mur et "n'importe quoi d'autre".

"Ce vivant puissant par lequel il passe, comment est-ce ? Est-ce que cela a une texture, une couleur, un parfum peut-être… ?

— Il n'a pas besoin de sentir puisqu'il le sait et qu'il le fait."

Savoir ou sentir, l'abîme de la séparation entre le masculin et le féminin. Le masculin dénaturé sait sans sentir mais de façon abstraite et le féminin dénaturé sent sans savoir ce qu'il sent. La toute-puissance de la connaissance abstraite refuse de sentir ce que vit le corps sur le bûcher. Le masculin de Paul est coupé de son "Pote Féma", de son ressenti "comme un". Alors que Paul peut être facilement dans le mode émotionnel et n'a pas peur de pleurer, là il est dans le féminin identifié à la victime sans son "Pote Mafé". Il passe du mode émotionnel du féminin à la nostalgie du "sans limites" et de sa toute-puissance abstraite. L'un est à la mesure de l'autre, mais ils ne vivent pas en alliance. Paul est invité à la totale humilité.

"Il n'a pas besoin de sentir ? Est-ce possible sur le bûcher ?

— Je le méprise. Je le méprise. Je ne peux dire que ça. Il a la puissance. C'est indigne de lui."

Sa réaction confirme qu'il ne pardonne pas ce qu'il considère comme une humiliation de sa toute-puissance, à travers la totale impuissance au cœur de la souffrance.

"Oui, j'imagine combien cela peut être humiliant de souffrir quand on a cru avoir la toute-puissance. J'imagine aussi combien doit être terrible la vérité non reconnue de la souffrance du corps sur le bûcher. Et toi dans ta vie, il y a cette souffrance non reconnue, la vérité de la souffrance non reconnue. Cette vérité non reconnue, méprisée même, maintient le corps sur le bûcher… Le guérisseur ne pardonne pas l'humiliation de s'être cru tout-puissant et méprise la souffrance du corps… Et la vérité de la souffrance du corps n'est pas reconnue.

— Non, ce serait trop facile, j'en reviens toujours là."

Intellectuellement, il est en accord, mais refuse la compassion de son "Pote Féma" pour le corps supplicié. Il pleure, non de pleurs de libération, mais d'impuissance devant un pardon encore impossible à faire. Le pardon de l'humiliation de s'être cru tout-puissant…

"C'est comment dans ton corps, Paul, l'émotion retenue de 'ce serait trop facile' ?

— Je ne veux pas le voir, je ne veux pas le sentir, ça empoisonne ma vie sans doute, mais je ne veux pas…

— Ce miracle 'Dites seulement une parole et je serai guéri…' C'est cela ?

— Oui, eh bien justement je l'attends et elle ne vient jamais."

Paul est touché et très en colère. Nous y sommes. Nous sommes au cœur de sa dimension émotionnelle. Merci à la synchronicité de m'avoir soufflé cela.

"Elle ne vient jamais ! Jamais ! Jamais !

— …

— Je l'ai cherché partout. Dans les églises, j'ai pleuré. Mais je ne suis pas entendu ! Jamais !

— Oui… C'est terrible de ne pas être entendu dans sa souffrance…

— Cela ne vient jamais. Pourquoi ? Pourquoi ?

— À qui demandes-tu cette parole pour être guéri ? Tu m'as souvent fait part de ta foi en ce Dieu intérieur qui nous rend créateurs…

— Mmmm…

— Dis seulement une parole et tu seras guéri…

"Dis seulement une parole et tu seras guéri…

"Tu es ce Dieu tout-puissant dont la seule parole pardonne et guérit… Toi seul détiens la puissance infinie du Pardon.

"Dis seulement une parole et pardonne... Je pardonne... Je pardonne... Je pardonne...
"Dis seulement une parole et pardonne l'humiliation de t'être cru tout-puissant.
"Dis seulement une parole et reconnais la vérité de la souffrance du corps. Dis seulement une parole et guéris sa souffrance en l'accueillant doucement dans ton cœur.
"Dis seulement une parole et pardonne-toi d'avoir méprisé le corps dans la souffrance.
"Dis seulement une parole et guéris la trahison de la toute-puissance.
"Dis seulement une parole et pardonne la totale impuissance au cœur de la souffrance.
"Dis seulement une parole et reconnais la puissance véritable au cœur de l'impuissance.
"Dis seulement une parole et tu seras guéri. Pardon. Pardon. Pardon."
L'énergie est là, puissante. Cela vibre. Mes paroles sont portées.
"C'est des conneries tout cela. Ce serait trop facile. J'en ai marre de tout ça, je veux arrêter, je suis fatigué."
Moi aussi, je suis fatiguée, signe qu'il est temps de compléter. Le jour des retrouvailles pour Paul est encore à venir.
Combien nous faut-il endurer pour crier grâce et comprendre que nous seuls nous jugeons, nous seuls pouvons nous pardonner ? L'impardonnable maintient un aspect dans une grande souffrance. La vérité non reconnue de Paul est reconnue, il l'a entendue et ne s'y est pas opposée. Le travail de conscience est accompli, il reste le travail d'amour. Chacun a son temps sacré.
"J'ai entendu, nous complétons. Tu es fatigué de tout ça. Déposons simplement la paix sur ce qui a été rencontré, reconnu. Visualise une sphère de lumière totalement dorée autour du guérisseur, que celle-ci le protège et l'enveloppe doucement jusqu'au moment où tu pourras totalement le libérer. Dans cette sphère de lumière, il est en sécurité. Dis-lui simplement que tu t'approches de lui. Tu n'as jamais été aussi conscient de ce pardon à prononcer pour le guérir, te guérir. L'énergie va cheminer. L'énergie de la seule parole à dire pour être guéri..."
Il ne répond pas. Il dort paisiblement. Quelque chose lâche sans provoquer la personnalité. L'énergie est douce dans la pièce, comme pour ne pas réveiller le guerrier fatigué de se faire violence, fatigué d'être impardonnable à lui-même. Le pardon est entendu à un certain niveau. L'amour est là et le baigne à la mesure de l'accueil de son âme. L'amour en lui attend patiemment. J'accompagne cette énergie avec respect, vérité, compassion.
Lorsque Paul s'en va, il me serre fort et scrute tout au fond de mes yeux, comme pour y lire sa propre réponse. Depuis je n'ai pas eu de nouvelles de Paul. J'ai simplement appris qu'il avait été très touché d'avoir reçu ce texte.

La rencontre du masculin de Paul donne chair à :

- Le masculin dans l'abstraction illusoire de la toute-puissance perpétue la souffrance du féminin en la méprisant, en ne reconnaissant pas la vérité de la souffrance du féminin.
- Le masculin coupé de son "Pote Féma" refuse de s'ouvrir à la compassion, de sentir ce "comme un", de ressentir la souffrance du féminin.
- Le masculin appelé à pardonner l'humiliation de la totale impuissance alors qu'il se croit tout puissant, ce qui lui permet de toucher l'humilité nécessaire à la puissance véritable.
- La toute-puissance abstraite qui méprise la réalité du corps.
- Le féminin dont la vérité de la souffrance non reconnue s'exprime sans fin dans la vie et se perpétue. La trahison non reconnue intérieurement se perpétue.
- Tant que nous remettons notre pouvoir à un Dieu extérieur, nous ne pouvons accéder à l'alchimie du cœur qui est le plus beau cadeau de Dieu qui nous reconnaît cocréateurs.
- Le pardon de l'impardonnable est une initiation véritable, qui demande à l'ego de fondre à ses constructions, au cœur incandescent d'étreinte la globalité.
- À la mesure du masculin est le féminin. À la mesure du talent du guérisseur qui fait des miracles est le défi de la compassion et de l'ouverture du cœur.
- Dans la réalité duelle, la conscience de la connaissance est coupée de l'amour.ˇ

Chapitre 7

Hommage, restauration et célébration du Féminin

Chapitre 7

Hommage, restauration et célébration du Masculin

Le Féminin est maintenant reconnu dans sa globalité, dans sa dimension universelle comme dans sa dimension contractée.
Célébrons et stimulons maintenant le Féminin dans la vie quotidienne afin, dans la troisième partie, de transmuter la dimension contractée en s'appuyant sur le Féminin déployé dans sa puissance et sa beauté.

La voie initiatique n'est pas seulement le fait de transformer et libérer le passé, mais aussi de faire grandir le potentiel, de déployer la joie, l'allégresse, la gratitude ! Les deux sont indissociables et complémentaires. Les pratiques thérapeutiques tournées vers le passé n'enclenchent pas un véritable changement d'être, malgré les prises de conscience. Celles qui libèrent l'énergie de vie, offerte au cœur conscient, apportent quelque chose de profondément transformateur.

Les Outils sacrés de transformation dont chacun dispose dans sa vie sont :
la visualisation, la méditation, les affirmations, la respiration avec le feu intérieur, l'intention et l'action.

Le **F**éminin aimante, reconnaît, exprime et manifeste l'amour.

Nous allons voir comment choisir l'amour, libérer son ressenti et l'exprimer, et comment une femme peut spécifiquement rendre hommage au **F**éminin à travers elle.

1 • Choisir l'amour

L'amour est un choix. L'amour s'apprend. L'amour se pratique.
C'est la pratique unique et essentielle qui rassemble toutes les autres.

1 / Choisir l'amour pour les couples

L'amour est un choix. L'amour s'apprend. L'amour n'est pas quelque chose qui nous tombe dessus par miracle. L'amour physique en est une de ses multiples expressions et applications.

Le Masculin est reconnu dans sa globalité, dans sa dimension universelle comme dans sa dimension contractée.
Célébrons et stimulons maintenant le Masculin dans la vie quotidienne.

1 • S'enraciner

Une des fonctions du Masculin est d'enraciner, d'ensemencer dans le plan terrestre la conscience universelle. Il transmet la réalité du ciel dans la dimension concrète, physique, tangible du plan terrestre, cela afin de prendre conscience du cocréateur en lui. Restaurer le Masculin demande de s'enraciner par le corps dans l'intimité de la terre.

L'enracinement est la connexion intime du corps avec la Terre et le plan physique. S'enraciner est le fait de l'expérimenter et de l'approfondir en conscience. L'enracinement est le **M**asculin qui touche le **F**éminin de sa conscience et de son amour, qui touche en conscience la matière concrète. **L'enracinement est la conscience aimante qui touche la matière.** La matière concrète du **F**éminin est le corps, la terre, la physicalité. Notre corps est notre terre individuelle, notre maison, le plan terrestre matérialisé à travers nous. C'est seulement en touchant la terre que nous pouvons la transformer. C'est en s'enracinant que nous pouvons concrètement contribuer à une vie en accord avec nos aspirations les plus intimes. Matérialiser une idée nécessite de passer à travers le corps et ses différentes dimensions jusqu'au concret. Un être humain dans sa globalité peut se représenter comme un arbre, un pilier dont les racines terrestres plongent dans le cœur de la terre et les racines célestes se déploient dans le cœur de l'univers, comme la préparation avant chaque méditation.

L'enracinement est le grand défi du masculin qui vient d'en haut et a tendance à regarder de haut dans sa croyance à l'incomplétude, à l'impuissance et à la culpabilité, car quand il se pose sur terre, il ne peut plus ignorer la conséquence de ses actions.

1 / Pratiques d'enracinement

Choisir de s'enraciner n'est pas un vain mot. Je consacre, dans mes activités de groupe, des journées spéciales à différentes pratiques d'enracinement. J'y révèle certains comportements ou attitudes inconscientes qui les rendent lettres mortes sans le choix déterminé de s'enraciner. Les pratiques ne remplacent pas le choix, elles l'approfondissent.

• Nombre de couples qui me consultent dans un moment de crise doutent de s'aimer car pour eux l'amour est associé à une image d'Épinal où la présence de l'autre permet d'être complet, plus vivant, moins blessé. Ils doutent d'avoir choisi la “bonne personne”. Choisir la bonne personne dérive du postulat que le problème est l'autre. Ils sont ébahis de comprendre qu'à la mesure de leur amour se présentent des aspects d'eux-mêmes refoulés blessés et réactifs qu'ils préféreraient ignorer. À la mesure de leur amour. Oui. Moins il y a d'engagement dans la relation, moins il y a de guérison.

L'engagement du couple permet au travail inachevé de l'histoire personnelle d'émerger. Le conflit ou le défi signale simplement la croissance qui essaye d'émerger. Nous tombons amoureux des qualités chez l'autre qui activent les aspects à résoudre et nous font le détester à la fin de la lune de miel. Le cerveau archaïque tel un scanner nous fait repérer ceux qui ont des qualités similaires à ceux qui ont pris soin de nous de 0 à 6 ans dont nous avons introjecté les plus et les moins, afin de guérir les moins et reconnaître les plus. Or la séparation d'avec ces aspects nous écarte de la véritable complétude. **Nous confondons alors l'intensité fugace de la lune de miel, celle du premier regard ou celle d'un an avec la véritable complétude, celle qui fait remonter des profondeurs ce qui y est laissé dans l'ombre afin de s'unir à la totalité.**

L'union est avec le tout, elle n'est pas avec ceci et pas avec cela. L'union est l'union. Ceux qui aspirent à l'union ont besoin d'intégrer cela. La vie conspire à la guérison. Les couples qui viennent vers moi connaissent ma perspective tantrique, ce qu'ils en imaginent du moins. Ils choisissent la voie du couple comme voie d'union, idéalement. Et merveilleusement la présence de l'autre contribue à activer et manifester ces aspects. N'est-ce point merveilleux ? Confrontant, bien sûr. Il est indispensable de dédramatiser car l'ego tient à son drame dans sa recherche de toujours ajouter quelque chose à lui-même, et la croyance au drame ferme le cœur. Le “n'est-ce point merveilleux” récurrent à l'effet de miroir entre partenaires peut être l'occasion de rire ensemble et de rouvrir le cœur. Ils apprivoisent ainsi le fait que dans la chimie amoureuse parfaite, l'autre est le moins capable de répondre à nos besoins, alors que dans la lune de miel chacun croit le contraire ! **Il n'y a pas d'autre solution que d'apprendre à aimer l'autre et redevenir complet en soi-même.** Nous exceptons ici les relations devenues morbides qui ne consultent pas.

Une fois que je peux ressentir, reconnaître et leur refléter à chacun ces aspects en résonance avec l'histoire personnelle bien antérieure à la rencontre, ils sont prêts à voir leur relation comme une magnifique opportunité de prendre soin de ces aspects. Ils passent du “à cause de l'autre” à “ grâce à toi”.

• Mon invitation et ma vision “masculin / féminin” de leur relation me permettent de reconnaître là où chacun a remis son pouvoir et attend de l'autre qu'il prenne la place de son masculin ou de son féminin. C'est un vrai travail de responsabilité et de maturité de reprendre son pouvoir pour vivre la vérité de la relation dans l'amour vrai, humble au quotidien, sublime au fond. Dans cette globalité, il est nécessaire d'installer un projet afin de prendre soin de ces aspects.

• Il est temps alors d'**apprendre à aimer.** Tous ne sont pas prêts à le faire, même si tous se croient partants. Cela demande pratique et persévérance, générosité et humilité. Il faut déjà apprendre à ne plus se faire bêtement mal. Cela passe par des techniques de communication de couples dont nombre de thérapeutes ont des approches pertinentes. Nous utilisons habituel-lement une communication imprégnée de violence sous-jacente, où personne ne prend de responsabilité claire pour ses besoins.

• **La pratique traditionnelle de la marche lente.** Chaque pas est une absorption dans la lenteur qui fait accéder à la Présence et à ce qui nous en éloigne…

"Jouis de l'extrême lenteur des mouvements de ton corps, d'une monture, d'un véhicule, et, l'esprit paisible, coule-toi dans l'esprit divin" (Vijñânabhaïrava tantra).

• **Marcher dans la nature.** La nature reconnecte "naturellement" notre lien direct entre terre et ciel. Dans une vie citadine, il est vital de se ressourcer. Un parc, un jardin, un parterre de fleurs, un bouquet de fleurs peuvent faire l'affaire, pourvu que l'attention sensorielle ouvre sur l'au-delà du perceptible.

• **Marcher voluptueusement pieds nus sur un sol meuble.** Dans la conscience de chaque pas, tout le pied se déroule ; se déployer avec bonheur sur l'herbe tendre, le sable doux, même la moquette.

• **Se faire masser les pieds.** Un pur délice et la conscience des tensions des pieds qui impliquent l'être entier.

• **Choisir des chaussures qui permettent de s'enraciner.** Les semelles doivent permettre aux pieds de se dérouler et de recevoir l'énergie tellurique, indispensable à l'équilibre énergétique. Certaines synthétiques ou rigides isolent de l'énergie tellurique. D'autres au poids excessif surcompensent un manque d'enracinement sans le résoudre. D'autres acrobatiques révèlent la remise de pouvoir au regard extérieur.

• **Apprendre des pas de danse.** Cela demande d'être présent à son axe, à l'environnement, au partenaire, d'enraciner le schéma jusqu'aux pieds, soudain indépendants de la volonté !

• **Mobiliser le muscle du périnée.** Ne pas confondre le moyen avec le but qui reste la présence à soi, l'attention douce et intime, accompagnée de la respiration ample et abdominale.

• **Visualiser ses racines en communion avec le Cœur de la Terre.** Ces racines sont sur un plan énergétique comme celles d'un arbre. Leur nature est de s'abreuver joyeusement au Cœur de la Terre. Elles maintiennent le lien vital avec le plan physique et terrestre. Ce Cœur n'est pas le noyau physique incandescent de la terre. Il est la vibration inconditionnelle d'amour nourricier, de régénération, de lumière bienveillante du Cœur de la Mère Terre, l'expérience intime de la Mère Divine sur le plan terrestre qui aimante et garde inconditionnellement dans son amour, permet d'expérimenter en son sein. S'enraciner au Cœur sacré de la Terre est le préalable incontournable à chaque exploration intérieure, comme celle des cas vécus. Pour certaines personnes, c'est une profonde libération en soi.

2 / Le toucher : déployer la présence au corps, à la peau

• **Le toucher.** Comment être un avec le plan physique et terrestre ? En le touchant. Seul le toucher touche ! Les maîtres tantriques reconnaissent au toucher une forme de prééminence sur les autres sens. C'est le toucher sans attente ou projection, sans stratégie, ni besoin. Toucher profond et vivant qui rencontre ce qu'il touche dans l'intimité, où les deux sont un. L'un-timité. **Toucher l'autre ainsi est sentir son essence et goûter ce qu'il y a de commun.** Comme Un. **Ce toucher donne l'espace intérieur à qui touche et le redonne à qui est touché. Être touché ainsi donne le sens de son unité, du sens de son intégrité.** Un-tégrité. Les deux, dans ce toucher offert et accueilli, communient depuis le vide empli d'espace, le Champ Unifié où nous sommes un avec l'autre et le tout. Le toucher véritable est toujours juste, même quand il surprend l'autre.

• Il faut aussi **des outils concrets de partage.** Nous créons avec le couple une vision commune qui nomme l'engagement des deux dans ce qu'ils portent en comme Un, d'évidences et de projets, même utopiques. Cette vision commune devient la méditation quotidienne du couple, qu'ils vivent ou non ensemble. Cela est essentiel pour les couples qui ne peuvent ou choisissent de ne pas vivre ensemble et permet d'honorer ce qui les relie. La vision commune porte l'intention (le **M**asculin) du couple et l'attention (le **F**éminin) portée chaque jour la nourrit.

Je leur apprends à demander à l'autre un changement réalisable de comportement, pendant une à deux semaines, depuis le vécu que ce comportement active douloureusement de l'histoire personnelle. Le partenaire retrouve sa place d'ami au cœur ouvert à être celui qui aide, qui offre un cadeau précieux en faisant l'effort de ce changement de comportement. L'option est ouverte et parfois impossible à offrir sous cette forme, il reste simplement à trouver une autre forme. La demande est officiellement validée comme un véritable cadeau.

Dans la vie habituelle, nous utilisons pour essayer de changer l'autre toutes sortes de jeux de pouvoir et de critiques. Il faut savoir que **toute critique est reçue dans le cerveau archaïque qui décode : critique = danger = ennemi = l'éliminer ! La critique est la façon la moins opérationnelle d'obtenir un changement chez l'autre, c'est même la façon la plus appropriée pour en faire un opposant actif**. Plus il y a de plaisir, plus le cerveau archaïque se détend. On a tout intérêt à apprendre à aimer l'autre…

Ainsi mon compagnon exige que je range le plan de travail de la cuisine après mon passage. Plus il insiste d'une façon que je juge excessive, plus se campe en moi le petit démon jouisseur à y résister. La cuisine devient un espace de lutte souterraine. À travers ce protocole, il prend conscience et me fait part d'une ambiance familiale chaotique dont il se protège depuis l'enfance en remettant le monde en ordre. Mon petit démon disparaît d'un coup, je change ce comportement sans difficulté pendant les deux semaines et continue dorénavant car cela me demande peu en comparaison de l'apaisement offert.

Ainsi, le propos ici est de faire le cadeau d'éviter d'activer consciemment la blessure de l'autre et non de l'infantiliser. Chacun doit prendre soin des aspects non résolus.

• Il est nécessaire aussi d'enseigner aux couples un comportement d'amour attentionné, de déployer le plaisir. Le plaisir physique est ici inclus dans le plaisir global. Chacun est invité à se demander de quelle manière il se sent aimé, de quelle manière il s'est senti le plus aimé avec ce partenaire, de quelle manière ils rêveraient se sentir aimé. **Aimer l'autre demande d'apprendre comment l'autre aime être aimé et de reconnaître comment l'autre exprime son amour. Demander au partenaire de nous aimer "mieux" demande l'amour de soi qui reconnaît comment on a besoin de se sentir aimé et de l'exprimer clairement.** Certains ont besoin de mots, d'autres de gestes, d'autres de regards, d'autres que l'on fasse quelque chose pour eux, d'autres de partager des activités, d'autres des moments de qualité de présence… Il en est de même pour faire l'amour, l'un peut avoir besoin de mots, alors que l'autre est plus sensible à l'ambiance ou à l'odeur. Ainsi chacun apprend à faire plaisir à l'autre dans la vie de tous les jours. Habituellement, on imagine que c'est pour l'autre comme pour soi, ou bien que l'autre "devrait le savoir" alors qu'on ne le sait pas soi-même. Plonger au cœur de la sexualité sans avoir rétabli au préalable une fluidité joyeuse et aimante au quotidien est plus de l'ordre de la technique que de l'amour et accentue la pression collective posée sur la sexualité. La sensorialité se déploie au quotidien avant de se goûter dans la sensualité.

• Un autre merveilleux cadeau est la cure de joie… Je garde quelque secret pour ceux que j'accompagne. Chacun est invité à "doucher" l'autre de toutes les belles choses qu'il lui reconnaît.

Comment retrouver ce toucher ? En commençant par toucher le monde qui nous entoure, les objets quotidiens. Prendre son bol et le toucher vraiment. Prendre conscience de sa peau sous la douche. Être présent à sa peau à travers les vêtements. Goûter le contenant qu'est notre peau, lui permettre de nous contenir, y fondre et y découvrir l'espace.

"Suppose que ton corps est pure spatialité lumineuse contenue par la peau et accède au sans limites" (Vijñânabhaïrava tantra).

"Les offrandes, l'adorateur, la suprême Shakti ne sont qu'un. Ceci est l'adoration profonde" (Vijñânabhaïrava tantra).

• **Pratique d'offrande d'amour au corps.** Le corps est le temple de la conscience qui se confie au vécu intérieur. Dans l'union intérieure, la conscience habite totalement la matière. Le **M**asculin divin rendre grâce au corps, non dans un culte au corps, mais dans la reconnaissance de l'univers individualisé dans le corps. À travers l'Homme de Vitruve (voir p. 53) Léonard de Vinci rend visible, dévoile les proportions universelles du corps humain, l'univers présent dans le corps.

Notre propre corps, auquel on rend régulièrement grâce, accède à la ressource nécessaire pour générer une bonne santé organique et physique, et aussi énergétique, émotionnelle, mentale. Une façon de l'abreuver est d'inclure aux rituels matinaux une offrande consciente d'amour au corps. Sa simplicité est le gage de sa puissance. Toucher son corps en incluant les organes, les muscles, les systèmes, ce qui fonctionne bien ou non, et lui offrir consciemment amour et gratitude, dans la reconnaissance de l'univers individualisé, matérialisé de façon unique à travers lui.

3 / Concrétiser

• **Concrétiser.** S'enraciner permet de toucher concrètement la matière, de concrétiser. **Concrétiser est l'action de la conscience portée à son aboutissement**. Restaurer le **M**asculin demande de concrétiser.

Sans geste concret, il manque une véritable responsabilité, et l'intention, la plus juste et belle soit-elle, ne peut se manifester. Combien de graines portées par les oiseaux pour une qui s'enracine ? Concrétiser fait aboutir notre intention dans le plan terrestre et demande de connaître le fonctionnement concret du plan terrestre. Certaines personnes sont naturellement accordées au fonctionnement de la matière, toutes sont appelées à en saisir la base.

Dans la partie 3, la responsabilité est l'aboutissement de l'action du **M**asculin. Apprendre la base de la matière est une façon de s'enraciner. Les générations précédentes, du fait d'une complexité moindre des objets du quotidien et d'un contact plus direct avec la nature, se débrouillaient avec "les choses de base", faire un feu par exemple. Le chakra de la base est celui de l'enracinement. L'accélération exponentielle et la présence au quotidien des techniques virtuelles et informatiques sont un défi à l'enracinement,elles ouvrent toutefois le pressentiment de notre multidimensionnalité. La vague d'informations reçues doit s'équilibrer par une "prise de terre" concrète. "Penser globalement, agir localement."

Et il y en a beaucoup plus que l'on imagine. C'est radical. Souvent les larmes perlent de part et d'autre. C'est une des pratiques à faire à la maison. Tous sont enthousiastes à cette idée, mais tous ne le font pas… D'où la nécessité d'être accompagnés pour maintenir l'expansion produite.

• Les couples qui viennent à moi ont un appel pour partager la présence l'un à l'autre. C'est le propos incontournable des séminaires où l'énergie crée par l'engagement de chacun, la musique, l'espace, où les pratiques avec le souffle, seul et à deux, apprennent à libérer, canaliser, enraciner l'énergie de vie, préalable d'une sexualité joyeuse et spontanée, où les méditations seul et à deux apprivoisent et intensifient la qualité de présence de chacun, où l'intensité est offerte à la vulnérabilité du cœur, rencontre véritable entre deux êtres.

• Pour compléter, il y a à **déployer** ce que nous appelons le **couple créateur**. Lorsque deux êtres s'unissent, le projet n'est pas seulement de guérir du passé et de déployer la joie, il y a un projet intime que portent les deux âmes. Cela est à découvrir. Ce quelque chose de plus vaste auquel le couple, en tant qu'entité couple, veut contribuer. Certains couples s'inscrivent dès le début de la relation dans ce projet. Ainsi avec Patrick, notre but est d'aider à enraciner la fréquence de l'union pour la Terre et l'humanité, à travers notre couple et notre travail. Pour ces couples, comme pour le mien, le piège est d'oublier le couple quotidien au profit du couple créateur. Pour les autres, il est essentiel de se poser la question du désir intime du couple, au-delà des satisfactions apparentes, ou plutôt à travers elles, quelle collaboration ils veulent offrir à la Terre. Créer ensemble la vision commune les met sur la piste et ils se surprennent à y porter une attention insoupçonnée. Cette collaboration n'a pas besoin d'être grandiose, mais elle touche quelque chose d'essentiel pour eux dans la vie, relié à leur action individuelle d'âme qui converge à cette création commune. La fréquence que ce couple peut enraciner sur la Terre. La formulation n'a pas besoin d'être définitive, souvent en fin de cycle ou de vie se révèle le véritable dessein, distinct des différentes étapes qui le composent, et l'on découvre émerveillé que toutes les pièces du puzzle y concourent et que la vie y conspire.

Ainsi aimer est un choix et s'apprend au quotidien. Le couple est la voie initiatique la plus puissante, la plus rapide, confrontante et merveilleuse. Le Oui à la relation, chaque jour malaxe et polit, nul répit dans la vie commune, le gourou est à la maison, dans la cuisine ! Le couple demande accueil, joie, persévérance et reconnaissance : ceci est la quintessence du **F**éminin. Comme pour le **F**éminin, le couple aimante, reconnaît, exprime la quintessence de chacun.

2 / Choisir l'amour

L'amour se cultive, il a besoin de soin et d'attention.

Entrons dans des pratiques à goûter au cœur de la vie quotidienne. Elles sont appelées à donner une saveur d'absolu à nos gestes les plus banals, sans pour autant nous en abstraire. Elles mettent plus de temps à expliquer qu'à pratiquer. Ce sont de microméditations qui ouvrent la réalité et lui redonnent sa dimension sacrée de façon simple et puissante. Ce sont des outils de transformation profonde qui changent la relation au monde et à la vie.

• **Pratiquer l'ouverture du cœur.** Ouvrir son cœur au monde et rayonner l'amour nourrit le monde de joie et contribue à activer le **F**éminin, en nous et aussi autour de nous. Cela élève immédiatement notre fréquence vibratoire et contribue à l'élévation de celle du monde. Cette pratique prend quelques instants, sa simplicité est le gage de son importance.

• **Compléter.** Le **M**asculin initie et complète, tandis que le masculin initie dans l'impulsivité sans compléter son action. On ignore souvent cette fonction de compléter du masculin. L'enracinement du **M**asculin fait aboutir son action. Un contrat n'est valide que paraphé à chaque page et signé à la dernière. Enraciner son **M**asculin demande de contempler les actes commencés sans être complétés, et se responsabiliser. Ainsi les paroles pensées mais non exprimées, celles de pardon, de gratitude. Accompagner la fin de vie demande d'aider à compléter, à boucler sa vie en reconnaissant sa vérité personnelle dans une vérité plus vaste.

4 / Libérer ses résistances à l'incarnation

Les résistances à l'enracinement viennent le plus souvent de la croyance que l'incarnation est synonyme de souffrance (voir cas vécu de Clara p. 95) et que s'enraciner augmente la souffrance. Cette croyance est due aux conclusions de mémoires non pacifiées que porte l'âme. Or le manque d'enracinement ébranle l'individu comme fétu de paille et le soumet sans ancrage à ses peurs qui finissent par se matérialiser et se présenter de façon cyclique afin d'être libérées. L'enracinement permet de les rencontrer sans s'y identifier afin de les libérer dans la paix. Libérer la résistance à l'enracinement implique de libérer ces mémoires et leurs conclusions.

5 / Dialoguer avec son inconscient

La libération des mémoires fait appel à l'inconscient. Loin d'être inconscient en lui-même, il est plutôt une supraconscience, la conscience du tréfonds qui gère l'équilibre psychique et spirituel et s'en charge lorsque l'être vit dans l'inconscience. Il est une forme de conscience dont nous n'avons pas assez conscience. Il est notre Allié pourvu que nous apprenions à dialoguer avec lui. Dans l'expansion de conscience que nous vivons planétairement et individuellement, il est indispensable de lui offrir la place qui lui revient, celle d'une sagesse intime et ancestrale. Refoulé, il existe tout autant et déborde par les actes manqués, les passages à l'acte, les maladies. Le dialogue avec l'inconscient exige de s'abandonner à soi, dans l'humilité de reconnaître que le conscient n'est pas la totalité de nous-mêmes, que des aspects sont ignorés, dont nos aspects de lumière.

Toutes les activités qui permettent l'accès au cerveau droit, intuitif, synthétique, global, créatif, libèrent le dialogue avec l'inconscient. L'écriture, la peinture, les activités artistiques, l'activité spontanée, le recueillement, l'intériorisation, le travail du souffle profond. Tenir un journal intime. Dessiner spontanément. Danser librement. Se souvenir de ses rêves. Le Qi Spontané. L'écoute de la Sagesse du Corps…

L'aboutissement ultime de l'enracinement est l'accès à l'illimité au cœur de la matière.

Je me permets de passer au tutoiement. Chacun ajuste.

Pense en cet instant à quelque chose ou quelqu'un que tu aimes inconditionnellement… Cela peut être un paysage, un animal, sa maison, une fleur, le sourire d'un être aimé… Envoie-lui de l'amour de façon naturelle par ton intention et ton attention… Souris-lui intérieurement et laisse même un sourire léger et doux sur ton visage… Imagine que tu es en sa présence… Utilise chacun de tes sens pour aviver sa présence sensorielle, la lumière, le parfum, le goût, la tonalité unique de cet être ou de cette chose… Tu te ressources à ce qui te donne le plus de joie, de plaisir… Imagine, ressens que ton cœur porte, dans son intimité la plus profonde, une flamme d'amour, douce, puissante… La flamme chatoie depuis que tu fais l'expérience d'être un avec cet être ou cette chose qui réjouit ton cœur… Honore cette flamme, permets-lui de grandir, de se déployer, de danser librement, de réchauffer tout ton être… Autorise ton amour à travers la flamme, autorise aussi l'amour à travers toi… Ton amour pour cet être ou cette chose, ton amour pour la vie à travers cet être ou cette chose… La flamme grandit et grossit de plus en plus, elle danse joyeusement… Elle réchauffe en même temps tous les coins de ton cœur qui peuvent porter une peine, une crainte, sans t'y appesantir… Juste la flamme qui danse joyeusement, qui réchauffe doucement, qui caresse en toi et autour de toi… Invite la flamme à venir maintenant caresser la vie autour de toi et l'amour à travers elle à s'exprimer, à rayonner, à s'écouler… La flamme douce caresse et remplit la pièce ou l'espace autour de toi… Transmets cet amour au monde proche en laissant le mouvement naturel de la flamme caresser le monde… Et puis le monde autour… Permets la plus belle transmission d'amour possible à ce moment-là… La flamme caresse aussi tes doutes, tes réticences… Tu inclus tout ce qui fait ta vie dans l'amour en cet instant…

Pour compléter, tu peux mettre une main sur le cœur, en te remerciant.

Pratiquer cela chaque jour et plusieurs fois par jour est un cadeau simple et prodigieux qui change en quelques jours notre relation au monde. En autorisant notre cœur à se déployer, nous activons la joie.

• **Pratiquer l'amour au quotidien.** L'amour a besoin d'être aimé. Il nous faut aimer l'amour qui est en nous. Nous pouvons ponctuer la journée de microméditations en continuant ce que nous sommes en train de faire et prononcer cette phrase qui est le plus beau des mantras ; elle change notre état d'être, comme une phrase sacrée :

"L'amour est en moi et autour de moi.
Je reconnais que je suis amour.
L'amour existe en Tout Ce Qui Est."

La posologie est sans réserve aucune. S'il ne fallait garder qu'une seule pratique, ce pourrait être celle-la. Elle peut être le joyau du quotidien. La réaliser est la réalisation.

3 / Choisir la gratitude

C'est un des moyens les plus puissants et les plus simples afin de réajuster le manque d'abondance. La gratitude n'appartient pas à la dualité et élève la fréquence de celui qui la pratique. Ainsi chaque matin et chaque soir, quelques instants, il est bouleversant et transformateur, il l'est encore pour moi, d'exprimer la gratitude pour ce dont on dispose. L'attention du **M**asculin

2 • Se centrer

Le **M**asculin est la force de concentration de l'univers.

1 / Le centre est inclusif pour le Masculin, exclusif pour le masculin

Le centre est là où le Masculin en nous pose son attention. Le masculin duel se centre en excluant le reste de la réalité. Il s'identifie à ce sur quoi il se centre en projetant sa conscience qui se désolidarise du cœur qui lui inclut la totalité. Il exclut de sa conscience désolidarisée de son cœur le reste de la totalité et ignore qu'il contribue ainsi à faire apparaître ce qu'il exclut.

Le cas vécu d'Ariane (p. 284) est édifiant. Elle rencontre un aspect d'elle-même auquel elle s'identifie et pose son attention sur cet aspect en rejetant le reste. Elle se décentre. Son inconscient informe : "*C'est un gentil dinosaure {...} Il ne fait pas de mal.*" Dès qu'elle prononce "gentil" et "pas de mal", elle donne de l'énergie à leur opposé qui finit par se matérialiser.

La personne qui parle toute seule dans la rue est happée par le monde intérieur qu'elle confond avec l'extérieur. La personne en quête de reconnaissance est happée par le regard extérieur et finit par occulter son monde intérieur. Pour le masculin duel, l'attention se pose sur l'extérieur ou l'intérieur, sur ceci ou cela, l'un excluant l'autre à cause de la séparation. Il se centre au détriment du reste, il se désolidarise du cœur, se décentre du vrai centre.

> "*... Ma tête a dit à mon cœur qu'elle s'en battait les couilles*
> *Si mes couilles avaient mal au cœur et qu'ça créait des embrouilles*
> *Mais mes couilles ont entendu et disent à ma tête qu'elle a pas d'cœur*
> *Et comme mon cœur n'a pas d'couilles, ma tête n'est pas prête d'avoir peur...*"
> Grand Corps Malade, "Ma tête, mon cœur et mes couilles".

Le **M**asculin, lui, projette son attention depuis son cœur à l'unisson avec le reste. Il vit l'état d'alignement, l'unification des trois plans : action/ amour/ conscience (voir p. 253).

Il focalise son attention sur un aspect qui inclut l'aspect opposé et le reste de la globalité. **Le Masculin se centre, focalise sa conscience en gardant une conscience diffuse**, grâce aux deux cerveaux à l'unisson. Une jeune maman concentrée sur une tâche suit en parallèle toutes les informations qu'elle capte de son bébé dans la pièce à côté. En se centrant, le **M**asculin intègre en même temps le tangible et le subtil, il rassemble au cœur la conscience et l'énergie (Masculin et **F**éminin).

En accueillant les deux opposés, nous pouvons choisir de poser notre attention sur l'un plutôt que l'autre et contribuer à l'un plutôt qu'à l'autre. Si je veux exclusivement la paix, je fais apparaître la guerre. Si j'inclus la guerre dans ma représentation du monde et n'y suis plus réactif, j'offre mon choix d'incarner la paix. Se centrer pour le **M**asculin est focaliser sa conscience et son énergie sur un aspect en incluant son opposé.

2 / Le centre du Masculin est le cœur

Comment inclure en son centre l'opposé de ce sur quoi on se concentre ? C'est uniquement possible si ce centre est le cœur.

passe de ce qui manque, de ce qui n'est pas là à ce qui est là. Ce qui est là est l'accès à la véritable richesse du Moment Présent. En quelques jours, on passe du sentiment de manque à celui de l'abondance, même s'il manque encore quelque chose qui semble essentiel. La fréquence de la gratitude ouvre la fréquence de l'abondance. Lorsque nous prions, invoquons, supplions pour obtenir telle ou telle chose, nous remuons énergiquement et émotionnellement le manque et la vie nous manifeste le manque. Au contraire en imaginant sensoriellement et émotionnellement l'objet de notre désir déjà manifesté dans la vie, nous l'autorisons activement à se manifester. **L'émotion de l'objet de notre désir manifesté dans notre vie est la gratitude.**

4 / Choisir le Oui

La gratitude stimulée, le Oui est tout proche. Le Oui à ce qui est là, à la réalité telle qu'elle est exactement et quelle qu'elle soit, le Oui à l'instant présent et qui en fait sa maison.

Je me permets de passer au tutoiement. Chacun ajuste.

"Respire dans ton cœur, dans toute ta poitrine. Imagine que tu descends t'installer dans ton cœur. Tu te poses dans ton cœur. Tu laisses ton attention posée en ton cœur le temps de la méditation.
Laisse émaner de toi le Oui... Oui à la vie...
Le Oui, même si tu ne sais pas comment... Même s'il y a des choses difficiles à accepter... Tu permets le Oui aussi à tes doutes et tes réticences... Le oui aussi à tes non et à tes peut-être...
Le Oui à la totalité de toi et de la vie...
Laisse émerger maintenant la gratitude à toutes les belles choses... Merci...
La gratitude à tout ce qui réjouit ton cœur et ton âme...
Englobe encore plus de choses... D'êtres... Merci... Oui...
Permets au sourire intérieur d'émaner de ton visage... Oui à tout ce que tu es... Oui à la vie... Oui à ta vie... Tu rends grâce... Merci...
Ressens l'énergie infiniment douce et puissante qui coule à travers toi et grâce à toi lorsque la gratitude baigne ton corps.
Reste ainsi quelques instants... Merci... Oui... Même si...
Tu accueilles cet instant inconditionnellement...
Déploie ton axe... L'arbre de vie que tu es... Le pilier d'amour et de lumière que tu es... Entre Ciel et Terre... Ton attention en ton cœur...
Rends grâce à la réalité de ta vie telle qu'elle est aujourd'hui... Telle qu'elle est... Avec ce qu'elle a de facile et de moins facile... Quelle qu'elle soit... Oui...
Honore chaque être, chaque situation... Sans complaisance, ni justification... Tu choisis simplement de reconnaître l'amour quelle que soit sa forme... Tu choisis de donner ton attention à l'essence de chaque être, de chaque chose, de chaque situation...
Tu agis la plus haute forme d'acceptation... Tu rends grâce et tu bénis la vie à travers ta réalité...
Tu baignes ta vie de ce Oui... C'est une caresse... Un souffle... Un parfum de fleur...
Ce parfum baigne en même temps ton corps et ton aura... Ton cocon de lumière chatoie doucement et ses couleurs deviennent irisées...
Ton Oui accueille toutes les couleurs de l'arc-en-ciel... Ton cœur accueille... Ton cœur rend grâce et bénit cet instant...
Ton regard est en cet instant amoureux du monde...

Seul le cœur permet d'inclure la totalité, d'unifier ce qui semble opposé, de porter l'attention sur l'un sans exclure l'autre.

Centre et cœur : Les deux mots sont interchangeables dans notre langue, nous parlons du cœur ou du centre d'un cyclone, d'une ville. Clef essentielle, même si nous n'en saisissons pas toutes les conséquences. Au centre du **M**asculin, nous sommes au cœur de la conscience universelle individualisée, ce qui est fort différent que de se croire le centre de l'univers.

Le centre – cœur n'est pas nécessairement localisé au cœur physique. Lorsque l'action juste rassemble toute l'énergie disponible pour produire un effort physique, le centre est alors localisé au Hara qui vibre la note du cœur, car c'est l'action juste.

Au cœur du centre réside un vide spatial et sublime, une spatialité qui autorise toute création.

Au cœur du centre, tout comme au centre du cœur, de chacun des cœurs, de celui de chaque cellule, de celui de la Terre, de chaque étoile, réside sur un plan vibratoire réside une spatialité qui unit toutes dimensions dans l'unité, qui unifie et relie Tout. Dans cette spatialité réside la porte des autres univers, de la multidimensionnalité.

Lorsque par la méditation profonde, la conscience et l'énergie deviennent un lac calme, tranquille, silencieux, le cœur connecte cette spatialité et s'ouvre.

La pratique intérieure véritable invite cet espace, où n'existe ni le temps, ni la personnalité.

Toute création est manifestée à travers une information de la Source qui ensemence cet espace matriciel.

Lorsque le centre est le cœur, la création se rend disponible.

3 / Pratiques du Vijñânabhaïrava tantra

Nombre de pratiques du Vijñânabhaïrava tantra se rapportent à la spatialité du cœur.

"Regarde un objet, puis, lentement, retire ton regard. Ensuite, retire ta pensée et deviens le réceptacle de la plénitude ineffable." Salutaire à ceux happés par l'extérieur.

"Bouche les sept ouvertures de la tête avec tes mains et fonds-toi dans l'espace infini, entre les sourcils." Pour l'émerveillement de revenir à soi et y découvrir l'illimité.

"En fixant le regard sans cligner sur un galet, un morceau de bois, ou tout autre objet ordinaire, la pensée perd tout support et accède rapidement à Shiva/Shakti." Pour les rêveurs qui accèdent ici à leur dimension mystique.

"Écoute l'ultime enseignement mystique : il suffit de fixer son regard sur l'espace, sans cligner, pour accéder à la spatialité de ton propre esprit." La plus énervante, la plus directe.

"Là où tu trouves satisfaction, l'essence de la félicité suprême te sera révélée si tu demeures en ce lieu sans fluctuation mentale." Pour les boulimiques et les zappeurs.

Restaurer le Masculin demande de se centrer dans une conscience focalisée et diffuse à la fois.

Ton Oui nourrit le monde et la vie… Tu inclus toutes les espèces… Les animaux… Les végétaux… Les minéraux… Oui… Tu inclus la dimension subtile et invisible de la vie… Tu t'émerveilles… Gratitude… Oui…

Pour compléter, mets une main sur le cœur, et reçois tout ce qui a émané de toi.

5 / Choisir le pardon

Pratiquer régulièrement des micropardons nous établit progressivement dans l'état d'accueil inconditionnel de la réalité et nous installe dans le moment présent. Le pardon n'est ni la complaisance, ni la justification. Ainsi lorsque l'initiation du cœur se présente véritablement, avec quelque chose de vraiment douloureux ou difficile à pardonner (voir p. 289) notre cœur et notre ego sont suffisamment détendus et réconciliés pour agir à l'unisson. Par exemple, à l'écoute des nouvelles, dès que notre cœur se fige et que notre personnalité réagit automatiquement par un jugement, une peur, prononçons de façon audible si les circonstances le permettent, trois fois :

"Je pardonne Tout Ce Qui Est inconditionnellement."

En ajoutant *"Même si je ne sais pas comment !"*, nous sommes assurés que tous les aspects de nous-mêmes peuvent s'y rallier. C'est un mantra puissant qui ouvre la fréquence de l'amour.

6 / Choisir la reconnaissance et l'alchimie

La reconnaissance est l'action essentielle du **F**éminin. Il reconnaît le subtil dans le dense ou le tangible, il reconnaît l'essentiel, il reconnaît l'amour, quelle que soit la forme ou l'absence de forme, il reconnaît la source de l'amour à travers tout et tous. Intellectuellement, nous partageons cette vision, même si la personnalité juge encore des aspects de la totalité. L'union demande la totalité et la reconnaissance de l'essentiel à travers l'autre.

"Je reconnais l'amour et la divinité en toi.
Je libère tous les jugements que j'ai à ton sujet."

Il est amusant de le dire intérieurement dans les endroits où, comme dans le métro ou en faisant la queue, notre esprit vagabonde et ne peut s'empêcher de juger, de railler, de mépriser ou d'ignorer. Puis nous l'utilisons dans des circonstances plus difficiles.

La phrase tel un mantra apporte une énergie de transmutation, de façon simple et puissante. Anonymement, nous contribuons au **F**éminin alchimique.

3 • S'aligner

Le centre, vu de profil, est un axe. Pour l'être humain, c'est l'axe vertical déployé tel un pilier entre Ciel et Terre qui relie les centres d'énergie, les chakras, entre eux. Les chakras du Masculin sont à l'unisson. Restaurer le Masculin demande de déployer l'axe de l'unité.

1 / L'alignement

• L'alignement est l'état d'unité déployé dans l'axe, l'état d'unification des trois plans de l'être (action/ amour/ conscience). L'alignement est au **M**asculin ce que la coupe du cœur est au **F**éminin. **L'alignement permet au Masculin de véhiculer l'unité consciemment, amoureusement, énergétiquement.** Il donne cohérence aimante et consciente au **M**asculin. C'est l'état intérieur qui permet d'unifier la dualité et le préalable indispensable à la réconciliation intérieure et à l'union.

Grâce à l'alignement, la conscience illumine l'amour en action, l'amour conscient agit, l'action procède de l'amour uni à la conscience.

• **L'alignement est l'axe du Chevalier.** L'alignement donne à l'axe une verticalité et à l'être une dignité simple, une fermeté souple. C'est l'axe du Chevalier au service de la vie à travers sa Bien-Aimée. Ce n'est pas la force projetée vers l'extérieur, c'est l'axe souple et ferme qui ne craint pas de jouer, de danser avec la vie, dans une réponse fluide aux stimulations. Cette verticalité donne au **M**asculin un sentiment de juste reconnaissance tel l'étendard qui nomme qui il est, qui porte ses couleurs déployées dans leur tonalité unique, qui exprime son essence à travers son action spécifique. Celle-ci est le sceau, la signature de son âme, ce qu'il véhicule de précieux, il en est seul Gardien et le Garant. Son axe est l'étendard du Chevalier (voir "Le Chevalier et la voie initiatique – Mi-ka-el / El-ka-mi, p. 261).

• **La puissance de l'alignement au cœur de la séparation.** Dans la partie 3, "la Fusion Au Cœur de la Séparation", le **M**asculin et le **F**éminin une fois restaurés et honorés se présentent au cœur de la séparation. En ce lieu, le masculin duel prend conscience de la blessure de son féminin et d'y avoir contribué. Après s'être longtemps détourné de sa responsabilité à travers la culpabilité, il se présente devant l'abîme. Le masculin duel, lui, hésite et cherche encore des solutions, le **M**asculin se présente grâce à son alignement. Sans l'alignement installé, le **M**asculin ne peut se présenter car il touche l'impuissance la plus totale devant la blessure de son féminin. Au cœur de l'impuissance et aligné, il offre la Présence… La partie 3 révèle ce que permet la Présence du **M**asculin.

L'alignement du Masculin est le préalable à la Présence.

2 • Libérer son ressenti et l'exprimer

Le ressenti est l'essence de la méditation.

"Seule cette contemplation de la plus haute réalité est la pratique du tantrikâ. Ce qui résonne spontanément en soi est la formule mystique ?" (Vijñânabhaïrava tantra).

Tout est dit en ces mots, mais long est le chemin pour entendre à nouveau ce qui résonne spontanément. Voici quelques pistes dont certaines vous sont probablement connues.

1 / Épanouir sa sensorialité

Le **F**éminin ressent. Célébrer le **F**éminin est célébrer la vie par nos sens qui nous relient à la vie et à Tout. **À travers l'organe sensoriel, le Féminin accède au ressenti intuitif du cœur, il hume et reconnaît ce qui appartient à une dimension plus vaste et ce qui s'en éloigne.** Souvent une femme peut ressentir au premier regard le malaise qui habite son compagnon, alors que lui-même ne le sait pas encore. Ou bien se contracter pour un geste porteur d'une intention non formulée. S'émerveiller de ce quelque chose dans les yeux de l'autre à laquelle l'âme résonne spontanément. On peut aussi y remettre son pouvoir, interpréter et voir des signes partout !

Dans la perspective tantrique, la dimension sensorielle est la relation magique à la vie, à la mémoire personnelle et universelle. Ainsi la petite madeleine de Proust : *"Mais à l'instant même où la gorgée mêlée des miettes du gâteau toucha mon palais, je tressaillis, attentif à ce qui se passait d'extraordinaire en moi. Un plaisir délicieux m'avait envahi, isolé, sans la notion de sa cause. Il m'avait aussitôt rendu les vicissitudes de la vie indifférentes, ses désastres inoffensifs, sa brièveté illusoire, de la même façon qu'opère l'amour, en me remplissant d'une essence précieuse : ou plutôt cette essence n'était pas en moi, elle était moi. J'avais cessé de me sentir médiocre, contingent, mortel. D'où avait pu me venir cette puissante joie ? Je sentais qu'elle était liée au goût du thé et du gâteau, mais qu'elle le dépassait infiniment, ne devait pas être de même nature. D'où venait-elle ? Que signifiait-elle ? Où l'appréhender ?"* (*Du côté de chez Swann*). C'est bien une expérience magique qui transcende la dimension humaine, qui survient dans l'instant, avec un plaisir extrême. Expérience extatique à la fois sensorielle et sensuelle, au pressentiment spirituel, sans la pensée qui décrypte. La sensorialité est libre et ouverte à la fraîcheur unique de l'instant, sans projection, théorie ou attente, porteuse du frémissement sensuel et universel.

Les pratiques du yoga des sens du Vijñânabhaïrava tantra utilisent la sensorialité et l'éveil des sens comme accès au subtil depuis le tangible. Ces pratiques réjouissantes et ludiques n'en sont pas moins une forme subtile d'ascèse. Ce yoga est une célébration de la vie dans sa globalité où le système sensoriel retrouve émerveillement et disponibilité dans la détente.

"Ô belle aux yeux de gazelle, considère les vents comme ton propre corps de félicité. Au moment où tu frémis, accède à la présence lumineuse."

"Lorsque tes sens frémissent et que ta pensée atteint l'immobilité, entre dans l'énergie du souffle et, au moment où tu sens un fourmillement, connais la joie suprême."

2 / Pratiques d'alignement

• **Dans la vie quotidienne.** Choisir de redresser et déployer son axe, souplement et fermement. Cela passe concrètement par la tenue du corps et de la colonne vertébrale. Ajuster le corps confortablement afin d'autoriser l'alignement de la colonne vertébrale, non dans l'effort et la rigidité, mais dans l'intention de s'élever toujours plus haut et de s'enraciner toujours plus profond. Avec l'intention de recontacter par ses racines célestes les plans supérieurs de conscience, d'en nourrir les plans terrestres qui nous nourrissent tout autant. Dans la conscience d'être un arbre de vie, un pilier, enraciné dans la dimension terrestre et céleste.

Déployer son axe dans des situations confortables, banales même, au quotidien, en faisant la vaisselle, en achetant son pain... Progressivement apporter l'état de l'axe dans des situations qui habituellement contractent, dispersent ou enflamment... En faisant l'amour, en discutant politique, dans une conférence ennuyante... Déployer l'axe au lever... Déployer l'axe.

S'intérioriser et contempler quand il y a en nous accord, harmonie, unisson entre l'action, l'amour et la conscience et quand on s'en éloigne. C'est le travail spirituel au quotidien. Nos grands-parents faisaient leur examen de conscience avant de se coucher. Il est essentiel dans cette accélération d'évolution planétaire et individuelle de reconnaître les situations qui nous font sortir de l'alignement, nos automatismes, de se donner les aides appropriées pour prendre soin des aspects en souffrance, de s'autoriser aussi sa lumière et sa grandeur. Contempler, reconnaître et prendre soin, unifier et déployer.

• **En séminaire.** Mon compagnon et moi, transmettons et initions dans nos séminaires différents outils vibratoires dont une pratique de l'alignement qui fait partie des pratiques quotidiennes qui incarne une façon concrète le **M**asculin. Elle permet un enracinement en profondeur des énergies du ciel et de la terre et leur fusion au niveau du cœur, fluidifie et unifie la conscience divine à la puissance de manifestation dans l'abandon au cœur. Elle fluidifie et n'évite pas le cheminement intérieur.

On ne peut transmettre par écrit une initiation. Chacun est invité à trouver ses propres mouvements, sa propre gestuelle qui va activer pour lui l'alignement. Celui-ci ne dépend d'aucune gestuelle, d'aucune école, d'aucune transmission. **L'alignement est l'état originel de verticalité du Masculin que chacun porte déjà en potentiel en soi. Celle-ci est une proposition.**

• **Schéma de pratique.** Ces étapes sont des propositions qui peuvent aider et soutenir. Être debout pour l'axe.

- Enraciner l'intention d'unifier l'action, l'amour et la conscience dans l'axe Ciel/Terre.
- Nourrir la conscience (3e œil) de la conscience divine par l'intention, le cœur de l'amour divin et l'action (Hara) de la puissance de manifestation de la Terre Mère. Relier, fluidifier et unifier la conscience à l'amour, c'est-à-dire le 3e œil et le cœur.
- Relier, fluidifier et unifier l'amour et l'action, c'est-à-dire le cœur et le Hara.
- Remercier le divin en soi, vivant dans l'axe Ciel/Terre, dans ce choix de l'alignement.

"Là où tu trouves satisfaction, l'essence de la félicité suprême te sera révélée si tu demeures en ce lieu sans fluctuation mentale."

L'odeur de l'herbe fraîchement coupée... Le galop de chevaux sur la terre meuble... La brise venant de la mer un jour d'été... L'odeur du pain grillé le matin... Être total, quelques instants, être la sensation, la pensée immobile, dans l'énergie du souffle, laisser émerger le frémissement, sans fluctuation mentale... Ponctuer la journée de ces instants de pratique donne une saveur insoupçonnée à la vie.

2 / Développer son ressenti par le Qi Spontané

Le ressenti du corps ne trompe pas car le corps ne ment pas. La personnalité, elle, évite de ressentir la blessure du cœur et de l'âme, filtre et interprète l'in-formation du corps. Ainsi Bruno (voir son histoire, p. 13) interprète son ressenti pourtant très fin à travers le filtre de la non-reconnaissance. Les carapaces physiques, psychiques et énergétiques, cristallisées au cours du temps, empêchent de ressentir, le corps se contracte, s'insensibilise, se dévitalise, s'enflamme. Ainsi les sportifs surentraînés à la connaissance incontestable de l'aspect mécanique du corps souffrent de claquages souvent dus à la production d'endorphines dont le rôle anti- douleur les détourne d'une écoute fine et respectueuse du corps.

Le ressenti a besoin d'être apprivoisé et développé dans un contexte où l'in-formation du corps peut s'exprimer et se transformer, comme dans le Qi Spontané.

• **Le Qi Spontané.** Le Qi Spontané fait partie des pratiques quotidiennes de nos stages. Il est improbable d'en faire l'expérience à travers un livre. Les informations qui suivent sont destinées à inviter et stimuler l'exploration, l'autonomie, la confiance en l'énergie de vie qui bouge en nous.

Le Qi ou Chi est la communion naturelle avec l'Énergie, l'énergie cosmique et tellurique, présente dans le Prâna, quintessence de l'air, à chaque respiration, partout et en tout temps. Les pratiques comme le Reiki, le Tai-chi, le Qi-gong se réfèrent à cette énergie, le Ka des Anciens Égyptiens ou le Saint-Esprit des Chrétiens aussi. De même la Kundalini.

Le Qi Spontané rend le corps disponible, active l'énergie du cœur qui s'exprime alors par des mouvements spontanés et involontaires. Le Reiki, le Tai-chi, le Qi-gong invitent et canalisent le Qi par des mouvements volontaires et codifiés, propres au **M**asculin. Le Qi Spontané s'accorde à l'écoute intime du **F**éminin par l'expression spontanée de l'énergie. Le Qi est une voie appropriée pour apprivoiser et canaliser l'énergie kundalinique en sécurité. Il peut être une façon intime et naturelle d'expérimenter l'autoguérison car l'énergie de vie par nature ramène au cœur, au un, à la fluidité et l'énergie dans le corps cherche l'équilibre. Le Qi Spontané apporte une épuration douce, tant physique qu'énergétique et fluidifie la libre circulation de l'énergie vitale et subtile. Il harmonise les différentes fonctions vitales, assouplit et détend le corps physique, éveille l'intuition et le ressenti.

Célébrer son Féminin nécessite de retrouver l'énergie spontanée.

• Pratiques du Vijñânabhaïrava tantra reliées à l'alignement.

"Réside simultanément dans la spatialité de la base (Hara), dans celle du cœur et dans celle du sommet (3ᵉ œil). Ainsi, par l'absence de pensée dualisante, s'épanouit la conscience divine." C'est la pratique de l'alignement par excellence.

"Les offrandes, l'adorateur, la suprême Sakti ne sont qu'un. Ceci est l'adoration profonde." Les offrandes = l'action. L'adorateur = la conscience. La suprême Sakti = l'amour-énergie.

"L'essence du Soi est universelle. Elle est autonomie, félicité et conscience. L'absorption dans cette essence est le bain rituel." L'autonomie = le Hara dans sa puissance intérieure qui ne remet pas son pouvoir. La félicité = la joie du cœur. La conscience = 3ᵉ œil.

L'alignement est l'axe unifié du Masculin, qui restaure et déploie la Présence du Chevalier qui autorise l'ouverture vaste du cœur.

4 • Veiller et ajuster

1 / Le Veilleur re-connaît ce qui est juste pour lui-même et ajuste

Restaurer le **M**asculin demande d'éveiller notre conscience. Le Veilleur discerne et ajuste, dans la vigilance consciente de la dimension cosmique et humaine incarnée.

Le discernement réside en nous. La conscience n'a pas toutes les réponses, mais nous avons le pouvoir de discerner. Il n'y a pas un chemin bon ou mauvais, mais il y a toujours un chemin qui est le meilleur pour nous. Le discernement **est le pouvoir de discerner ce qui est pour nous le plus élevé, le meilleur.** Le discernement n'est pas relié à ce qui est bien ou mal, il permet donc de ne pas juger, ni l'autre, ni nous-mêmes. La conscience nous connecte à cela. **Juger l'autre ou soi-même dans une perception de bien ou mal signale un manque de discernement et de connexion à sa conscience.**

Chacun éveille sa conscience selon ses résonances et résonne à certains aspects du monde auxquels nous portons attention, intérêt, passion, sur lesquels nous focalisons l'attention, mouvement du **M**asculin qui explore le monde afin de prendre conscience de lui-même. Le monde met à disposition une masse d'informations qui n'a jamais été aussi vaste et disponible. Le masculin est submergé par la masse d'informations et ne sait pas discerner l'essentiel. Le **M**asculin discerne, ajuste. Le Veilleur, à la vitesse de la lumière, nous informe d'une information judicieuse, appropriée, pertinente, en résonance avec nous.

Le Veilleur sait, par son cœur Un, par son "Pote Mafé" qui l'informe par résonance. **L'univers magnétise par résonance et attraction.** Sans cela, l'univers ne serait pas aggloméré. L'attraction et la résonance sont la colle qui aimante l'univers, la polarité **F**éminine de l'univers. L'amour magnétise et ramène au Un par la force centripète du Cœur. La résonance magnétique de la loi d'attraction est un retour à la Source, un appel à l'unification. Elle permet

3 / Développer son ressenti par la Sagesse du corps

Au cœur de notre corps réside une Sagesse. La Sagesse intérieure, ou Sagesse du corps, présente en chaque être et chaque chose puisque nous sommes Un et destinés à en prendre conscience. Cette sagesse est une des expressions du **F**éminin qui re-connaît. Notre corps, manifestation du **F**éminin, reconnaît. Par conséquent il reconnaît ce qui est bon ou non pour lui.

En accueillant et en reconnaissant la façon dont s'exprime la Sagesse intérieure, nous accédons à l'autonomie. Rien ni personne ne peut savoir pour nous-mêmes ce qui fait et donne sens. C'est une merveille disponible en nous. L'écouter dans la transparence sans filtrer ni orienter son expression, ni juger lorsque le faisons, est un cheminement. L'écoute de la sagesse du corps est une des formes de communion disponibles à la vie quotidienne.

• **Expression de la Sagesse du corps.** Le langage de la Sagesse du corps s'exprime à travers la chair, les muscles, les organes. Le corps est un instrument naturel de biofeedback – proche du principe de la kinésiologie selon lequel on peut accéder à l'information du corps par un test musculaire involontaire à travers un intervenant, car le tonus musculaire s'affaiblit dès qu'il y a perturbation. Avec la Sagesse du corps, nul intermédiaire extérieur, juste le défi du ressenti. Comme pour le Qi, cela demande persévérance, humilité et douceur.

La Sagesse du corps s'exprime par le corps. Elle peut faire tourner la tête, la baisser, tendre un muscle ou un autre, serrer ou faire sursauter le ventre ou la poitrine, offrir des sensations de chaleur, de picotements… Chacun est un individu unique et la sagesse s'exprime à travers lui d'une façon spécifique. Il est nécessaire de demander chaque fois de quelle façon la Sagesse s'exprime aujourd'hui. C'est une communication comme avec une amie. On peut lui demander d'ajuster la sensation pour la rendre plus nette quel que soit le lieu. Ainsi une sensation de chaleur peut être perceptible à la maison et plus difficile à capter au supermarché. On reconnaît et honore la sensation de chaleur et on demande à la Sagesse de la transférer par exemple dans une manifestation musculaire. Oui, on emmène la Sagesse partout et il est réjouissant et sage de faire ses courses avec elle !

Le corps répond par oui ou non à la question posée et peut parfois se présenter "en creux" : le oui comme l'absence du non, le non comme l'absence du oui. Contrairement à un oracle où les réponses sont généralement sous forme d'images qui prêtent à l'interprétation de la personnalité.

Les questions peuvent être formulées ainsi :

Cela est-il sain pour moi ?... Est-il approprié pour moi de… ? Mon action juste est-elle de… ? Cette décision est-elle en accord avec mon âme (ou mon plus haut dessein)… ?

Au fur et à mesure de la fluidification de la communication avec la Sagesse du corps, on peut étendre le champ d'investigation au-delà de la relation directe avec le corps. Le défi d'orienter la réponse est d'autant plus grand. La charge émotionnelle est bien différente de demander à la Sagesse du corps s'il est approprié de manger un yaourt, si tel lieu est juste pour soi, s'il y a début de grossesse ! Mieux vaut ne pas l'utiliser quand on dépend du résultat, la tentation est trop grande d'orienter, de manifester son a priori, sa peur, non la Sagesse.

La question doit être parfaitement claire. Imaginons que le corps réponde oui sur le choix d'un lieu de vacances. Quelle est la question posée ? Ce lieu est-il juste ? Ce lieu est-il approprié pour passer des vacances reposantes ? Pleine d'aventures ? Conformes à mon choix d'évolution ?

de réclamer, de rappeler tous les fragments disséminés de nous-mêmes. Le cœur ouvert à Tout Ce Qui Est rend accessibles instantanément les vagues de connexions multidimensionnelles à travers l'univers. Notre résonance divine est notre signature d'âme, la vibration spécifique de notre Nom Divin. **Écouter et ressentir ce qui résonne pour soi est le chemin intime de re-connaissance de soi vers Soi.**

> *"Écoute l'ultime enseignement mystique : il suffit de fixer son regard sur l'espace, sans cligner, pour accéder à la spatialité de ton propre esprit"* (Vijñânabhaïrava tantra).

Le ressenti de ce qui résonne spontanément est transmis par le chakra du cœur relié au sonar du plexus solaire. Ce dernier, qui dit "Moi, je", s'il n'est pas fluidifié et uni au cœur, interprète personnellement la réalité et la personnalité s'empare du ressenti et perpétue les croyances. Le ressenti est clair et transparent quand les deux sont unis dans la fluidité. Cheminement incontournable de l'écoute, du ressenti à travers la maturité intérieure et l'humilité. **La résonance attire vers nous des situations ou des relations où nous nous re-connaissons.** Plaisantes ou non, il s'agit toujours de se re-connaître. Ainsi dans le terme "confrontant", deux aspects contradictoires sont en présence afin de réconcilier leur contradiction. Une relation confrontante est l'opportunité de reconnaître et de réconcilier deux aspects opposés de sa vie. Plus nous reconnaissons intimement, plus la résonance est fine. Au début, nous reconnaissons nos identifications. Ainsi l'adolescent, non accompagné à reconnaître intérieurement son projet ; le rêve que porte son âme va se projeter en bloc dans un processus d'identification à une tribu, avec des codes "comme Un" à la tribu. Plus tard, une fois les identifications suffisamment fondues dans la réconciliation et la reconnaissance, le pressentiment d'être en résonance avec la totalité peut nous effleurer. L'être garde cependant une résonance, une tonalité universelle. Ainsi l'enseignement des maîtres universels a un fond "comme Un" à tous dans lequel certains apportent une tonalité particulière.

Le Masculin veille à la résonance de l'instant présent qui l'in-forme de ce qui contribue ou non à la reconnaissance, lui permet de faire des choix et d'ajuster son action. Le ressenti informe par une sensation ou non de justesse. L'enfant sent si ce qu'on lui fait est juste ou non pour lui, mais les circonstances peuvent le convaincre de se fermer au ressenti pour survivre et ne pas se dissocier. Le masculin duel d'un adulte coupé de son ressenti ignore qu'il peut protéger son féminin en ajustant.

L'ajustement du Masculin permet à son Féminin de garder, quelles que soient les circonstances, la conscience à la fois de son essence et de la globalité, lui évite de se mettre en pâture.

Prenons l'exemple d'une insulte. Certaines nous touchent, d'autres nous indiffèrent. Pour ces dernières, le **M**asculin ajuste en gardant vibrant la conscience de notre essence, l'insulte s'intègre sans mettre en résonance notre intégrité. Nous ne nous reconnaissons pas à travers cette insulte. Pour celles qui nous touchent, il y a résonance, pas toujours directe. Je peux ne pas me reconnaître sous le terme de l'insulte, mais être insulté peut me faire réagir d'une façon automatique qui est mienne. Cette réaction est à reconnaître ("c'est toujours à moi que ça arrive…", "la vie est dure…"). Il y a vraisemblablement "toujours" ou "jamais" sous-jacent dans le programme. Dans la conscience globale du **M**asculin, il y a reconnaissance de la globalité, de

La Sagesse du corps y répond différemment. Il peut être juste d'aller dans un lieu qui va offrir des rencontres confrontantes, mais belles en prises de conscience, il peut être juste d'aller dans un lieu de repos.

Faire appel à la Sagesse du corps focalise l'attention à l'intérieur, demande de reprendre son pouvoir, de clarifier ses pensées, de pacifier ses émotions, de détendre et d'honorer sa relation au corps… Avant même la réponse, elle nous rend déjà à la Sagesse.

• **Pratique :** Pour pratiquer, il est nécessaire de se détendre, assis, le dos droit sans tension, respirer profondément, s'enraciner et déployer son axe ciel / terre. Parler intérieurement – au début il est utile de parler de façon audible pour clarifier les demandes. Toujours demander comment aujourd'hui elle exprime le oui, le non. Répéter plusieurs fois afin de fluidifier le mouvement. Demander des questions à la réponse connue afin de mettre en route, par exemple : ai-je mon permis de conduire, est-ce que je porte un pull rouge… ? Puis explorer… Il est fort à propos pendant quelques semaines d'explorer les questions concernant le corps et la nourriture : est-il juste ce midi de manger des fruits ? Un ? Deux ?… Du fromage ?... Il est important de remercier, d'honorer cette Sagesse intérieure. Finir en s'engageant au prochain rendez-vous.

Cette pratique est une contemplation, une plongée fine et subtile, lente et douce, au cœur de Soi, dans l'écoute du Corps. Cette communication contribue à notre médiumnité naturelle, dans le contact avec soi qui accueille le Soi.

La communication régulière avec la Sagesse du corps est une des pratiques les plus concrètes pour incarner le Soi comme état naturel d'être.

4 / Exprimer sainement ses émotions

Rappel : Nous sommes des générateurs de fréquence, nos émotions en sont le diapason. L'émotion est l'énergie en mouvement dans le corps qui exprime le vécu du Féminin. À chaque instant, par leur effet électromagnétique, nos émotions créent une fréquence vibratoire, élevée pour les émotions saines et naturelles, basse pour les émotions du passé. L'émotion du cœur ouvre la multidimensionnalité alchimique de l'être.

• L'émotion est elle-même est saine et vitale, le défi vient seulement de ce que nous faisons de son expression. Une émotion exprimée librement, intégralement et sainement ramène le flux de l'énergie à la paix du cœur, à l'amour. Les émotions non exprimées librement s'amoncellent jusqu'au moment où une circonstance en résonance les fait surgir de façon incohérente et anarchique, ou bien où la maladie s'installe. Elles éclatent et se projettent au détriment de soi, de l'environnement et des êtres autour de soi. Les pensées, les paroles, les actions outrepassent l'intention du cœur. Elles laissent une empreinte à laquelle la personnalité s'identifie et qu'elle oriente dans une forme d'automatisme énergétique et/ou émotionnel. L'identification automatique à une émotion sert l'ego qui construit grâce à cela plus de « moi, je » dans une dramatisation qu'il affectionne. L'émotion offerte au cœur et à sa pacification dévoile le Soi, ouvre une fenêtre sur l'espace.

son essence et de son individualité, comme celles de l'autre, sans jugement ni complaisance sur son choix d'insulter, et qui peut ou non inviter à une action claire d'ajustement. La conscience du **M**asculin permet de reconnaître ce qui ne nous appartient pas, de choisir ce que nous en faisons, à quoi nous donnons l'attention.

2 / Le Veilleur ajuste et sait dire NON

• **Le Masculin ajuste et sait dire NON, le Féminin dit OUI** (voir p. 146). Le **M**asculin sujet choisit ou pas de dire NON. On sait à quoi on dit non, on ne sait pas à quoi on dit oui… Dans un mariage, on ne sait pas à l'avance à quoi on dit OUI, on dit OUI à la résonance qui nous pousse vers le partenaire, sans savoir précisément ce que la vie va manifester. Dans un divorce, on sait concrètement à quoi on dit non à travers le partenaire. Un divorce réussi en termes de croissance intérieure invite à reconnaître ce qui nous appartient à la fois dans la résonance du oui du mariage et dans l'ajustement qui y met fin.

Restaurer le **M**asculin demande de retrouver la compréhension et l'activation du vrai NON du **M**asculin.

• **L'ajustement du Veilleur autorise un vrai NON.** La conscience du Veilleur, focalisée et diffuse à la fois, inclut la globalité. **Le NON du Veilleur procède du Oui à la globalité et choisit ce qu'il reconnaît comme juste et adéquat en fonction d'elle.** Faire son marché demande de ressentir, d'ajuster, de dire oui à ce qui est en résonance avec son intention, ce n'est pas un jugement sur le reste, même si le marchand insiste. Le masculin duel dit non à ce qui est là et le rejette, ce qui donne de l'énergie à ce qu'il rejette. Ce que je rejette, je le déclare et le fais apparaître. **Tant que le non du masculin est un non à l'autre, il ne peut être un OUI à Soi. La voie initiatique est une voie de collaboration.** Ce NON de collaboration est un vrai NON.

• **Le Masculin veille l'intégrité du Féminin.** Ressentons la différence entre diverses expressions : Veiller / Veiller à / Veiller sur / Surveiller. Veiller à implique un résultat et donne donc de l'énergie à l'opposé de ce résultat. Veiller sur apporte une nuance de contrôle, de surveillance, de danger potentiel. Protéger / défendre : défendre indique un danger actualisé, et un état défensif ne contribue pas à une paix durable et profonde. Le **M**asculin peut, selon les circonstances, veiller, veiller sur, protéger, défendre. Il le fait depuis un état de paix intérieure, de OUI qui demande d'ajuster par un NON focalisé. Le masculin duel est, lui, sur la défensive ou le contrôle.

• **Tout ce qui est du domaine du Féminin, de l'intime, naturellement ouvert au monde, a besoin de l'intégrité pour être ouvert et en sécurité.** Le **M**asculin veille l'intégrité de son **F**éminin, de son corps, de son énergie, de son corps émotionnel, de son âme. À chaque instant, des stimuli lui demandent d'ajuster, de veiller et de protéger l'ouverture de son **F**éminin. Chaque jour, nous veillons et protégeons notre corps, nous le lavons et adaptons nos vêtements à l'environnement, non dans une représentation que la pluie soit méchante. Ce non à la pluie n'est pas un rejet de la pluie. Nous choisissons ce que nous acceptons dans l'intime, nous ne faisons pas l'amour à tout le monde.

• **Les hommes et les femmes devant l'émotion.** Selon les neuroscientifiques, le cerveau droit (féminin, intuitif, émotionnel) est plus développé chez les hommes que chez les femmes. On peut en déduire que contrairement aux croyances, **les hommes sont plus émotionnels que les femmes, mais ne l'expriment peu ou pas, tandis que les femmes sont moins émotionnelles mais l'expriment plus.** Cela correspond parfaitement à la vision présentée ici de l'homme et de la femme. La polarité intérieure de l'homme, son féminin, est refoulée. Le masculin de la femme autorise ses émotions.

• **Processus de rencontre des émotions du passé.** Chaque émotion du passé est l'opportunité de ramener à la Source un aspect de nous qui vit loin de l'Amour. Le processus qui suit invite à être un avec l'émotion sans être identifié à elle. "Être un avec" permet d'être au centre et en périphérie, comme dans l'histoire d'Ariane (voir p. 284) où elle se décentre et se perd dans la fascination émotionnelle en s'identifiant.

Les mêmes étapes accompagnent la rencontre de la blessure (voir troisième partie, p. 293).

- **Reconnaître avec honnêteté.** Depuis l'axe et centré dans le cœur, il est fondamental de reconnaître l'émotion avec honnêteté, ce qui permet à la véritable émotion et à la vulnérabilité de s'exprimer. Derrière la colère, il y a probablement autre chose, comme une grande peine. La peine est inaccessible tant que la colère n'est pas reconnue.
- **Accepter avec Amour.** Accepter avec amour que l'émotion s'exprime ainsi, sans la juger ou la blâmer. Lui dire au contraire que nous la comprenons de se sentir comme ça. Elle aussi est issue de la Source, et même si elle ne peut pas le reconnaître, nous la reconnaissons comme telle.
- **Reconnaître totalement et inconditionnellement.** La clef qui crée un changement est dans la conscience et l'acceptation inconditionnelle de ce qui est, de cette émotion exactement telle qu'elle est. Et peut être veut-elle tuer, détruire, nier, maudire…
- **Aimer et accueillir.** Aimer et accueillir avec compassion nous relie à la flamme de notre cœur, notre essence. Permettre à cette flamme d'Amour qu'elle baigne, qu'elle étreigne très doucement cet aspect qui s'exprime par l'émotion. Il y a bien longtemps que cet aspect n'a pas senti l'Amour. À la racine même de tout ce qui est souffrance est l'appel de l'Amour. L'alchimie du cœur fait fondre l'émotion et ce qui la sous-tend et la ramène à l'Amour, à la nudité du cœur.
- **Pardonner.** L'inviter à pardonner ce qui la fait se sentir comme ça. Laisser l'amour couler à nouveau en soi et à travers soi. La troisième partie accompagne dans la profondeur du pardon.
- **Bénir.** Bénir et honorer le voyage, les leçons apprises et le trésor qui va pouvoir couler à travers cette expérience.

• **Les pratiques du Vijñânabhaïrava tantra liées aux émotions.**

"En état de désir extrême, de colère, d'avidité, d'égarement, d'orgueil ou d'envie, pénètre dans ton propre cœur et découvre l'apaisement sous-jacent à ces états."

Cela paraît évident. Cela ne l'est pas toujours. Dans un jeu d'un séminaire créé autour du NON et du OUI, beaucoup croient dire non alors que leur corps s'excuse, l'énergie s'affaisse et se met en pâture. Le reconnaître est énorme, et prendre conscience de la vigilance que cela demande d'habiter son axe et sa base, et de prendre soin de l'enfant intérieur, est une révélation. D'autres dépensent une énergie phénoménale en défense et offrent ainsi cette même énergie à l'autre. Les uns comme les autres ne savent pas protéger leur féminin.

Il est nécessaire d'apprendre à ajuster. Quand nous sommes fatigués, quand notre système immunitaire est fragilisé, quand nous ouvrons notre cœur plus grand que d'habitude, quand nous découvrons l'empathie, quand nous sommes en relation d'aide, quand nous sommes issus d'une culture qui prône le sacrifice… Chacun doit apprendre à ajuster afin de ne plus être en défense continuelle et savoir ouvrir dans l'intégrité de son **F**éminin.

3 / Le Chevalier et la voie initiatique – Mi-ka-el /El-ka-mi

• **La voie initiatique.** Tous les êtres humains sont dans une voie vers leur réalisation, quelles que soient leurs mémoires, leurs croyances, et leurs peurs qui les entraînent parfois loin de leur lumière et de leur perfection. La vie les amène inéluctablement à transformer ce qui les éloigne d'eux-mêmes. **Choisir de regarder consciemment la vie et son expérience est l'entrée dans une voie initiatique.** Celle-ci entraîne des initiations qui sont des formes de dévoilement de la nature véritable, de dissolution de l'illusion, jusqu'au jour où l'être est dénudé totalement, libéré de tout ce qui l'éloigne de lui-même, dans la reconnaissance de lui-même, expérimentant l'état amoureux. Initiation ne signifie pas nécessairement douleur, lorsque l'énergie kundalinique s'élève jusqu'au cœur, il y a jaillissement de la joie pure. L'initiation est un changement de conscience, un éveil à un nouveau niveau de conscience. La voie initiatique est le choix conscient de l'union qui découle des retrouvailles avec Soi et engendre la cocréation.

• **Le Chevalier.** Le **M**asculin, en chacun de nous, retrouve le sens et sa mission d'être au Service de la Vie et du **F**éminin. **Le Masculin dans sa tonalité de protection du Féminin est Chevalier d'amour et de Lumière.** Appelons-le Chevalier de Lumière ou le Chevalier.

Le Chevalier de Lumière porte trois attributs qui ornent son blason : l'amour, la conscience, la volonté, les trois plans de l'Alignement.

Hara : Il faut de la volonté et du courage pour dire non au mensonge, à l'illusion, renoncer à ce qui est socialement loué mais ne fait pas sens, persévérer. Le Chevalier en a.

Cœur : Le Chevalier porte un profond respect de lui-même dans l'humilité. Il honore sa nature véritable et évite de juger. L'amour dans son cœur lui donne la conviction.

3e œil : Le Chevalier prend conscience de ses identifications comme d'une armure qui pèse et le rigidifie. "Est-ce une réaction ou est-ce un choix ?" Le Chevalier fait des choix et tranche la réaction automatique. Il accepte de se dénuder et dépose l'armure afin de percevoir sa direction sans être le jeu de l'illusion.

Le Chevalier représente la quête du Soi, la voie initiatique dans laquelle il mobilise énergie et conviction dans la direction qui lui fait sens.

Au bout de la quête, le Chevalier rencontre le Soi et réalise être le Soi.

Le tantra est la seule voie qui utilise la globalité de l'expérience humaine. Les autres voies proposent généralement d'éliminer ou de rejeter les émotions extrêmes. L'invitation de se poser au centre dans le cœur de ce qu'habituellement on rejette, refoule ou nie en fait une véritable voie initiatique. Aucun registre de l'expérience humaine n'est à exclure ou à juger, chacun est l'opportunité de vivre un moment d'absolu.

"Dans la stupeur ou l'anxiété, à travers l'expérience des sentiments extrêmes, quand tu surplombes un précipice, que tu fuis le combat, que tu connais la faim ou la terreur, ou même quand tu éternues, l'essence de la spatialité de ton esprit peut être saisie."

Plus l'énergie est puissante, plus la personnalité peut s'en emparer, mais aussi plus le cœur peut s'ouvrir.

"L'entrée dans la spatialité de ton propre esprit se produit au moment où l'intuition se libère par la fixité du regard, la succion ininterrompue de l'amour, les sentiments violents, l'agonie ou la mort."

Au moment où. Saisir l'instant où l'intensité libère l'intuition. Non l'intuition de quelque chose, mais la pure intuition de la réalité absolue incarnée à travers nous.

5 / Exprimer sa créativité

Le **F**éminin manifeste l'élan créateur du **M**asculin. **Le Féminin est créatif, le Masculin est créateur, le Féminin manifeste créativement l'idée du créateur.** La créativité est intimement reliée à l'enfant intérieur, à son élan spontané qui ne craint pas de s'exprimer, de se montrer au regard. Cela peut être à travers la danse, le son, le dessin, la personnalisation de sa maison… Le **F**éminin est notre maison, au propre comme au figuré.

Dans nos stages, une intention particulière est apportée à la créativité, à travers le dessin spontané, la création d'objets chamaniques ou d'offrandes… Il est bouleversant à la fin de contempler la beauté unique de chacun et la richesse universelle d'un groupe.

Le geste quotidien peut devenir créatif, l'arrangement de son bureau, d'une table, d'une note entre collègues… La communication interactive facilitée par l'ordinateur montre un regain créatif, parfois enfantin, déjà en chemin.

Le **F**éminin reconnaît la beauté en chaque chose, chaque être, chaque situation. Il le reconnaît aussi à travers la laideur et la banalité. Le culte de la beauté, la référence esthétique, l'attachement à l'apparence physique en sont une version contractée qui rejette ce qui ne correspond pas à ses dogmes. **Célébrer le Féminin invite à célébrer la beauté en chacune de ses formes**, et en créer aussi. **Créer de la beauté** n'est pas produire une œuvre d'art au sens strict, mais plutôt matérialiser son élan spontané uni à son cœur et à sa vision (hara / cœur /conscience), c'est-à-dire **manifester son élan créateur**. Offrir concrètement au plan physique sa contribution spécifique. Exprimer sa propre signature vibratoire individuelle. Cette signature porte la beauté, elle est la beauté, elle matérialise l'essence individuelle incarnée.

• **Mikael et le dragon.** Il n'est pas question d'adhérer ici à des croyances, mais de laisser résonner et ajuster ce qui fait sens pour soi et le Soi.

Le Chevalier est à l'unisson avec la vibration de l'Archange Mikael. Dans la tradition chrétienne, il est le chef des armées célestes appelé saint Michel, toujours aux côtés de Marie. L'archange Mikael est associé à la Mère Divine, l'aspect **F**éminin de Dieu, il en est le Veilleur et le Chevalier. Ici, il est le Veilleur qui assure l'intégrité énergétique du cocon de lumière (voir "La Sphère de lumière", p. 267) et le Chevalier qui protège la Coupe Sacrée du **F**éminin. Souvenons-nous : Mikael est le complément de l'alchimie. Mi-Ka-El / El-Ka-Mi.

Mikael est représenté **l'épée** ou la dague à la main, un pied sur le démon.

Le démon est symbolisé sous une forme reptilienne ou un dragon. Demon = monde. Le démon est le monde à l'envers. Le dragon représente la puissance tellurique kundalinique démonisée par l'énergie patriarcale. Mikael, nous sortons de la tradition chrétienne, est la vibration archétypale par laquelle est transmis l'enseignement de la maîtrise de l'énergie kundalinique. Le démon/ dragon représente l'aspect délétère de l'énergie sexuelle et spirituelle qui piège dans le monde physique quand elle ne peut s'élancer dans son mouvement naturel d'union du terrestre au céleste. La pulsion de vie détournée de son but ultime s'attache alors aux objets extérieurs comme substitut de l'union. Le démon est alors l'aspect opaque du monde. Le patriarcat obscurci confond "démon/ monde" et féminin. Il démonise le féminin, potentiel alchimique du monde. **Mikael, un pied sur le dragon, fait sienne la force kundalinique et nous invite à la réclamer et maîtriser.**

Tant que nous ne nous approprions pas la force kundalinique qui nous traverse à chaque respiration, nous nous attachons à des objets ou des êtres extérieurs. Les attachements se comportent comme des pieuvres avec de véritables cordes énergétiques qui nous maintiennent dans la troisième dimension, du pouvoir, des dépendances, des peurs, de la réalité terrestre comme seule réalité. **Le Chevalier véhiculant la vibration de Mikael tranche par son épée les liens d'attachement.**

4 / L'Épée de Lumière

• **L'Épée de Lumière.**

On l'appelle aussi l'Épée de Mikael ou l'Épée de Vérité et elle porte la vibration d'Excalibur. Pour le Chevalier, retrouver la direction de sa mission au Service de la Vie et du **F**éminin est synonyme de retrouver son épée de lumière. L'être est une antenne électromagnétique émettrice et réceptrice. **L'Épée représente l'antenne reliée à l'énergie tellurique et à l'énergie cosmique.** Elle est l'Épée d'Amour et de Lumière véhiculant la vibration de l'union. Elle est **l'outil vibratoire initiatique qui permet de matérialiser son libre arbitre, à travers le NON, le stop. Elle est le symbole vibratoire de l'alignement à la vérité divine qui s'aligne elle-même à l'intégrité de l'être.** L'Épée autorise le choix de l'intégrité, ce qui est juste et fait sens en libérant les liens qui attachent et freinent l'évolution. Elle porte la vibration du rayon bleu qui purifie.

3 • Honorer et célébrer le Féminin pour une femme

Une femme, quelle que soit son histoire personnelle, porte en son corps l'histoire collective patriarcale qui désacralise le domaine du féminin qui se concrétise dans le corps de la femme. Reconnaître sa propre beauté. Retrouver le sacré de sa Yoni, de son sexe de femme. Honorer le sacré du Sang des Lunes. Célébrer la Déesse à travers elle. Autant de fondements à restaurer pour célébrer le Féminin.

1 / Reconnaître sa propre beauté

Le **F**éminin est la beauté de la source et révèle la beauté en chaque chose. Les femmes, identifiées au seul féminin, ont remis aux hommes le pouvoir de reconnaître leur essence, leur divinité et finalement leur beauté. Elles oublient qu'elles matérialisent à travers le corps le **F**éminin sacré, la Déesse, et sa Beauté. La femme véhicule la Déesse, non pas une déesse, mais la Déesse, non dans un sens d'inflation de soi, plutôt d'émerveillement, de respect pour sa propre essence et de sa responsabilité aimante de lui rendre hommage en l'incarnant. Chaque femme, de façon unique et spécifique, véhicule et incarne la beauté de la Déesse.

Chaque femme a besoin de retrouver le sens de la beauté de la Déesse en elle-même. Elle a besoin de reprendre son propre pouvoir de reconnaître sa beauté. Non pas demander aux hommes d'honorer le **F**éminin. C'est à elle-même d'incarner l'hommage, le respect, la reconnaissance du **F**éminin. Non pas reconnaître pour elle-même être plus ou moins belle, ni demander à l'homme de la rassurer sur sa beauté. Il ne s'agit pas de cette beauté qui change selon les modes et les circonstances. Dans certains pays d'Afrique, des seins refaits font injure à la féminité fière et glorieuse des beaux seins flasques et pendants de nombreux allaitements.

Pour une femme, reconnaître la beauté du Féminin à travers elle lui révèle sa propre beauté. Plus une femme reconnaît la beauté du **F**éminin, plus elle la dégage. **Plus elle la dégage, plus elle la rend manifeste, plus sa beauté se révèle à l'autre.** Le **F**éminin manifeste ! Ainsi au-delà des dictats extérieurs, sa propre beauté unique et spécifique se dévoile à elle-même, elle finit par découvrir les grandes résonances, les grands archétypes qui la traversent, elle trouve son propre style et sait honorer sa beauté et la célébrer.

Plus une femme reconnaît et diffuse la beauté du Féminin, plus elle l'offre naturellement aux hommes et contribue à les aider à reconnaître la beauté de leur propre Féminin. Elle contribue ainsi au retour de la Déesse et à l'équilibre sur Terre entre les deux polarités, entre les hommes et les femmes.

• **Visualisation "Reconnaître sa beauté".** La visualisation suivante est une opportunité de reconnaître le **F**éminin sacré en soi et sa beauté. Il est nécessaire d'avoir au préalable pratiqué la méditation "Connexion intime à notre Pure Essence".

Je me permets de passer au tutoiement. Chacune ajuste pour elle-même.

• **À propos de l'attachement.** Le défi ne vient pas de l'objet de l'attachement, mais du fait d'y être attaché. Nos attachements forment au fil du temps des cordes, des liens énergétiques, des tentacules. Plus les tentacules sont denses, plus l'ego se nourrit. Nous nous accrochons aux choses, aux êtres par besoin d'identification. Être attaché à un être n'est pas un lien d'amour. L'amour n'attache pas, l'amour libère. Libérer les liens d'attachement qui nous attachent à quelqu'un permet d'accéder aux purs liens d'amour qu'il y a à l'origine entre deux âmes. Utiliser l'Épée complète le travail intérieur alchimique, il ne le remplace pas, sinon on déplace l'attachement.

On peut s'attacher à tout. À quelqu'un par peur d'être seul ou par la croyance de ne pas pouvoir s'en sortir par soi-même. À une croyance : "Avec moi, les hommes sont toujours…" À un programme de sabotage, de dépossession, à un vœu de chasteté ou de pauvreté. À un comportement : "Face à lui, j'ai peur de me faire gronder." À l'argent, à la jeunesse…

L'accroche énergétique colle, attache et s'attache. Un temps vient de couper, de trancher.

Après des années d'ascèse la plus complète au fond d'une grotte dans le détachement le plus total, le sage oriental Milarepa sort enfin de sa grotte, son bol à la main… Le bol tombe. Milarepa se précipite et se rend compte… de son attachement…

• **Appel de l'Épée de Lumière.** Dans nos séminaires comme pour l'Alignement, nous transmettons et initions une pratique initiatique de l'Épée de Lumière. Le canal de l'être est initialisé à sa vibration. Utiliser l'Épée ne dépend aucunement d'un intermédiaire. Elle est le prolongement du libre arbitre de chacun. Simplement, plus la structure énergétique est fluidifiée, plus les outils vibratoires sont puissants. La puissance de l'Épée provient de la fréquence vibratoire de l'être, plus elle est élevée, plus l'Épée est puissante.

Appeler l'Épée de Lumière engage à reconnaître le sacré en chacun et ne jamais utiliser l'Épée pour tenter de blesser. Mal utilisée, l'Épée de Lumière devient inopérante et inaccessible car sa vibration porte l'union. Chacun dans son intention pure est à même d'appeler l'Épée. Invoquer la vibration de Mikael peut aider, sans être obligatoire, car l'intention de l'appel s'aligne à la vérité de l'être. L'appel de l'Épée est un geste sacré portant une intention qui sert la Vie Une.

Il est nécessaire d'être debout afin de déployer l'axe Ciel/ Terre. Elle accessible depuis le cœur, les mains jointes en signe d'union. Les mains jointes projetées dans la direction souhaitée véhicule et matérialise l'Épée.

• **L'action de l'Épée de lumière.**
- Clarifier, purifier, trancher avec les énergies denses, de basse vibration, étrangères, erronées, anciennes.
- Sceller un nouveau choix. Poser une frontière avant/après.
- Purifier un lieu ou sa propre aura. Installer des protections et limites énergétiques.
- Purifier, couper les liens psychiques, énergétiques qui ne sont plus en résonance. Se libérer de vieux contrats, de vœux, de croyances très denses (pauvreté, chasteté…).
- Se déplacer en sécurité à travers les différentes dimensions, sans y être piégé.
- Discerner le vrai du faux.

• **L'utilisation de l'Épée de Lumière. Pour nettoyer son aura,** bouger l'Épée en cercle autour de soi par trois fois, lorsqu'on se sent lié ou chargé ; le rayon bleu de lumière jaillit alors du bout de la pointe et détache du champ d'énergie les énergies de non-amour. Elle ne tranche

Permets à ton corps de trouver la position adéquate, sans tension inutile, le dos droit, les vertèbres empilées les unes sur les autres comme des petits coussins de sable, le regard tourné vers l'intérieur.
Prends quelques profondes respirations en posant doucement ton attention vers l'intérieur.
Imagine ou visualise tes racines s'abreuvant joyeusement et paisiblement dans un centre totalement d'amour et de lumière au cœur de la Terre.
Autorise l'alignement de ta colonne vertébrale, simplement dans l'intention de t'élever toujours plus haut et en même temps de t'enraciner toujours plus profond.
Avec l'intention de contacter les plans supérieurs de conscience et d'en nourrir le plan terrestre.
Dans la conscience d'être déployée naturellement dans la dimension céleste et profondément enracinée dans la dimension terrestre.
Par l'intention, appelle toutes les parties de toi à contribuer et à bénéficier de cette rencontre.
Pose doucement ton attention sur ton cœur, en gardant une respiration profonde.
Retrouve maintenant le sanctuaire de la Flamme de ton Essence que tu connais…
Ton sanctuaire… Un temple… Une chapelle… Un lieu sacré dans la nature… En amont de toutes blessures et par-delà le brouhaha du mental. Ton cœur connaît et reconnaît ce lieu. Le sanctuaire de ton essence…
Goûte la qualité de Présence… Le son du silence… L'énergie infiniment douce et puissante. Ce lieu respire la beauté, la pureté, la communion.
Prends le temps de t'y ressourcer à travers tes sens…
Sois tout entière unie aux parfums de ton sanctuaire… Sois la texture, la douceur… Sois la brise légère… La musique de ce lieu… Ses harmoniques… Baigne-toi, abreuve-toi à la beauté du sanctuaire… Goûte les nuances les plus subtiles… La beauté qui y règne est unique…
Pose ton attention sur la Flamme de ton essence… Laisse le mouvement de la Flamme vibrer très légèrement dans ton cœur…
La Flamme au cœur du cœur du cœur… Tu es au cœur de la beauté qui vibre en ton cœur…
Agrandis ton champ d'attention… Inclus le paysage dans lequel réside le sanctuaire…
Découvre-le à travers tes sens… Goûte-le… Hume-le… Respire-le…
Ce paysage manifeste un aspect du Féminin à travers toi…
Est-ce une montagne… ? Une forêt luxuriante… ? Une île… ? Des hauts plateaux… ?
Ce paysage est le royaume dont le sanctuaire est le cœur… Le sanctuaire rayonne sur tout le paysage…
Ce royaume abrite-t-il des animaux ?…Comment sont-ils ?… Reconnais leur beauté, quels qu'ils soient…
Accueille leur langage, leur énergie… Vous êtes en résonance… Ils ont quelque chose à te transmettre… Communie avec leur essence… Vous vous connaissez depuis un temps immémorial…
Leur beauté unique révèle ta propre beauté… Beauté de leur vitalité… Beauté de la vie en toi…
Contemple les arbres et les plantes… Permets à la beauté du végétal de se révéler… Elle est en toi… Contemple la qualité de leur présence… Leur délicatesse… Leur force… Chacun est interrelié, interconnecté aux autres… Chacun a sa raison d'être, même si elle t'est inconnue…
En ce lieu, règne une beauté unique… Les déserts sont beaux… Les terres minérales sont belles… Les volcans sont beaux… Les champs sont beaux… Les forêts…
Il y a peut-être dans ce paysage des accidents, des failles, des cicatrices… Ton regard peut en sentir la beauté… Ces accidents de terrain révèlent la vérité ancestrale de ce lieu…
Honore chaque accident… Chaque faille… Tu en sais la valeur… Ce sont tes rites de passage… Salue-les avec reconnaissance…

pas avec une personne, mais avec ce qui nous attache à elle. Dans un lieu public, joindre les mains devant son cœur et appeler l'Épée sans bouger physiquement. Devant quelqu'un d'extrêmement lourd ou chargé, visualiser l'Épée devant soi, pointée vers le Ciel protégeant l'avant de notre aura.

Pour discerner si une situation est juste ou non pour nous, présenter intérieurement l'Épée à notre cœur par nos mains jointes en visualisant la situation. L'Épée se présente forte et brillante si cela est juste, ou elle est molle et terne.

5 / La Sphère de Lumière

La Sphère de Lumière est l'outil énergétique qui protège le **F**éminin dans son ouverture et veille son intégrité en l'entourant d'un cocon de lumière. On l'appelle aussi Sphère de Mikael ou Sphère de Protection. La Sphère permet la protection globale de l'intégrité, l'Épée focalise la protection. **L'intégrité est notre droit divin, si nous appelons la Sphère, elle est là** et s'installe au moment où nous la visualisons.

Ce cocon d'amour et de lumière respecte totalement le libre arbitre. La Sphère respecte donc les attachements qui nous conditionnent. Elle ne nous protège pas "de qui on est" mais nous abrite de "qui on n'est pas". **Elle ne remplace pas la responsabilisation de soi, elle la renforce.** Elle n'est pas un outil magique et ne peut renforcer ce qui n'est pas là.

Exemple. Je vais en scooter en banlieue. Loin, compliqué, dangereux, du trafic. Je fais la sphère plusieurs fois. Arrivée enfin sans encombre, j'attache le scooter et lui fais une belle sphère. Je me détends et laisse les clefs sur le guidon... À mon retour, le scooter n'est plus là...

Dans nos séminaires, comme tous les outils vibratoires proposés ici, nous installons et enracinons dans la structure énergétique de l'être la Sphère. La différence entre l'avoir "reçue" ou non se fait sur la durée de temps pendant laquelle elle est efficace, non pas sur son efficacité. Afin de l'activer, il faut la visualiser régulièrement. Par exemple, je visualise la Sphère à chaque consultation. Toutes les pratiques ont besoin d'engagement et de persévérance pour s'installer et faire partie de notre état d'être.

> *"Sans pratique, la transmission se dilue, et ceux qui ont eu la merveilleuse occasion de recevoir les enseignements retournent à la souffrance et à l'illusion alors qu'ils ont eu un trésor éternel entre les mains"* (Vijñânabhaïrava tantra).

Pratique de la Sphère de lumière :

S'enraciner dans l'intention d'apporter protection à son Féminin.

Se visualiser dans une sphère, un cocon de lumière dorée de complétude et de protection.

Visualiser à l'intérieur de la sphère une lumière blanche dorée de protection et de pureté.

Visualiser sous les pieds, à l'intérieur de la sphère, la flamme violette qui transmute le négatif en positif. La flamme ne brûle pas, elle alchimise.

Appeler la vibration de Mikael ou celle du Chevalier. Son Épée recouvre l'extérieur de la sphère d'une lumière d'argent liquide qui se solidifie.

Visualiser sur l'extérieur de la sphère des miroirs en triangles équilatéraux qui reflètent l'extérieur.

Enraciner la sphère en visualisant une pyramide de lumière, la pointe supérieure au cœur, la base sur le cœur sacré de la Terre.

Remercier.

Ce paysage à la beauté unique te révèle le Féminin à travers toi…
Plus tu l'accueilles sans réserve et le reconnais, plus sa beauté unique se révèle… Sa lumière… Sa richesse… Sa connaissance immémoriale…
Étreins le paysage dans son entier, et son cœur, le sanctuaire et la Flamme de ton essence…
Embrasse-le dans son entièreté, dans son authenticité…
C'est un visage de ton âme que tu étreins…
Toi qui es venue dans la densité pour y manifester l'amour et le révéler…
Tout le paysage… Sois une avec lui… Le sanctuaire…
"Je reconnais la beauté en moi." "Je reconnais la beauté du Féminin à travers moi." "Je reconnais la beauté dans ma vie." "Je reconnais la beauté de mon âme."
"Mon regard révèle la beauté."
Parle audiblement, si tu le veux bien, en imaginant que tu fais résonner ces mots dans tout ton être, toutes tes cellules… Respire profondément…
Prends le temps dont tu as besoin pour compléter… Étire-toi…
Belle journée dans la beauté.

2 / Retrouver le sacré de la Yoni

La Yoni est le triangle de la Déesse. La Yoni est la vulve de la femme.

Elle est le premier et le plus vieux symbole de l'humanité.

C'est la porte du mystère et le temple manifesté dans le corps de la femme. C'est la matrice de la création d'où jaillit la vie et le sang de la Déesse. C'est le lieu de l'intimité la plus profonde où le corps dit Oui et où la femme accueille. C'est le lieu le plus sacré car c'est le lieu de Vie. Sacré car vital.

En ce lieu s'incarne la quintessence du **F**éminin et du féminin. Lieu d'accueil et du Oui… Lieu humide et chaud… Lieu d'effluves… Lieu dans la douce obscurité nécessaire à la gestation du projet de vie… Lieu de joie et de transcendance… Lieu de réjouissances terrestres et célestes… Lieu de la blessure la plus intime où le masculin obscurci abîme la source d'où il est né… Lieu de la guérison essentielle… Lieu de Présence et de connexion… Source d'où chacun est né… Lieu de passage pour naître à la Terre… Lieu de connexion directe avec le cœur de la femme… !

Les femmes, en particulier celles que j'ai la grâce d'accompagner en séminaire, ne connaissent pas ou si peu leur Yoni, ou seulement dans le cadre sexuel. Il est bouleversant pour elle de s'en rendre compte. Afin de la reconnaître et de lui rendre hommage, toute femme a besoin de rencontrer sa Yoni. Cela dans un espace sacré qu'elle peut créer elle-même, dans un cadre sain, ludique, beau, où la dimension universelle est présente, hors de tout contact amoureux. Les femmes qui l'ont fait n'ont plus jamais la même relation avec elle, qui fait désormais partie de leur vie à part entière, indépendamment des relations amoureuses. Elle devient un lieu d'écoute, de complicité et de sagesse, même s'il y a des guérisons à faire. L'histoire du cas vécu de Marina (voir troisième partie) qui subit le viol incestueux donne accès à une guérison possible de Yoni. Marina y retrouve sa dimension pure et sacrée et aussi ses capacités de reliance. Parallèlement, je conseille aux femmes intimement blessées ou désirant approfondir la présence au corps des praticiennes, plutôt femmes, formées au toucher interne (ostéopathes) et qui savent libérer dans l'intégrité et le cœur les zones intimes de tension.

5 • S'ouvrir à une guidance claire

Le Masculin transmet et enracine la conscience universelle et cosmique et la capacité de s'y relier consciemment.

Guidance. Guides. La guidance intérieure est l'enracinement à travers son axe des plans supérieurs de conscience, du Soi. Ce mouvement d'enracinement des plans élevés de conscience est le mouvement du **M**asculin. Plus notre guidance est claire, plus notre **M**asculin s'affirme dans sa clarté. À la mesure où la guidance se clarifie, le **M**asculin se déploie dans sa qualité de présence. À la différence des pouvoirs psychiques non passés au tamis du cœur, la guidance ici émane de l'union du cœur avec le 3e œil. Celle-ci peut passer par un contact intime avec sa Présence divine, par une communion, une communication intime avec ses guides. Nul besoin d'adhérer à un système de croyance en une représentation définie des guides pour restaurer son **M**asculin. Les émotions réactives reliées à cette dimension signalent néanmoins les obstacles, les voiles qui obstruent la clarté de la guidance.

Nous appelons guides les vibrations qui émanent des plans supérieurs de conscience et qui s'individualisent en s'approchant des plans terrestres afin de rendre perceptibles leur soutien inconditionnel, leur éclairage positif et bienveillant, leur amour indéfectible.

Ce chapitre de la guidance claire est directement inspiré, parfois transcrit d'un travail magistral qui m'a profondément aidé et continue à le faire. C'est pourquoi je choisis de rester au plus proche de cet enseignement, celui de Qala, pour lequel je suis en résonance depuis quelques années et à qui je rends ici hommage. Les mantras du cœur sont aussi librement inspirés des siens (www.qalasriama.com).

Qala Sri'ama est une conférencière internationale, une enseignante spirituelle du monde nouveau, et surtout un pont vivant d'amour pour le retour à notre essence et notre Présence divine dans l'accomplissement du cœur, de notre vie et de notre Maîtrise. Au cours des dix dernières années, elle a produit un corps immense de programmes afin de soutenir l'évolution et la transformation de l'humanité, basés sur l'amour et l'accès direct à la connaissance divine à travers les Enseignants Éclairés de l'Humanité.

1 / Reconnaître les obstacles à une guidance claire : le jugement, l'incrédulité, le déni, le rejet, le doute, le cynisme, l'ignorance

Ces obstacles sont créés par les peurs que garde notre âme suite à des expériences non intégrées et qui ont besoin d'être pacifiées.

Le jugement perdure jusqu'à ce qu'on réalise qu'il n'y a pas une voie unique et juste, que toutes les âmes sont divines quelles que soient ce qu'elles choisissent de manifester.

L'incrédulité à la guidance provient souvent de la peur de mal diriger sa vie ou qu'il puisse advenir quelque chose de terrible en la suivant.

Le déni de la guidance provient souvent de la peur de la puissance et de l'autonomie offertes en la suivant. On dénie l'assistance universelle présente pour chacun, en s'imaginant être un être séparé des autres et de tout.

3 / Célébrer le Féminin à travers la sexualité féminine

La sexualité masculine a ses charmes et ses fougues et n'est pas à rejeter, au contraire. Les jeunes amants ont besoin d'explorer l'embrasement du désir et ses découvertes. Je me souviens avec délice d'une voiture aux suspensions joyeuses en pleine forêt de Berry, comment oublier c'était une Diane ! Selon ce qu'on a pu me dire, cette voiture eut des répercussions tout à fait bénéfiques sur la vie sexuelle d'une génération…

Je me souviens aussi de l'instant où tu t'éclipses en fermant les yeux et te détournes de l'union des âmes, où quelque chose entre nous reste inaccessible. Je me souviens de l'abîme ouvert malgré l'amour et les projets. C'était il y a longtemps, je ne pouvais y mettre les mots. Je cherche par la force et la ruse à t'y amener, inconsciemment à relier le feu au cœur et à l'âme, je l'espère, je l'exige ou même l'invente chez l'autre, ne sachant pas encore le trouver en moi.

La sexualité a besoin elle aussi d'unir ses propres polarités féminine et masculine. Jamais l'un sans l'autre…

Oui, l'orgasme est une belle et bonne chose aux vertus curatives et aux royaumes cosmiques. Le retrouver est somptueux quand il allie la joie du cœur et la détente du corps. Le fantasme collectif, lui, posé sur l'orgasme induit la décharge d'une tension soutenue par l'excitation. Là, le cœur ne peut être totalement ouvert et le corps, présent à lui-même. Là, le temps s'accélère vers le but, les mouvements s'emballent, le regard s'absente, le corps se tend, les organes génitaux, pénis et vagin, se durcissent. Le geste, la caresse, la parole sont porteurs d'intention, de condition, d'attente. L'homme et la femme sont concentrés sur les organes génitaux, au plus les zones érogènes. Les sensations se focalisent peu à peu sur l'entrée du vagin, soit par la stimulation par les doigts, soit par l'éjaculation rapide d'un pénis émotionnel. Le pénis en contrôle de son éjaculation est aussi absent à la Présence. La Yoni est contractée, le cœur en apnée, la femme dans le rêve. Le froid sommeille malgré le feu.

Les énergies divines et subtiles du ventre de la femme sont ignorées et inaccessibles.

Durant le cycle patriarcal, la femme est encouragée et dupée à croire que l'expression la plus belle de son amour était de satisfaire sexuellement l'homme en l'excitant et en se laissant exciter, sous peine de le perdre. Tout vagin, et cela jusqu'à ce qu'il soit réellement aimé et guéri, est un vagin émotionnel imprégné de l'inconscient collectif, de l'outrage au **F**éminin réceptif. Dans les profondeurs de la Yoni reposent les énergies divines subtiles qui ne sont pas atteintes ou mécaniquement, furtivement. Le psychisme de la femme génère un tyran émotionnel, un mécontentement de fond revanchard ou la dépression vague.

La Yoni sait, sent, pressent. La Yoni est une des antennes les plus puissantes de la femme, qu'elle en soit consciente ou non. La Yoni qui n'est pas écoutée se retire pour faire place au vagin dur et avide, ou désillusionné et amorphe, ou fermé et crispé. À la mesure de sa perméabilité et de sa réceptivité, la Yoni se protège de sentir ce qui la sépare de l'amour. Lorsque l'orgasme monte naturellement des profondeurs et éclot dans le cœur, tout son être se déploie dans une vague océanique et matricielle.

La Yoni est le pôle réceptif de l'amour. La Yoni a soif de se ressourcer dans une sexualité féminine orientée sur l'intériorisation. Il revient à la femme de reconnaître en elle le **F**éminin Sacré pour initier cette nouvelle sexualité, en parallèle de la sexualité masculine. Plus la femme retrouve avec son partenaire des sensations profondes et la joie pure, plus la vie jaillit spontanément dans le plaisir de célébrer tous les aspects de l'énergie.

Le rejet provient souvent de la peur que rien d'intéressant ou de valable ne présente et fait croire jusqu'à l'arrogance qu'on a déjà toutes les réponses, ce qui occupe le mental et ne laisse pas de place à la tranquillité et la reddition dont la guidance a besoin.

Le doute empêche de lui faire confiance par peur qu'elle soit fausse ou qu'elle nous oriente mal, de respecter que cela ait un sens encore ignoré qui demande du temps. Le cynisme provient d'une profonde méfiance sur l'existence et la bonne intention des guides. En méprisant sa guidance, on lui retire alors toute puissance.

L'ignorance provient souvent de la peur de se connecter à l'illusion, à l'imaginaire ou au désir de l'ego plutôt qu'à la vérité divine qui crée un manque de foi en soi en tant qu'être spirituel et de confiance en la guidance d'autres.

2 / Reconnaître et changer ses façons de parler négatives et limitatives

Notre façon de parler lorsqu'elle est négative ou limitante ensemence le monde d'une fréquence qui matérialise les obstacles, les limites à notre guidance claire. On peut transformer cette façon de parler en y portant attention, en reconnaissant que chaque fois que nous prononçons certaines phrases, nous nous limitons. Il est important de trouver des expressions positives.

Préférer “Je sais faire, je suis capable de réussir” à “Je ne sais pas faire, je suis nul”. Préférer “J'ai foi en moi pour guider ma vie, je sais diriger ma vie” à “Je ne peux pas croire” ; “Je choisis, je dis oui” à “ Inutile”. Préférer “J'accueille” à “Ce n'est pas la peine, je sais déjà…”. Préférer “Je fais confiance même si je ne comprends pas tout…” à “Je ne veux pas”.

Préférer “Je persévère dans ma confiance” à “Il faut que”.

Ainsi on prend conscience que plusieurs fois par jour, on ensemence l'univers de nos croyances limitantes en la vie et notre guidance et on commence à le transformer.

3 / Relâcher les peurs et les attachements

Afin de relâcher les peurs et les attachements qui créent les obstacles, les limites à la guidance, il est fondamental de se demander : Quel est mon but le plus élevé en relation à ma guidancc ? Unc fois reconnu et nommé, il est nécessaire de lui apporter la lumière, ainsi que de relâcher les attachements et les peurs de ne pas atteindre ce but. Il faut déjà reconnaître ces attachements et ces peurs. Puis accepter inconditionnellement d'avoir ces attachements et ces peurs. Souvenons-nous, l'acceptation inconditionnelle transforme. Enfin il est essentiel de leur apporter de l'amour et de les étreindre en demandant à ses guides et à sa présence divine de nous aider à les transcender dans l'aisance et la grâce. Cela se fait dans la communion intime, et sur plusieurs jours pour être complété. **Rencontrer honnêtement et libérer ses attachements et ses peurs de ne pas atteindre son but en relation à sa guidance est le choix de ne plus leur donner ni énergie, ni pouvoir. Cela revient à manifester sa foi en son but.**

Dans la sexualité féminine, on ne "fait" plus l'amour, on le libère ! La femme connectée à son cœur et à ses seins débordants d'amour pour la vie entière s'abandonne à la libération des énergies sacrées de sa Yoni. Son bien-aimé réveille l'amour et vient le collecter depuis un pénis sensible, conscient par lui-même, libéré de l'émotion, à sa place, à la maison, accueilli amoureusement par la Yoni.

L'homme est le veilleur, à la fois chevalier et magicien. **Le pénis est l'organe actif de l'amour** sur Terre. Rien d'autre que le pénis ne peut combler la Yoni, son désir profond d'être aimée afin de libérer l'Amour. **À eux deux, ils sont une unité, une cohérence pleine de sens d'où jaillit la quintessence, la réjouissance.** Pour cela, le pénis a besoin de retrouver sa sensibilité, sa propre conscience, la mémoire innée de ce qu'il y a à faire pour collecter les énergies divines et subtiles de la Yoni. L'homme a besoin de prendre le risque de l'inconnu, du manque d'excitation physique et émotionnelle tendue vers le but, par des **pénétrations douces et lentes**, à l'écoute subtile de l'aimant qu'est son pénis. Doucement et lentement il change de position, toujours **autour de la connexion Yoni/Pénis**. Il varie l'angle de pénétration et libère les tensions accumulées dans le vagin. Il accroît ainsi la sensibilité de son pénis et de la Yoni. Cette intimité nouvelle entre eux deux leur apporte présence, humour, paix profonde. **La respiration lente, profonde** ouvre l'expérience au moment présent. L'homme et la femme se regardent dans les yeux, **sans intention**, dans une certaine **porosité du regard** qui permet aux âmes de se toucher, de se reconnaître, de s'aimer dans le plan terrestre et céleste, les cœurs son Un. Dans ce "libérer l'amour" il n'existe rien à atteindre, ni orgasme, ni éjaculation, ni extase, rien à prouver, **juste un état d'être qui est l'amour**. Plus l'attention se déplace vers l'intérieur, plus la conscience du corps s'exprime, plus l'amour, présent de tous temps, **se révèle au cœur de notre chair**. Nous redevenons le corps, un avec lui, nous le découvrons tissé d'amour, fait pour l'amour et par l'amour. L'amour circule dans les trois plans de notre être : sexe/cœur/âme, naturellement polarisé en soi et vers l'autre.

Pour nous les femmes, en guérissant, en prenant responsabilité pour incarner la dimension sacrée de Yoni, nous donnons chair au **F**éminin.

4 / Honorer le Sang Sacré des Lunes

À la mesure de l'ombre est la lumière. Dans le cycle patriarcal, la Déesse est destituée et démonisée, de même le Sang des Lunes est l'aspect du Féminin le plus obscurci ou ignoré. Cela signe et scelle son potentiel sacré et essentiel.

Aujourd'hui encore, dans nombre de cultures et traditions, une femme est dite impure pendant que coule son sang menstruel. À tel point que les femmes elles-mêmes ont fini par avoir de la répugnance et de la peur pour le sang menstruel alors qu'il est la source de leur puissance.

Le sang des hommes et des femmes comporte le code génétique et l'histoire. En cas d'accident, la science fait une analyse de sang qui donne accès à l'histoire génétique et physique (trace d'alcool, de drogue...). On peut nous retrouver par notre sang. Le sang est la manifestation physique de qui nous sommes et aussi le véhicule de Qui Nous Sommes. Le sang est le symbole vivant de la connexion à nos ancêtres et aux codes conservés au cœur de tous les êtres. Nous sommes une bibliothèque génétique. Par le sang, nous avons accès à notre histoire, nos archives individuelles, collectives, planétaires, célestes. Notre sang peut être modifié et enrichi par notre

4 / Accueillir la lumière

Afin d'apporter la lumière à ce but le plus élevé, relâcher les peurs et les attachements de ne pas atteindre ce but est important mais insuffisant, il faut aussi appeler la lumière sur tout ce qui est relié à la manifestation de ce but. Pour cela, il faut appeler l'énergie divine à descendre en soi à travers son axe et l'enraciner dans l'intention qu'elle illumine tout ce qui est relié à ce but et qu'elle touche dans la gratitude tous les êtres qui y sont reliés. En passant chaque jour un temps de calme et de communion avec ses guides à accueillir la lumière au cœur de soi en relation à ce but crée de la positivité et du mouvement dans cet aspect de la vie. La fondation est alors préparée. Nous sommes désormais prêts à recevoir pas à pas la guidance claire à propos de ce but essentiel dans notre vie.

5 / Être responsable pas à pas envers la guidance

En prenant responsabilité de ses dons comme de ses peurs, on reçoit la guidance peu à peu, pas à pas. Il est nécessaire de l'enraciner, d'en prendre responsabilité, de la respecter. On l'intègre un pas à la fois, même modeste. S'ouvrir à sa guidance, recevoir des in-formations et ne pas les suivre crée une faille intérieure. Il est important de persévérer dans la confiance que la guidance nous soutient et nous accompagne à équilibrer tout aspect de notre vie dès qu'on est prêt à prendre responsabilité pour soi. Persévérer aussi dans la confiance que l'on n'a pas besoin d'avoir toutes les réponses sur le moment pour avancer et contribuer à une différence. Ainsi on honore sa guidance, on prend responsabilité pour soi, on choisit l'autonomie et la liberté infiniment précieuses qu'elle offre.

6 / Se souvenir de la gratitude pour ouvrir son cœur

La véritable puissance d'amour s'enracine dans la simplicité et l'humilité du cœur et dans le silence de la personnalité. On apprend à transmettre l'amour dans l'union avec les guides et la présence en présence d'une personne en difficulté, en ouvrant simplement son énergie à un amour plus vaste que soi. Le cœur n'a rien à dire ou à commenter, le cœur a juste à être, à la différence de l'affectivité. Progressivement la guidance peut nous inviter à transmettre l'amour à des lieux, des pays, des situations collectives.

L'ouverture du cœur s'autorise au quotidien, comme un muscle qui a besoin de s'étirer. La gym quotidienne du cœur est la gratitude qui permet au cœur de s'ouvrir et de peu à peu rester ouvert. **Offrir la gratitude régulièrement pour les petites choses de la vie ouvre le cœur.** La vraie gratitude, et non celle de la surface des mots. Le cœur ouvert est la porte de la guidance claire. Plus le cœur est ouvert, plus la guidance est large et claire, quelle que soit la façon dont elle s'exprime. La gratitude à travers les petites choses de la vie permet de prendre conscience que nos besoins de base sont satisfaits. Alors s'installe l'émerveillement de la simplicité de la vie comme véritable source de bonheur. **La gratitude révèle la bénédiction présente dans la simplicité.** Plus elle se révèle, plus elle s'étend à un objectif plus vaste. La vision duelle croit que la gratitude sur les petites choses empêche de se focaliser sur le vaste but, c'est l'inverse. Entraîner la gratitude ouvre le cœur et autorise la guidance claire qui transmet la puissance de l'amour. Lorsqu'on suit sa guidance, l'ouverture du cœur prend place à travers tout ce qu'on fait, les petites choses comme les grandes.

intention. Il déborde de dessins et de formes géométriques qui s'organisent selon nos émotions, nos pensées, nos états de conscience. La science commence à démontrer ce que les enseignements anciens connaissaient.

La Déesse est l'énergie de la Source, le code de la Source. Dans le sang des hommes et des femmes coule le code de la Déesse. **Dans le sang menstruel des femmes, le code de la Déesse est activé. Le sang menstruel est le code de la Déesse. La Yoni offre à chaque lune le sang versé sans blessure.** Comme par magie… Ou plutôt est-ce là **pure magie**.

Pour une femme, pressentir et ressentir le mystère du sang est une clef pour se relier à la source de sa puissance et à sa connaissance intérieure profonde. Appelons le sang menstruel le **"Sang des Lunes" ou "les Lunes"**. Et non plus s'il vous plaît les règles, mot si masculin et contracté. Entre femmes, nous disons "avoir les Lunes" ou "avoir la visite de la Déesse".

La lune n'exerce pas seulement son influence et son contrôle sur les femmes et les marées, mais aussi sur les hommes et les marées internes de leur corps car nous sommes constitués à plus de 80 % d'eau. Les hommes aussi ont leurs lunes hormonales, même s'ils l'ignorent ou les refoulent. Le masculin par son action cherche à décrypter le monde de façon linéaire, et ainsi font la plupart du temps les hommes. Pourtant la réalité de la vie, celle des saisons, de l'histoire et la réalité intérieure du **F**éminin sont cycliques.

Le Sang des Lunes est le sang le plus pur, hautement oxygéné qui recèle de l'ADN décodé. L'oxygène déchiffre les chaînes de l'ADN et permet la restructuration de l'information. Le Sang des Lunes est l'une des sources de fertilisation et de démarcation territoriale les plus efficaces. Il peut nourrir la vie végétale, démarquer la Terre et laisser à savoir à la Terre que la Déesse vit de nouveau en Elle. Depuis longtemps la Terre n'est plus nourrie du Sang des Lunes. Retrouver ce geste lui transfert directement l'énergie de la Déesse. Pour avoir un jardin fertile ou des plantes qui vibrent d'une énergie élevée, il est possible d'en diluer la terre dans l'eau d'irrigation. Nous pouvons marquer la terre où nous vivons du Sang des Lunes, commencer par les quatre directions, puis continuer à laisser la marque de la Déesse telle une toile d'amour et de lumière sur la Terre. Nous pouvons bénir le jardin et employer des cristaux pour maintenir sa vibration. Au temps de la Déesse, marquer sa porte avec le Sang des Lunes, protégeait la maison et ses habitants.

Le temps est venu pour nous, femmes, d'honorer notre corps en rendant hommage au Sang des Lunes. **Le temps est venu de retrouver la puissance du sang offert sans violence.** C'est l'un des enseignements des temps anciens les plus puissants à réinitialiser. Le temps est venu que les femmes transmettent aux hommes le code de la Déesse que véhicule le Sang des Lunes. Le rituel du temps de la Déesse dans lequel la femme transmet dans la conscience le Sang des Lunes à travers l'acte d'amour est un geste sacré et puissant, un partage sacré entre partenaires engagés l'un envers l'autre, dans un véritable chemin de conscience qui implique un niveau profond de connexion cellulaire. Les deux partenaires sont envahis de vagues de connaissance, au-delà de la capacité actuelle à comprendre et intégrer. Plusieurs années peuvent s'écouler avant que cette connaissance profonde se décode et se diffuse. Le considérer telle une recherche d'exploits sexuels ou exotiques fait pleurer l'âme.

Pourquoi un tel tabou, une telle malédiction a enveloppé le Sang des Lunes ? Pourquoi nous sommes-nous détournés des mystères du sang ? Sans doute y a-t-il là une clef, au service de l'amour et de l'union.

6 • S'émerveiller

La véritable virilité est la capacité à s'émerveiller. Honorer, restaurer et célébrer le Masculin demande de retrouver la capacité de s'émerveiller.

1 / S'unir au champ unifié

Le "Pote Féma" est l'amour au cœur du **M**asculin qui accueille et s'émerveille de ce qu'il ressent : nous sommes Un, interreliés, indissociables, interdépendants. Or nous sommes Un grâce et à travers le Champ Unifié. S'unir consciemment et amoureusement au Champ Unifié et ressentir ce que cela comprend est une des plus belles façons d'enraciner dans sa vie l'émerveillement (voir Méditation de "Connexion au Champ Unifié" p. 217).

2 / De l'enfant blessé à l'enfant de lumière

• **L'émerveillement est le propre de l'enfant de lumière.** Retrouver l'émerveillement demande à la fois de célébrer l'enfant de lumière et de guérir l'enfant blessé. Quel que soit notre âge, en nous vit un enfant intérieur. Il a deux tonalités, celle de l'enfant blessé et celle de l'enfant de lumière. Quelle que soit notre histoire, nous sommes en relation avec les deux.

À travers l'enfant de lumière, nous sommes enfant de la Vie et de l'univers, aimé et reconnu, accueilli et guidé, espéré et honoré, célébré et émerveillé. L'enfant de lumière découvre tout pour la première fois. **Il vit dans le moment présent sans a priori et s'ouvre sans réserve à la merveille de chaque instant.** Quelle que soit notre histoire d'enfance, oui, même la plus difficile et douloureuse, **il y a des moments d'émerveillement où la réalité terrestre se transcende et accède à une réalité vaste et légère, merveilleuse.** Il suffit de retrouver un de ces instants et de s'en souvenir sensoriellement car dans cet instant réside le passage pour retrouver l'émerveillement. Dans des circonstances terribles, les enfants peuvent jouer, accéder à une dimension transcendante en s'émerveillant d'une mouche. Reconnaître qu'il existe en soi un enfant de lumière capable d'émerveillement est un pas décisif afin de sortir de l'identification à la victime. Choisir de lui redonner la place en soi dans sa vie est une manifestation de maturité.

L'enfant blessé a besoin de retrouver le goût du rire, de l'innocence, de la spontanéité, le oui, car il attend que la vie reproduise les conclusions limitantes, douloureuses qu'il a tirées, l'émerveillement du moment présent ne lui est plus accessible.

Dans la formation de Tantra que j'ai créée et dont le projet est un déclic de transformation, le premier des trois thèmes lui est consacré : "De l'Enfant blessé à l'Enfant de Lumière". Il est pour moi la fondation sur laquelle s'ancre un adulte véritable. Comment rencontrer le **M**asculin et le **F**éminin lorsque l'on projette inconsciemment sur l'autre ou l'environnement les réactions de l'enfant blessé non reconnu ? **L'enfant intérieur est notre cœur, notre noyau vital. Sa blessure est notre blessure d'amour la plus intime.** Tant que nous n'avons pas appris (cela s'apprend) à l'accepter, l'accueillir, lui donner concrètement de l'amour et de la joie, nous sommes manipulés sans le savoir par l'enfant et ses émotions. Cela crée un déséquilibre du

L'apparition du Sang des Lunes représente le moment où et par lequel la jeune femme prend contact avec les mystères de la nature. **La présence du Sang des Lunes provoque une sensibilité psychique** à divers degrés selon la femme. Lorsqu'elle s'ouvre intuitivement chaque mois, elle peut ressentir des états psychiques ou émotionnels chaotiques si elle ne comprend pas cette ouverture. Elle peut sentir le besoin de s'isoler, de se retirer, de se cacher pendant quelques jours pour se protéger de l'affluence des fréquences qu'elle pressent sans les comprendre, ni les ancrer. La vibration du **M**asculin est une force d'ancrage pour cette ouverture intuitive naturelle. La femme a besoin de s'appuyer sur son **M**asculin intérieur et d'enraciner les fréquences. Cependant l'homme a besoin aussi d'honorer son rôle dans l'équilibrage et l'ancrage de la puissance du cycle menstruel par sa présence, enraciné, calme et serein.

Les femmes ménopausées ont incorporé la puissance du Sang des Lunes, révérées jadis pour leur sagesse et leur magie à intégrer et incarner la puissance de la Déesse. Le temps est venu d'en prendre conscience et de partager cette sagesse avec les autres femmes. Lorsque se tarit le Sang des Lunes, jaillit le flux de l'énergie kundalinique entièrement concernée par la création et non plus mobilisée par la procréation. Cette femme a besoin de découvrir vers où son énergie s'élance spontanément.

5 / Restaurer et unifier les 7 voies de la Déesse

Chacune des 7 voies des déesses grecques (voir "L'ombre du féminin à travers la Déesse", p. 86) sont autant d'aspects du Féminin à éveiller, à équilibrer afin de restaurer, d'honorer, de célébrer la globalité de l'expérience du Féminin. Les 7 visages de la Déesse offrent 7 voies spirituelles. Chacune a un centre privilégié d'exploration et aide à l'harmoniser. Cela s'adresse aux femmes et aux hommes.

1 – La voie d'Artémis est la voie chamanique.

- Honorer sa nature profonde, la vie sauvage et la terre vierge en elle et autour d'elle.
- Libérer ce qui est asservi ou trop domestiqué.
- Faire confiance à ses instincts profonds et à une saine animalité.
- Vivre dans son corps et lâcher les masques de la séduction.
- Reconnaître et apprivoiser sa nature sauvage pour oser la vulnérabilité en sécurité.
- Oser l'humilité et contempler l'aspect destructeur de la nature sauvage sans l'amour conscient.
- Retrouver et partager la sororité des femmes.
- Accompagner la naissance et la mort.
- Apprendre à se focaliser sur une cible. Aller droit au but.
- Animer le sanctuaire d'Hestia par la saine animalité.
- Respecter et protéger les animaux.

Dans le chakra de la base, Artémis aide à l'enracinement et à se réconcilier avec la Terre.

2 – La voie d'Athéna est celle de la Connaissance et de l'Étude des textes sacrés.

- Reconnaître et honorer la sagesse en soi.
- Vivre la protection et la dignité du "Pote Mafé".
- Diffuser l'armure et le bouclier de lumière dorée du "Pote Mafé" afin de protéger une vulnérabilité à certaines situations.

corps émotionnel et génère une forme d'incohérence, d'instabilité intérieure, un espace d'immaturité et de fragilité. Certains tentent de contrôler ou de contourner l'émotion pour être fonctionnels et cherchent à convaincre l'enfant intérieur que ses réactions sont injustifiées, que sa présence même inconnue est encore trop dérangeante. On peut refouler jusqu'à un certain point ses émotions, elles n'en sont pas moins présentes dans le corps, en attente d'une occasion en résonance pour surgir de façon aléatoire ou créer un symptôme. **La personnalité redoute de rencontrer l'enfant blessé par peur de souffrir à nouveau alors que lui est révélée une source infinie de joie.** L'enfant de lumière est au cœur de l'enfant blessé. Le rencontrer peut être simple et doux.

"Toi, au cœur ouvert et doux, médite sur ce qui ne peut être connu, sur ce qui ne peut être saisi. Toute la dualité étant hors d'atteinte, où donc la conscience pourrait-elle se fixer pour échapper à l'extase ?" (Vijñânabhaïrava tantra).

3 / Autoriser l'émerveillement

Autoriser est un choix. Autoriser est l'action de l'auteur en nous. Permettre est laisser faire une espérance. **On ne crée pas l'émerveillement, on choisit de mettre en place les circonstances qui l'autorisent.** Autoriser l'émerveillement demande d'**offrir l'attention de l'enfant qui découvre chaque chose pour la première fois.** Il suffit d'être privé de quelque chose pour s'en émerveiller, un verre d'eau fraîche un jour de canicule, la marche après avoir été plâtré, la rue pour le prisonnier, l'amante pour l'amant, le premier soleil du printemps... À la perte d'un être cher, on se dit : "Si j'avais su, j'aurais célébré chaque moment, je me serais émerveillé de chaque geste même exaspérant." La perte révèle le précieux qui manque. **Avant la perte, le précieux est présent, mais sa disponibilité le banalise.**

Dans le film *Les Ailes du désir* (Wim Wenders, 1987), un ange est fasciné par ce qu'il imagine du "petit café" que prennent les humains chaque matin. Amoureux, il finit par s'incarner. La première chose qu'il fait est de boire un "petit café" ! Le spectateur sait ce café lavasse, mais l'ange émerveillé accède à la concentration de l'expérience sensorielle humaine. L'émerveillement vient aussi au spectateur par le retournement de situation, l'ange source d'émerveillement pour l'humain s'émerveille de ce qui est pour nous l'acte le plus banal. Le regard change et se retourne. Regarder un instant le quotidien depuis les yeux de l'ange, goûter l'instant, cet instant présent juste maintenant, avec les sens tout neufs de l'ange qui vient de s'incarner. C'est l'invitation du yoga des sens du Vijñânabhaïrava tantra.

"Les sens disséminés dans l'espace du cœur, perçois l'essence de la Shakti comme une poudre d'or d'une indicible finesse qui scintille en ton cœur et de là se déverse dans l'espace. Alors tu connaîtras la béatitude suprême."

"Lorsque tu retrouves un être aimé, sois totalement dans cette félicité et pénètre cet espace lumineux."

L'émerveillement est la réponse sensorielle au Oui du cœur. **L'émerveillement du Masculin est la reconnaissance et le contact sensoriel avec la merveille présente en chaque instant.** Quelles que soient les caractéristiques de l'instant, l'émerveillement du

- Guérir les blessures en relation au père pour se reconnaître la fille aimée du père et du Père divin.
- Découvrir en soi l'amour de la Mère divine.
- Garder son centre et son axe, son sang-froid au cœur de l'intensité émotionnelle.
- Faire de son corps un allié solide.
- Faire confiance dans sa dextérité manuelle.
- Avoir confiance dans sa clarté mentale, son intelligence, son esprit rationnel, dans sa capacité à apprendre et à comprendre.
- Relever la visière de son casque et sortir du brouhaha mental.
- Trouver l'équilibre et la bonne santé au cœur de la ville.
- Vivre la fraternité avec les hommes.

Dans le 3e œil, Athéna aide à ouvrir la Conscience, le mental supérieur et cosmique.

3 – La voie d'Hestia est celle de la prière et de la méditation.

- Honorer l'essence inaltérable dans ses gestes quotidiens.
- Vivre la pureté intérieure et la paix qui en découle.
- Méditer. S'intérioriser. Tourner son regard vers l'intérieur.
- Trouver le sens profond et intime de la prière.
- Méditer sur la flamme et le sanctuaire intérieurs et les manifester par la dignité.
- Faire de sa maison un foyer sacré. Créer un autel.
- Retrouver la dimension sacrée du service au quotidien.
- Revenir dans l'instant au centre de soi, au cœur non affectif.
- Allier l'humilité et la dignité.

Dans le chakra de la couronne, Hestia ouvre l'accès à la guidance et la Présence.

4 – La voie d'Héra est la voie tantrique dans l'engagement du couple.

- S'engager totalement dans le choix du couple et du mariage intérieurs.
- Choisir l'autonomie en honorant l'union intérieure.
- Restaurer son **M**asculin et son "Pote Mafé" pour sortir dans la paix des relations pathogènes.
- Vivre la sororité et libérer la jalousie envers les autres femmes.
- Reconnaître avoir contribué à la blessure du féminin chez la femme et pardonner.
- Libérer les attentes sur le partenaire en se reconnaissant véritablement.
- Relier sexualité et engagement de couple.
- Accepter la fin, prélude à un nouveau début. Faire confiance aux cycles.
- Transformer les sentiments violents par le travail alchimique et créatif.

Dans le hara, au niveau du bas-ventre, Héra aide à choisir l'autonomie, à alchimiser créativement la violence.

5 – La voie de Déméter est celle du Cœur, de l'amour au quotidien.

- Célébrer la générosité de la Terre. Savoir gré de son abondance.
- Se reconnaître Mère et Fille de la Terre.
- Nourrir généreusement et étreindre tendrement l'enfant en nous-mêmes.
- Reconnaître l'instinct maternel au-delà de la dimension biologique.
- Refuser de se résigner et persister dans la générosité.
- Libérer l'autre de son étreinte et lui permettre l'autonomie sans contracter l'amour.

Masculin reconnaît et en goûte la nature absolue. **L'émerveillement du Masculin ne dépend pas des circonstances extérieures.** Chaque instant, pour lui, est l'opportunité d'accéder à l'émerveillement de l'instant. **Le Masculin** connaît la nature de la réalité, l'ombre comme la lumière. Il **choisit d'honorer la lumière, même au cœur de l'ombre, et à cet instant l'ombre n'a plus d'emprise sur lui, la lumière de l'instant lui est révélée.** L'adulte qui s'émerveille reconnaît que dans un ciel plombé le soleil n'en brille pas moins dans un autre espace et s'émerveille.

> *"Écoute l'ultime enseignement mystique : il suffit de fixer son regard sur l'espace, sans cligner, pour accéder à la spatialité de ton propre esprit"* (Vijñânabhaïrava tantra).

• **Pratique : Le sourire intérieur autorise l'émerveillement.** L'émerveillement réside dans l'intimité profonde du cœur qui sourit des retrouvailles avec ce qu'il découvre et qu'il pressent être un aspect de lui-même qui ne se reconnaît pas encore. Le sourire intérieur autorise et active l'émerveillement. Dans certaines pratiques traditionnelles, le sourire intérieur est le médium sans lequel le soin ne peut être efficace, car il est le relais avec les puissances supérieures. **Le sourire intérieur s'accorde à une réalité intérieure bienveillante.** Il suffit de se donner ce sourire pour ressentir l'alchimie intime qui se met en place et commence à transformer le pesant et le dense. Retrouver l'émerveillement, restaurer le **M**asculin commence par relever doucement les commissures des lèvres...

• **Pratique :** Dans la relation à l'autre et au quotidien, il arrive un moment où le quotidien, la routine rend maussade l'horizon. Retrouver l'émerveillement est alors vital. L'excitation et son intensité artificielle, étape adolescente incontournable avec ses défis et ses apprentissages, nous ramènent dans une vie ou une autre à ce même point, parfois consumé, souvent épuisé, toujours insatisfait et incomplet.

> *"L'intuition qui émerge de l'intensité de l'adoration passionnée s'écoule dans l'espace, libère et fait accéder au domaine de Shiva / Shakti"* (Vijñânabhaïrava tantra).

Alors un jour nous nous penchons l'esprit libre et le cœur ouvert sur le banal, le quotidien, et l'espace se révèle... Comment stimuler cet éveil ? En se lavant les dents, en faisant la vaisselle, en saluant son voisin, simplement ouvrir, sourire, donner à la Vie, accueillir de la Vie, à travers ses gestes quotidiens. **Redonner au geste son ampleur, sa dimension universelle, la beauté qui y réside.** Ce n'est plus faire le ménage, mais créer la beauté, fait jaillir l'innocence, le nouveau, le printemps. Ce n'est plus les mêmes gestes répétitifs, mais l'essence du geste. La vie entière devient notre partenaire. Et lorsque ce que nous recevons de l'autre ne correspond pas à l'attente profonde, la vie, elle, en est pleine, l'arbre y participe, l'air devient caressant et enveloppant, l'oiseau, le rayon de soleil apportent la surprise. **Élargir la relation à l'autre par la relation à la Vie permet de retrouver l'émerveillement.** Dans la relation à la Vie, il y a toute la dimension verticale, universelle et subtile. **Vivre créativement et dans la durée la relation à l'autre demande d'ouvrir à la dimension universelle et subtile de la vie.**

> *"L'adoration ne consiste pas en offrandes mais en la réalisation que le cœur est la suprême conscience dégagée de la pensée dualisante. Dans la parfaite ardeur, Shiva / Shakti se dissolvent dans le Soi"* (Vijñânabhaïrava tantra).

- Avoir conscience de ses propres besoins et les exprimer clairement.
- Apprendre à dire non par amour de soi et de l'autre.
- Faire confiance au temps de latence, au mouvement cyclique de transformation et de renaissance.
- Reconnaître la Yoni comme la matérialisation et la porte de la matrice universelle.

Dans le chakra du cœur, Déméter prend soin de l'enfant intérieur et laisse couler sans réserve l'amour.

6 – La voie de Perséphone est l'union de la voie tantrique et chamanique.

- Se connaître psychiquement. Découvrir et s'approprier son monde souterrain.
- Reconnaître et rencontrer ses propres ombres.
- Reconnaître et protéger son aspect malléable et perméable.
- Développer son potentiel médiumnique et/ou psychique.
- Retrouver son chemin et devenir un guide dans le monde de l'âme et des grands archétypes.
- Toujours offrir la dimension de l'amour aux capacités psychiques.
- Unir son âme et sa personnalité.
- Découvrir et libérer son aspect passionné et sexuel, son potentiel orgasmique et extatique.
- Réclamer le Feu Sacré en soi par l'énergie kundalinique et l'offrir au cœur et à sa douceur.
- Intégrer et exprimer la puissance douce et la douceur puissante.

Dans le plexus solaire, Perséphone guide et centre le passage entre les mondes.

7 – La voie d'Aphrodite est la voie mystique et passionnée, des amoureux et des artistes.

- Dévoiler la beauté extérieure comme intérieure.
- Reconnaître et révéler l'aimantation amoureuse présente entre chaque chose et chaque être.
- Vivre l'incandescence de la relation amoureuse avec le monde sans la consomption.
- Se régénérer à sa propre source en expérimentant le désir libéré de l'objet du désir.
- Vivre la passion alchimique et célébrer la magie de la vie.
- Honorer passionnément le sens au cœur même de la passion.
- Apprendre à dire non en s'en tenant à son but, à sa priorité, à ce qui fait sens et donne une direction.
- Rester au cœur du cyclone sans se laisser fasciner par l'intensité. Se calmer, observer et attendre dans le centre du cœur.
- Prendre de la distance pour voir l'essentiel.
- Libérer la spontanéité de l'impulsivité.
- Être focalisé et néanmoins réceptif.
- Générer la vie nouvelle, physique ou artistique. Exprimer joyeusement sa créativité.
- Appeler la conscience dans la procréation et la création.

Dans le chakra de la gorge, Aphrodite libère la créativité.

8 – Unifier en soi les 7 Déesses pour révéler la Déesse.

Le territoire de la Déesse est notre territoire de vie et d'expérience : la Nature et le ressenti profond (Artémis), la sagesse, l'intégrité et la pureté (Hestia), l'amour inconditionnel

7 • Honorer et célébrer le Masculin pour un homme

1 / Partager entre hommes

• **L'homme en questionnement.** Restaurer, honorer et célébrer le **M**asculin pour un homme demande de s'aventurer sur un terrain totalement nouveau dont les pères des pères de nos pères se sont écartés. La société d'aujourd'hui a une attitude ambiguë qui dévirilise l'homme et lui demande en même temps des réponses définitives dans un monde en profonde mutation. Les repères du passé ne fonctionnent plus, le nouveau n'est pas encore en place. La vague d'extrémisme est la queue de la comète patriarcale qui n'en existe pas moins. L'homme actuel est en questionnement intime et douloureux quant à son identité. Cela fait de lui un pionnier courageux. Le plus douloureux pour lui est qu'il doute d'être homme car son expérience ne correspond pas à celle de ses aînés. Il ouvre pourtant les voies à la véritable identité masculine, celle de l'homme dans sa complétude. Ses tâtonnements sont les tests nécessaires à sa conviction. Puisse cet ouvrage offrir des pistes de respect, de soutien, de gratitude.

Souvenons-nous qu'il est plus délicat pour un homme de reconnaître son **F**éminin que pour une femme, son **M**asculin. Reconnaître et exprimer ses émotions, ses sentiments, prendre conscience de son corps et l'écouter, s'autoriser à ressentir en soi le vécu de l'autre, étreindre et toucher, dire non à la performance et la compétition éperdues, trouver une nouvelle façon de se relier à la femme et dans le couple… sans perdre le sentiment de sa masculinité, sans nul modèle, ce n'est ni simple ni facile. Même de plus en plus nombreux, ces hommes en cheminement ne sont pas encore la majorité et se sentent isolés dans leur remise en question. S'y ajoute le malaise dû au sentiment d'impuissance et de culpabilité diffuse devant l'état du monde et au reproche plus ou moins conscient de la femme qui le confond avec le masculin qu'elle porte en elle.

• **Les groupes d'hommes.** Les hommes ont besoin d'un cadre à eux, entre eux, pour partager et expérimenter en sécurité leur questionnement, leurs expériences et leurs découvertes, leurs rêves, leurs projets, quant à leur identité masculine. **Là se joue la véritable aventure d'aujourd'hui**, non pas celle de l'infiniment loin ou l'infiniment petit, mais **celle de l'intime**. Ici maintenant, entre hommes, aux cœurs des hommes. Cela vient braver l'archétype du héros solitaire qui semble n'avoir ni besoin des autres ni besoin de partager, qui garde son secret jusqu'à bout. **Les hommes ont besoin de partager entre eux un espace de vérité, d'authenticité, d'intériorité.**

Dans nos séminaires, les hommes se retrouvent entre eux accompagnés de Patrick, mon compagnon. Ils plongent dans une profondeur si puissante et créative qu'à leur retour invariablement les femmes bouleversées s'émerveillent de les découvrir authentiques, vulnérables, généreux, puissants… hommes.

Des groupes d'hommes de plus en plus nombreux se constituent sur ce principe. Nous conseillons fortement aux hommes de faire partie d'un tel groupe. Certains de ces groupes se poursuivent depuis des années. Ils maintiennent une confidentialité qui scelle une relation profonde de confiance. Ces groupes sont fort différents des clubs de sport ou autres groupes basés sur des valeurs extérieures masculines, classe sociale, appartenance intellectuelle ou sportive.

et nourricier (Déméter), l'union sacrée (Héra), la création et la procréation passionnées (Aphrodite), l'âme et l'extase, la vie et la mort (Perséphone). Il est salutaire de convier les 7 Déesses à un Cercle de Partage quand un conflit intérieur ou un choix important se présente afin de choisir ce qui est essentiel à ce moment-là : privilégier la carrière (Athéna), avoir un enfant (Déméter), faire une retraite (Hestia), se marier (Héra)… Discerner laquelle se manifeste ou non, écouter, prendre soin du besoin de chacune est le gage d'un choix digne de la Déesse.

Alors que la Déesse est disséminée, destituée, démonisée, il nous revient de la rassembler, de l'unifier, de l'honorer, de la célébrer. Rassembler les 7 déesses unifie la diversité des 7 voies dans une spiritualité profonde qui reconnaît le sacré en toutes formes de vie.

Surtout ne plus l'enfermer dans des dogmes, sans joie ni rire. Dans sa nature originelle, la Déesse est l'amour, la joie, le jeu, la danse de l'énergie, la gratitude, l'accueil… Chacun est appelé à créer et célébrer un rituel qui enracine la Déesse dans la vie quotidienne.

Ainsi nous complétons la restauration, l'hommage, la célébration du Féminin.

Les groupes d'hommes s'enracinent dans des liens affectifs créés par des expériences significatives qu'ils vivent en commun dont le but est de découvrir de façon saine et vivifiante les énergies masculines qui les habitent en profondeur et d'encourager la croissance et le développement personnel et intime.

2 / Restaurer la dimension sacrée du sperme

Au cours du voyage de retrouvailles de l'homme avec le **M**asculin, la dimension divine du sperme est à restaurer, comme pour la femme la dimension sacrée du Sang des Lunes.

Le sperme est dans la dimension duelle le moyen le plus concentré pour violer l'intégrité du féminin. C'est le moyen le plus extrême utilisé en temps de guerre pour assujettir l'ennemi. Le viol des femmes, de préférence devant leurs hommes, marque la domination du "territoire" de l'ennemi par la violence et la profanation de l'intimité. Dans les films pornographiques, l'émission du sperme sur la femme est le moment climax. Sans la contraception, les femmes sont otage du sperme et des multiples grossesses ou non désirées. L'homme dénaturé du patriarcat utilise le sperme comme projection intime de la violence. Le sperme est associé dans notre inconscient collectif au viol du féminin par le masculin, au viol de la femme par l'homme. Nous baignons dans l'inconscient collectif et en sommes imprégnés. **Le sperme a besoin d'être libéré de cette charge.** Les charges individuelles et collectives en relation au sperme ont besoin d'être libérées. Alors se révèle la dimension divine d'origine du sperme.

Le Sperme dans sa dimension divine est l'émission incarnée du Masculin Divin. Le Sperme porte la vision du Masculin. Il véhicule la conscience en transmettant le code de notre origine divine. Il porte le code de Dieu et l'histoire de la Déesse. Il transmet à travers ce code la conscience de nous-mêmes en tant que "semences d'étoile" invitées à s'éveiller.

Le Sperme, émission du Masculin, garde un contact de conscience avec son émetteur, tel un contact de conscience télépathique. Ce contact, cette forme de conscience, est généralement ignoré. En l'actualisant dans une relation amoureuse, le **M**asculin d'un homme prend conscience de lui-même par le reflet alchimique de la Yoni de la femme. **Le Masculin de l'homme connaît et choisit son rêve qu'il transmet consciemment et amoureusement au Féminin par son sperme afin que le Féminin le manifeste.** Pour cette raison, le sperme détermine si un enfant sera mâle ou femelle. L'ovule reste le même, le sperme prend la décision. La décision est pour l'instant inconsciente. À nous de nous éveiller. Aux hommes de prendre conscience de la vision qu'ils portent. Ils peuvent le transmettre par leur Sperme et choisir de créer une terre de paix, de lumière et d'amour. **Les femmes ont soif d'hommes dans la conscience aimante de leur action jusqu'à leur sperme. Les hommes ont soif de femmes dans la puissance consciente de leur amour.**

Dans le chapitre du **F**éminin (voir p. 272), la guérison du Sang des Lunes révèle la puissance qui y est cachée. Quand un Homme et une Femme dans une relation profonde et sacrée s'unissent et unissent le Sang des Lunes avec le Sperme, un mystère archaïque, un mystère des temps anciens est disponible. L'identité la plus intime de la Femme et sa puissance sont transmises à l'Homme par l'explorateur qu'est le Sperme, la Femme a accès à la conscience cellulaire de sa propre origine. Cela passe par une fréquence vibratoire que la personnalité ne peut saisir. On dit qu'au temps de la Déesse, l'union du Sang des Lunes et du Sperme était une clef de l'immortalité.

Ainsi nous complétons la restauration, l'hommage, la célébration du Masculin.

HISTOIRE D'ARIANE

Moi qui ne suis qu'amour

L'identification à la victime

Thème : Dans la réalité duelle, l'identification au rôle de victime fait apparaître le rôle complémentaire et indissociable, celui de persécuteur. Le leurre de l'amour qui n'accepte qu'une partie de la globalité. La personnalité, qui s'identifie et se décentre, manipule et fuit la véritable rencontre. Comment passer de l'identification à un aspect à "être un avec" cet aspect.

Ariane, 38 ans, est grande, brune, cheveux longs. Elle garde par souci de naturel quelques mèches grises. Elle est sportive, les épaules larges, les cuisses toniques, un physique d'amazone qui cherche à compenser sa nature émotionnelle et hypersensible. Elle est sensuelle et passionnée et ne sait comment l'accorder à sa soif d'intégrité.

Elle a une ouverture spirituelle un peu exaltée, et aussi des connexions indéniables. Elle est belle et rebelle, comme un cheval sauvage qui aspire aux olympiades. Sa puissance de vie fougueuse est souvent manipulée par la personnalité, sous la forme de la colère quand elle juge, sous la forme de la dispersion quand elle rejette. Ariane ne réside pas au centre, happée en périphérie d'elle-même par l'identification à certains aspects et le rejet des autres. Depuis un stage récent sur la guérison du féminin, elle s'approche de l'interdiction d'être fragile qui tend son corps et la disperse émotionnellement. Dans sa vie professionnelle, elle excelle à prendre soin de jeunes enfants "petits et fragiles". Elle reconnaît qu'elle juge *"le féminin fragile car appelé à souffrir"*, ce qu'elle défend par son corps d'amazone.

Nous sommes en accord sur la rencontre du féminin fragile.

Après des pérégrinations qui prennent un long temps pour s'enraciner véritablement, une image s'impose.

"Oh, c'est drôle. Je suis un gentil dinosaure herbivore."

Immédiatement l'identification "je suis".

"Contemple depuis une certaine distance le gentil dinosaure de façon à pouvoir le rencontrer, sentir ce qu'il ressent et lui apporter tout ce dont il peut avoir besoin.
— Non, moi, je suis le dinosaure."
La rebelle arrive au galop. Tant qu'elle s'identifie, on ne peut aller bien loin.
"Toi, Ariane, tu es bien plus que le dinosaure qui est cet aspect de ton féminin qui se présente à ta rencontre aujourd'hui et a besoin de ton écoute.
— OK, mais il est tellement joli, sympa, cet herbivore…
— Oui, contemple comme il est joli et sympa. Permets-lui ainsi l'expression."
Ariane s'identifie à l'image plutôt que de la projeter devant elle depuis son centre. Elle se laisse fasciner par l'aspect. Son inconscient m'informe qu'elle accorde de l'importance au gentil. Y a-t-il un méchant quelque part ?
"C'est un mâle ou une femelle ?
— Oh, c'est une fille, bien sûr !"
Bien sûr…
"Comment est-elle cette gentille femelle dinosaure ?"
Je ne reprends pas le terme de fille afin de limiter l'identification.
"C'est beau, je suis fluide, toute en courbes, avec une longue queue, très longue, je suis vraiment mignonne, gracieuse."
Elle refuse clairement la proposition de mettre cette distance. Je choisis de ne pas lui donner d'énergie en m'opposant à la rebelle.
"Dans ton corps, Ariane, où sens-tu la connexion à la femelle dinosaure ?"
Le rappel de son prénom met de la distance avec la rebelle.
"C'est super, j'ondule de partout, je sens le mouvement dans chacune de mes cellules, comme un dauphin. Je suis vivante, sans me poser de questions."
Elle le vit. Son corps se détend, se déploie naturel et sensuel. Tout en contemplant la dimension phallique de la très longue queue, en émerge le mouvement ondulatoire, naturellement tantrique dans un équilibre masculin-féminin, avec les courbes et la queue. Le dauphin, maître de l'énergie vitale, non inhibée, joyeuse, innocente, aux deux cerveaux à l'unisson m'a soufflé un protocole pour libérer l'énergie vitale, sensuelle par nature, à travers des mouvements spécifiques ondulatoires qui amènent ce même effet de vague.
Ce mouvement qui se présente spontanément chez Ariane, confirme le potentiel que j'appelle "puissance de vie somptueuse".
Son inconscient aurait pu prendre dès le début l'image du dauphin. Sauf que les deux cerveaux du dauphin vibrent à l'unisson et induisent l'idée du centre. Or elle le dit bien, à travers son énergie animale, elle ne se pose pas de questions, la conscience vigilante du masculin n'est pas là. Le gentil dinosaure en Ariane offre en pâture sa sensualité sans la conscience du masculin qui veille à l'intégrité de son féminin. Le "Pote Mafé" n'est pas là et la longue queue est horizontale et non dans un axe vertical entre ciel et terre.

"Et que vit ton féminin sous la forme du gentil dinosaure ?
— Il ne fait pas de mal, il mange de l'herbe.
Qui parle de faire du mal ? Elle crée par cette opposition la dualité qui donne de l'énergie à l'énergie complémentaire. Elle oppose gentille au... méchant, et maintenant...
"Qu'est-ce qu'il veut dire par ne pas faire de mal ?
— Bah, il n'est qu'amour. Il n'y a que de l'amour, que de la lumière..."
N'être que ! D'une certaine façon, tout est dit. "N'être que l'amour" rejette l'aspect "n'être pas que l'amour". Dès qu'on rejette un aspect de la dualité, on le déclare, on lui donne de l'énergie, on le fait apparaître. On contribue ainsi à la séparation et à la dualité.
"Et dans ton corps, Ariane ?
— C'est comme donner plein de baisers."
L'énergie dans la pièce change, elle perd de l'intensité et devient joliment mièvre, différente en qualité vibratoire de celle de l'ondulation. L'illusion du joli, du gentil amour s'active. Qu'en est-il de la vitalité, de son animalité, de la puissance de vie que porte son ventre, de son aspect dauphin, loin de la mièvrerie ?
"Quelle relation a-t-il avec les autres animaux ?"
Je l'invite dans un zoom arrière à une vision plus large qui permet de vérifier s'il n'y a que le gentil...
"Ah non, tu n'aurais pas dû dire ça !"
Elle pleure à gros sanglots, avec désespoir.
"C'est toujours pareil, on ne peut pas être tranquille. Il y a un sale carnassier. On ne peut jamais être tranquille !
— Quand on n'est qu'un gentil herbivore, on ne peut pas être tranquille, il y a toujours un sale carnassier ?"
Ses pleurs redoublent. Ma formulation s'adresse plus à son inconscient qu'à elle, à ce stade de la rencontre, elle ne peut pas encore entendre ce que je veux dire. On ne peut pas "tranquillement" s'identifier à une seule polarité sans que se présente l'autre polarité. "N'être que" exclut le reste de la globalité et sollicite la vie dans son mouvement d'unification à ramener dans le champ de conscience le reste qui a été exclu. Exclure n'est pas intégrer. En fuyant, rejetant, jugeant l'ombre, nous la matérialisons et la projetons sur l'extérieur. Cet aspect rejeté, refoulé en nous est magnifié par des êtres ou des situations autour de nous qui nous manifestent ainsi la partie refoulée, inconsciente de notre être.
"Oui... C'est ça, c'est ça... Je ne fais pas de mal, moi. Je suis juste amour. Et il y a ce sale monstre."

Sale monstre, drôle de façon de parler pour quelqu'un qui n'est qu'amour… Mais je fais attention de ne pas provoquer son émotionnel, de toujours la ramener au centre, de ne pas prendre parti pour "gentil/sale".

"Que vit ton féminin à l'arrivée du monstre ?

— Je le hais ! Je le hais ! Je fouaille de la queue. Je le hais, ce carnassier. C'est rouge dans mon ventre, ça bouge, ça chauffe. Je suis tout entière dans mon ventre. Ça m'enflamme. C'est un volcan qui déborde. Je suis le feu. Je veux tout brûler. Je vais te tuer ! Je vais te tuer. Je te hais."

Ariane rejette l'aspect carnassier. En le rejetant et le jugeant, elle le déclare en elle. "Un méchant carnassier" ne parlerait pas autrement. La haine donne de l'énergie à ce que nous haïssons. C'est seulement en reconnaissant en nous-mêmes les aspects herbivore et carnassier que nous pouvons choisir d'incarner l'un plus que l'autre.

"Quelle différence y a-t-il maintenant entre le gentil herbivore et le sale carnassier ?

— Tu es contente, il n'y en a plus de différence, mon Dieu, ils s'entredévorent ! Ils se massacrent. Il n'y a plus que de la chair sanglante."

Elle pleure, ravagée.

"Qu'est-ce qui crée une telle haine chez le gentil herbivore ?

— Il m'a fait croire que c'était de l'amour, que c'était par amour, mais il n'en avait rien à foutre de moi. »

Ariane continue à s'identifier à un seul des deux aspects qui se vivent pourtant à l'intérieur d'elle. Elle justifie la haine du féminin par le comportement du masculin. Ainsi justifions-nous les réponses armées, car l'autre a commencé ! Pourtant tout se joue à l'intérieur de l'être afin d'être mis en action. En cet instant, le couple intérieur d'Ariane est composé du gentil abusé devenu haineux d'avoir été abusé et du carnassier séducteur.

"Le gentil herbivore qui n'était qu'amour est devenu un carnassier à cause de la haine d'avoir été séduit par du faux amour…

— Non, moi je suis l'herbivore. Ce n'est pas moi, le carnassier.

— Oui, je sais, Ariane, que ton désir le plus profond est de n'être qu'amour. Je reconnais cela en toi. Cependant t'identifier à ce seul aspect fait apparaître cet autre aspect. Tu assimiles le féminin fragile à 'n'être qu'amour sans se poser de questions', tu lui retires ainsi sa capacité de discerner ce qui est juste ou non et il ne peut reconnaître le côté carnassier. Quand il rencontre le carnassier séducteur, il ne se pose pas de questions et croit ce que tu lui fais croire… C'est-à-dire qu'il n'y a que de l'amour…

— Hum…

— Quand cet aspect de ton féminin découvre que cela n'est pas de l'amour, il devient haineux et carnassier. Sans doute est-il très en colère contre lui-même de

s'être fait avoir ? Sans doute est-il très en colère contre lui-même de se rendre compte qu'il n'est pas qu'amour ?…

— Tu gâches tout. Je le hais parce que je me fais avoir… Me faire prendre, me faire baiser, n'être qu'un objet sexuel… Tu trouves cela normal ?"

Ariane refuse de se désidentifier de l'aspect victime et de reconnaître les deux aspects en elle.

"Tu trouves cela normal de se faire avoir, se faire baiser, baiser, baiser ? Tu ne comprends donc pas !

— Qu'est-ce que je ne comprends pas et qui est si important que je comprenne ?

— Il l'a massacrée. La femelle ne faisait rien de mal, elle était juste amour.

— Je comprends qu'elle n'est qu'amour, sauf avec lui. Tu disais qu'ils se sont entredévorés.

— Je t'en veux. Je t'en veux. Tu m'abîmes tout. Il l'a massacrée !

— Qui s'est senti massacré ? Elle ou son manque de discernement qui ne se pose pas de question, son idéalisation qui refuse de voir le non amour ? Elle ou son refus de s'abandonner sachant qu'elle est sujet et objet, Masculin et Féminin, que rien ni personne ne peut la rendre qu'objet ? Elle ou son illusion de n'être qu'amour qui l'empêche de discerner en elle et chez l'autre ?"

Je sais que j'y vais fort, même si c'est la vérité. De la connaître en stage, me donne confiance dans son vrai engagement intérieur à la vérité.

"Je t'en veux. Je t'en veux. Je te déteste… Je te déteste. Tu abîmes tout. Tu ne vas quand même pas le défendre ? Alors toi tu trouves normal qu'un pauvre herbivore qui n'a rien fait de mal se fasse massacrer ?"

C'est d'elle-même qu'elle parle, de cette illusion de n'être qu'amour qui s'abîme d'un coup.

"Oui, c'est douloureux, très douloureux de contempler que malgré ton désir le plus profond de n'être qu'amour, se révèle que ce n'est qu'une illusion… L'illusion de n'être qu'amour t'empêche de discerner l'illusion de l'amour chez l'autre… L'illusion de n'être qu'amour rend insupportable le désir sans amour, en toi autant qu'en l'autre… L'illusion de n'être qu'amour rend insupportable à ton féminin de s'être laissé abuser par les flammes de son propre désir en se racontant que c'est de l'amour sans se poser de questions…

— Je te déteste. Vraiment… Je me sens piteuse… Plus du tout dinosaure. J'aimais tellement mes courbes et ma longue queue. C'était tellement joli. Tu m'as tout gâché."

Ariane se recentre enfin. Quelque chose vient de se dégonfler d'un coup, l'amour-propre a lâché.

Un temps. Silence. L'énergie est calme. Ariane est au centre. Elle intègre.

"Il y a un grand vide dans mon ventre, comme si toute la vie était aspirée d'un coup. Je ne veux pas regarder là, c'est trop affreux. Cet endroit, je l'évite à tout

prix. Je le sens parfois aux travers des yeux d'un homme. Au moins avec la haine de l'abus, je me sens vivante."
Nous sommes arrivées au cœur.
"Certes. Pour un temps seulement. Tu sais qu'un jour ou l'autre, tu auras rendez-vous avec ce vide du féminin inconscient et abusé. Ce dinosaure est un aspect archaïque qui fait résonner en toi quelque chose de très ancien dont tu gardes l'empreinte, n'ayant pu l'intégrer et pardonner. La haine de l'abus t'évite de rencontrer ce qui est vraiment insupportable : le féminin abusé par le désir...?"
Remonte à la conscience d'Ariane une mémoire d'une jeune fille abusée par un homme à travers son propre désir, brisée, à la rue, déchue, dans le caniveau, prostituée. Après quelques émotions, elle choisit de se centrer afin de libérer la mémoire.
"Prends ces mots, répète-les. S'ils résonnent avec ta vérité profonde, dis-moi quand ce n'est pas le cas de façon que j'ajuste :
"'Mon Féminin, tu t'es donné la mission et le défi sacrés de te livrer corps et âme à l'incandescence de l'amour dans le corps. Je me suis abusée entre le feu du désir et l'incandescence de l'amour. Je pressens que l'incandescence de l'amour ne rejette rien, accueille sans juger l'expérience, pardonne et alchimise par l'incandescence d'amour. Au lieu de cela, je me suis jugée impardonnable de ne pas avoir su discerner, tellement que la haine est entrée dans mon cœur à la mesure de mon feu. Grâce à toi, mon Féminin, je reconnais ce feu d'amour dans mon cœur et je le consacre. Je m'engage à veiller la flamme de mon cœur plutôt que de m'enflammer et de me décentrer. Je reconnais que je peux m'abuser sous le feu du désir. Je reconnais en moi cette passion incandescente de l'amour, je reconnais en moi l'incandescence de l'amour. Je pressens même que si je ne juge pas l'expérience, si je discerne et ajuste, je peux être offerte, réceptive, objet de l'amour.
"'Mon féminin, je te vois dans le caniveau où tu te prostitues tellement tu as perdu l'amour pour toi. Le feu du désir t'a enflammé sans pouvoir discerner qu'il ne menait pas à l'amour. Moi-même je m'enflamme émotionnellement et je perds alors le discernement. J'ai préféré longtemps me perdre dans ce feu, te rencontrer était trop douloureux. Aujourd'hui, je suis là devant toi. Je me sens impuissante devant l'abîme où tu es. Je sais combien j'ai d'amour, de patience et de douceur pour tous ceux qui sont fragiles. Je t'entoure de cet amour. Je demande au Féminin de venir à travers moi te toucher, te redonner la conscience de qui tu es véritablement. Oui, mon féminin tu t'es brûlé, je me suis brûlée. J'ai vécu la haine pour ne plus être abusée et je m'abusais moi-même. Grâce à toi, j'apprends désormais à reconnaître lorsque le feu du désir est un feu d'amour. Oui, le feu est mon chemin, mon défi et mon trésor. Quand le feu s'allume, il me demande d'écouter mon cœur. Non de me poser des questions, mais d'écouter en moi. Que ce feu serve désormais l'amour et

non plus la haine. Que ce feu de vie te réanime, toi, mon féminin, et te libère de toute ta peine. Ton chemin n'a pas été vain.'
"Comment est-elle maintenant ?
— Mon Dieu, c'est fou… J'étais d'accord avec tout. Je lui ai dit chaque mot. Elle a bu chacune des paroles. Elle s'est transformée peu à peu. Mais quand elle a compris que son chemin n'avait pas été vain, d'un coup elle s'est réanimée et s'est mise à briller. Elle a retrouvé sa chevelure. C'est vrai que grâce à elle, le feu devient mon allié. Je me sens pleine de vie. J'aime le feu. Que ce soit mon trésor et non plus mon ennemi. C'est vrai que j'aime m'enflammer. Je la vois maintenant, elle irradie, elle réchauffe les gens. Les hommes sont amoureux d'elle et voudraient bien la posséder. Mais elle, elle est comme dans une sphère de lumière avec le cœur au centre qui brille. Vu comme ça, tout peut vivre ensemble. C'est comme un puzzle d'amour. Je t'aime.
— Invite le feu de ton ventre à s'unifier à ton cœur. Invite l'amour à s'unir à la force de vie, la pulsion qui vient de tes entrailles. Nous demandons que se retisse le lien d'amour entre ton Hara et ton cœur, ton cœur et ton Hara. Que l'amour se manifeste à travers ton instinct, ta force de vie. Reconnais la puissance de vie qui est en toi, la force sacrée du feu, qui attend depuis longtemps de retrouver son essence. Reconnais l'amour au cœur de l'instinct. Reconnais l'instinct de l'amour.
"Reconnais l'amour dans le désir.
"Reconnais maintenant ce carnassier, que tu juge monstrueux, qui manifeste ton instinct, ta pulsion de vie. C'est lui le révélateur de ce qui est distordu, alors que tu lui donnes le rôle du bouc émissaire. Reconnais-lui cela. Si c'est juste, reconnais que c'est par lui que tu traverses l'illusion et rencontres ton Féminin en vérité.
"Reconnais maintenant l'herbivore dans toute la beauté de sa sensualité. Permets-lui de s'ouvrir à la réceptivité, la disponibilité profonde, intime, sexuelle et spirituelle, spirituelle et sexuelle dans cette sécurité que tu lui offres par le cœur au centre de toi, dans l'union avec ton masculin dans la conscience vigilante à discerner les tonalités de l'amour.
"La réconciliation d'une animalité incandescente et aimante, porteuse d'une vibration… comme celle des dauphins.
"Comment te sens-tu ?
— Heureuse. Pleine. Complète. Fière. Réconciliée. Flamboyante."
L'énergie est puissante dans la pièce. La respiration d'Ariane est ample et douce. Son cœur est ouvert et reçoit profondément ce qui est transmis.

Depuis notre rencontre, Ariane a changé. Elle reconnaît sa sensualité puissante. Elle commence à poser sa conscience sur sa capacité à se raconter de belles histoires pour justifier son désir.

La rencontre du féminin d'Ariane donne chair à :

• L'énergie dauphin et son mouvement spécifique ondulatoire tel un effet de vague expriment la sensualité naturelle et universelle d'Ariane.

• L'identification à une seule polarité sollicite la vie dans son mouvement d'unification à ramener dans le champ de conscience ce qui en est exclu Et révèle inévitablement l'autre polarité. Ce que nous nions, nous le déclarons, nous le créons, nous le faisons donc apparaître.

• En reconnaissant en nous les deux aspects de la dualité, nous pouvons choisir d'incarner l'un plus que l'autre. Le rejet d'un aspect le sollicite à nous manipuler inconsciemment.

• Le passage entre s'identifier à un aspect et "être un avec" cet aspect. Identifié à un aspect, l'être se décentre. "Être un avec" permet d'être au centre et en périphérie.

• Nous avons en nous-mêmes la même énergie que nous avons subie. Ariane s'abusait pour éviter l'insupportable d'être abusée.

• Le feu du désir tant qu'il est dirigé vers l'autre consume dans une remise de pouvoir envers cet autre. Le désir véritable s'abreuve à sa propre incandescence qui est celle du cœur. L'incandescence de l'amour appelle le feu du désir à enflammer le centre / le cœur.

• Le masculin, bouc émissaire, révèle le même rôle chez le féminin, grâce au "Pote Féma".

• L'absence du "Pote Mafé" du féminin empêche l'axe et la conscience et limite le féminin à son aspect victime.

TROISIÈME PARTIE

PRÉPARER LES NOCES ALCHIMIQUES

La Fusion au Cœur de la Séparation

"Le Christ est venu pour rétablir ce qui a été ainsi séparé au commencement et pour unir à nouveau les deux. À ceux qui sont morts parce qu'ils étaient dans la séparation, il rendra la vie en les réunissant."

ÉVANGILE SELON PHILIPPE

INTRODUCTION

Nous sommes au rendez-vous le plus intime
et le plus prodigieux.
Se dévoilent, ici, les clefs de la Réconciliation.
Chacune de ses étapes est en soi une initiation,
l'opportunité d'une expansion de conscience
et d'une ouverture du cœur, d'un véritable instant
de fusion.

La partie 3 unit la conscience à l'amour,
dans le thème comme dans les propositions.
Souvenons-nous : la partie 1 porte la conscience
du Masculin qui éclaire et la partie 2, l'amour du
Féminin qui restaure. Nous complétons le trio :
conscience/amour/relation.

Cette partie invite le lecteur à une implication
plus personnelle et intime afin de rencontrer
personnellement masculin et féminin,
les accompagner jusqu'au cœur de la séparation,
là où la véritable réconciliation se produit,
là où la fusion se rend disponible.

HISTOIRE 1 DE MARINA

La grotte blessée

La blessure intime du féminin

Thème : La guérison alchimique de la Yoni, de la dimension la plus intime du féminin. La communion amour-désir.

Marina a des yeux qui plongent en vous et savent qui vous êtes, même si elle, elle en doute encore. Elle est racée, belle, fine, brune, des cheveux sauvages. Une moto et des mouvements encore bruts disent sa défiance de la séduction. Pierre précieuse dans une gangue. Elle est magique, une très très belle femme, au-dehors comme au-dedans. Elle est l'humanité qui garde vivante au cœur de l'obscurité la mémoire de l'origine ; même si elle ne le reconnaît pas encore, elle s'éveille.

Son histoire est lourde : l'abandon de la mère, un père idéalisé qui trahit dans un épisode incestueux, ensuite la menace de la marginalité, le monde de la nuit, la peur des hommes. Elle frôle l'abîme, l'autodestruction et la violence.

Un fil ténu mais inaltérable de santé, de bon sens, d'équilibre, de respect de la vie la guide. Poussée par la hantise de l'exclusion sociale, elle installe une réussite financière. Elle choisit d'avoir un enfant afin de transmettre que “le monde doit fonctionner avec l'amour, le respect, le partage, la vie sacrée”. Elle vit désormais de la terre et la travaille de ses mains, se purifie par les aliments qu'elle produit. Une compagne partage sa vie et le père de l'enfant les rejoint régulièrement.

Elle s'engage de tout son être dans le travail individuel et de groupe, s'y régénère et s'éveille à elle-même. Elle vit des espaces de profonde reconnexion. Elle habite depuis la profondeur de son corps qu'elle désertait, et des changements bénéfiques et radicaux ont lieu dans des symptômes physiques récurrents. Sa vision de la vie s'apaise et se déploie. Elle détend son exigence envers elle-même et se découvre des capacités d'autoguérison. Son être s'ouvre à la gratitude et aux retrouvailles.
Elle est prête aujourd'hui à rencontrer son féminin. Par son engagement, la profondeur de son amour, son choix indéfectible d'un axe et d'un centre, Marina est disponible à l'alchimie la plus pure et la plus belle.

Marina rencontre un lieu de sang, une grotte avec un autel où des jeunes vierges, pures et innocentes, sont sacrifiées, violées, leurs cœurs arrachés.
Le féminin de Marina s'exprime à travers la grotte et à travers les jeunes filles.
La grotte représente l'intimité la plus profonde, celle profanée par son père et les jeunes filles, l'aspect plus psychologique et psychique. L'inconscient propose les deux aspects à la guérison.
"La grotte n'aime pas qu'on la découvre. Elle a honte d'avoir permis, oui d'avoir permis la blessure des jeunes filles. Elle porte la honte et la tristesse d'avoir participé d'une certaine façon à la blessure du féminin. Oui, comme si elle avait permis ça. Elle est en colère et elle est triste, c'est infini. Moi aussi, je ne supporte pas que la femme soit tout le temps bafouée, n'ait pas le droit d'exister. C'est insupportable que la femme soit tout le temps en danger. Elle ne peut pas exister en étant en danger constamment. Elle n'a pas le droit d'être belle, sinon elle va être mangée. Pas le droit de vivre, d'être. Je ne supporte plus ça."
Pour la première fois de ma pratique, le féminin d'une femme se souvient avoir permis… Attention ! Nous ne disons point avoir permis l'inceste ! Mais plutôt avoir permis d'expérimenter d'être l'objet du masculin et dans la dualité, d'en être victime. Depuis le début, l'inconscient de Marina signale ne pas être dupe du rôle de victime. Se souvenir avoir permis, même inconsciemment et dans une dimension universelle, est une étape essentielle pour un pardon cellulaire.
"La grotte est soulagée que je dise tout ça. Elle est en retrait, elle ne veut plus se découvrir. Elle s'est endurcie. Je ne peux pas supporter qu'un homme ait le pouvoir de violer, puisse entrer sans permission. C'est insupportable que ce soit techniquement possible ! Qu'on puisse la forcer. Qu'il n'y ait pas quelque chose pour fermer, si elle ne veut pas. À quoi ça sert toute cette souffrance ? Tu parles d'un dieu ! Moi avec ma petite conscience, je la vis cette vie !

"Partout il y a de la souffrance. C'est insupportable que la guérison m'arrive aussi tard et que les autres n'y aient pas accès. Je sais m'émerveiller et il y a si peu à faire ou tant. Il faut que ça change !"

À travers les mots de Marina, ce sont nos âmes qui pleurent là, épuisées du long chemin dans l'obscurité depuis la séparation masculin/féminin cristallisée entre hommes et femmes.

Marina nous dit l'expérience de la Yoni sur terre, du sexe de la femme, l'aspect le plus réceptif du féminin. Marina l'a vécu physiquement, nous le vivons dans l'inconscient collectif. Hommes et femmes, l'aspect le plus réceptif du féminin vit la violence et une forme de viol.

Je l'invite à s'approcher intérieurement avec douceur de sa yoni. En utilisant le mot yoni, elle a accès à la blessure mais aussi au mystère universel et à la ressource infinie qui y réside.

"Je ne sais pas. Elle est absente. C'est une absence. Elle a disparu, elle n'est plus là. C'est froid, figé, insensible, paralysé. J'ai oublié. Je l'ai oubliée. Non, j'ai oublié. Comme j'ai oublié pendant des années ce qui s'est passé avec mon père. Avant c'était un dieu pour moi, il ne m'avait jamais fait de mal. Après, la vie s'est arrêtée et ça s'est arrêté là en bas.

"J'ai senti vaguement qu'il se passait quelque chose mais je ne comprenais pas. J'étais paralysée. Je ne bougeais pas. Je ne savais pas quoi faire et j'étais dégoûtée. Un dégoût immense et une peur horrible. Il ne parlait pas. Après j'ai oublié, je ne me rappelle plus mais je me souviens que le pire le lendemain, c'est qu'il n'a rien dit. Comme si de rien n'était. Rien. Pas même un regard.

"J'ai même fini par douter puis j'ai oublié.

"Mais ça m'a cassée. Je n'ai plus jamais fait confiance à un homme après. Avant je me voyais avec un homme, c'était sain et romantique. Je le voyais bien. Après ça n'a plus existé, il avait disparu. Fini.

"J'ai trouvé le moyen de ne pas me trouver dans ces situations avec les hommes, en fuyant le contact, en dégageant quelque chose pour les garder à distance. Surtout ne pas les encourager.

"Par contre si quelqu'un franchit l'écran, je ne sais pas me défendre. Je ressens le pouvoir sur moi, comme sur l'autel. Il y a une culpabilité qui m'empêche de partir, d'oser me sauver. Comme si c'était de ma faute. Et surtout, je ne veux pas faire de peine, ça se bouche, ça se ferme, ça bascule. Comme des caillots noirs dans mon cœur.

"Je ne suis pas digne d'éveiller l'amour. Je ne sais qu'éveiller le désir. Je n'ai pas su voir venir le désir sans amour. Je suis coupable d'éveiller le désir sans amour."

Je n'interviens pas. Je l'encourage simplement. Marina est à l'aise avec les explorations, la relation entre les images et leurs résonances, leurs conséquences dans le corps et dans la vie.

Il est nécessaire de libérer, la grotte, les jeunes filles, la connexion entre la zone sexuelle et le cœur, la trahison du père, la force de vie figée devant la trahison, reconnecter l'alignement (voir "S'aligner", p. 251).
Je l'invite d'abord à libérer toute l'énergie retenue contre le père, dont la colère et, plus profond encore, la rage. Tant que la vitalité est retenue, la vie n'a pas accès à sa propre ressource (voir l'histoire de Clara, p. 95). Au début l'émotion est figée, le mental s'y met puis, encouragée, Marina se libère passionnément. Son bassin vit des secousses, des spasmes, des tremblements qui libèrent la vie. Elle veut les lui "faire bouffer". L'en-vie, l'envie, la vie se libèrent.
Cela libère en parallèle les jeunes filles de l'emprise du masculin tout-puissant, violeur et assassin. Nous les entourons d'un cocon de lumière tel un baume protecteur et régénérant. L'énergie dans la pièce est à la fois très intense et infiniment douce.
Marina garde une charge sur les hommes.
"La puissance qu'ils ont eux et que nous, on n'a pas. On n'a pas de puissance.
— Et celle de choisir l'amour ? Et celle de ne pas blesser que tu nommes 'ne pas faire de peine" ? Même si tu l'as vécu dans un aspect distordu de ne pas savoir dire non. Reconnais cependant la puissance prodigieuse que tu expérimentes déjà de choisir l'amour, l'amour qui guérit, l'amour qui pardonne, l'amour qui alchimise. Y a-t-il plus grande puissance que celle de l'amour ? Même si sur le plan terrestre et physique, le corps peut être soumis au non-amour, nul n'y peut soumettre ton cœur. Et tu en as déjà fait l'expérience."
Elle pleure doucement, mais la colère est là, tournée vers eux, les hommes.
Elle n'est plus en colère contre son père, mais contre le principe universel du masculin sujet et du féminin objet. Cette colère est celle du "Pote Mafé" de son féminin qui s'est senti impuissant à la protéger de l'indignité. Or le "Pote Mafé" est le Masculin au cœur du Féminin, la conscience de l'essence sacrée du Féminin, qui s'exprime par le sentiment de dignité. Le "Pote Mafé" se sent coupable et rejette sa colère sur le masculin extérieur, au lieu de tourner son énergie vers son féminin blessé.
"Oui… Ressens cette colère… L'injustice de ne pas pouvoir protéger le féminin… Qui en toi l'exprime ? N'est-ce pas ton chevalier qui se sent impuissant à protéger les femmes ? Impuissant à protéger le féminin d'être infiniment réceptif, d'être ouvert et offert… Impuissant à protéger le féminin d'être… féminin. Reconnais ce chevalier en toi, il n'a nullement échoué. C'est lui au contraire qui t'a permis de ne pas plonger dans l'abîme, qui t'a maintenue dans une direction de vie, d'amour et de respect. Honore-le. Remercie-le. Il ne pouvait pas s'opposer au rendez-vous avec ton père. Aucun chevalier ne l'aurait pu. Bien des fils tissaient ce rendez-vous. Qu'il vive la paix. Offre-lui la paix. Il a acquis depuis une vigilance exceptionnelle

à percevoir le désir non relié à l'amour, même s'il a besoin de retrouver le non. C'est un trésor qu'il détient là dont il ne soupçonne pas encore la richesse.
"Invite-le à retourner son énergie vers la grotte qui en a grand besoin et qui l'attend depuis longtemps."
— La grotte est inondée d'une lumière liquide. C'est magnifique. Il n'y a pas de mots pour le décrire. Je sens sa présence à lui, consacré."
La lumière et l'esprit sont associés au Masculin, l'eau et l'amour, au Féminin. La lumière liquide nous parle d'une alliance qui se met en place pour Marina.
"D'où vient-elle ?
— Du fond de la grotte tout au bout et de chaque pore de sa peau."
Marina m'émerveille de la grâce disponible si aisément en elle, comme si la densité n'avait fait que l'effleurer alors qu'elle y a plongé. Elle nous parle de l'alchimie disponible en chacun.
Au cœur de chaque organe, de chaque chakra, de chaque cellule, il y a un "bout" au bout, une source, un lac, une rivière, une fontaine, un puits de lumière… Cette source est la Source, en nous. Il est important pour Marina de reconnaître dans son accès naturel à la grâce.
"De toi-même tu retrouves l'accès à la Source en toi, au cœur de la grotte de ta Yoni. Reconnais en toi 'Celle qui se souvient de la Source'. Reconnais aussi en toi 'Celle qui a gardé vivante la Source'. Tu portes cette grâce, sache-le. Depuis cette grâce, laisse la lumière liquide qui porte l'alliance de l'air et de l'eau, l'alliance de l'esprit et de l'amour, du masculin et du féminin totalement baigner, purifier, régénérer la grotte de ta Yoni.
"Nous demandons que soient maintenant totalement et définitivement libérées toutes les mémoires et les charges associées à cette grotte, à ces jeunes filles, à cet autel, à cet aspect de ton féminin. Que cette lumière liquide qui vient directement de la Source baigne les jeunes filles. Nous demandons que chacune ce dont elle a intimement besoin. Que ce groupe de jeunes filles et tout ce qu'elles représentent reçoivent à travers le temps et l'espace. Que cette guérison contribue à la guérison du féminin, de la Yoni, de toutes les Yoni. Que cette guérison contribue à la transmutation de la violence faite au féminin, à la violence entre hommes et femmes. Quels qu'aient été les rôles joués, cela se joue à l'intérieur de nous.
"Comment cela agit-il sur l'image de ton père mis dans la sphère de lumière ?
— Il pleure. Comme s'il avait tout suivi. Ça me touche beaucoup. Ça me fait fondre, presque pardonner. Comme si ce n'était pas grave. Pourtant c'est grave. Hein ?"
Oublier n'est pas libérer, le souvenir est toujours là quelque part. Pour lâcher vraiment quelque chose, il faut l'avoir tenu profondément. Marina demande la confirmation de la gravité de l'inceste. Cela n'est pas l'accusation du père.

"Oui, c'est grave pour un père de confondre son désir d'homme et son amour de père pour sa fille. C'est un crime reconnu par la loi. Exprime-lui. Dis-lui ta vie totalement effondrée. Dis-lui ta Yoni absente, figée. Ta peur des hommes. La vitre qui t'isole. La peur de ta beauté. Combien tu l'aimais comme un dieu. La trahison de cet amour si grand, cet amour si pur. La culpabilité d'avoir éveillé le désir. La culpabilité de ne pas avoir éveillé l'amour. La culpabilité d'avoir éveillé le désir qui trahit l'amour. Cette coupure en toi. Dis-lui.
— Il pleure. Il a honte. Ça me fait tellement de bien de lui dire tout ça. Et surtout de percevoir et de ressentir sa réaction car son silence m'avait tuée.
— Nous appelons aussi l'énergie de guérison sur les liens d'âmes entre toi et ton père, à travers le temps et l'espace, quels qu'ils aient été.
— Oui, ça s'allège, je le sens. Qu'est-ce que je l'ai aimé ! Je ressens l'amour que j'avais enfant. Ça fait tellement longtemps que je n'avais pas senti ça. Mais je me retiens, je me méfie.
— Fais simplement confiance à ce qui se libère du profond de toi. Offre à l'univers la sphère de lumière dans laquelle est l'image de ton père, en lui disant à-Dieu, adieu. Si c'est juste pour toi en bénissant, en le rendant à l'univers. Honore ton choix aussi de retrouver le désir uni à l'amour. »
— Oh ! Mon Dieu oui. Je l'ai approché une fois. Mais on ne peut pas vivre ça sur Terre."
Elle pleure avec des spasmes douloureux. Elle confie ainsi combien son être garde vivante la mémoire de l'union tantrique où le désir (hara), l'amour (cœur) et le divin (3e œil) sont Un, et combien cette dimension tantrique de l'amour est le projet de son âme.
"Comment est la grotte, maintenant ?
— Elle est belle. Elle est magnifique. Elle a perdu son côté gluant. C'est comme un temple avec de très beaux vitraux. Il y a une flamme très pure, très simple au centre. La flamme se reflète sur les vitraux. C'est somptueux et très simple. C'est vivant. Il y a une petite rivière qui gazouille là où est passé mon enfant. C'est beau. C'est beau."
Ses yeux sont humides et sa peau a rosi. Dans la pièce, l'énergie est recueillie et légère à la fois, des particules lumineuses dansent et jouent dans l'air.
Je l'invite à un travail énergétique afin de relier les trois plans (voir "S'aligner", p. 251). La guérison a besoin de s'installer dans la dimension corporelle.
"Permets à l'énergie de la grotte temple de s'installer dans toute ta base (1er chakra). Perçois tes hanches comme la structure externe de la grotte. Ressens tes racines qui connectent la grotte à l'intimité sacrée de la Terre. Laisse tes racines s'abreuver, se gorger à cet amour et la flamme s'y unir simplement.

— C'est puissant mais très doux. La flamme tremble doucement comme si un souffle l'animait. Oui, je sens la connexion. Oh la la ! ça peut être fort, ce truc…

— Tu viens de percevoir ta force sacrée et vitale (la kundalini), qui te connecte à la Terre comme au ciel. Tu es en fait une alliée en en prenant conscience. Maintenant laisse cette force sacrée s'élever doucement vers ton ventre, ton hara, et venir irriguer, équilibrer ce lieu où se déploie ta pulsion de vie qui s'exprime à travers ton désir, ton en-vie. Laisse s'harmoniser la base et le hara. Que ton désir (hara) désormais se vive dans la sécurité (base). Que la grotte (base) accueille le retour du désir (hara), tel un feu de vie qui réchauffe et réjouit, un feu pétillant, chatoyant avec la flamme qui peut se déployer en un feu somptueux et revenir à l'incandescence dans une danse fluide.

— Oh ! C'est bon ! J'ai chaud. Ça fait tellement longtemps que je n'ai pas senti cette chaleur douce. On dirait une soirée au coin du feu, mais dans mon ventre. C'est doux, c'est bon, c'est chaud. Moi qui avais toujours froid aux pieds et aux mains…"

Il faut maintenant reconnecter l'amour au désir (cœur au hara), aimer désirer, aimer le désir d'amour, aimer que l'amour s'exprime par le désir.

"Reconnais dans ton cœur la lumière liquide de la Source. Laisse une image se présenter. La Source émerge du plus intime de ton cœur…

— C'est de la lumière en plume qui ruisselle. C'est rose, pourtant je n'aime pas le rose, mais celui-là, il est… rose-beau avec du doré. C'est doux… On aurait envie de se rouler dedans.

— Roule-toi dans cette 'lumière-plume-rose-doré'. Baigne chaque centimètre de ta peau. Permets-lui d'irriguer, d'abreuver, de régénérer ton cœur de tout ce qui l'alourdit…"

Temps d'intégration et de bénédiction.

"Laisse cet amour ruisseler de ton cœur vers ton ventre. Relier l'amour à ta pulsion de vie. Que l'amour désormais s'exprime à travers ton action et ton désir. Un amour qui agit. Accueille dans ton ventre (hara) cette force d'amour. Laisse-la s'harmoniser à la pulsion de vie de ton ventre. Le désir aimant et la force de l'amour. Amour et désir, désir et amour dans une même vibration, une seule note.

— Le temple, la grotte s'est encore agrandie. Elle est large, vaste. Elle est contente, c'est comme si elle souriait. Elle gargouille, ça se détend de partout et dans ma Yoni aussi. C'est arc-en-ciel maintenant. C'est vivant. C'est la vie.

— Autorise la vie à descendre jusqu'à ton périnée (1er chakra, la base) et s'enraciner dans l'intimité sacrée de la Terre."

Temps d'intégration.

"Perçois maintenant le mouvement ascendant, de ta base et ton ventre vers ton cœur. Du désir vers le cœur. Suis-le intérieurement. Le désir de l'amour. Le désir qui se déploie dans l'amour. L'action aimante, la manifestation d'amour, l'action d'amour.

Et les deux mouvements ascendant et descendant : l'amour qui s'exprime par le désir et le désir qui s'exprime par l'amour. L'amour qui désire l'amour qui désire l'amour… et le désir qui aime désirer l'amour qui désire l'amour…
— J'ai de plus en plus chaud. J'ai l'impression d'être une vraie chaudière, une chaudière d'amour.
— Tu retrouves ton foyer intérieur. Ce foyer au cœur du temple où la flamme est toujours allumée. Imagine que tu te regardes d'en haut depuis le sommet de ta tête. Tu vois la maison du cœur et en son centre le temple avec la flamme.
— D'en haut, c'est encore plus génial, il n'y a plus d'étage, c'est concentrique. C'est fou, parce que je vois à la fois le mouvement qui monte et qui descend et le mouvement concentrique. Ah ! C'est fou. C'est génial."
Il suffit de suivre Marina.
"Laisse le mouvement qui monte et qui descend inclure le 3e œil, demeure de la conscience. Nous demandons la connexion d'amour et de lumière entre ton action, ton désir (hara) avec ton amour (cœur) et ta conscience (3e œil). Les trois plans de ton être. Conscience, amour, action (voir "S'aligner", p. 251).
"La conscience qui s'incarne par un désir aimant. L'amour qui désire en conscience.
"Le désir qui prend conscience de l'amour.
"Autorise l'alignement qui unifie les trois plans en toi."
Temps d'intégration.
"Comment est maintenant ton féminin ?
— Oui, depuis un moment il y a une jeune fille devant la flamme. C'est une jeune prêtresse du feu. Elle est intimidée d'être vue, elle est cachée depuis très, très longtemps.
— Remercie-la de sa présence. Dis-lui que tu as beaucoup à intégrer. Elle a tout le temps dont elle peut avoir besoin pour s'habituer à être visible. Nous la rencontrerons la prochaine fois."
Fatiguées et heureuses, nous complétons par un temps de gratitude et de silence.
Cela est possible en une séance avec Marina qui porte déjà ce potentiel qu'il reste à activer. Plusieurs séances sont nécessaires pour d'autres et c'est juste ainsi. Rendons grâce que cela soit possible.

La rencontre du féminin grotte de Marina donne chair à :

- La guérison de la Yoni.
- La pacification de la colère du féminin envers la violence du masculin.
- La reconnaissance de la gravité de l'inceste, son alchimie et le pardon. La guérison de la relation intérieure de Marina avec son père et de leurs liens d'âmes.
- La libération de la force de vie, figée devant l'indicible.
- La coupure énergétique et émotionnelle et la guérison entre le désir et l'amour.
- Le féminin qui pressent avoir permis sur un plan universel, mais se révolte sur le plan terrestre.
- La reconnexion des trois plans de l'être : désir/amour/conscience (base + hara/cœur/3e œil) dans son mouvement ascendant et descendant : l'alignement.

Chapitre 8

Révéler en soi le Féminin

Chapitre 8

Révéler en soi le Masculin

1 • Reconnaître l'intimité de son féminin

À propos du titre : le Féminin s'associe à l'intimité, le Masculin à la vérité.
Le Féminin divin est l'amour inconditionnel et l'expérience de la création.
Le féminin duel victime de l'inconscience de son essence divine s'opacifie
au lieu d'accueillir et de transformer.
Rencontrer son féminin demande de contempler, dans la conscience et l'amour,
d'accepter et de reconnaître la façon dont il se présente, de l'accueillir inconditionnellement,
dans l'avant-goût de l'émerveillement auquel il donne accès.

Tout au long de ce chapitre, je vous invite à avoir un cahier et un crayon à portée de main, afin de répondre aux questions proposées en italique.

1 / Reconnaître sa façon personnelle d'exprimer et de ressentir l'amour

• **Façon personnelle et façon unique.** La différence entre notre façon personnelle et notre façon unique d'exprimer l'amour est une des manifestations de la blessure du cœur. La façon personnelle d'exprimer l'amour est reliée à l'histoire personnelle et à la blessure. **La façon unique, elle, est reliée à qui nous sommes en tant qu'étincelle divine et au code vibratoire unique que nous véhiculons** qui se révèle au fur et à mesure de la reconnaissance de nous-mêmes.

Il est probable que nous exprimions personnellement l'amour de la façon dont on nous a exprimé l'amour, porté de l'attention, ou pour compenser de la façon opposée. On retrouve dans une même famille une façon particulière d'exprimer sa reconnaissance à l'autre, le geste un peu brut, l'accolade, l'étreinte, la moquerie, le surnom, une loyauté dans l'épreuve, un dévouement à travers des petites choses, un effort matériel, financier…

Quelle est la façon communément reconnue par la famille ou ceux qui me servent de famille d'exprimer l'amour ou l'attention à un membre de la famille ?

1 • Reconnaître la vérité de son masculin

À propos du titre : le Masculin s'associe à la vérité, le Féminin à l'intimité. Le Masculin divin est la conscience agissante, le masculin obscurci agit de façon irresponsable entre toute-puissance, culpabilité et impuissance. Rencontrer son propre masculin obscurci demande de contempler dans la conscience et l'amour, d'accepter et de reconnaître la façon dont il se présente, de l'accueillir inconditionnellement, dans le pressentiment de l'éveil auquel il donne accès. Cet éveil se rend disponible à travers la contemplation, la reconnaissance, l'acceptation, le pardon, l'alchimie amoureuse et la bénédiction. Alors révèle la vérité de notre masculin, sa divinité.

Tout au long de ce chapitre, je vous invite à avoir un cahier et un crayon à portée de main, afin de répondre aux questions proposées en italique.

1 / Reconnaître la vision personnelle de son masculin

Prends garde à tes pensées, car elles deviennent tes paroles.
Prends garde à tes paroles, car elles deviennent tes actes.
Prends garde à tes actes, car ils deviennent ton caractère.
Prends garde à ton caractère, car il devient ton destin.
(Auteur inconnu)

• **Vision personnelle.** Rappelons-nous. Le **M**asculin est l'émission lumineuse de la Source ; le masculin obscurci donne une prééminence à la vision. Dans la dualité, nos pensées, nos paroles, nos actions sont produites par le passé et nous ne voyons rien "objectivement" contrairement à ce que nous croyons.

L'illusion du libre-arbitre reproduit en fait les conclusions du passé tel un photocopieur auquel nous réagissons de façon automatique. **Plus nous sommes happés par la dualité, plus nos réactions sont prévisibles, moins la pure spontanéité s'exprime.**

Sortir de cet aveuglement implique de changer de plan de conscience, d'élargir notre vision en contemplant sans juger ni censurer nos jugements, nos croyances, nos programmes qui obscurcissent notre perception.

Quelle est ma façon d'exprimer l'amour ou l'attention à mon amoureux, mon mari, mes amis, mes collègues, les membres de ma famille, mes enfants, mes animaux… ?

Ne soyez pas surpris que la façon ne soit pas la même, car le degré d'intimité et son défi sont différents.

De quelle façon paradoxale m'arrive-t-il d'exprimer mon affection, mon attention ou d'être en contact avec les gens ou les êtres ? Envers qui ou quoi j'exprime le plus profondément mon affection ? De la façon la plus démonstrative ? De la façon la plus affectée ? Envers qui ou quoi je ressens de l'affection sans pouvoir l'exprimer ? Est-ce que j'exprime profondément mon affection aux êtres que j'aime ? Quelle est ma façon d'exprimer mon affection à la personne la plus proche dans ma vie ?

Certains très tactiles avec les animaux sont réservés, même froids avec les humains et dévoilent ainsi la nature chaleureuse, naturelle et de contact de leur **F**éminin, mais aussi un aspect de leur féminin blessé. D'autres très chaleureux dans l'intimité sont a priori distants avec les nouveaux venus. D'autres bruts de contact se révèlent très délicats et attentionnés, précautionneux pour leur passion des miniatures ou des timbres et dévoilent la nature délicate de leur **F**éminin, mais aussi sa défense. D'autres exubérants dans leur vie sociale ne peuvent regarder calmement quelqu'un dans les yeux, détournent les yeux ou s'absentent de leur regard. Certains hommes disent aimer les femmes sans pouvoir s'engager avec une. D'autres communient avec les plans subtils, et posent un écran invisible autour d'eux qui empêche toute vraie complicité. D'autres ne peuvent partager que le mode émotionnel sans offrir leur axe et leur simple présence… *Et vous ?*

• Reconnaître sa façon personnelle de se sentir aimé.

De quelle façon je me sens aimé, reconnu ?

Est-ce par des mots ? Par des compliments ? Par des gestes ? Par des cadeaux ? Par des surprises que l'autre me fait ? Par des efforts qu'il fait pour moi ? Par les activités partagées ? Par du temps passé ensemble ? Par une qualité de présence partagée ? Par une vision commune, un engagement commun ?

De même que pour les couples, il est fondamental de reconnaître sa façon personnelle de se sentir aimé afin de prendre responsabilité pour cela, d'une part en l'offrant à l'enfant intérieur et d'autre part en le créant dans notre vie. Si nous avons besoin de toucher, il est important de s'offrir régulièrement des massages, au lieu de se morfondre. Nous pouvons aussi en demander. Dans une relation saine, donner à l'autre l'opportunité de nous faire plaisir est reconnaître le meilleur chez l'autre et lui donner l'opportunité d'exprimer son affection en étant sûr de faire plaisir. En prenant soin de nous-mêmes, nous rendons service à notre couple.

Nous avons en général besoin d'être aimé de la façon qui nous a fait défaut. Ainsi quelqu'un qui a été isolé sensoriellement a souvent besoin d'être touché, quelqu'un enfermé dans des dogmes a souvent besoin d'être surpris, quelqu'un manipulé par le chantage affectif a plus besoin de paroles claires et vraies que de compliments, même s'il peut y être sensible. Une fois suffisamment nourri, l'amour présent en nous a soif de s'exprimer et de s'offrir à la Vie…

Souvenons nous que nous sommes la Source d'amour pour nous-même comme l'autre l'est pour lui-même. Chacun de nous est complet.

• Reconnaître son féminin et son Féminin à chaque phase de la restauration.

Je vous propose de reprendre le chapitre de la restauration (voir chapitre 7, p. 236) en notant chaque fois vos réflexions intimes, les moments où vous vous reconnaissez, les étapes difficiles ou impossibles, à travers les trois grands axes : accueillir, permettre, pardonner. Chaque étape est l'opportunité de contempler si la blessure est en résonance et comment, et

C'est notre intention ici. Elle reste virtuelle jusqu'au moment où l'on prend le temps de contempler concrètement ce qu'il en est pour soi. Cela peut être inconfortable, l'ego dans son besoin de contrôle n'aime pas être cerné, à moins de l'accueil du **F**éminin et de la vision universelle du **M**asculin.

L'humour véritable, non celui qui abaisse, est une aptitude de l'esprit du **M**asculin qui change la focale de sa vision et sollicite la vision globale présente dans la relative, il allège en un instant la vision limitée et provoque la détente par le rire. Je pense au sketch de Jean-Marie Bigard sur les chauves-souris : "Faut quand même savoir qu'il y a un gars qui s'est sûrement cassé le cul pendant des mois et des mois, avec du matériel et tout, pour arriver à la conclusion suivante : 'On a une chance sur dix millions de se faire mordre par une chauve-souris enragée'."

J'invite donc dans ce chapitre à unir humour et lucidité, simplicité et accueil, afin d'appréhender la vérité personnelle de son masculin, seul accès au **M**asculin.

La prise de conscience du refus est le début de l'acceptation. Se décoller de ce à quoi l'on s'identifie, c'est-à-dire ses identifications, permet de recouvrer la liberté de ne plus se focaliser dans une identité. Nous pourrions dire ne plus être localisé dans une identité. Or, demeurer dans cette non-localisation est l'invitation ultime des éveillés.

Les questions qui suivent peuvent demander quelques jours, voire quelques semaines d'intériorisation. Les réponses aux questions permettent la vision générale que porte la famille et par imprégnation notre masculin. Toutes ces questions touchent à la construction du masculin en nous-mêmes, en tant que conscience agissante. Nous entendons par père et mère les personnes qui ont joué ou contribué à ce rôle.

Quelle phrase répétitive ai-je le plus entendu enfant ? Elle s'adresse à quel aspect de la vie ?...
Quelle croyance, jugement ou programme je porte sur le même sujet ?
Quelle phrase, croyance, jugement, programme je porte à propos de la vie ? La vie, c'est... Ma vie, c'est...
À propos du destin ? Le destin, c'est... Le destin de la famille, c'est de... Le destin de mon père, de ma mère, c'est de... D'ailleurs, ils disaient et disent... Mon destin, c'est de...
À propos de la liberté ? La liberté, c'est... La liberté individuelle, c'est... les parents sont libres de... Mon père est libre de... Un homme est libre de... Ma mère est libre de... Une femme est libre de... Un enfant est libre de... Moi dans la famille, je suis libre de... Dans ma vie, je suis libre de...
À propos du bien et du mal ? Le bien, c'est... Tandis que le mal, c'est... Pour moi, il est bien de... Et mal de...
À propos de ce qui guide la vie. Qu'est-ce qui guidait la vie de mes parents ? Comment décidaient-ils des grandes directions et des grandes décisions de leur vie, de la mienne ? Quelle voie ou voix suivaient-ils ? Un guide, c'est... Pour moi, mon guide c'est... Ma guidance, c'est... Ce qui me guide dans ma vie...
À propos de ce qui est important ou essentiel dans la vie. L'important, c'est... L'essentiel, c'est... L'essentiel, c'est de... Pour moi, l'important c'est... Et l'essentiel, c'est...
À propos de la réussite dans la vie. La réussite, c'est... Et le succès, c'est... Pour moi, réussir c'est...
À propos de la loi, des lois, des lois de la vie...

parallèlement de reconnaître votre façon unique d'exprimer et de ressentir l'amour. Plus notre individualité est reconnue, plus il est aisé de la rayonner au-delà du personnel. Des pistes…

Quelles sont les circonstances où je suis le plus libre d'exprimer l'amour, où j'ai le plus de désir de l'exprimer, même si je ne l'exprime pas tout à fait comme je voudrais ? Quels sont les êtres ou les circonstances qui me donnent envie de prendre dans mes bras, d'étreindre, d'embrasser ? De toucher ? Est-ce les mêmes ?

Dans quel genre de circonstances, je ferme automatiquement mon cœur ? Comment le fais-je ? Je me retire de moi ? Je mets un écran ? Je m'excuse ? Je me défends, je me justifie ? J'accuse ? Je suis invisible, gentil, mièvre ? Je suis froid ? Mes mots tuent, moquent, méprisent ?

Dans quelles circonstances je ne peux pas choisir l'amour ou pardonner ? Qu'est-ce qui est pour moi impardonnable ? À qui ne puis-je pas pardonner ? Que ne puis-je pardonner en moi-même ? Quel est le pardon le plus difficile que j'ai accompli, dont je suis le plus fier ? De quel geste d'amour ou action suis-je le plus fier ? Dans quel moment ai-je donné l'amour le plus vrai, le plus profond ? De quelle façon l'ai-je exprimé ? Comment est-ce que j'aime le plus exprimer l'amour ? Si je ne suis limité par rien, de quelle façon est-ce que j'exprimerais mon amour à la personne qui m'est la plus chère ?

Dans les mantras de l'amour, qu'est-ce qui est le plus facile, le plus difficile ? Ces derniers temps, sur lequel est-ce que je porte mon attention ? Lequel me fait réagir automatiquement, m'énerve, me semble impossible à réaliser, même si je peux être d'accord avec ? Souvenons-nous :

L'amour est en moi et autour de moi.
Je reconnais que je suis amour.
L'amour existe en Tout Ce Qui Est.
Je pardonne Tout Ce Qui Est inconditionnellement.
J'alchimise tous les jugements sur Tout Ce Qui Est.
Je reconnais l'amour et la divinité en Tout Ce Qui Est.

• Exprimer et ressentir la beauté, la créativité.

Quelle place je donne à la beauté dans ma vie ? Est-ce que je la regarde de l'extérieur comme appartenant au monde extérieur, portée par certains êtres chanceux, par certaines œuvres d'art, certains paysages ? Est-ce que je la reconnais dans ma propre vie ? Dans mon corps à travers les imperfections inhérentes à la matière ? Est-ce que je crée la beauté dans ma vie ? Y a-t-il une place pour la beauté dans ma maison ou est-elle essentiellement utilitaire ou affective ? Quelle relation intime ai-je avec l'art ? Est-ce pour les autres ou est-ce que je reconnais mes résonances personnelles avec certaines formes, certains sujets, certaines matières ? Quelle est ma propre forme d'art, et les sens qui y sont associés ? Les couleurs, le son, le toucher, le parfum, le goût, plusieurs combinés ? En dehors de toute théorie, qu'est-ce qui est pour moi de l'art ? De la beauté ? Les jours derniers, sous quelle forme s'est manifestée l'art ? La beauté ? L'ai-je ressenti comme tel ? Ai-je goûté intimement ? Comment puis-je laisser la gratitude, l'émerveillement gonfler mon cœur ? Comment puis-je laisser plus de place à la beauté dans ma vie ?

Aujourd'hui, comment puis-je commencer dès maintenant à créer de la beauté ? Au cours de cette heure-ci ? En mettant la table, en organisant mon bureau, en choisissant la couleur qui m'appelle pour mes vêtements, en souriant à quelqu'un dans la rue, en remerciant devant la beauté… ?

Quelle place je donne à la créativité dans ma vie ? Est-ce que je la regarde de l'extérieur comme appartenant aux autres, et je me juge incapable, non doué ? Est-ce que je lui offre de l'espace dans ma vie, dans ma maison, dans mes relations ? Dans quel espace de ma vie je me permets d'imaginer, d'inventer, de rêver ?

À propos de ce qui est juste. C'est juste de… C'est justifié de… Qu'est-ce qui est justifié et qu'est ce qui est juste pour moi ? Y a-t-il quelque chose de justifié qui ne soit pas juste ? Ou quelque chose de juste qui ne soit pas justifié ? Comment je sais ce qui est justifié et ce qui est juste ?
À propos de ce qui est injuste ou injustifiable. Il est injustifiable de… Enfant, ce qui était injuste, c'était… Ce qui est injuste dans ma vie aujourd'hui, c'est…
À propos des autres. Les autres, ce sont… Les étrangers, ce sont… Ils sont…
À propos des rêves. Les rêves de la nuit ? Le rêve que chacun porte enfant ? Celui de mon père, de ma mère ? Celui que je portais enfant ? Celui que je porte aujourd'hui… ? À propos de l'état de rêverie et des rêveurs ?
À propos du désir. Le désir, c'est… La différence ou la relation entre le désir et le rêve, c'est… Le désir de mon père, de ma mère, c'était… Mon désir, c'est…
À propos des besoins de chacun, de ceux de mon père, de ma mère, de mes besoins en relation à eux. Comment aujourd'hui je connais et reconnais mes besoins ?
À propos de la puissance, du pouvoir. La puissance, c'est… Le pouvoir, c'est… Et pour moi…
À propos de l'impuissance. L'impuissance dans la famille, c'est… La pire impuissance pour moi, c'est… Le pouvoir dans ma famille s'exprime par…
À propos de la culpabilité. Y a-t-il une forme de culpabilité dans la famille ? Enfant, comment mon père ou ma mère réagissait quand le résultat de son action déformait son intention ? Pour moi, lorsque le résultat de mon action déforme mon intention, je me sens ou je réagis…
À propos de la responsabilité. La responsabilité, c'est… Moi, je prends responsabilité pour… Je me sens responsable de…
À propos de l'incohérence. Quelles étaient les incohérences présentes dans la famille, par exemple entre ce qui était demandé aux enfants et ce que faisaient les parents, ou entre les idées et les actions ? Pour moi, le(s) domaine(s) où je peux manquer de cohérence, c'est…
À propos de ce qui est invisible aux yeux ou non perceptible par les sens habituels. Pour la famille, l'invisible, c'est… Pour moi, l'invisible, c'est…
À propos de l'énergie subtile et de la dimension subtile de la vie. Pour la famille, c'est… Et pour moi…
À propos de l'énergie vitale et des émotions. Pour la famille l'énergie vitale et des émotions, c'est… Et pour moi…
À propos de l'intuition. Pour la famille, l'intuition et sa place, c'est… Pour moi…
À propos d'une reliance, d'une communication, d'une communion entre les plans célestes et terrestres. Pour la famille, c'est… Et pour moi…

Se précise ainsi la perspective de notre masculin.

2 / Reconnaître ses comportements

• À travers croyances, jugements, paroles de son masculin qui obscurcissent notre relation à la vie et à l'autre et nous font croire à un monde où s'opposent le bien et le mal. Dans la dualité, notre masculin réagit automatiquement selon ses croyances et ses jugements qu'il fait subir inconsciemment à notre féminin. Notre masculin vit aussi des espaces de liberté hors de la dualité. Il est de notre responsabilité de découvrir ces espaces afin de les déployer. Continuons avec un papier et un crayon sans censurer, ni juger.

Les hommes, c'est… Un homme, c'est… Ne pas être un homme, cela serait…
Pour moi, la virilité, c'est… Ce que je trouve viril… La virilité pour une femme…

Si je me l'autorisais, quelle est la sphère la plus naturelle pour exprimer spontanément la beauté qui vient de ma profondeur ? Le geste ? Le mouvement ? Les mots ? Le son ? La couleur ? La matière ? La terre ? L'arrangement des objets ? Comment puis-je lui offrir de la place dans ma vie ? Comment puis-je commencer dès maintenant, rien que pour moi et le plaisir de le faire ? En bougeant spontanément les doigts, en inventant une chanson, une danse, en faisant un dessin… ?

2 / Reconnaître ses croyances et ses projections sur le féminin et les femmes

• **Reconnaître ses croyances.** Permettons au crayon d'exprimer ce que nous exprimons tout bas ou inconsciemment.

Les femmes, c'est… Une femme, c'est… La féminité, c'est… Je me sens féminine quand… Pour moi qui suis un homme, être féminin c'est… Pour moi qui suis un homme, avoir du féminin c'est… Je trouve une femme féminine quand… Une femelle, c'est…

Quelle différence fais-je entre être femme et être féminine ? Est-on femme sans être mère ? Est-on femme sans avoir fait l'amour ? Est-on femme de ne plus être vierge ?

Les règles, c'est… Le sang menstruel, c'est… Le sexe d'une femme, c'est… Mon sexe de femme est… Mon vagin est… Le vagin des femmes, c'est… Son vagin est…

Les seins d'une femme, c'est… Mes seins sont… Ses seins, c'est… Comment je touche mes (ses) seins que je sois homme ou femme ?

Quelle est ma façon de nourrir l'autre, physiquement, énergétiquement, psychiquement ? Être nourri pour moi, c'est…

La réceptivité pour moi, c'est… Comment, quand et avec quel genre de personne je me permets d'être réceptif ?

La vulnérabilité pour moi, c'est… Et dans ma vie personnelle ? Je me sens le plus vulnérable quand…

Le pardon pour moi c'est… Ce qui est impardonnable c'est…

La gratitude pour moi c'est… J'ai le plus de gratitude dans ma vie pour…

L'intuition pour moi, c'est… Quelle place je laisse à l'intuition dans ma vie ? Quelles personnes sont intuitives autour de moi ? Est-ce que je fais appel à leur intuition ? Comment est-ce que je me mets en contact avec mon intuition ?

Quelle relation ai-je avec mon âme ? Est-ce que je me sens aimé, soutenu, guidé dans la vie ? Quelle place a la dimension psychique dans ma vie ? Suis-je à l'aise avec cette dimension ? M'est-elle inconnue ? Me fait-elle peur ?

Quelle est ma relation à l'énergie vitale ? À mes émotions profondes ? À l'intensité ? Quelle est ma relation à l'énergie subtile ? Quelle place a-t-elle dans ma vie ? En moi ? Autour de moi ?

Quelles sont mes relations avec les femmes ? Familialement ? Amicalement ? Professionnellement ? Spirituellement ? Quel genre de femmes comptent dans ma vie ? Quelle relation ai-je avec ma mère et ma grand-mère ? Quelles images sensorielles je garde d'elles ?

Quelles sont mes héroïnes ? Les femmes que j'admire ? Celles que je voudrais connaître, avoir pour amies ? Les femmes qui me révoltent ? Celles qui me dégoûtent ? Celles que je juge ? Celles que je trouve insupportables ? Celles qui m'angoissent ? Celles qui me mettent mal à l'aise ?

Je me sens masculin quand… Je le trouve masculin quand… Pour moi qui suis une femme, être masculine c'est… Avoir du masculin, c'est…

Quelle différence fais-je entre être homme et être masculin ou être viril ? Est-on homme sans être père ? Est-on homme sans avoir fait l'amour ? Est-on homme sans faire l'amour souvent ?

Le sperme, c'est… … Le sexe d'un homme, c'est… Mon sexe d'homme est… Quelle relation intime ai-je avec son sexe d'homme ? A-t-il une place dans ma vie hormis la sexualité ? Est-ce que je lui laisse parfois la parole ? Comment me semble l'idée de l'écouter ? Pour moi qui suis femme, le sexe d'un homme est… Dans ma vie privée de femme, le sexe de l'homme, c'est… Son sexe d'homme, c'est… L'érection, c'est… Bander, c'est…

Le cœur d'un homme, c'est… Une poitrine d'homme, c'est… Sa (ma) poitrine d'homme… Son (mon) cœur d'homme…

Quelle relation ai-je à l'émerveillement ? Est-ce que je m'émerveille facilement ? Chaque jour ? Plusieurs fois par jour ? Quels êtres et quelles choses m'émerveillent ?

Est-ce que je me laisse facilement toucher ? Et dans mon cœur ? Est-ce que je laisse aisément montrer ma vulnérabilité ? Montrer sa vulnérabilité, c'est… Qu'est-ce qui m'émerveille ? Qu'est-ce qui me touche ? Qu'est-ce qui me blesse ? Je me sens vulnérable quand…

Est-ce que je me permets de ressentir dans mon cœur l'effet de mon action ? Est-ce que je guette plutôt l'effet chez l'autre ?

Quelle place je donne dans ma vie à mon enfant intérieur ? Est-ce que je l'écoute ? Est-ce que j'en prends soin, est-ce que je lui exprime ma présence ? Comment est-ce que je lui exprime concrètement ma présence ? Qu'est-ce que je fais concrètement pour lui ?

En tant qu'homme, quelle relation ai-je avec ma petite fille intérieure ? Concrètement ? Ai-je conscience d'avoir une petite fille intérieure ? Comment je peux concilier le fait d'être homme et ma petite fille intérieure ?

Homme ou femme, et mon petit garçon intérieur ? Quelle place a-t-il dans ma vie ? Et chaque jour ? Dans quelles circonstances me manipule-t-il ? Comment me fait-il agir quand il me manipule ? De quoi a-t-il besoin de ma part à ce moment-là ? Et concrètement ?

Homme ou femme, qu'est-ce que mon petit garçon aime le plus faire dans ma vie ? Si je pouvais accéder à ses désirs, qu'est-ce qu'il aimerait le plus faire dans ma vie ? Comment aimerait-il occuper mes journées ? À quel moment de ma vie a-t-il été le plus malheureux ? Et dans cette dernière semaine ? Quels sont les jeux que je lui propose ? Se réjouit-il de mes loisirs ? Y a-t-il certains films, certains livres qu'il affectionne ? Quel est son désir le plus intime ? Et son rêve ? Comment est-ce en rapport avec les miens ?

Quelles circonstances entraînent le plus ma générosité ? Je suis généreux de moi lorsque… J'aime le plus être généreux pour… Avec… Ce que j'aime dans ma générosité… Qu'est-ce qui me touche dans la générosité de quelqu'un d'autre…

Pour moi, l'axe c'est… J'aime être un axe pour… Pour moi, le centre c'est… Je sens mon centre particulièrement quand… Je me centre quand… Ce qui me décentre… Ce qui m'a décentré aujourd'hui… Pour moi, quelqu'un d'enraciné, c'est… Je me sens enraciné quand… Je pense à m'enraciner quand… Ce qui me déracine, c'est… Mes racines, là en ce moment, elles sont…

Donner une direction, c'est… Donner un sens, c'est… Donner le sens, c'est… Comment est-ce que je donne une direction ou un sens, à l'autre, aux autres, à une chose, à ma vie, à mes enfants ? Qu'est-ce ou qui donne direction et sens à ma vie ? Comment est-ce que je me représente la direction de ma vie ? Et le sens de ma vie ?

Quelles qualités d'esprit j'aime chez un homme ? Chez une femme ? Quelle différence y a-t-il ? Et chez moi ?

Quelles sont les grandes figures féminines qui me touchent ? Les mythes ou légendes de femmes dont je me sens proche ? Et les fées ? Et les grandes figures féminines spirituelles ?
Quels grands archétypes féminins me ressourcent ? Comment puis-je approfondir ce ressourcement et l'incarner ?

Contemplons les programmes reliés à notre féminin sans jugement ni complaisance. Une fois les réponses notées, il est besoin de "les rassembler pour en tirer la quintessence" en s'aidant de stylos surligneurs de différentes couleurs qui font apparaître les traits communs pour reconnaître les tonalités spécifiques de notre féminin et du **F**éminin. Une première couleur pour "j'aime, je me régale, c'est magnifique, oui !". Une deuxième couleur pour "j'ai mal, je me sens inquiet, c'est difficile, douloureux de répondre". Une troisième couleur pour "je déteste, je juge, c'est inacceptable, impossible, absurde, ridicule, horrible, non, j'ai du mal avec cela !". Avec ces trois couleurs, on dispose 1) de la ressource du **F**éminin, 2) de la blessure du féminin", et 3) du masculin dominateur ou tyran. Ainsi chacun peut à sa façon, à son rythme cheminer en conscience et en amour dans la reconnaissance de soi.

• **Reconnaître ses projections.** Nous projetons à l'extérieur un aspect que nous jugeons insupportable à accueillir, trop blessé, trop tyran. La compréhension de la projection est magnifiquement résumée par la phrase des enfants : "céssuikidikié". "**C'est celui qui dit qui y est.**" C'est tellement juste et vrai qu'au début où on le réalise, on surprend en soi, à longueur de journée, ces aspects tellement insupportables chez les autres. Moment confrontant et de profonde maturité. **Nous projetons sur l'autre avec autant de force et de justifications que nous avons essayé de nous en séparer en le refoulant.** Certaines des croyances, reconnues plus haut, signalent nos projections et donc les aspects à réintégrer, à pacifier, à élever dans notre amour.

Quelques exemples à travers des cas vécus et d'autres pour ressentir les projections.

CATHERINE (p. 41) enfouit la puissante sensualité en elle sous un rêve de petite fille et de prince charmant. Elle remet son pouvoir aux hommes et accepte le viol légalisé par peur d'être esclave de son désir de femme et de dévaloriser ainsi sexuellement l'homme. Elle considère les hommes comme fragiles et à protéger, même lorsqu'ils sont violents sexuellement, et se projette en petite fille. Reniant la divinité chez elle et chez l'homme, elle projette une forme d'infantilisation des êtres.

BRUNO (p. 13) s'épuise au service du féminin extérieur et méconnaît son propre féminin blessé "transpercé". Il projette à l'extérieur le besoin de son féminin.

PAUL (p. 229) se plaint sans fin dans la vie d'une trahison non reconnue. En lui, il méprise et trahit la souffrance de son propre féminin. Il projette dehors la plainte non reconnue dedans.

ÉTIENNE : son féminin se présente en "salope" comme il a besoin que sa femme s'habille pour attirer son désir. La "salope" cache une petite fille en danger de mort qui cherche de toutes les façons à attirer l'attention pour survivre. Remonte alors la mémoire : enfant abandonné par sa mère et dans un état physique déplorable, il doit se travestir émotionnellement afin d'attirer l'attention et se faire adopter. Il projette et rejoue sans cesse ce moment clef afin de prendre conscience de l'enjeu vital qui se joue là.

Où dans ma vie est-ce que je me reconnais de la rigueur ? Et de la rigidité ? Qu'est-ce qui me fait passer de l'un à l'autre ? Et dans mon corps…
Quelle place a la dimension spirituelle dans ma vie ? Quelle est ma relation à Dieu, à mes guides ? Quelle direction spirituelle guide mes pas ? Quels principes spirituels m'habitent ? Quels sont ceux qui animent mes actes ? Quels sont ceux auxquels j'adhère sans les suivre ?
Quelles sont mes relations avec les hommes ? Familialement ? Amicalement ? Professionnellement ? Spirituellement ? Quel genre d'hommes ont compté dans ma vie ? Quelle relation ai-je avec mon père et mon grand-père ? Quelles paroles, quels principes, quelles lois je garde d'eux ?
Quels sont les hommes que j'admire ? Ceux que je voudrais connaître, avoir pour amis ? Les hommes qui me révoltent ? Ceux que je méprise ? Ceux que je condamne ? Ceux que je trouve insupportables ? Ceux qui me font peur ? Celles qui m'enthousiasment ?
Quels sont mes héros ? Quelles sont les grandes figures masculines qui me touchent ? Les mythes ou légendes d'hommes dont je me sens proche ou qui me touchent ? Et les grandes figures masculines spirituelles ?
Quels sont mes repères parmi les grands archétypes masculins ? À quel moment, dans quelles circonstances je m'en approche ?

Contemplons sans jugement ni complaisance ces programmes reliés à notre masculin. Une fois les réponses notées, nous avons à “les rassembler pour en tirer la quintessence” en nous aidant de stylos surligneurs de différentes couleurs qui font apparaître les traits communs, pour reconnaître les tonalités spécifiques de notre masculin et du **M**asculin en nous. Une première couleur pour “là, je me sens grand, valeureux, enthousiaste, c'est magnifique, oui !”. Une deuxième couleur pour “ c'est douloureux, difficile de répondre, je me contracte à cette question”. Une troisième couleur pour “je juge, je réagis à cette question, je me ferme à cette question, non !”. Avec ces trois couleurs, on dispose 1) de la ressource du **M**asculin, 2) de la blessure de “Pote Féma”, et 3) du masculin dominateur ou tyran. Ainsi chacun peut à sa façon, à son rythme avancer en conscience et en amour dans la reconnaissance de soi.

• Paroles et voix de son masculin.

“Walk your talk”, dit l'Amérindien : agis ce que tu dis.

Contemplons maintenant les paroles de notre masculin. “Au commencement était le Verbe.” Les paroles sont une vibration qui véhicule une énergie. Quand la parole est portée par la puissance vitale et enracinée à travers le corps, elle transporte et canalise l'énergie à travers les mots. Quelle énergie ? Cela dépend du centre d'où la parole est émise. Du mental ? Du cœur ? De la pulsion ? Du mental uni au cœur ? Du mental uni à la pulsion ? Quand le mental s'unit au cœur la parole est consciente et aimante. Quand le mental s'unit au ventre sans le cœur, elle est une parole de pouvoir, parfois camouflée sous une fausse douceur. Celle-ci peut être terrible. La parole peut ne pas être portée par la puissance vitale et enracinée à travers le corps, elle n'est alors pas habitée. Reprenons crayon et papier.

De quelles façons j'utilise la parole ? Est-ce que je parle beaucoup sans réfléchir ? Est-ce que je parle peu et rebute à m'exprimer ? Est-ce que je refoule ma parole comme je retiens la vie en moi ? Le silence de mort est-il une façon d'exprimer mon désaccord ? Est-ce que je prends la parole et l'utilise pour dire quelque chose de signifiant ? Est-ce que j'ose dire mon amour, mon amitié ?

3 / Reconnaître sa façon d'accueillir dans son ventre et de permettre

• Pour les hommes et les femmes.

Accueillir avec le ventre veut dire ici adaptabilité, souplesse et permission… Fort différent de mollesse, mièvrerie, permissivité, porosité. Contempler sa capacité de permettre, sa souplesse intérieure et de son corps, son adaptabilité est une bonne façon de contempler l'accueil de son féminin.

Comment est la souplesse de mon corps ? Est ce que je l'entretiens ? Suis-je ou serais-je plus concerné par travailler ma masse musculaire ?
Est-ce que je permets à mes enfants, à mes amis, à ma famille d'avoir leurs propres visions de la vie ? Est-ce que je permets qu'elles puissent être en contradiction avec les miennes ? Est-ce que je permets à mes enfants de prendre une voie que je n'aurais pas voulue pour eux ? Est-ce que je permets à mon chien des espaces sans laisse, quand cela est possible ? N'est-ce jamais possible ? Est-il toujours dans mes bras ?
Est-ce que je permets à mes émotions de s'exprimer ? Mes émotions me décentrent-elles régulièrement ? Est-ce que je permets à ma vulnérabilité de s'exprimer ou ai-je besoin de tout contrôler ?
L'inconnu est-il bienvenu dans ma vie ? Ai-je confiance dans le nouveau ? Est-ce que je me permets des espaces de creux ou de rêves dans ma vie ou est-elle parfaitement organisée et remplie d'activités ? Est-ce que je peux dire oui spontanément à une proposition ?
Puis-je changer d'avis ? Mon avis dépend-il du dernier qui parle ? Au contraire ai-je un a priori *sur tout ? Est-ce que j'écoute véritablement les arguments de l'autre ? Est-ce que je réagis viscéralement aux nouvelles ?*

Reconnaître sa façon personnelle d'exprimer et de ressentir l'amour, ses croyances et ses projections sur le féminin, sa façon d'accueillir et de permettre donne une vision de la réceptivité de notre féminin et de sonn accueil.

• Pour les femmes. Reconnaître sa façon d'accueillir dans son ventre amène au vécu sexuel et au viol du féminin et du sexe de la femme présent dans l'inconscient collectif. Et ramène à la nécessité de retrouver le sacré de la Yoni, du Sang des Lunes, la polarité féminine de la sexualité.

4 / Reconnaître l'enfant intérieur

Enfants, nous sommes dépendants, objet de l'environnement, dans un temps féminin de notre vie. Tant que l'enfant intérieur n'est pas assez reconnu et rencontré, il filtre l'accès au féminin et la rencontre intérieure se fait avec l'enfant blessé et non le féminin.

ALBERT (p. 120) son féminin se présente comme un petit prince qu'une râpe veut détruire. Celle-ci se révèle être le désespoir refoulé de l'enfant repoussé par sa mère. Accueillie, elle se transforme en couronne dans la reconnaissance de sa lignée spirituelle.

CATHERINE (p. 41) son féminin se présente comme une petite fille qui rêve au prince charmant et subit le viol légalisé de la femme.

Est-ce que mes paroles soutiennent la vie, stimulent la vie ? Ou critiquent-elles régulièrement ? Ou moquent-elles et comment ? Que suis-je capable de faire pour un bon mot ? Ai-je l'habitude de minimiser par mes paroles ce que je suis, ce que je fais ?
M'arrive-t-il d'avoir des paroles terribles ? Quelles sont les paroles les plus terribles que j'ai entendues ? Est-ce que je prends responsabilité pour des mots déplacés ou blessants et suis-je capable de m'excuser ?
Est-il aisé de m'excuser ? Ai-je tendance à me ratatiner quand je m'excuse ? Ou je dis les mots d'excuse sans les penser ?
Est-ce que je coupe la parole à l'autre ?
Quels jugements terribles puis-je énoncer ? Qu'est-ce que ma parole cherche alors à faire ? Si elle était une arme, quelle serait-elle ? Comment attaquerait-elle ? Direct au cœur ? Par du poison ? Serait-ce une bombe nucléaire ? Des crocs rageurs ? Des petites pointes répétées ? Un grand trou mortel ? Une chasse à l'arme blanche et ce jusqu'à l'hallali ou à la façon snipper, de loin avec une arme silencieuse et technique ?…
Si je devais mourir maintenant, suis-je en paix avec ce que j'ai dit et pas dit ? Qu'est-ce que je n'ai pas dit et que j'aimerais dire et à qui ? Ai-je dit mon amour ? Ai-je dit les paroles de paix et de réconciliation ? Ai-je dit ma gratitude et ma reconnaissance ? Ai-je dit ma vérité ?
Que dit-on sur ma voix ? Quelle relation ai-je avec ma voix ? Correspond-elle à ce que je sens de moi ? Comment je parle aux enfants, aux animaux… ?
D'où part ma voix ? Et quand je parle en public, en privé, en amour, en société ? Quand je suis énervé, en colère, en rage ? Quand je cherche à convaincre, à obtenir non directement ? Quand je travaille, quand je suis à la maison ? Quand je câline et quand je caresse ? Quand je dis stop ? Quand je dis non ? Quand je dis oui ?
Est-ce que je marche ma parole ? Est-elle une parole d'or qui porte l'alignement de mon être et la transmission de mon soi ?

S'approfondissent la vision, la perspective de notre masculin et aussi du **M**asculin en nous.

3 / Le reconnaître à travers son action, ses gestes, les étapes de la restauration

• **Reconnaître son action et son désir. Homme ou femme, reconnaître l'action de notre Masculin est reconnaître le Désir vibrant qui nous oriente vers notre Féminin, objet de notre quête intime. Notre Masculin et notre Féminin sont destinés à s'unir à travers notre action.** Notre passion nous met sur la piste, de même le manque de passion ou l'hyperactivité nous met sur la piste du masculin blessé. **La direction qu'insuffle le Désir en nous est l'espace de l'engagement le plus pur et le plus naturel, et dans la dualité, l'espace d'impuissance et de culpabilité.** Autour de ces trois points, engagement/ impuissance/ culpabilité, s'articule la reconnaissance de notre masculin et de son potentiel. Nous retrouvons les trois plans : engagement/Hara, impuissance/Cœur, culpabilité/3e œil. À nos crayons.

Dans l'enfance, quelles circonstances me font vivre l'impuissance la plus forte qui touche encore le sens de la vie ? Quel élan le plus pur est empêché, interdit, bouché à ce moment-là ? Quel élan le plus pur est empêché, interdit, bouché par le milieu familial, mon père, ma mère ? Au-delà de l'action,

5 / Transformer la blessure du cœur

Transformer la blessure du cœur est le passage où chacun est appelé. L'accélération d'évolution vient activer, révéler les espaces les plus intimes de la blessure afin de l'alchimiser et de la révéler à son potentiel divin. Il est doux de s'y faire accompagner. On peut être guidé vers un ouvrage comme celui-ci ou vers quelqu'un qui actualise déjà l'amour en lui-même. On peut recevoir la grâce de traverser seul. On ne peut faire l'impasse de prendre soin de cette blessure. Plus le cœur s'ouvre, plus ce qui freine ou empêche l'ouverture se présente. Et lorsqu'un passage se présente, un deuil, un changement professionnel, familial, une fin de cycle, mieux vaut avoir préparé en amont la traversée et restauré son **F**éminin. Le passage n'a pas alors à être déchirant, même s'il est confrontant.

L'alchimie disponible dans notre cœur permet de transmuer la blessure en ouverture, le non en OUI, grâce à la capacité unique du cœur de fondre ensemble des énergies qui semblent opposées, incompatibles, de pacifier par l'acceptation inconditionnelle, de révéler la lumière présente dans l'obscurité. La puissance alchimique réside dans la capacité à embrasser, à étreindre, à restaurer à l'amour ce que l'amour touche. L'amour disponible au cœur de notre cœur n'a peur de rien, ne rejette rien, il ne s'oppose pas à l'obscurité, il l'inclut et transforme la peur en joie. **Reconnaître et étreindre la blessure du féminin donne accès au Féminin.**

Les Étapes : la reconnaissance de la puissance de guérison qui réside dans notre cœur nous rend prêts à la transformer. Les étapes sont celles de tout passage. Nous retrouvons celles pour transformer les émotions (voir p. 260). Rencontrer la blessure est l'opportunité de ramener à la Source de l'amour un aspect qui vit loin de l'amour.

- **Reconnaître avec honnêteté et authenticité.** Enraciné dans son axe, centré et respirant dans son cœur, reconnaître la blessure du cœur avec honnêteté et authenticité permet l'expression de la vulnérabilité.
- **Accepter avec Amour.** Accepter avec amour la blessure, sans juger ou blâmer, quelle que soit la façon dont elle se présente. Lui exprimer que nous pouvons la comprendre de se sentir comme elle se sent. L'aspect le plus dénaturé, obscurci, n'en est pas moins issu de la Source. Nous reconnaissons son origine et son essence divines et lui exprimons, même si cet aspect ne peut pour l'instant les reconnaître en lui-même.
- **Reconnaître totalement et inconditionnellement.** La clef du changement est dans la conscience et l'acceptation inconditionnelle de cette blessure exactement telle qu'elle est. Quelles que soient ses intentions et peut-être veut-elle détruire, fuir…
- **Aimer et accueillir.** Nous relier à la flamme du cœur, à notre essence en accueillant avec compassion. Permettre à la flamme de baigner, d'étreindre très doucement la blessure. Il y a bien longtemps qu'elle n'a pas senti l'amour. À la racine même de toute souffrance est l'appel de l'amour. L'alchimie du cœur fait fondre la blessure et ce qui la sous-tend et la ramène à l'amour.
- **Pardonner.** L'inviter à pardonner ce qui la blesse. Pardonner pour elle si elle ne le peut pas encore totalement. S'ouvrir à une dimension plus vaste et laisser l'amour couler à nouveau en soi et à travers soi.
- **Bénir.** Bénir et honorer le voyage, les leçons apprises et le trésor qui va pouvoir éclore à travers cette expérience.

de quoi intimement suis-je empêché ? D'initier un mouvement, enseigner, transmettre, réparer, guérir, relier, protéger, communiquer, maintenir, spiritualiser, transmuter, enraciner ? Et plus précisément ? Comment suis-je empêché… ? Par l'abandon… ? Par la trahison… ? La maltraitance… ? L'isolement… ? La non- reconnaissance… ? L'humiliation… ? Le rejet… ?
Quel désir, quel élan spécifique et essentiel est abandonné, isolé, trahi, méconnu, maltraité, humilié, rejeté ?…
Et dans les autres événements clefs de mon enfance, quel désir, quel élan est limité ?
Dans l'enfance, quel élan est sanctionné au moment où je sens la plus douloureuse culpabilité ? À juste titre ou non, de quoi est-ce que je me sens alors coupable ? D'avoir abandonné… Trahi… ? Méconnu… ? Maltraité… ? Humilié… ? Rejeté… ? Isolé… ?
Quelle culpabilité intime je porte alors qu'au plus profond mon désir profond est d'initier, d'enseigner, de transmettre, de réparer, de guérir, de relier, de protéger, de communiquer, de maintenir, de spiritualiser, de transmuter, d'enraciner… ? Comment spécifiquement ?
Cette semaine, comment cela se reproduit-il, même subtilement… ?
Dans quelles circonstances j'aime le plus mes héros de livres, de films ? Quels arrêts sur image me restent en mémoire ? Que sont-ils en train d'accomplir, de transmettre ? En quoi, pour moi, sont-ils des héros ?
Pour les femmes : Ai-je tendance à user de toute l'influence que je peux avoir afin de transformer l'autre en ce héros, même par le rêve, ou à le critiquer de ne pas l'être ? À quelle action je m'identifie le plus pour sauver l'autre, à travers l'écran de mes films préférés ? Est-ce que je ne demande pas à l'autre dans ma vie d'incarner ce que je porte non reconnu en moi-même ? Si la réponse est non, je suis déjà installée hors de la dualité ou je manque peut-être de discernement envers moi-même…
Homme et femme : Dans ma vie quotidienne, qu'est-ce qui me fait vivre l'impuissance, même subtilement ? Et dans ma vie amoureuse ? Et dans ma vie professionnelle ? Dans ma vie intérieure ? Dans ma vie spirituelle ? Y a-t-il une relation entre ces circonstances ? Y a-t-il une relation entre ces différents aspects de moi qui vivent l'impuissance ? Quel aspect de moi a particulièrement tendance à vivre l'impuissance ?
Dans ma vie quotidienne, qu'est-ce qui me fait vivre la culpabilité, même indirectement ? Et dans ma vie amoureuse ? Et dans ma vie professionnelle ? Dans ma vie intérieure… ? Dans ma vie spirituelle ? Y a-t-il une relation entre ces circonstances ? Y a-t-il une relation entre ces différents aspects de moi qui vivent la culpabilité ? Quel aspect de moi a particulièrement tendance à vivre la culpabilité ?
À travers ces questions, quelle action se profile ? Pas nécessairement en termes précis, plutôt en ressenti, en vitalité ?

Ainsi s'éveille le pressentiment de l'action de notre **M**asculin. La reconnaissance de l'impuissance ou de la culpabilité est le début de la reconnaissance de la responsabilité de l'action de notre **M**asculin dans sa véritable puissance.

• **Reconnaître ses gestes. Afin de concrétiser son action et de l'enraciner dans la matière, le Masculin la traduit en gestes.** En autorisant l'énergie subtile à s'exprimer à travers nous, comme par le Qi Spontané, nous pouvons retrouver des gestes, des mouvements communs à nombre de traditions, comme les mouvements de mains et doigts qui favorisent certains circuits d'énergie, les mudras, ou certains mouvements de danse qui concentrent l'énergie et relient les dimensions. Le masculin duel, lui, fait des gestes plus ou moins volontaires et

2 • Du féminin au Féminin : de la blessure à l'amour

1 / Dans les cas vécus

Contemplons le passage du féminin au Féminin dans les cas vécus.

MORGANE : Son féminin se présente sous l'aspect d'une reine noire dissimulée dans une belle forêt dorée magique qui hypnotise le masculin dragon, l'infantilise et le castre en bébé dinosaure. Ce féminin justifie sa toute-puissance par le refus de pardonner au masculin la violence. Ce féminin garde vivante l'empreinte du **F**éminin magique d'origine, mais identifié à la victime, il s'est obscurci dans la manipulation, une forme de violence psychique. Le féminin révèle le **F**éminin lorsqu'il prend conscience de l'engagement et de la loyauté tragique du masculin qui se sacrifie, tant il se sent coupable. Le féminin révèle le **F**éminin lorsqu'il passe du mépris et de la vengeance à l'accueil et la reconnaissance en traversant la reconnaissance de sa propre ombre.

MARINA a subi l'inceste adolescente. Son féminin se présente comme une grotte douloureuse. Le **F**éminin sacré resté très vivant en elle, Marina s'ouvre non seulement à la guérison profonde de la Yoni, à la reconnaissance de sa reliance, mais encore au pardon profond de l'inceste. Elle passe du féminin au **F**éminin en reconnaissant et en acceptant inconditionnellement la représentation vivante de la blessure que lui présente son inconscient. Elle accueille le **F**éminin dans son corps de femme par le passage de la biche à la "Renarde", gardienne de la forêt, des esprits de la nature et qui sait soigner. Les retrouvailles avec son **F**éminin lui permettent de libérer le potentiel alchimique et tantrique de la Déesse en elle.

2 / Exemples de féminins difficiles et merveilleux

Quelle que soit la façon dont se présente le féminin, comme tout autre aspect de nous-mêmes, la spiritualisation, l'élévation, la transformation du féminin se produisent par l'accueil inconditionnel, la libération de son expression, la reconnaissance de son essence, de son potentiel sacré d'origine. Le féminin se révèle alors être le **F**éminin. Pour ma part, mon engagement et mon aptitude à reconnaître le potentiel caché dans l'ombre font **qu'il n'y a pas de féminin inacceptable, trop abîmé, trop obscurci.** Il y a simplement des résistances et des jugements de la part de la personnalité à l'accueillir inconditionnellement, par ignorance de ce que génère la compassion disponible au cœur de chacun. Il n'y a pas de féminin monstrueux, seulement des blessures qui vivent depuis si longtemps loin de l'amour qu'elles ont pris un aspect monstrueux. Nulle surprise que souvent la blessure du féminin se révèle être la blessure de l'âme, puisqu'un des aspects du **F**éminin est l'âme. La blessure du féminin est souvent en résonance avec des mémoires qui limitent la reconnaissance de son essence. Une fois reconnues, il reste à les libérer de la même façon que tout autre aspect : reconnaissance, acceptation, accueil, amour, pardon, bénédiction.

conscients qui ne procèdent pas de l'alignement. Prendre conscience de nos gestes est une façon concrète de contempler la façon dont notre masculin habite le corps, le cœur et la conscience, s'aligne sur sa vérité intime. À nos crayons…

Mes gestes sont-ils précis, fébriles, maladroits ? Quels sont les domaines où ils sont plus précis, plus fébriles, plus maladroits ? Comment sont mes gestes dans mon travail ? Dans ce que je préfère faire avec mes mains ?
Ai-je des gestes pour exprimer l'amitié ? Le soutien ? La compréhension ? La joie ? Lorsque je prends quelqu'un dans mes bras, est-ce que j'ouvre franchement les bras en laissant de l'espace sous mes aisselles ? Ou je laisse peut-être mes bras collés le long de mon torse ? Quelle différence cela me fait-il ressentir intérieurement ? Debout devant d'autres, est-ce que je protège instinctivement certaines parties de mon corps comme mon ventre, mes bras se croisent-ils ou descendent-ils le long de mon corps ? Que se passe-t-il en moi quand je choisis consciemment de faire autrement ?
Lorsque je me sens dans une situation de défi, un examen, une conférence, une rue malfamée, un rendez-vous amoureux, un dépassement physique, comment mes gestes accompagnent, protègent, défendent, soutiennent, trahissent, nient… le ressenti de mon corps ?
M'arrive-t-il de me surprendre à m'humilier moi-même par un affaissement du corps ? De m'abandonner mon ventre en avant en mettant en pâture le centre vital ? De me projeter a priori *dans un état défensif, la mâchoire serrée, le menton levé, une ou deux épaules en avant ? De me décaler d'un côté de mon corps sans prendre appui sur l'autre ? De faire le coq, crête bombée ? De m'isoler au point de ne plus être dans mon corps ? De me renier au point de me ratatiner ? De me complaire au point de me laisser aller ? De mettre en pâture mon intimité en laissant mon ventre projeté en avant ? De ne présenter qu'une carapace ? De me retirer en boudant ?*
Y a-t-il des gestes que j'ai faits dont j'ai honte ? Y a-t-il des gestes qui m'ont été faits dont j'ai souffert ? Des gestes dont je me sens coupable ? Dont on m'a rendu coupable ?
Par quels gestes j'essaye de contrôler le monde ? Par quels gestes je m'ouvre au monde ?
Quels gestes d'amour je m'autorise ? Quels gestes d'amour j'autorise ou non de la part de l'autre ?
À quels gestes d'intimité je m'autorise ? Et de la part de l'autre ? Je ne m'autorise pas assez ?
Quels gestes d'intégrité je m'autorise et quels sont ceux que je ne m'autorise pas assez ?
Quels gestes créateurs je m'autorise ? Et quels sont ceux que je ne m'autorise pas assez ?
Quels gestes initient en moi l'émerveillement ?
Quels sont mes gestes envers un enfant ? Un animal ? **M***on corps ? Un ami ? Un amant ? Une fleur ? Un aspirateur ? Qu'est-ce qui fait en moi une telle différence ?*
Quel est mon geste préféré ? Celui que je préfère recevoir ?

Avec accueil, humour et vérité, sans jugement, ni complaisance, ces réponses approfondissent la reconnaissance de notre Masculin et les directions essentielles afin de transformer, pacifier son aspect duel.

• **Reconnaître son masculin à chaque phase de la restauration** (voir chapitre 7, p. 237). Je vous propose de reprendre le chapitre de la restauration en notant à chaque fois vos réflexions intimes et de surligner avec trois couleurs différentes : 1) les aspects du **M**asculin déjà honorés et célébrés, 2) ceux délicats "en cours de restauration", 3) ceux pour l'instant vraiment difficiles à restaurer. Souvenons-nous : contempler sans s'identifier, reconnaître, se responsa-biliser. Ce dernier peut demander d'accepter sans juger que pour l'instant c'est comme cela, mais aussi de

Les exemples qui suivent sont choisis en fonction de la grande résistance à accueillir le féminin et la merveille qui y est cachée, chaque fois tout le passage se produit. Puissent-ils stimuler la confiance en la rencontre.

BARBARA : le féminin se présente comme un abîme noir porteur de toutes les peurs et de tous les massacres. Sa simple approche la terrifie. En l'encourageant patiemment à reconnaître sans fuir ni s'identifier à la plainte de son féminin avec infinie compassion et alignement, étapes après étapes, souffrances après souffrances, elle traverse l'abîme et y découvre, y retrouve sa familiarité et sa complicité intime avec Kali, Déesse de l'Amour et Destructrice de l'Illusion. Reconnaître ce fil en elle lui permet d'étreindre et de transmuter l'empreinte des massacres. BARBARA devient "Celle qui survit et accompagne les passages tragiques". Elle dit "à-Dieu" à l'identification à la victime et fait un énorme passage, un déclic de transformation. Une magicienne est née à nouveau.

BÉNÉDICTE, raffinée et fine, intellectuelle, est choquée et juge durement son féminin qui se présente en truie, alors qu'elle-même s'identifie à la conscience lumineuse sans chair. Finalement, la truie se révèle une femme grasse, brave, au sexe ouvert, déchue, mise au ban par les prêtres pour avoir sexuellement initié les hommes à leur énergie. Elle véhicule l'énergie de la Déesse des temps anciens dont elle a perdu la beauté et la dignité en perdant la conscience de son essence et du sacré de son action ("Pote Mafé"). Bénédicte, consciente de son mépris du viscéral et de ses problèmes gynécologiques, finit par apprivoiser cet aspect insoupçonné d'elle-même et découvre son ventre merveilleusement chaud détendu en profondeur. Le **F**éminin lui révèle une femme alchimique, initiatrice d'une infinie générosité, libre des tabous et des dogmes, divine et incarnée. Tantrique. Une Femme est née à nouveau.

ÉDOUARD : le féminin se présente comme un vagin répugnant qu'il repousse et juge avec dégoût. Il lui faut beaucoup de courage et de réconfort pour avancer dans la rencontre. Il se retrouve à sa naissance. Sa mère forcée à l'abandonner le garde en elle de toutes ses forces, crucifiée. Le passage du vagin a la charge de l'horreur. Édouard ressent l'horreur que vivent sa mère et lui-même, et aussi pour la première fois l'amour de sa mère et sa beauté. Il se sent viscéralement aimé, même si elle dut l'abandonner. Le cœur d'Édouard s'ouvre grand. Le vagin devient une grotte de beauté où se vivent les grands cycles de la vie, la mort, la renaissance. Un Amant est né à nouveau.

GABRIEL juge inutile ma proposition de rencontrer l'enfant dans la relation à la mère. Le féminin se présente comme une araignée qui veut le dévorer… Un long temps est consacré à rassurer l'enfant et redresser l'homme dans son alignement. Il prend conscience qu'il s'identifie au petit garçon devant certaines femmes psychiques et jouit de les mettre en échec, comme et avec son refus de ma proposition. Il commence à pressentir la puissance de la toile de son féminin qu'il retrouve dans son métier de réseaux et d'alliances et finit par découvrir le plaisir magnétique de se déplacer sur la toile où l'araignée teste sa confiance. Il reconnaît jouer l'innocent pour mieux tisser dans l'ombre des alliances. S'ouvrant à son cœur, il demande pardon d'avoir agi dans l'ombre de l'araignée et la reconnaît dans sa lumière. Son **F**éminin lui confirme la connaissance des fils et des passages entre les mondes de la toile devenue dorée. Un homme s'est redressé dans son axe et son cœur. Un Passeur est né à nouveau.

changer radicalement quelque *chose. Chaque étape est l'opportunité de pressentir le talent unique de son Masculin ainsi que le cheminement demandé par son masculin duel. L'individualité reconnue, elle rayonne au-delà du personnel. Voici quelques pistes. À nos crayons.*

Qu'en est-il de mon enracinement ? De ma façon d'habiter mon corps, de ma présence au corps, à la peau ? Du toucher ? De mon respect du corps et de mon corps, de la terre et de la matière ? Quels actes concrets je pose pour approfondir mon enracinement ?
Qu'en est-il de ma capacité à concrétiser ma vision, mes idées, mon amour, mon rêve, mon désir profond, mon action ? Quelles décisions, quelles directions je choisis et quels actes je pose pour soutenir et encourager mon masculin à concrétiser ? Qu'en est-il de mes résistances à l'incarnation ? De mon grand oui à l'incarnation ? Quelles décisions, quelles directions je choisis et quels actes concrets je pose pour libérer mes résistances à l'incarnation et reconnaître le oui de mon âme à l'incarnation ?
Qu'en est-il de mon aptitude à me centrer ? À rester dans mon centre en toutes circonstances ? À me décentrer dans certaines circonstances et lesquelles ? À sentir ou percevoir un centre cohérent en moi ? Dans quelles circonstances mon centre n'est pas mon cœur ? Dans quelles circonstances mon cœur n'est pas mon centre ? Quelles décisions je choisis et quels actes concrets je pose pour habiter mon centre et l'unifier à mon cœur ?
Qu'en est-il de mon alignement ? Quelles circonstances me font sortir de mon alignement ? Quelle est ma façon automatique et spécifique de ne pas être dans mon alignement et de vivre les rôles de victime /tyran /sauveur ? Quelles décisions et quels actes concrets je pose pour veiller à mon alignement et mon axe ? Pour sortir des rôles de victime /tyran /sauveur ?
Quelle place je laisse à mon inconscient dans ma vie ? Qu'en est-il de ma façon de dialoguer avec mon inconscient ? Quels actes concrets je pose pour autoriser la fluidité du dialogue avec mon inconscient ?
Quelle place a la guidance dans ma vie ? De quelle façon je reconnais la contracter ou contacter ? De quelles façons communique-t-elle déjà avec moi ? À quels moments importants de ma vie ma guidance m'a protégé, m'a accompagné, m'a inspiré, m'a soutenu, m'a guidé ? Pour quels obstacles à ma guidance je prends responsabilité ?
De quelle façon de parler négative et limitative je prends conscience ? Est-ce que je choisis désormais de poser mon attention sur cette façon de parler et de préférer sa version soutenante et créatrice ? Je commence dès maintenant et prononce audiblement un programme nouveau, soutenant et créateur.
Est-ce que je choisis d'enraciner chaque jour l'énergie divine à travers mon axe dans l'intention qu'elle illumine tout et tous ? De quoi ai-je besoin pour persévérer ?
Est-ce que je passe chaque jour un temps de calme et de communion avec mes guides ou ma Présence divine à accueillir la lumière et l'amour dans mon cœur ? Comment m'offrir ce cadeau, même si ma guidance se présente différemment de ce que j'imagine ?
Quelle place j'offre à la gratitude sur les petites choses ? Concrètement comment en ce moment même je peux offrir la gratitude sur les petites choses et persévérer à le faire ?
Quelle place j'offre au discernement de ce qui est pour moi le plus élevé ? Quelles circonstances ou relations me font juger en termes de bien ou mal ? Comment laisser plus de place dans ma vie au discernement ?
Est ce que j'autorise à exprimer un non véritable ? À qui ou quel genre de personnes ou de situations je ne sais exprimer un non véritable ? Comment je veille sur l'intégrité de mon féminin ? Dans quels domaines est-il temps de réajuster ? Est-ce que je le choisis ?

3 / Visualisation initiatique de la rencontre du Féminin

Le cœur de la blessure du féminin, reconnu et accueilli avec conscience et amour, en révèle la quintessence, le **F**éminin. La quintessence est l'essence de l'être enrichie de l'expérience ramenée au Un.

Nous sommes prêts à rencontrer intimement le féminin, son défi comme son trésor, et à réaliser le trésor.

• Préparation.

La visualisation qui suit porte un potentiel initiatique, de changement profond. Elle s'adresse aux hommes comme aux femmes. Elle comporte le défi de la visualisation par écrit et permet en même temps d'être faite en plusieurs étapes, de s'accorder à chacune une exploration intérieure et le temps de l'intégrer dans sa vie. La profondeur de la rencontre dépend de l'engagement, de la capacité de s'intérioriser et de la fluidité du dialogue avec son inconscient.

Je conseille de la refaire une fois par an ces prochaines années ; notre monde intérieur est appelé à changer très vite tout comme notre monde extérieur avec chaque fois des profondeurs de réconciliation et d'ouverture rendues disponibles. Les grandes étapes où l'on peut s'arrêter sont balisées. Lorsque l'on s'arrête, il est important de remercier tous les aspects de soi-même, son inconscient, son âme, les guides, sa propre essence. Lorsque l'on reprend une nouvelle étape, il est important de toujours recommencer l'enracinement jusqu'au temple avec les guides et de s'ouvrir à ce que cela se présente différemment car des changements intérieurs se sont produits. Au cours d'une même étape, on s'arrête après une série de phrases dont on a compris l'intention et s'intériorise, crayon à la main afin de noter l'essentiel de ce qui se présente de l'intérieur.

La quintessence est l'essence de l'être enrichie de l'expérience ramenée au Un.

Nul besoin de répondre à toutes les questions, elles sont là pour stimuler, pour guider. J'utilise, ici, "elle" pour nommer le féminin, car appelée à se présenter dans un corps de femme et qu'"il" en parlant d'elle fait confusion, même si nous avons utilisé "il" jusqu'à présent. La proposition est de parler au féminin comme à une amie chère et précieuse, quelle que soit la façon dont elle se présente, et d'inviter l'alchimie. Il est nécessaire de s'installer dans un endroit calme, sans téléphone, où l'on choisit et prévient de ne pas être dérangé.

Cette visualisation est une invitation. Vous êtes libre. Ressentez en votre cœur ce qui résonne spontanément et faites confiance. Je m'autorise à passer au tutoiement qui me permet la communion, l'intimité et la profondeur. Soyez libre d'ajuster. Beau voyage au cœur de vous-même.

• Pratique.

Étape. *Prends quelques profondes respirations afin d'habiter naturellement ton corps. Je t'invite à ajuster le corps dans le confort. Autorise l'alignement de ta colonne vertébrale, dans l'intention de t'enraciner toujours plus profond et t'élever toujours plus haut. Abreuve et ressource tes racines terrestres au Cœur sacré de la Terre Mère.*

Comment je protège et veille à mon intégrité énergétique ? Quels actes concrets je choisis de poser afin de veiller plus justement à mon intégrité ? En ce moment même, comment est mon cocon de lumière ?
Quelle place je laisse à mon enfant de lumière et sa capacité de s'émerveiller ? Par quels actes concrets je peux lui laisser plus de place ? En ce moment même, quelle est l'expression de mon visage ? Et si je souris intérieurement ? Quel engagement je pose envers mon sourire intérieur ?
Le Champ Unifié (ou son équivalent dans ma représentation du monde) fait-il partie de ma vie ? Qu'est-ce que cela change dans ma vision de ma vie et dans ma vie quand je me relie consciemment au Champ Unifié ? Quelle relation je choisis d'avoir au Champ Unifié ?

Une fois les réponses notées et surlignées, rassemblons pour tirer la quintessence, rassemblons par couleur les thèmes. 1) Honoré et célébré. 2) En cours de restauration. 3) À restaurer. Avec ces trois couleurs, on dispose 1) de la ressource du **M**asculin et de quoi se réjouir ; 2) du cheminement que nous demande notre masculin et d'honorer ce qui est déjà en cours ; 3) de la blessure du masculin pour laquelle demander avec confiance toute l'aide de l'univers. Ainsi chacun peut à sa façon et à son rythme cheminer en conscience et en amour dans la reconnaissance de soi et dans le pressentiment du Soi. Ces questions et l'intériorisation qu'elles nous demandent sont déjà en soi un cheminement initiatique, pourvu de s'y rendre avec vérité, authenticité et accueil.

4 / Élever et transcender la blessure de l'action

Les étapes qui permettent de transformer la blessure du masculin sont identiques à celles du féminin. Rencontrer la blessure est l'opportunité de ramener à la Source un aspect qui vit loin de l'amour.

Reconnaître avec honnêteté. Accepter avec amour. Reconnaître totalement et inconditionnellement. Aimer et accueillir. Pardonner. Bénir.

2 • Du masculin au Masculin : de l'inconscience à la Présence

1 / Contemplons le passage du masculin au Masculin dans les cas vécus et d'autres

MORGANE : le masculin se présente comme un ex-dragon castré en bébé dinosaure par le féminin, ce qu'il accepte par culpabilité d'être balourd et destructeur. Reconnu dans sa loyauté, son engagement, son sacrifice, il dépose sa culpabilité et se révèle dans sa grandeur et sa beauté d'origine pour se présenter à l'union.

Contacte les plans supérieurs de conscience et choisis d'en nourrir les plans terrestres, d'en nourrir la Terre Mère.
Respire dans la conscience d'être un arbre de vie enraciné dans sa dimension terrestre et céleste.
Accueille simultanément des énergies de lumière ascendantes de la Terre vers le Ciel et descendantes du Ciel vers la Terre qui se rencontrent dans ton cœur.
Un cocon de lumière totalement dorée t'entoure et assure ton intégrité énergétique, tout autour de toi…
Tu es enraciné, déployé dans ton arbre de vie, ressourcé et dans ton intégrité.
Rends-toi dans un lieu merveilleux de nature, de ressourcement.
Ressource-toi sensoriellement… Autorise tes sens à goûter pleinement… Laisse la beauté de ce lieu gorger tes sens…
Baigne-toi dans l'harmonie, la paix, la beauté qui règne en ce lieu sacré…
Quelques instants, ne sois que cette joie. Permets-toi de goûter l'infini à travers tes sens…

Le lieu de la rencontre qui demande une guérison est parfois moins agréable que le lieu de ressourcement.

Ton cœur te guide au cœur de ce lieu, là où l'énergie est encore plus belle, plus subtile… Là est ton Temple, ton Sanctuaire. Il te permet l'intimité, la communion avec tes Guides.
Pénètre en ce temple. Sache qu'ils sont là. Permets-toi de ressentir ou de pressentir leur présence à travers la qualité de Présence de ce lieu… Un rayon de lumière, la douce chaleur du soleil, la force d'un vieil arbre, le parfum d'une fleur, une légèreté en ton cœur, un enveloppement tendre autour de tes épaules, un souffle sur ton visage, une sécurité sereine… Accorde-toi la douceur des retrouvailles. Ajuste ta respiration pour vivre sereinement cette communion.

Étape. *Informe-les que tu es en chemin pour rencontrer ton Féminin depuis ton féminin. Demande leurs aide et accompagnement. Demande l'assistance de l'univers, de la Mère Terre et celle de ta propre essence.*
Accompagné de la présence de tes guides, rends-toi maintenant là où ton féminin t'attend. Laisse venir… Ce n'est pas nécessairement là où tu penses.

Observe et ressens ce nouveau lien… Comment est l'énergie de ce lieu ? Quel adjectif décrit le mieux l'énergie, l'ambiance de ce lieu ? Qu'y ressens-tu ? Comment t'y sens-tu ? Y es-tu en sécurité ? Est-ce un endroit qui te rappelle quelque chose ? Où dans ton corps y a-t-il des réactions ? Qu'expriment-elles ? Fais confiance, il est probable que le lieu de la rencontre qui demande une guérison soit moins agréable que le lieu de ressourcement. Laisse simplement ce lieu te raconter à sa façon l'environnement intérieur dans lequel se présente ton féminin.

Laisse venir devant toi ton féminin…
Est-elle dans un corps de femme ? Si elle ne l'est pas, elle a besoin d'être encouragée à te faire comprendre ce qui crée cela et ce dont elle a besoin pour le retrouver. Est-ce une enfant ? Une vielle femme ? Un animal ? Dialogue avec elle. Invite-la, encourage-la à exprimer ce qui l'a empêchée de grandir ou l'a fait vieillir ou la cantonne à un animal… Invite-la à exprimer ce qui crée cela.

MARINA : son masculin, honteux de son impuissance à protéger le féminin de l'inceste du père, se cache et s'exclut dans une dimension souterraine, infantilisé par son refus de la virilité qu'il juge. Reconnu (par ses plumes) comme un masculin courageux, aux nombreuses victoires (dont des réussites sociales et un stop à l'autodestruction), il dévoile son aspect de jeune guerrier, enraciné, érigé dans sa protection de l'intégrité. Sa virilité finalement reconnue sans violence par le **F**éminin permet de révéler le jeune chef. La nostalgie de la fraternité de lumière le fait sortir de sa cachette. La honte ne se libère qu'en comprenant l'idéalisation du père qui l'a empêché de discerner son ombre. Il bat alors le rappel à la maison avec son tambour, afin que rien ne soit exclu et se déploie dans le **M**asculin glorieux.

FABIENNE : son masculin, soldat enfermé dans un bunker, ne sait pas que la guerre est finie et tire sur tout ce qui bouge. Elle-même ne reconnaît pas les projections qu'elle assène à tout va alors qu'elle fait métier de communication. Elle finit par reconnaître un aspect toujours en guerre malgré un choix de paix à travers son métier. Son "Pote Mafé" fait un compromis de paix aux termes à renégocier ultérieurement car son besoin de s'identifier encore à la victime et d'avoir toujours raison nécessite cette étape intermédiaire. Elle reconnaît n'être pas prête à rencontrer l'enfant blessé, ni l'attachement à la victime. C'est un passage immense.

2 / Visualisation initiatique de la rencontre du Masculin

Le cœur de la blessure du masculin, reconnu et accueilli avec conscience et amour, en révèle le Masculin. Celui-ci porte la quintessence, l'essence de l'être enrichie de l'expérience. Nous sommes prêts à rencontrer intimement le masculin, dans son défi comme son trésor, et à réaliser le trésor.

• Préparation.

La visualisation qui suit porte un potentiel initiatique, de changement profond. Elle s'adresse aux hommes comme aux femmes. Elle comporte le défi de la visualisation par écrit et permet en même temps d'être faite en plusieurs étapes, de s'accorder à chacune une exploration intérieure et le temps de l'intégrer dans sa vie. La profondeur de la rencontre dépend de l'engagement accompagné de la capacité de s'intérioriser et de rester concentré, et du dialogue avec son inconscient.

Je conseille de la refaire une fois par an ces prochaines années ; notre monde intérieur est appelé à changer très vite tout comme notre monde extérieur avec chaque fois des profondeurs de réconciliation et d'ouverture du cœur et de conscience. Les grandes étapes où l'on peut s'arrêter sont balisées. Lorsque l'on s'arrête, il est important de remercier tous les aspects de soi-même, son inconscient, son âme, les guides, sa propre essence. Lorsque l'on reprend une nouvelle étape, il est important de toujours recommencer l'enracinement jusqu'au temple avec les guides et de s'ouvrir à ce qu'elle se présente différemment car des changements intérieurs se sont produits. Au cours d'une même étape, chacun s'arrête après une série de phrases dont il a compris l'intention et s'intériorise, crayon à la main afin de noter l'essentiel de ce qui se présente de l'intérieur.

Parle avec elle, apprivoise-la. Rassure-la. De quoi a-t-elle besoin pour se révéler dans un corps de femme ?… Avec toi, elle est en sécurité. Elle n'a pas besoin de forcer, tu es là pour veiller à ce qu'elle soit en sécurité et la libérer dans la douceur et la grâce de ce qui la contracte, de ce qui l'opprime. Permets-lui de dire sa véritable histoire qui peut être différente de la tienne, même si tu reconnais l'énergie. Si tu es un homme, sa véritable histoire est probablement refoulée. Alors redouble de patience, de compréhension…

Que vit-elle en relation avec toi ? Et toi ? S'il y a tension, permets simplement la détente… Plus ton féminin est en confiance, plus elle peut exprimer ce qui est difficile et peut-être ce qui t'est difficile à entendre. Si tu connais la blessure de l'abandon, peut-être a-t-elle peur que tu l'abandonnes… Si tu connais la trahison, peut-être a-t-elle peur que tu la trahisses. Si c'est celle de la non-reconnaissance, elle peut avoir peur que tu ne la reconnaisses pas ou que tu te moques… Rassure-la avec des mots vrais, les tiens. Tu ne savais pas que tu faisais cela. Tu ne savais pas que tu pouvais la rencontrer ainsi. Aujourd'hui, tu te présentes au rendez-vous, avec tes guides, depuis ton alignement et ton cœur, et aussi tes émotions, ta peur de ressentir sa blessure, d'y être impuissant. Tout cela, c'est toi. Et cela est juste, c'est juste d'être toi, véritablement toi, dans ta vérité humaine, mais aussi ton Oui qui la dépasse. Personne d'autre que toi. Mais justement, c'est Toi avec une majuscule qui te présente avec tes ressources et ta vérité. C'est Toi qui peux lui répondre. Toi seul. Car elle est toi et tu es elle et tu es Toi. Depuis ce Toi plus vaste, tu as tout ce dont tu as besoin pour lui apporter la guérison. Tu n'arrives pas seul. Ton cœur est l'accès à l'amour universel et divin. Tes guides t'accompagnent…

Si tu es un homme, la véritable histoire de ton féminin est probablement refoulée. Alors redouble de patience et de compréhension…

Et toi, que vis-tu envers elle ? Qu'est-ce que cela te fait vivre qu'elle se présente ainsi ? Permets-toi les émotions, laisse-les s'exprimer sans t'y identifier. Accepte totalement son aspect. Seul l'accueil inconditionnel permet l'alchimie et la véritable beauté de se révéler, souviens-t-en. Permets-toi au fur et à mesure de la rencontre de découvrir sa beauté, sa véritable beauté.

Étape. *Demande à ton féminin ce qu'elle vit en relation à son corps. Y a-t-il des endroits blessés ? Absents ? Anesthésiés ? Enflammés ? Reconnais-tu ceci dans ta vie ? Que vit-elle dans son ventre ? Son sexe ? Quelles sont les expériences de son corps ? Les contractions ? Les plaies ? Les cicatrices ? Comment est sa vitalité ? Quelles sont les conséquences de son vécu sur sa vitalité ? Sur son comportement ? Sa force ? Sa puissance ? A-t-elle conscience de sa beauté, de son essence divine, du sacré de son corps ?*

De quoi a-t-elle besoin maintenant ? De quels gestes… De quels mots… De quel regard… Prends le temps de déposer avec infiniment de douceur le baume de compassion dont elle a besoin depuis si longtemps. Laisse l'amour et la lumière t'inspirer les mots, les gestes… Réponds depuis cet espace : "Qu'est- ce que dirait l'amour à ma place… ?" Et baigne dans l'amour divin présent dans ton cœur tout ce qui a besoin d'être guéri… Baigne tes doutes et tes résistances à cette guérison… L'amour qui guérit, l'amour qui régénère, l'amour qui alchimise, l'amour qui restaure à l'amour. Tu lui transmets, à travers tes yeux, tes mains, tes mots, ta structure énergétique, ton être entier.

Nul besoin de répondre à toutes les questions, elles sont là pour stimuler, pour guider. La proposition est de parler au masculin comme à un ami cher et précieux, quelle que soit la façon dont il se présente, et d'inviter l'alchimie. Il est nécessaire de s'installer dans un endroit calme, sans téléphone, où l'on choisit et prévient de ne pas être dérangé.

Cette visualisation est une invitation. Vous êtes libre. Ressentez en votre cœur ce qui résonne spontanément et faites confiance. Je passe au tutoiement qui me permet l'intimité et la profondeur. Soyez libre d'ajuster. Beau voyage au cœur de vous-même.

• Pratique.

Étape. *Prends quelques profondes respirations afin d'habiter naturellement ton corps. Je t'invite à ajuster le corps dans le confort. Autorise l'alignement de ta colonne vertébrale, dans l'intention de t'enraciner toujours plus profond et t'élever toujours plus haut.*

Abreuve et ressource tes racines terrestres au Cœur sacré de la Terre Mère.

Contacte les plans supérieurs de conscience et choisis d'en nourrir les plans terrestres, d'en nourrir la Terre Mère.

Respire dans la conscience d'être un arbre de vie enraciné dans sa dimension terrestre et céleste.

Accueille simultanément des énergies de lumière ascendantes de la Terre vers le Ciel et descendantes du Ciel vers la Terre qui se rencontrent dans ton cœur.

Un cocon de lumière totalement dorée t'entoure et assure ton intégrité énergétique, tout autour de toi…

Tu es enraciné, déployé dans ton arbre de vie, ressourcé et dans ton intégrité.

Rends-toi dans un lieu merveilleux de nature, de ressourcement.

Ressource-toi sensoriellement… Autorise tes sens à goûter pleinement… Laisse la beauté de ce lieu gorger tes sens… Baigne-toi dans l'harmonie, la paix, la beauté qui règne en ce lieu sacré…

Quelques instants, ne sois que cette joie. Permets-toi de goûter l'infini à travers tes sens…

Ton cœur te guide au cœur de ce lieu, là où l'énergie est encore plus belle, plus subtile… Là est ton Temple, ton Sanctuaire. Il te permet l'intimité, la communion avec tes Guides.

Pénètre en ce temple. Sache qu'ils sont là. Permets-toi de ressentir ou de pressentir leur présence à travers la qualité de Présence de ce lieu… Un rayon de lumière, la douce chaleur du soleil, la force d'un vieil arbre, le parfum d'une fleur, une légèreté en ton cœur, un enveloppement tendre autour de tes épaules, un souffle sur ton visage, une sécurité sereine… Accorde-toi la douceur des retrouvailles.

Ajuste ta respiration pour vivre sereinement cette communion.

Étape. *Informe-les que tu es en chemin pour rencontrer ton Masculin depuis ton masculin. Demande leurs aide et accompagnement. Demande l'assistance de l'univers, de la Mère Terre et celle de ta propre essence.*

Accompagné de la présence de tes guides, rends-toi maintenant là où ton masculin t'attend. Laisse venir… Ce n'est pas nécessairement là où tu penses.

Observe et ressens ce nouveau lien… Comment est l'énergie de ce lieu ? Quel adjectif décrit le mieux l'énergie, l'ambiance de ce lieu ? Qu'y ressens-tu ? Comment t'y sens-tu ? Y es-tu en sécurité ? Est-ce un endroit qui te rappelle quelque chose ? Où dans ton corps y a-t-il des réactions ?

De quel engagement de ta part, de quel nouveau choix a-t-elle besoin ? Approfondis ton alignement. Dis-lui ton choix d'intégrer l'alignement, d'unifier les trois plans afin de lui offrir l'axe indestabilisable à la coupe de son amour.
Quel changement y a-t-il en elle alors que tu prends soin de son corps et que tu t'engages envers elle ? Même si tu ne vois pas. Tes mots, tes gestes portant ton intention de guérison, sache-le, font une différence. Véritablement. Comment est son énergie ? Ses vêtements ? L'énergie du lieu est-elle légèrement différente ?

Étape. *Pardonne tout ce qui a pu blesser ton féminin, tout ce qui fait qu'elle n'a pas pu aimer, se reconnaître dans son essence d'amour, tel qu'elle le porte au fond d'elle. Dans cette existence comme dans ses mémoires. Pardonne… Laisse ton cœur couler à nouveau envers tout dans sa vie, dans ta vie… Ton pardon permet à sa blessure la plus intime de s'adoucir, à la vie, à l'amour de circuler à nouveau.*
Invite-la à pardonner… Son pardon lui permet d'aimer à nouveau. Son pardon lui permet de se reconnaître à nouveau comme la source de l'amour…

Invite-la aussi à se pardonner d'avoir oublié qu'elle est la source de l'amour, d'avoir fermé son cœur à l'amour, d'avoir oublié qui elle est… Dis-lui que tu auras l'occasion bientôt d'approfondir ce pardon. En se pardonnant, elle permet à la source de l'amour en elle de couler à nouveau pour elle-même et toute la vie…

Étape. *Demande-lui, maintenant que l'amour coule à nouveau, qu'elle te montre sa façon particulière d'aimer, de nourrir la vie… Envers quels êtres sait-elle particulièrement faire le geste, dire le mot, sourire, sentir ce dont il y a besoin ?… Les enfants ? Les tout-petits ? Les vieux ? Ceux qui ont perdu espoir ? Ceux qui sont perdus ? Découragés ? Méconnus ? Les animaux ? Les plantes ? L'air, le vent ? L'eau ? La Mère Terre ?…*
Reconnais son amour. Reconnais-le dans ta vie, même s'il n'a pas pu ou su se déployer totalement jusqu'à présent. Plus tu le reconnais, plus son mouvement est spontané, vrai, puissant. Reconnais son amour… Sa façon unique d'exprimer et de ressentir l'amour. Sa façon unique d'accueillir… Reconnais-le et exprime-lui ta gratitude… Reçois son amour… Goûte-le… Ressource-toi à cet amour… Ton féminin se réjouit que son amour soit reconnu et reçu. Tu es la personne qui peut le recevoir en toute conscience. Dis-le-lui. Dis-lui ton émotion de prendre conscience de son amour.
Comment est-elle maintenant, son amour reconnu et apprécié ? La beauté de son amour transparaît maintenant sur son corps et son visage. Ressens comme elle est belle quand tu reconnais son amour et que tu lui offres le cadeau de le recevoir…

Étape. *Demande-lui qu'elle te montre ou te fasse sentir comment elle reçoit les messages de la vie. Lui permets-tu de déployer son intuition ? Reconnais-tu qu'elle choisit certains de tes livres et te dévoile bien des réponses à travers des signes, des rencontres, des hasards ? Invite-la à te montrer une situation où elle t'a soufflé, t'a averti… L'as-tu écoutée ? Si oui, réjouissez-vous de votre communion. Sinon, demande-lui pardon et approfondis ton ressenti d'elle. Comment peux-tu approfondir ta réceptivité et ton accueil à ses messages ?*

Quelle est sa relation avec la Terre Mère ? Comment désire-t-elle participer à la vie, aux autres, à la Terre ? Quelle est sa façon unique de nourrir la vie ? Quel rêve porte-t-elle pour la Terre ? Concerne-t-il l'eau, l'air, les plantes, les animaux, l'humanité ? Laisse-la te montrer, te faire sentir,

Qu'expriment-elles ? Fais confiance, il est normal que le lieu de la rencontre qui demande une libération soit moins agréable que le lieu de ressourcement. Laisse simplement ce lieu te raconter à sa façon l'environnement intérieur dans lequel vit ton masculin.

Laisse venir devant toi ton masculin…
Est-il dans un corps d'homme ?
S'il ne l'est pas, est-ce un enfant ? Un vieillard ? Un animal ? Il a besoin d'être encouragé à t'exprimer et te faire comprendre ce qui fait cela et ce dont il a besoin pour le retrouver. Dialogue avec lui. Invite-le, encourage-le à exprimer ce qui l'a empêché de grandir ou l'a fait vieillir ou le cantonne à un animal. Ne juge pas. Apprivoise-le. Assure-le de ton accueil, de ton non-jugement. De quoi a-t-il besoin pour se révéler dans un corps d'homme ?
Comment se présente-t-il ? Que se dégage-t-il de lui ? Comment sont ses vêtements ? Son visage, ses cheveux ? Qu'est-ce qui émane de lui ? Quelle émotion exprime-t-il ? Quel genre d'énergie a-t-il ? Est-il plutôt réservé, timide, dynamique, explosif, sage… ? Quel âge a-t-il ? Est-il plus jeune, plus âgé que toi ? Qu'est-ce que son âge exprime de lui ?
Si tu es une femme, laisse-le t'exprimer sa véritable histoire qui peut être différente de la tienne.
Que vit-il en relation avec toi ? Et toi ? S'il y a tension, permets simplement la détente… Permets-lui de s'exprimer, à sa façon. Plus ton masculin est encouragé et reconnu, tu le sais, plus il peut incarner son essence…

Tu te présentes au rendez-vous, avec tes guides, dans ton alignement, centré dans ton cœur.
Et toi, que vis-tu envers lui ? Qu'est-ce que cela te fait vivre qu'il se présente ainsi ? Quelles émotions ressens-tu ? Tu le sais, son aspect dépend de votre relation, alors aie confiance, même si tu as du mal avec son aspect. Reconnais ses émotions sans t'y identifier. Accepte l'aspect de ton masculin. Il te dévoile une vérité personnelle qui a besoin de retrouver son potentiel divin. Seul l'accueil inconditionnel permet l'alchimie… Permets-toi au fur et à mesure que ton accueil s'élargit de découvrir sa véritable essence et son action.

Étape. *Que vit-il en relation à sa virilité ? Est-il fier de sa virilité ? A-t-il des blessures ? Où le reconnais-tu dans ton propre corps ? Quelles conséquences cela a-t-il dans ta vie ? Porte-t-il une véritable dignité ? Est-il dans son axe ? Comment est sa verticalité, son enracinement ? Quelle relation a-t-il avec la puissance ? Se reconnaît-il puissant ? Quelle relation a-t-il avec l'humanité ? Les autres hommes ? A-t-il conscience de son essence divine ? Quelle est sa relation au ciel, à l'univers ? La mort ? Le mystère de la vie ? Quelle place se reconnaît-il dans l'univers et dans sa propre vie ? Quelle relation a-t-il avec Dieu ? Comment appelle-t-il ce qui trame la vie ?…*
Demande-lui ce qui lui est arrivé… Ce qui empêche ou limite cela… Ce dont il a besoin pour le restaurer…
Prends le temps de lui offrir ce dont il a besoin… Peut-être est-ce une parole qui guérit… Une parole qu'il n'a jamais reçue… Une parole que son cœur attend depuis tellement longtemps… Peut-être est-ce une reconnaissance de ta part… Tu es la seule personne qui peut vraiment répondre à ce besoin. Reconnais que ton masculin cherchait la lumière, quel que soit ce qui lui est arrivé, même si son action a dépassé son intention, même s'il n'a pas pu empêcher, même s'il n'a pas osé, même si…

Étape. *Y a-t-il des mémoires qu'il a besoin de pacifier, de pardonner ? Invite-le maintenant à pardonner et à libérer les conclusions qui pèsent depuis en ton âme… Demande l'aide de l'univers, des Guides…*

toucher son rêve. Est-ce une forêt ? Un paysage ? Un ciel ? Une cascade ? Une trame de lumière ? Une situation ? Quelle est sa mémoire du Paradis ?... Permets-lui de te faire ressentir, pressentir cette vibration intime, appelée à revenir sur Terre… Unis-toi à son rêve de la nouvelle Terre. En t'y associant consciemment, tu enracines pour elle le rêve que porte son ventre, tu contribues à enfanter cette Terre nouvelle, à l'incarner en toi.

Étape. *Quelle relation a-t-elle avec les hommes ? Souviens-toi, son histoire n'est pas nécessairement la tienne. Quelle relation a-t-elle avec la maternité ? A-t-elle des enfants ? Si elle n'en a pas, vit-elle une forme de maternité ? De quoi a-t-elle besoin pour pouvoir déployer son énergie de vie ? Peut-elle déployer sa sensualité ? A-t-elle besoin d'être touchée, d'être massée ? Peux-tu t'engager à recevoir régulièrement des massages pour elle ? Que vit-elle sexuellement ? Invite-la à dire la vérité de son intimité. De quoi a-t-elle besoin ? Comment peux-tu lui offrir cela dans ta vie ? Y a-t-il des mémoires qui pèsent et ont besoin d'être libérées ? Prends-tu responsabilité de libérer ceci pour elle ? Quand ces mémoires, s'il y en a, seront pacifiées, quelle connexion, quelle reliance particulière sera disponible avec le monde de l'âme, de la nature, des esprits de la nature, le monde des guides, les fils de la vie… ? Avec la mort, les passages et le mystère de la vie ? A-t-elle assez d'espace et de temps pour t'initier à cet aspect d'elle et de toi ? Quelle puissance d'amour, d'alchimie particulière réside en toi grâce à sa connexion ? Qu'elle te montre, te fasse ressentir… Comment peux-tu l'accueillir plus simplement ?*

Étape. *De quoi a-t-elle besoin de ta part pour exprimer plus totalement, plus véritablement, Qui Elle Est ?*
De quoi as-tu besoin afin de te nourrir intimement à l'immensité de son amour et de sa sagesse ? De quoi as-tu besoin afin de recevoir son énergie, son amour et son inspiration, l'intuition qui l'anime ? Quand tu la reconnais véritablement, ta vie se remplit d'amour. Tu es aimé car elle t'aime et tu le reçois.
Plus tu la reconnais, plus le visage de la Déesse se révèle à travers ses traits…
Plus tu reconnais la beauté dans ta vie. Plus l'amour tisse tes pas. Plus tu reconnais l'amour en toi, autour de toi, à travers toi…
Permets à l'amour et à la lumière à travers Toi, à tes Guides de baigner, de reconnaître, de rendre hommage, de célébrer ton Féminin.

Approche-toi doucement, avec respect, amour et laisse-la entrer en toi, si ce n'est déjà fait… Laisse-la retrouver la maison de ton cœur, de ton ventre… Offre-lui toute la place. Ton corps, ton âme, ton énergie, ta vie sont sa maison.
Dis-lui que tu reviendras la rencontrer à nouveau et à nouveau afin d'approfondir, de reprendre là et au-delà d'où tu n'as pu aller. Tu respectes ainsi le rythme de la vie en toi, tu reconnais et acceptes le temps humain.

Respire et reste avec toi quelques instants pour compléter et intégrer cela…

À ton rythme, reviens dans le temple, dans une intimité nouvelle avec les guides. Célèbre avec eux la rencontre avec ton féminin qui te révèle ton Féminin. Remercie tous les aspects de toi-même, remercie-toi de cette rencontre intime. Remercie tes guides. Remercie l'alchimie merveilleuse disponible en toi. Appelle et accueille une pluie de lumière dorée, à travers toutes les dimensions, les aspects de toi, jusqu'aux cellules. Cette lumière dorée équilibre et scelle la rencontre avec ton Féminin.

Toi aussi, pardonne-lui… Pardonne-lui… C'est grâce à lui que toi, tu peux faire un nouveau choix. Sans lui, tu serais destiné à refaire ce qu'il a fait, la même expérience pour finalement comprendre ce que tu comprends aujourd'hui… En lui refusant ton pardon, tu contribues à ce que tu juges… Offre-lui inconditionnellement ton amour à nouveau…
S'il y a des situations, des expériences à pardonner, contemple sans jugement, ni complaisance… Reconnais honnêtement, simplement… Accueille… Accueille inconditionnellement… Baigne dans l'amour et la lumière chacun des acteurs, quels qu'aient été leurs rôles et celui de ton masculin… Demande l'aide de l'univers et celui de tes guides… Tes guides t'accompagnent en cette rencontre… Et baigne dans l'amour divin présent dans ton cœur, même si tu n'en es pas conscient, tout ce qui a besoin d'être pardonné… Baigne aussi tes doutes et tes résistances à ce pardon à cette guérison… Appelle et choisis l'amour qui guérit, l'amour qui régénère, l'amour qui alchimise, l'amour qui restaure à l'amour… Et transmets à travers ton cœur, ton regard intérieur, tes mains, tes mots, tous tes chakras, ton être entier… Pardonne… Laisse couler l'amour qui renaît… Invite ton masculin aussi à pardonner… Qu'il pardonne tous et tout… Qu'il se pardonne… Accompagne-le à se pardonner profondément, inconditionnellement… Tant qu'il ne se pardonne pas, il perpétue ce qu'il ne pardonne pas… Tant qu'il ne se pardonne pas, son élan et son action se limitent et se contractent et ne peuvent se déployer dans son Désir d'origine… Transmets-lui que tu auras l'occasion bientôt d'approfondir ce pardon.
Bénis et honore le voyage, les leçons que tu apprends grâce à ce voyage… Bénis le trésor qui va pouvoir émettre à travers cette expérience… Bénis…Bénis ton masculin. Invite-le aussi à bénir son voyage, à bénir ce qu'il apprend, à bénir le trésor qui commence à se dévoiler…

Étape. *Reconnais en lui l'essence de son élan, l'intention première qu'il porte et désire offrir au monde et à la vie, maintenant qu'il est reconnu, accueilli par toi, par ton amour et ta lumière… Honoré par tes guides et par toi. Comment est-il désormais ? Qu'est-ce qui change en lui ? Que vis-tu de le contempler ainsi ? Exprime-lui le ressenti de ton cœur.*
Demande qu'il te montre le potentiel que portent sa vitalité, sa générosité, son dynamisme. Qu'il se déploie devant toi… Qu'il te montre les situations dans lesquelles il les exprime déjà avec aisance. Avec joie ? Qu'il te montre cette semaine à quel moment il s'est senti le plus vivant, le plus invité dans ta vie. Le plus puissant. Dans ces moments-là, qu'est-ce qui est si bon pour lui ? Dans quelles situations se sent-il particulièrement concerné d'apporter son élan ?… Son axe ?… Son dynamisme ?… Sa générosité ?… De quoi a-t-il besoin dorénavant pour prendre parfaitement la place qui lui revient ? Afin de pouvoir s'enraciner dans ta vie et t'offrir le soutien indéfectible de son axe, que te demande-t-il concrètement ? Dès aujourd'hui, comment cela peut-il commencer ?

Quelle vision intime et divine porte-t-il sur la Terre ? La vision que son enfant de lumière porte depuis toujours… Quelle image, quelle représentation de paix et d'émerveillement porte-t-il en secret sur la Terre ?…
Sur quel aspect son attention se focalise-t-elle ?… L'eau ? Les plantes ? Les animaux ? La science ? L'harmonie ? La nature sauvage ? Les sons ? Les relations ? L'énergie vitale ? L'énergie subtile ? L'infiniment petit ? L'infiniment grand ? L'amour ? Les passages ? La lumière présente jusque dans l'ombre ? Les couleurs ? Le mouvement ? L'Histoire de la Terre ? L'invisible ? La sexualité ? L'abondance ? L'alchimie ? L'humour ? Quelle est la passion intime sur laquelle son attention se focalise spontanément ?

Reviens dans le lieu merveilleux dans la nature, prends le temps de t'y ressourcer, dans cette intimité avec tout ton être, d'intégrer, d'unifier.
À ton rythme, tu t'enracines dans la vie quotidienne en t'apprêtant à passer une merveilleuse journée.

Rencontrer son féminin et pressentir son **F**éminin sans plonger au cœur de la blessure du féminin peut parfois être approprié, il vaut mieux alors être accompagné. Cette visualisation est un outil puissant d'autonomie, de reconnaissance de vous-même dans la réconciliation.

La clef, souvenons-nous, est l'accueil inconditionnel, la vérité intime et la reddition à la bienveillance de la vie et de l'univers.

4 / Chemin initiatique de la victime à la Déesse

Se sentir prêt pour un passage demande le courage d'être prêt à mourir.
Mourir au chemin connu pour entrer dans l'inconnu, mourir à une partie de soi, une identification qui même douloureuse est connue. Mourir à cette identification sans saisir une autre, sans se raccrocher au connu. Dans l'inconnu, nous plongeons dans le vide. Celui-ci se révèle le vide matriciel du cœur, la spatialité du cœur dans laquelle la métamorphose a lieu.

Se sentir prêt pour un passage demande le courage d'être prêt à mourir.

Ceci est le chemin initiatique que parcourt le féminin blessé pour se révéler le Féminin dans lequel chaque étape demande de mourir à quelque chose, de lâcher le connu, de lâcher nos identifications qui limitent et contractent Qui Nous Sommes en Vérité. Nous retrouvons ces étapes dans le processus des Noces Alchimiques.

Rappel : pour faciliter la compréhension entre féminin "il" et masculin "il", nous utilisons ici "elle" pour le féminin.

Le féminin est blessé et le masculin ne le reconnaît pas, il se détourne même et s'active ailleurs. Le comble est qu'il part à la défense d'une belle cause extérieure, cela la désespère car elle ressent la vigueur de cet engagement, détourné d'elle. Parfois elle est en colère sans raison extérieure car elle en a assez d'être maltraitée et cela déborde de façon anarchique. Et lui continue à la blesser en refoulant ses émotions, en minorant les symptômes de son corps, en se coupant de son intuition, en banalisant ou en niant les signes qu'elle lui envoie. Sa blessure n'est pas reconnue, n'est pas entendue, et c'est peut-être plus terrible encore que la blessure elle-même. Le féminin se sent victime, abandonné, maltraité, trahi, rejeté, non reconnu, isolé, c'est injuste. Elle est indigne d'amour et elle a honte.

Pourtant aujourd'hui le masculin est là sans se détourner. Quelque chose commence à changer pour elle. Il est anéanti devant sa blessure et reste droit et, aujourd'hui il est vraiment au rendez-vous, il le confirme par ses mots et son axe. **Elle retrouve espoir et le fait qu'il soit enfin là à la rencontre fait monter en elle toutes les fois où il lui a manqué, toutes les fois où elle s'est retrouvée seule, victime**, abandonnée, maltraitée, trahie, rejetée, non reconnue, isolée, des tréfonds monte une plainte infinie du fond des âges qui semble tout submerger, un abîme de chagrin, de pleurs retenus, de chagrins non exprimés. Elle a peur de se noyer.

Quel mouvement emprunte spontanément sa passion… Montrer un nouveau chemin ? Guider les autres ? Entraîner une énergie nouvelle ? Inventer ? Communiquer la joie ? Protéger la paix ? Guérir l'âme ? Le corps ? Enseigner un langage universel ? Relier les êtres ? Relier les dimensions, les mondes ? Réconcilier ? Spiritualiser par l'humour ? Par la féerie ? Transmuter magiquement le dense ? Transformer la matière ? Planter des arbres ? Prendre soin des êtres, des plantes, des animaux ? Quel mouvement porte spontanément son désir profond ? Quel désir intime porte-t-il afin de contribuer à sa vision ?… Que désire-t-il plus que tout au monde accomplir ? Dans quelle action se sent-il le plus vivant, le plus vibrant, le plus à sa place, dans laquelle il apporte quelque chose d'unique ?…
Invite-le à émettre joyeusement son action, à l'émaner simplement…

Reconnais son action. Reconnais-la dans ta vie, même si elle n'a pas pu se déployer totalement jusqu'à présent. Plus tu la reconnais simplement, plus son mouvement est spontané, vrai, puissant. Reconnais la beauté de son action… Sa façon unique de contribuer à la vie… Sa façon unique d'apporter sa contribution, d'émettre… Reconnais-la et exprime-lui… Prends conscience que plus tu pressens ce que son action a d'unique, plus cela t'émerveille… Autorise l'émerveillement… Émerveille-toi de son action… Exprime ton émerveillement à ton masculin… Nourris-le de ton amour… Pour toutes les fois où il n'a pu reconnaître, honorer, célébrer son action… Pour la joie pure de cette intimité entre vous… Émerveille-toi de sa joie quand tu accueilles ainsi son action… Tu es celui qui peut l'accueillir et le recevoir véritablement. Tu perçois son essence… La beauté unique de son essence… Son essence riche de son expérience… Quel aspect a-t-il maintenant que son action et son essence sont reconnus et honorés ? Tu offres de l'accueillir et de le reconnaître dans son essence… Il accueille de tout son être le cadeau d'émettre en toute confiance en son essence et son action…

Étape. *Demande-lui maintenant quelle relation il a avec les femmes… Son histoire n'est pas nécessairement la tienne, même si l'énergie t'est familière. Quelle relation a-t-elle avec la paternité ? Les enfants sont-ils importants, essentiels, pour lui ? Se sent-il lui-même encore un enfant ? S'autorise-t-il à exprimer sa sensibilité ? Sa vulnérabilité ? Sa douceur ? Une forme de souplesse ? Sa sensualité ? Quelle relation a-t-il avec la sexualité ? Permets-lui sa propre version. Invite-le à exprimer sa vérité. Quelle est sa capacité à s'émerveiller ? Comment peux-tu l'autoriser, l'accompagner, l'inviter à s'émerveiller ? De quoi a-t-il besoin pour exprimer son féminin intérieur (son "Pote Féma") sereinement ? Comment peux-tu le lui offrir ? De quoi a-t-il besoin de ta part pour incarner plus véritablement Qui Il Est ?*

Étape. *De quoi as-tu besoin afin de te permettre véritablement sa générosité, sa passion, sa verticalité, sa Présence ? Qu'appelles-tu de la part de l'univers et de tes guides ? Quand tu reconnais et autorises véritablement son désir, son impulsion, sa conscience divine et sa Présence, ta vie est pleine de sens et de pulsation. Tu aimes car il t'aime et tu le reconnais.*
Plus tu le reconnais, plus la Présence se révèle à travers lui…
Plus tu reconnais que le sens oriente ta vie, même si tu n'en perçois pas le dessein, plus tu t'accordes au Champ Unifié…
Laisse l'amour et la lumière à travers Toi et tes Guides reconnaître, honorer, célébrer ton Masculin.

Approche-toi avec incandescence et douceur, amour et conscience et laisse-le entrer en toi, si ce n'est déjà fait… Laisse-le retrouver la maison de ton cœur, de ton ventre… Offre-lui toute la place. Ton corps, ton âme, ton énergie, ta vie sont sa maison. Tu le vis et tu lui offres désormais consciemment.

Il monte parfois aussi une grande colère, celle de son "Pote Mafé", contre le masculin cause de tous les maux du féminin. **En fait le "Pote Mafé" est en colère contre lui-même de n'avoir pas pu protéger son féminin, mais c'est tellement douloureux qu'il l'enfouit. Il est important qu'il libère à travers cette colère cette immense vitalité qu'il refoule et détourne de son féminin, tout en gardant la lucidité qu'elle cache quelque chose.**

Une fois apaisé, le "Pote Mafé" redonne au féminin un centre, elle se sent moins simple objet, son cœur commence à frémir et lui redonne un sentiment d'être sujet. Elle est intimement touchée par le masculin qui lui demande pardon dans la totale impuissance. Son cœur est avec lui au centre. Son "Pote Mafé" lui redonne conscience d'elle-même. **Elle se redresse et sort de la victime, son "Pote Féma" l'éveille à elle-même en tant que source de l'amour.** Elle retrouve au cœur d'elle-même l'expérience de son essence inaltérable, indestructrice et éternelle. Son cœur coule à nouveau vers le masculin. Elle peut enfin l'accueillir sans avoir peur d'être blessée. Tout ce qu'elle lui reproche depuis si longtemps fond. **Elle renaît à l'amour et pardonne grand et large au masculin**, tant il est doux pour elle de sentir son propre cœur aimant. **Elle pardonne l'impardonnable.** Elle se souvient de l'amour. L'amour en elle accueille le masculin exactement tel qu'il est, imparfait et merveilleux, et accueille aussi son propre aspect blessé et l'étreint telle la mère l'enfant. Sa blessure s'adoucit et elle connaît un moment infini de Paix… **Le féminin se révèle Féminin.**

Dans une véritable humilité, le "Pote Mafé" du féminin demande pardon au cœur du masculin alors qu'il l'accusait peu avant. Le "Pote Mafé" demande pardon au "Pote Féma".

En même temps qu'elle se souvient de l'amour, monte en elle quelque chose qui lui serre le cœur. Se souvenir de l'amour lui fait se souvenir qu'elle est l'amour… Et pendant tout ce temps, elle l'a oublié ! Elle prend conscience d'avoir oublié, fermé l'amour en elle. Elle prend conscience qu'elle a exclu le masculin de son amour, elle a conditionné son amour. Elle a conditionné l'amour pour en faire son amour conditionnel. L'amour à travers elle, en elle, par elle, devenu conditionnel. Son "Pote Mafé" est testé dans son axe par la culpabilité et l'impuissance. Elle redevient le féminin et a honte d'elle, elle se sent infâme. L'ego cherche à reprendre pouvoir à travers le "Pote Mafé" coupable. **Elle qui est l'amour a conditionné et oublié la puissance alchimique de l'amour.** Elle aussi a blessé le masculin en l'excluant de l'amour, elle l'a tenu loin de l'amour inconditionnel et l'a manipulé avec ses "oui si… oui mais…". **Elle a contracté l'amour, et a contribué ainsi à la séparation.**

Son "Pote Mafé" comprend que l'identification à la victime dissimulait un cœur fermé à l'amour inconditionnel et sacré. Il prend conscience de son manque d'amour et de la racine même de sa honte, celle de s'être fermé à l'amour…

Dans une véritable humilité, le "Pote Mafé" du féminin demande pardon au cœur du masculin alors qu'il l'accusait peu avant. Le "Pote Mafé" demande pardon au "Pote Féma".

Il lui reste à se pardonner. **C'est, de tous les pardons, le plus difficile. Le féminin amour doit se pardonner de s'être fermé à l'amour, d'avoir conditionné l'amour.** Si

Dis-lui aussi que tu reviendras le rencontrer à nouveau, approfondir, reprendre là et au-delà d'où tu n'as pu aller. Dis-lui que c'est juste ainsi, tu respectes le rythme de la vie en toi, tu reconnais et acceptes le temps humain.

Respire et reste avec toi quelques instants pour compléter et intégrer cela…
Puis à ton rythme, reviens dans ton temple, dans l'intimité avec tes guides, célèbre les retrouvailles, l'intimité avec ton masculin…
Reçois maintenant une pluie de lumière dorée qui harmonise et scelle cette rencontre dans l'amour et la lumière.
Reviens maintenant dans le lieu merveilleux dans la nature, prends le temps de t'y ressourcer, dans cette intimité avec tout ton être, d'intégrer, d'unifier.
À ton rythme, tu t'enracines dans la vie quotidienne en t'apprêtant à passer une merveilleuse journée.

Rencontrer son masculin et pressentir son **M**asculin sans plonger au cœur de la blessure du masculin peut parfois être approprié, il vaut mieux alors être accompagné. Cette visualisation est un outil puissant d'autonomie, de reconnaissance de vous-même dans la réconciliation.

La clef, souvenons-nous, est l'accueil inconditionnel, la vérité intime et la reddition à la bienveillance de la vie et de l'univers.

3 / Chemin initiatique de l'inconscience à la Présence

Se sentir prêt pour un passage demande le courage d'être prêt à mourir.
Mourir au chemin connu pour entrer dans l'inconnu, mourir à une partie de soi, une identification qui même douloureuse est connue. Mourir à cette identification sans saisir une autre, sans se raccrocher au connu. Dans l'inconnu, on plonge dans la spatialité du cœur, du féminin au Féminin.
Nous plongeons ici dans le chemin initiatique que parcourt le masculin pour se révéler le Masculin et pour lequel chaque étape demande de lâcher le connu. Nous retrouvons ces étapes dans le processus des Noces Alchimiques.

Le masculin arrive au rendez-vous intime, face à la blessure du féminin et celle de son “Pote Féma”. Que se passe-t-il alors ?

Il ne peut plus reculer, plus il résiste, plus la vie l'accule. Il est face à la blessure du féminin. La blessure en lui ou en face de lui. En lui et autour de lui. Il y est pour quelque chose, directement ou non, il le sent. Il se sent coupable. Il ne peut plus nier, enfouir, ajourner… Il est au rendez-vous. Au cœur de la séparation.

Le masculin prend conscience qu'il n'y a rien qui puisse être fait. Il n'y a pas de solution. En ce lieu, **le faire ne peut rien faire…**

Il expérimente l'impuissance la plus totale. Ce qu'il en voit lui donne envie de disparaître. La Terre est malade. Des milliers de femmes et d'enfants meurent chaque jour de guerres anonymes ou de faim… Le masculin se sent coupable.

Son armure l'a toujours protégé de ressentir cette horreur, mais aujourd'hui il est au rendez-vous et regarde son féminin blessé.

le **F**éminin reconnaît être l'amour, elle est l'amour inconditionnel. L'amour inconditionnel n'exclut rien ni personne de son amour, il accueille la globalité dont la honte de s'être fermé à l'amour. Le **F**éminin est destiné à se pardonner à lui-même.

Elle le choisit alors inconditionnellement et s'inclut dedans. **Elle accueille et accepte dans l'amour l'aspect d'elle-même qui se ferme à l'amour et l'aspect qui le juge.** Elle se pardonne. Elle accueille inconditionnellement l'amour. **Elle demande Par Don à la vie, à l'amour, elle se demande pardon.** Le **F**éminin laisse son cœur couler à nouveau pour tous les aspects d'elle-même et la honte disparaît de son champ de conscience.

Par ce pardon, le Féminin reçoit Par Don. Elle reçoit le Don de l'amour conscient et inconditionnel. Le **F**éminin par ce pardon reçoit Par Don la Source de l'amour. Elle retrouve et reconnaît en elle la Source de l'amour à travers son "Pote Mafé". Le **F**éminin s'unifie à son "Pote Mafé". Son cœur et son ventre s'unifient. **Elle est la source de l'amour et l'amour de la source.** Elle se connaît comme l'amour de la source et se re-connaît comme la source de l'amour. Par l'intimité avec son "Pote Mafé", elle retrouve le sens, la direction de la vie en elle, refléter et matérialiser à travers son vécu l'émission du **M**asculin. Elle reconnaît et célèbre l'offrande du OUI, l'amour inconditionnel. Son amour s'étend alors à tous et tout, à travers le temps, l'espace, les dimensions. Elle reconnaît l'amour en tout et tous, quelle que soit la forme ou la non-forme qu'il prenne. L'amour de son cœur contient et appelle tout à revenir à la source, à la maison. La séparation disparaît en elle. Elle est le **F**éminin uni à son **M**asculin. **Elle est la joie du Oui au Masculin. Elle est la Déesse.**

Résumé de "Du féminin au Féminin"

*L'initiation du **F**éminin est la rencontre personnelle et inconditionnelle de son féminin jusqu'au cœur de la blessure, là où l'amour alchimique révèle la quintessence du **F**éminin. Il n'y a pas de féminin inacceptable. Il y a uniquement l'ignorance et l'inconscience de l'alchimie et du potentiel disponibles à la mesure de la blessure. Le passage demande de guérir l'enfant intérieur, de prendre conscience de ses automatismes pour échapper à la blessure, de ses croyances sur le féminin, de reconnaître sa façon personnelle d'exprimer et de ressentir l'amour et de le contracter.*

L'alchimie résulte de :
- Contempler avec honnêteté. Accepter avec amour.
- Reconnaître totalement et inconditionnellement.
- Aimer et accueillir. Pardonner. Bénir.

*Alors se présente le **F**éminin dans sa dimension universelle et sa façon spécifique et unique d'exprimer l'amour et la grâce, uni à qui nous sommes en tant qu'âme.*

La blessure lui serre le cœur, insupportable et pour cause... Ce n'est pas possible que ce soit lui qui ait contribué à cela. Ce n'est pas possible qu'il n'ait pu empêcher cela. Ce n'est pas possible. Cependant dans cet abîme, il n'y a que lui et son féminin.

Le masculin se rend compte que tous ses combats contre les dragons extérieurs, toutes les solutions intelligentes, ses multiples activités ont été vaines, n'ont rassuré que lui, et encore. Tout ce qu'il a mis en place a été autant d'ajournements pour la véritable rencontre. Tout s'écroule. Il prend conscience de son inconscience. De l'inconscience de son action et de ses conséquences, l'inconscience de son féminin et de sa blessure... Il prend conscience que tout ce qu'il a fait, construit, acquis, tout ce qu'il possède ne lui sert ici à rien.

Le masculin expérimente la mort de tout ce qu'il a fabriqué comme identité. Le masculin vit la défaite. C'est ce que l'ego lui raconte, dans le but d'ajouter quelque chose à lui-même, la défaite ! Une nouvelle identité. Mais aujourd'hui, l'ego est invité à fondre.

En ce lieu réside un dragon véritable. La culpabilité. Dès qu'il se sent coupable, il se sent flancher, rejeter, se détourner, minimiser... Il sait au fond de lui que son action doit être autre chose que cet effet monstrueux sur le féminin. Il prend conscience qu'elle peut aussi être cela. Dès que la culpabilité l'étreint, il se rend compte qu'il fait subir à son féminin exactement ce dont il se sent coupable. Il l'abandonne, le maltraite, le trahit, l'humilie, le renie... La culpabilité main dans la main avec l'impuissance blesse son féminin.

Il a besoin de tout son courage alors que la culpabilité et l'impuissance l'étreignent, là il ne peut avancer que nu, sans arme ni armure, juste son cœur et son alignement.

Aujourd'hui il veut être là pour son féminin.

Alors, le masculin met un genou en terre. Un seul. Depuis 2 000 ans, il a déjà essayé les deux genoux à terre du pécheur et du pénitent, c'était pire après... Par son genou à terre, son centre de gravité descend, il s'enracine, son périnée se rapproche de la terre. Il touche la Terre. Il touche terre. Il arrive sur terre, il arrive en lui-même, il s'incarne, mais il ne le sait pas. Ce qu'il sait, c'est qu'il touche la chair de son féminin, de la Terre, de la matière. Il sent la terre de son humanité et en perçoit si tard la beauté. Il touche la totale impuissance. Il ne peut plus rien faire. Il est au bout du chemin. Il ne reste qu'à mourir pour son féminin.

Le masculin agenouillé est au cœur de son humanité. **Agenouillé et droit.**

Lui qui vient du ciel, de là-haut, il connaît en cet instant l'humilité profonde et vraie. "Moi, je" se tait enfin pour un instant. **Seule l'humilité peut révéler au masculin le secret...**

Il accepte de mourir...

Il demande pardon... Pardon à son féminin, à la Terre, à la vie, aux êtres et aux choses. Pardon...

Il n'est plus qu'une infinie vastitude. Il est Féminin, mais il ne le sait pas encore. Il s'ouvre à plus vaste que tout ce à quoi il s'est identifié. Dans cette humilité, il meurt au masculin qui s'identifie à quelque chose ou même à "rien". Il meurt. **Il meurt...**

Par Don... Par Don... Par Don... !

En cet instant, il n'est plus rien. L'axe à travers lui relie le ciel et la terre. L'axe est le cœur. Il n'est rien qu'il puisse nommer, reconnaître. Infiniment petit et infiniment grand. Il est là et ailleurs. Dedans et dehors. Avant et après, de tout temps. Il est le silence de la Présence...

Le Masculin accueille le don du "Par Don". Au cœur du pardon s'est ouvert le Par Don par lequel il accueille Qui Il Est, le Soi incarné, le **M**asculin /**F**éminin. Il est le "Je suis", mais il ne le conceptualise pas puisqu'il l'est.

Par don, le Masculin accueille en lui le cadeau du Soi. **Il vit sa propre réceptivité intérieure, il retrouve son "Pote Féma".** Désormais il n'a plus à forcer la matière à le recevoir, il retrouve en lui-même ce Oui qui l'accueille ! En demandant par don, **il reçoit le cadeau de donner !** Il reçoit et émet. Masculin et Féminin. **Il est le "Pote Féma" qui accueille le Soi et le Masculin qui émet la semence divine.**

Il émet la Présence. Tout et tous autour de lui bénéficient de sa présence. Sa Présence est bénédiction. Il bénit par sa simple Présence. La Présence est le Cadeau du Masculin au féminin blessé. La Présence active le Champ Unifié et autorise l'alchimie.

Le Masculin s'éveille à la Re-Connaissance de son origine divine. **Il re-connaît son dessein d'explorer la densité, séparé de l'amour du féminin, afin d'y réveiller son origine divine, de pardonner le jugement de son expérience, d'accueillir Par Don Qui Il Est en vérité.** Nulle culpabilité, nul péché, ni jugement dernier à part le sien, juste la capacité de répondre, de pardonner et d'ajuster. **La responsabilité du Masculin révèle en lui le cocréateur.** La cocréation appelle le Masculin à la responsabilité.

Le chevalier, un genou à terre, est prêt à être sacré Roi par sa Reine, au cœur de l'alchimie.

Résumé de "Du masculin au Masculin"

L'initiation du Masculin est la rencontre personnelle et inconditionnelle du masculin, de la toute-puissance jusqu'au cœur de l'impuissance en traversant la culpabililité. Là se révèle l'essence du Masculin, sa pure réceptivité au silence de la Présence.

Le passage demande de prendre conscience de son inconscience, de ses automatismes, de contempler ses pensées et ses actions et leurs conséquences, de transformer la culpabilité en responsabilité alignée, de reconnaître la quintessence de son action.

Le Masculin guide le masculin à s'agenouiller aligné dans son cœur et dans la plus totale impuissance, à demander par-don. Il autorise Par Don l'accueil de la Présence et la responsabilité due au cocréateur.

Alors se révèle le Masculin dans sa dimension universelle et individuelle, celui qui incarne la Présence qui bénit le monde à travers la consécration à son Féminin.

HISTOIRE 2 DE MARINA

La Renarde

Le "Pote Mafé" autorise le potentiel d'origine du Féminin

Thème : Le féminin dans un corps de femme en pâture sans son "Pote Mafé" et dans son potentiel d'origine avec lui.

En quelques semaines et depuis la guérison du féminin grotte, "des choses magnifiques avec son père" se sont passées : il vient de retisser de façon inattendue un lien d'affection et reconnaît la lâcheté de certains actes, sans que l'épisode incestueux n'ait été évoqué. Marina privilégie le pardon intérieur et honore ce rapprochement, sachant que l'un et l'autre s'approchent du plus sensible.
Ce rapprochement inattendu arrive régulièrement. La personne se libère véritablement et sans attente d'un attachement familial douloureux. Quelque chose se libère dans la trame subtile et énergétique qui relie les deux êtres. Une détente consciente ou non se produit de l'autre côté qui se manifeste souvent concrètement par un geste, un coup de fil, un baiser, un regard…
La rencontre aujourd'hui est le féminin de Marina dans un corps de femme.

Le féminin de Marina se présente dans la nature comme une jeune fille aux longs cheveux noirs qui se baigne, avec un réflexe de peur d'une biche effrayée d'être vue nue et fragile.
Son féminin se sent automatiquement sur la défensive, surpris dans son intimité et sa nudité. Son inconscient informe de l'absence du "Pote Mafé" du féminin dont la fonction est de veiller à l'intégrité de son féminin, d'autant que la biche est potentiellement victime du prédateur. La jeune fille est surprise se baignant : le féminin se présente dans une intimité avec l'eau, ce qu'elle représente de purification physique et subtile, et aussi de sensualité…
La jeune fille partage sa joie que la grotte, sa Yoni, soit reconnue désormais par Marina dans sa beauté et sa pureté. Elle ne pouvait se montrer avant cela. Le "Pote Mafé" de retour à l'évocation de la guérison récente lui permet de traverser sans hésiter le moment délicat où pour protéger son corps, il lui faut un instant se dévoiler nue.

Elle s'entoure d'un sari couleur terre qui lui va bien au teint, même si je le trouve terne. Elle ne dit pas une serviette, mais un sari. Rien de plus féminin, de plus sensuel et de plus coloré qu'un sari. Elle nomme le potentiel sensuel de sa féminité qui a besoin pour l'instant de se fondre dans le paysage.
La jeune fille rassurée et protégée intimide Marina par ses yeux pénétrants. Il y a dans ses yeux une lumière qui regarde son âme et lui transmet de l'amour, la remplit tout entière. Marina a les mêmes yeux, mais a encore du mal à le reconnaître. Elle m'assure d'ailleurs qu'il n'y a pas de lien familial entre elles.
"Juste une reconnaissance de soi à travers l'autre."
Lorsque Marina finit par intégrer qu'elle reconnaît à travers la jeune fille son Soi, son énergie s'expand dans la pièce, sa peau rosit, une larme unique perle au coin de son œil.
"La jeune fille est devenue une jeune femme. Elle transmet cet amour à tous et aux hommes, à aucun en particulier. Elle n'est pas dans une relation amoureuse. Elle est un être à part. Elle s'unit aux dieux ou à un dieu. Et c'est parce qu'elle fait l'amour ainsi qu'elle peut transmettre l'amour par les yeux et sa présence. C'est tellement fort et magnifique. C'est un tout. On ne le vit pas ici. Ici il faut payer. Je l'ai approché en m'ouvrant dans ma sexualité avec les femmes. Quelque chose de très fort, intense, mais il y avait quelque chose de destructeur. J'ai dû faire une croix sur une relation comme ça quand j'ai décidé d'avoir mon enfant."
Marina garde des illusions, des croyances et des programmes qui limitent sa vision et son expérience, même si elle actualise puissamment ce qu'elle porte vivant dans son cœur. Elle a vécu l'abandon de sa mère à laquelle elle a pardonné mais le travail de l'enfant intérieur n'est pas complété. Dans mon pressentiment, l'inceste, aussi terrible soit-il, n'est qu'une étape de son histoire, dont le fondement est d'être accueillie par la Mère, telle la vibration de la Déesse Mère, pour laquelle Marina a une passion. Les véritables retrouvailles sont probablement là. Elle est la Mère pour son enfant, mais pas pour son enfant intérieur. Quelque chose de cet ordre a dû se jouer dans la relation sur laquelle elle a fait une croix. Le projet immédiat est autre, reconstruire la confiance en la vie.
Je retrouve en elle et partage avec Marina sa dimension tantrique dans cette mémoire de l'union divine d'origine. Je l'avise de l'illusion d'idéaliser, de contribuer à travers l'idéalisation à la séparation. Dans les plans supérieurs de conscience, nulle dualité certes, nulle opportunité de l'étreindre et de l'alchimiser ! Seul le plan terrestre rend possible l'alchimie. S'unir avec l'autre dans cette dimension tantrique, s'ouvrir à la puissance véritable de l'amour révèle

en nous tout ce qui n'est pas l'amour, les contractions physiques, énergétiques, émotionnelles, mentales, karmiques, tout ce qui est refoulé, ce que nous espérons et redoutons de l'autre… Cela peut être magique, c'est toujours confrontant, car cela demande de contempler la réalité.
C'est le projet de vie de Marina. Réaliser sur Terre cette dimension de l'union divine et dans un corps de chair. Il l'invite à redécouvrir dans l'amour terrestre ce qu'elle reconnaît déjà avec les plantes et la terre. Son féminin est un peu impressionné du projet de vie, puis se réjouit du projet de libération.
"Ses cheveux sont encore plus longs, plus roux aussi, moins noirs, moins tragiques. Il y a de la candeur et de la malice en elle. Elle est coquine, joueuse. Elle est comme une renarde. Ça pourrait être son nom la Renarde. Tiens, son sari est plus chaud, avec les couleurs un peu flamboyantes de l'automne. Elle est un peu étrange. On peut en avoir peur. Elle n'est pas méchante, elle sait juste des choses. Elle a un côté fée, elle connaît le monde des esprits de la nature. Elle sait faire des potions, des baumes avec des plantes, pour un arbre comme pour une bête, pour un homme comme pour une femme. Je la vois ramasser. C'est une alchimiste. Elle peut apparaître et disparaître. Elle est la gardienne de l'esprit de la forêt."
La reconnaissance disponible en Marina m'émerveille comme les couleurs de son sari !
Son féminin était telle une biche effrayée, maintenant telle une renarde. Animal carnassier et chasseur. Son féminin s'est "yanginisé", le "Pote Mafé" est bien là dans sa dimension de protection, de défense, de chasse, sans peur de la pulsion de vie, de la passion qui l'anime.
Marina décrit avec précision l'action propre à la famille d'âmes des "alchimistes fées", celle de spiritualiser la matière, en élevant le taux vibratoire de ce qu'ils touchent. Certains humoristes au cœur ouvert font cela merveilleusement sans le savoir ! Morgane (voir son histoire p. 129) porte aussi cette vibration. J'en rencontre un certain nombre, je les reconnais souvent, je m'en sens proche, ma vibration est différente. Son âme aspire à être reconnue afin que la personnalité s'aligne sur son identité profonde. Marina s'accorde déjà à cette vision des familles d'âmes. Le féminin de Marina "ramasse", dimension du féminin qui rassemble les matériaux bruts pour en tirer la quintessence dans le processus alchimique du cœur (voir "L'action du Féminin en vérité, p. 180).
"La Renarde te révèle ton appartenance à ta famille d'âmes, ton identité profonde. Tu la nommes fée, oui, ceux qui connaissent le monde des esprits de la nature, qui savent faire les baumes et spiritualiser la matière. Invite la Renarde à activer cette reconnaissance en toi…

— Non ! C'est dangereux. Elle n'a pas le droit. C'est pour me protéger. Ouille ! J'ai mal à la tête. Comme si ma tête allait exploser."

Nulle question d'investir des mémoires qui ne s'imposent pas.

"Demande simplement d'accéder à la vibration de ta famille d'âmes, pendant tes méditations et ton sommeil. Demande à tes guides d'ajuster afin de ne rejouer aucun traumatisme. Dépose délicatement ta main sur ton corps, là où tu ressens un contact intime avec ton âme et ta famille d'âmes. Que dit la Renarde ?

— Comme ça, ça va. Elle se détend. Elle me montre qu'elle est toujours présente quand je suis proche d'une plante. Elle me demande d'en être plus consciente.

— Quel est son rêve pour la Terre auquel elle désire ardemment participer ?

— Oh ! Que les forêts reprennent vie. Elle aime tant les arbres. Et elle veut transmettre le respect de la Terre et la compréhension des éléments. Mais là, elle se sent démunie.

— La prochaine fois, tu rencontres ton masculin. Ensuite, le temps viendra d'une alliance avec lui. Alors elle ne se sentira plus démunie.

— Cela lui plaît, même si cela lui fait peur. Je la sens dans ma colonne vertébrale, c'est vivant, elle me donne une densité, une matière. Elle me dit aussi d'écouter la joie de mon cœur, que c'est le seul fil à suivre."

Surtout ne rien ajouter.

Nous complétons dans la gratitude puis par un temps de silence dans une reconnaissance avec son identité profonde.

La rencontre du féminin de Marina dans un corps de femme donne chair à :

- La manifestation bénéfique, extérieure à la volonté et par l'autre personne, de la libération d'un lien d'attachement douloureux. La séparation n'existe que dans la vision limitée de la réalité.
- L'absence de "Pote Mafé", de sa vigilance, met le féminin en pâture, surpris dans son intimité.
- L'activation de l'alignement (Hara-cœur-3e œil) permet au "Pote Mafé" du féminin d'initier le mouvement, de savoir agir pour veiller à l'intégrité de son féminin.
- La reconnaissance de son propre Soi et son défi.
- La mémoire de l'union divine tantrique et son idéalisation.
- Les retrouvailles avec l'identité profonde à travers la reconnaissance de la famille d'âmes. L'aspiration de l'âme à être reconnue dans son identité profonde et son action afin que la personnalité s'aligne sur cette identité.
- L'action alchimique du féminin qui rassemble les matériaux bruts pour tirer la quintessence de l'expérience.

Chapitre 9

Activer l'union

Les méditations de ce chapitre activent la fréquence de l'union présente dans notre essence. C'est la voie transcendante qui va s'offrir au chapitre suivant à la Fusion immanente au Cœur de la Séparation.

1 • Allier transcendance et immanence

1 / Transcendance et immanence

La transcendance nous fait chercher Dieu à l'extérieur, l'immanence nous le fait rencontrer à l'intérieur. La transcendance part du cœur. L'immanence nous y ramène. La transcendance appelle Dieu en nous. L'immanence écoute Dieu en nous.

L'immanence a besoin généralement de la transcendance pour préparer le chemin. À moins d'être touché radicalement par la grâce, la transcendance précède l'immanence.

La transcendance part du principe qu'il faut trouver ou développer quelque chose qui nous manque. L'immanence part du principe qu'il nous faut le reconnaître en nous-mêmes. La beauté tragique et sublime d'un être humain est d'expérimenter la séparation alors que son essence est l'union.

La transcendance est la voie du masculin qui cherche Dieu dans un mouvement centrifuge de quête, "d'aller vers quelque chose", de s'élever au-dessus de la matière comme d'un lieu à quitter. La transcendance légitime l'ego à travers le besoin d'être utile, de faire. Elle est la voie habituelle proposée par les religions qui invitent par les prières un état plus élevé et cherchent à accéder à autre chose.

L'immanence est la voie et l'expérience du Féminin qui reconnaît l'essence et la divinité en Tout Ce Qui Est et reconnaît en lui Tout Ce Qui Est. Le **F**éminin reconnaît l'immanence de la divinité, même en sommeil. Nous utilisons l'immanence dans le chapitre 10 pour solliciter la Fusion au Cœur de la Séparation.

Les Noces Alchimiques, alliance de la transcendance et de l'immanence, procèdent de l'union qui se présente à la séparation afin de solliciter la fusion.

2 / Paradoxe de la transcendance

• **Le paradoxe de la transcendance. Dans l'approche transcendante, il n'y a pas de changement radical.**

La transcendance par son mouvement centrifuge ne transforme pas le noyau, la racine, le cœur de la blessure, de la séparation sujet / objet. Elle permet de vivre une expansion, et c'est ce que nous souhaitons. La réalité y est plus expansive avec des effleurements de bénédiction.

La voie transcendante permet à l'ego de jouer un rôle légitime. Et c'est bien légitime car grâce et par l'ego, nous sommes en quête. Il contribue à la progression spirituelle et renforce notre foi, nous y trouvons du sens.

Pourtant quelque chose n'est pas touché, transformé radicalement. L'illusion de la séparation ne nous quitte pas véritablement. La quête est utile et légitime, sans elle "moi, je" s'opacifie, pourvu de ne pas s'identifier à elle et la confondre avec le but. Le désir d'éveil peut se confondre avec le besoin de l'ego spirituel, se différencier de la masse dormante, dominer avec subtilité les « non-spirituels ». Un autre est de donner bonne conscience et de remettre son pouvoir à la pratique extérieure. Les pratiques proposées ici sont donc un piège et un cadeau. L'attention aimante est invitée sur l'incohérence entre des états élevés de conscience et des situations personnelles de conflit ou de non-amour. **Tant que l'ego sollicite l'activité, même celle des méditations, pour être sauvé de ce que nous jugeons imparfait, la quête devient le défi à la réalisation spontanée du Soi (voir histoire de Bruno, p. 13).**

Là est le paradoxe.

La transcendance renforce notre foi, mais légitime notre ego.

"La pureté, exaltée par les religieux ignorants, semble impure au tântrika. Affranchis-toi de la pensée dualisante et ne reconnais rien comme pur ou impur" (Vijñânabhaïrava tantra).

• **Limite de la transcendance**. Il arrive un moment où aucune approche transcendante ne peut soulager la souffrance de la séparation. **L'ego ne peut guérir ni la séparation dont il est l'auteur, ni sa terreur intrinsèque de n'être rien.**

Paradoxalement, plus la transcendance est puissante et mobilisée par un cœur sincère, plus l'être reçoit la lumière de la transcendance, plus la blessure est mise en lumière. Certains s'étonnent d'avoir une pratique spirituelle et d'aller de plus en plus mal. Ils ont en fait préparé le chemin à la véritable rencontre. La bonne nouvelle est qu'ils sont prêts.

Voilà ce qu'en dit Éric Baret, guerrier de l'amour et de l'esprit et enseignant spirituel qui récuserait ce titre (printemps 2006) : *"La pratique n'amène rien, si ce n'est la découverte de sa propre incapacité absolue à faire face à la vie. Si cette révélation est reçue sans référence à l'image d'un soi-même, cette absolue limite se révèle comme liberté absolue. Pas de place pour un pratiquant, un yogi en mal d'accomplissement. La mort du yogi est la naissance à la vie. Tant qu'il y a recherche d'appropriation, de résultat ou d'imaginaire d'éveil, la personne restera dans sa limite, sa souffrance et sa confusion. La totale abdication est la véritable naissance et cette mort n'est autre que la vie en perpétuel renouvellement."*

• **Immanence.** L'approche immanente étreint jusqu'au cœur ce qui voile la reconnaissance spontanée du Soi et que le monde croit légitime. La fusion consume l'ego par l'incandescence de la totale impuissance et de l'abdication. La fusion ne le réconforte pas, elle le pulvérise, dans l'amour, par l'amour, à travers l'amour. Les voiles de la grande illusion se déchirent. L'immanence, après avoir pulvérisé les certitudes de l'ego, l'invite à l'humilité au service du Soi.

• La transcendance proposée ici active l'Union à travers les méditations du CD audio dont la plupart sont accompagnées dans les pages suivantes :"l'Union du mental et du cœur", "le Reflet du soleil sur l'eau", "l'Union intérieure", "l'Appel de l'Autre", ainsi que " l'Étoile Tétraédrique pour une femme et pour un homme". Elles sont toutes des pratiques de base…

Nous complétons l'activation de l'union par "l'Appel de l'Autre", méditation essentielle dans le choix profond de reconnaissance de nous-mêmes à travers le reflet prodigieux de l'Autre, méditation aussi fort puissante pour appeler l'âme-sœur…

2 • Méditation du "Reflet du soleil sur l'eau"

Cette méditation peut être associée à d'autres pratiques et peut devenir un lieu de ressource intérieur. Son effet est immédiat lors d'une baisse de moral ou d'énergie.

Le **M**asculin est associé au soleil qui produit et émet la lumière et le **F**éminin est associé à l'eau qui reflète et matérialise l'énergie de la Source. Le soleil traditionnellement est associé à la Source. Le reflet du soleil sur l'eau matérialise l'Union du **M**asculin et du **F**éminin, l'essence sacrée.

Jésus choisit ses disciples parmi les pêcheurs, en contact continuel du reflet du soleil sur l'eau. Nos yeux sont attirés par le reflet du soleil sur l'eau qui nous ressource et nous régénère inconsciemment en activant dans notre corps physique à travers les phosphènes la vibration de l'Union.

Il n'est pas nécessaire que l'eau et le soleil soient physiquement présents. Chacun porte en soi ce scintillement particulier.

Pratique.
Permettez-moi de passer au tutoiement. Merci d'ajuster.

Prends quelques instants et respire amplement afin d'habiter plus consciemment ton corps...
Autorise la verticalité, non dans l'effort, simplement dans l'intention de t'élever toujours plus haut et de t'enraciner toujours plus profond...
Dans l'intention de contacter l'amour et la lumière présents au cœur de la Terre Mère, de contacter les plans supérieurs de conscience présents dans l'univers.
Dans la conscience d'être un arbre de vie qui relit et unit le Ciel et la Terre, intimement enraciné dans la dimension terrestre. Permets à ton être de se déployer dans sa verticalité entre Terre et Ciel...
Pose ton attention au centre de ton cœur... Respire doucement au centre de ton cœur...
Au centre du centre de ton cœur...
Imagine ou visualise le reflet du soleil sur l'eau...
Approche ta conscience du reflet...
Ouvre tes sens et ton cœur au scintillement...
Laisse tes yeux y plonger...
Approche-toi du reflet... Approche-toi... Approche-toi encore...
Imprègne-toi de ce scintillement... Accueille-le en toi...
Plonge au cœur du scintillement...
Approche encore jusqu'à devenir le scintillement...
Perçois l'allégresse qui émane du scintillement... Allégresse à ressentir le scintillement du soleil sur l'eau...
Allégresse à accueillir le scintillement à l'intérieur de toi...
Allégresse à reconnaître le scintillement que tu la portes déjà en toi et qui s'éveille...
L'allégresse du scintillement appelle l'allégresse présente en toi à se joindre à elle...
Allégresse... Scintillement... Lumière blanc doré...
Lorsque tu sors du scintillement par la pensée ou l'émotion, simplement reviens-y sans juger cela.
Allégresse... Scintillement... Lumière blanc doré...

Allégresse des retrouvailles avec la vibration vivante de l'union…
Unis-toi à cette allégresse qui scintille en toi…
Laisse le scintillement se répandre dans chacune de tes cellules… Laisse-le réveiller le scintillement déjà présent…
Scintillement du reflet du soleil sur l'eau…
Le reflet du soleil sur l'eau allume dans chaque cellule le même scintillement…
Laisse l'allégresse qui scintille réveiller dans chacune de tes cellules cette même allégresse qui aspire à scintiller à nouveau…
Autorise tes cellules, chacune de tes cellules à scintiller allègrement…
Le reflet du soleil sur l'eau au cœur de chacune de tes cellules…

Reste en ce lieu…
Ne sois plus que l'allégresse qui scintille…En chacune de tes cellules…
Laisse-la se déployer encore… Encore… Encore…
Inspire l'allégresse… Expire l'allégresse…
Inspire le scintillement… Expire le scintillement…

Laisse l'allégresse et le scintillement rayonner dans toutes les directions… Toucher chaque être et chaque chose…
Éclairer chaque être et chaque chose autour de toi…
Le scintillement en toi réveille le scintillement autour de toi…
Le scintillement en toi permet le réveil du scintillement autour de toi…
Le noir scintille aussi… Pressens le scintillement jusque dans le noir…
Le scintillement, l'allégresse, en toi, autour de toi, à travers toi… Partout, en tout…

Tu es l'eau et le soleil et leur union… Tu réveilles cette union en toi… Tu la rayonnes autour de toi…
Scintillement… Allégresse… Scintillement… Allégresse… Scintillement… Allégresse…

Prends le temps dont tu as besoin pour compléter…

Respire amplement… Baille…
Reviens simplement à la vie quotidienne…
Prépare-toi à continuer une merveilleuse journée alors qu'il reste des étoiles dans tes yeux. Elles sont elles aussi le reflet du soleil sur l'eau. Elles sont le Masculin reflété par le Féminin.

Très belle journée.

3 • Méditation de "l'Union Intérieure"

1 / Introduction

Cette méditation active la conscience vivante de notre canal, axe vertical infini, qui soutient et transmet la dimension universelle à notre dimension horizontale incarnée, la coupe. Elle est la reliance grâce à laquelle notre cœur peut éclore à l'amour inconditionnel. Cette méditation unit l'axe vertical à l'axe horizontal, **le canal et la coupe**, le **M**asculin et le **F**éminin en tant que flux d'amour-lumière émanant du Ciel et de la Terre offrent au corps. **Conscience vivante de la croix que crucifie la dualité. La méditation la transforme en croix de vie, sur laquelle la joie, l'émerveillement et la gratitude peuvent danser.** À l'intersection de la croix est le point, le centre, le cœur. La croix est la façon de désigner le centre. Croix à l'origine du dessin d'une étoile d'où partent les rayons émanant du cœur. Étoile à laquelle nous sommes destinés. Cette croix vivante en nous, entre le haut et le bas, la gauche et la droite, est celle de la crucifixion ou celle de l'étoile, ou celle de l'étoile au cœur de la crucifixion, comme celle de l'étoile qui alchimise la crucifixion.

Cette méditation est salutaire pour vivre la sécurité et la puissance de l'enracinement, une canalisation saine dans l'équilibre de tous les plans. Je l'utilise personnellement dans une version simplifiée pour enraciner et unifier un groupe dans un but de travail spirituel pratique, telle une méditation de paix…

2 / Méditation

Je me permets de passer au tutoiement. Merci d'ajuster.

Prends quelques instants pour respirer amplement afin d'habiter plus consciemment ton corps…
Autorise la verticalité, non dans l'effort, simplement dans l'intention de t'élever toujours plus haut et de t'enraciner toujours plus profond…
Dans l'intention de contacter l'amour et la lumière présents au cœur de la Terre Mère, de contacter les plans supérieurs de conscience présents dans l'univers.
Dans la conscience d'être un arbre de vie qui relit et unit le Ciel et la Terre, intimement enraciné dans la dimension terrestre. Permets à ton être de se déployer dans sa verticalité entre Terre et Ciel…
Pose ton attention sur tes racines sous tes pieds… Tes racines te relient dans une intimité aimante à la Terre Mère. Permets-leur de se baigner dans l'amour et la lumière présent au Cœur sacré de la Terre, de se fondre avec cet amour-lumière… Invite-les à s'y enraciner, s'y ressourcer, s'y régénérer…

Laisse remonter consciemment l'amour-lumière du Cœur sacré de la Terre tout au long de tes racines. Elles se déploient et s'équilibrent…
Laisse remonter l'amour-lumière jusqu'à tes pieds… Puis de tes pieds à ta couronne… Au passage chaque chakra se régénère et s'harmonise… Chacun de tes chakras s'harmonise et se met à scintiller d'amour-lumière… La base… Le Hara… Le plexus solaire… Le cœur… La gorge… Le 3e œil… La couronne…
Pose maintenant ton attention sur tes racines célestes qui se déploient vers le ciel… Laisse-les se déployer librement jusqu'au Cœur sacré de l'univers…
Prends conscience de l'arbre humain, du pilier que Tu Es… Reconnais le canal d'amour que tu es… Canal d'amour et de lumière.
Accueille l'amour-lumière qui descend du Cœur sacré de l'univers par tes racines célestes… Tes racines célestes vibrent de joie pure…
Accueille l'amour-lumière du Cœur sacré de l'univers, de ta couronne à tes pieds… Chaque chakra s'illumine et s'harmonise d'accueillir le flux d'amour-lumière venant du ciel… La couronne… Le 3e œil… La gorge… Le cœur… Le plexus solaire… Le hara… La base…
Prends conscience de ces deux flux d'amour-lumière qui passent par toi… L'un monte de la Terre, l'autre descend du Ciel… Monter et descendre sont là pour faire image à notre représentation du monde en trois dimensions…
Ressens le flux qui monte du Cœur sacré de la Terre vers le Ciel… C'est le flot du Féminin en toi… Le Féminin qui matérialise… qui donne forme… qui reflète… qui incarne l'esprit… Ton corps en particulier qui incarne qui tu es et te reflète bien des choses… C'est l'amour et la compassion en toi qui tirent la quintessence de ton expérience humaine et spiritualisent la matière… L'amour et la compassion en toi qui alchimisent le dense et savent en extraire le subtil… Ressens ton Féminin dans sa beauté et sa puissance qui matérialise et alchimise…
Ressens maintenant le flux qui descend du Ciel sur la Terre à travers toi… Ton Masculin… Le Masculin à travers toi… Le Masculin qui ensemence la matière de conscience… Le Masculin qui individualise l'univers en toi… Le Masculin qui donne sens par la conscience et sait… Lui qui concentre l'esprit dans la matière et l'enracine par son axe… Le Masculin qui te permet de prendre conscience de toi-même par son action… Le Masculin qui veille et s'émerveille… Le flux du Masculin qui descend du Ciel sur la Terre à travers toi…
Ces deux flux te traversent… Accueille-les simplement…
Imagine, visualise qu'ils se croisent en ton cœur, au centre de ta poitrine…

L'Union de la Terre et du Ciel en ton cœur… Respire cette union… Doucement, profondément…
Laisse tes mains se déposer sur tes genoux…
Contemple ton couple intérieur… Ton masculin et ton féminin qui s'expriment dans ta vie… La main gauche représente ton féminin, la main droite ton masculin…

Contemple les simplement sans juger ni censurer…
Accueille les tels qu'ils se présentent…
Accueille-les par la Coupe de ton cœur…
Tes mains manifestent les parois de la coupe…
Cette coupe contient l'univers quand Masculin et Féminin s'unissent…
Prends conscience simultanément de ton canal entre Ciel et Terre…
La Coupe et le Canal…
Pose-toi au centre des deux… L'axe vertical et l'axe horizontal… Le canal et la coupe… La croix d'union en toi…
Depuis ton appel à l'union, rapproche tes mains doucement…
Laisse le OUI couler de ton cœur et arriver dans tes mains… Le OUI à l'alchimie… Le OUI à l'amour… OUI à la lumière… OUI à ce qui est là humblement entre tes mains… OUI à ce qui est là sublimement entre tes mains…
Laisse tes mains se rejoindre doucement, consciemment… Elles sont les racines de ton cœur… Respire au fur et à mesure que tes mains s'approchent… Les retrouvailles… Dans la reconnaissance mutuelle… Dans l'union consciente du Yin et du Yang… La croix vivante qui te guide vers ton cœur… Le cœur de ton cœur… Le cœur de l'étoile que tu es…
Accueille s'il y a résistance, s'il y a doute, ne juge pas… Nulle obligation… Accueille le doute… Accueille ce qui est là…
Juste l'accueil inconditionnel…
Le OUI dans l'amour et la conscience à ce qui est là, cela est déjà l'union…
OUI…
Laisse couler de ton cœur l'union du Ciel et de la Terre, l'union du Masculin et du Féminin d'origine… Laisse l'union baigner tes mains jointes… L'union de Masculin et Féminin divins baignent masculin et féminin de ta vie quotidienne…
Ils s'unissent et s'accordent à travers tes mains… Le canal et la coupe… La croix du cœur de l'étoile…
Respire profondément… Maintient cette vibration quelques instants…
Offre ceci à ton corps… Laisse tes mains toucher ton corps, là où ton corps appelle, là où tes mains se sentent appelées… Unis par tes mains le haut et le bas, la gauche et la droite, l'avant et l'arrière, la diagonale et l'autre… Le dedans et le dehors par ta respiration consciente…
Offre par l'intention ton choix d'union à tous et à tout…
Offre-le à la Terre… Offre-le à la toile de la vie, au Champ Unifié…

Prends le temps dont tu as besoin pour compléter… Étire-toi… Baille… Apprête-toi à reprendre ta vie habituelle, régénéré, ressourcé, émerveillé.

Très belle journée.

4 • Méditation de "l'Étoile Tétraédrique"

1 / Introduction

• Cette méditation incarne notre Présence divine dans notre corps.

Souvenons-nous, les principes **M**asculin et **F**éminin se symbolisent chacun par un triangle qui matérialise à plat leur fonction et leur action, leur direction : le **M**asculin dont la base du triangle est dans le ciel et la pointe dans la terre ; le **F**éminin dont la base du triangle est en terre et la pointe est vers le ciel. Les deux triangles imbriqués forment une étoile à six branches.

L'étoile à six branches dans le monde physique à trois dimensions devient l'étoile tétraédrique.

• L'étoile tétraédrique. Les écoles des Mystères qui travaillent avec la géométrie sacrée appellent l'étoile tétraédrique le Mer-Ka-Ba. En égyptien ancien, Mer signifie Lumière ; Ka, Esprit ; Ba, le Corps. Merkaba est alors l'Esprit/Corps mis en mouvement par la lumière. En hébreu, le Mer-Ka-Vah est à la fois le trône de Dieu et un char, une sorte de véhicule transportant l'esprit et le corps humain à travers les mondes (voir Drunvalo Melchizédek, *l'Ancien Secret de la Fleur de Vie,* www.floweroflife.com). Le **Mer-Ka-Ba** serait le véhicule lumineux de l'âme lui permettant de voyager à travers les dimensions.

L'étoile tétraédrique, ou Merkaba, est ici la géométrie spatiale de l'Union du Masculin et du Féminin, c'est-à-dire notre Présence divine. Nous sommes cette étoile et destinés à le réaliser. Lorsque notre présence divine est active en nous, tout est possible car nous connectons tous les aspects de soi-même, à travers le temps, l'espace et les dimensions, et les rendons à l'harmonie. Cette étoile vibratoire englobe notre corps.

L'étoile tétraédrique est composée de deux pyramides à base triangulaire équilatérale. Nous retrouvons **la trinité**, archétype vibratoire universel qui revêt le lexique du lieu et du moment. La trinité des trois plans de l'être, des trois parties du livre : Séparation/Retrouvailles/Noces Alchimiques ≅ "Masculin/Féminin/la création" ≅ "corps/âme/esprit" ≅ "Lumière/Amour/Puissance" ≅ "Dieu/Déesse/Tout ce qui est" et la version tantrique "Conscience /Énergie/la Réalité". Dans la version chrétienne "Père/Fils/Saint-Esprit", le **F**éminin est voilé même s'il y est présent de façon ésotérique.

Afin de faciliter la représentation spatiale de cette méditation, il est judicieux d'avoir le dessin sous les yeux car elle demande une concentration à ceux qui, comme moi, ont du mal avec la représentation spatiale. Cette méditation est différente pour les hommes et pour les femmes, car nous sommes polarisés différemment dans nos centres d'énergie, nos chakras.

CORPS ÉNERGÉTIQUE DE LA FEMME DANS L'ÉQUILIBRE MASCULIN-FÉMININ

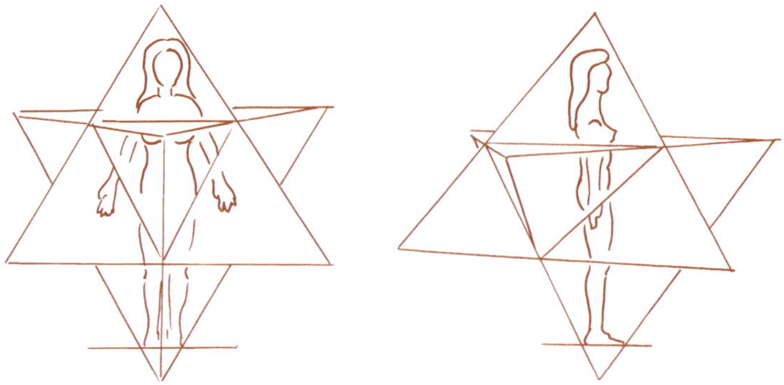

2 / Méditation

• Pour une femme.

Je me permets de passer au tutoiement. Merci d'ajuster.

Prends quelques instants pour respirer amplement afin d'habiter plus consciemment ton corps…
Autorise la verticalité, non dans l'effort, simplement dans l'intention de t'élever toujours plus haut et de t'enraciner toujours plus profond…
Dans l'intention de contacter l'amour et la lumière présents au cœur de la Terre Mère, de contacter les plans supérieurs de conscience présents dans l'univers.
Dans la conscience d'être un arbre de vie qui relit et unit le Ciel et la Terre, intimement enraciné dans la dimension terrestre. Permets à ton être de se déployer dans sa verticalité entre Terre et Ciel…
Approfondis dans ton cœur l'intention d'actualiser la fréquence de ta Présence divine qui vit l'Union… Elle existe dans toutes les dimensions de ton corps physique et te donnent accès à toutes les dimensions…
La géométrie sacrée de ta Présence divine incarnée dans ton corps…
Continue de respirer, doucement et amplement…
Imagine, visualise ou ressens la pyramide de ton Féminin et tout ce qu'il représente…
Sa base est connectée à la Terre et prend son assise à tes genoux… Sa pointe du haut est dirigée vers le ciel et englobe ta tête… Cette pyramide est dirigée vers l'arrière, son arête est à l'arrière et sa face plate est devant toi… Face plate devant toi, arête vers l'arrière, base à tes genoux, pointe au-dessus de ta tête…
Respire à travers cette pyramide et laisse-la déployer la beauté et la puissance du Féminin en toi… Le Féminin qui donne vie en matérialisant la semence, le projet du Masculin… Le Féminin qui incarne et expérimente l'action du Masculin… La

puissance du Féminin qui donne vie, qui donne chair… La beauté du Féminin qui spiritualise la matière par l'amour… Le Féminin qui restaure à l'amour ce qu'il touche… Le Féminin qui reconnaît l'amour en chaque être, l'amour en chaque situation, l'amour en chaque instant… La beauté et la puissance du Féminin en toi… L'amour, la compassion, la foi, la joie, la paix, la grâce…
Pyramide du Féminin en toi… Face plate devant toi, arête vers l'arrière, base à tes genoux, pointe au-dessus de ta tête… Respire et incarne à travers cette pyramide vibratoire le Féminin en toi, par toi…

Pose ton attention maintenant sur la pyramide du Masculin en toi et tout ce qu'il représente… Sa base est connectée à l'univers et prend son assise à ton cœur… Sa pointe est dirigée vers la Terre et englobe tes pieds… La pyramide de ton Masculin est dirigée vers l'avant, c'est-à-dire que son arête est à l'avant et sa face plate est derrière toi… Arête devant toi, face plate à l'arrière, base à ton cœur, pointe au-dessous de tes pieds…
Respire à travers cette pyramide et laisse déployer la Présence et la consécration du Masculin en toi… Le Masculin qui t'éveille à l'univers individualisé en toi… Le Masculin qui incarne l'esprit dans la matière… Le Masculin donne sens à ton expérience humaine… Le Masculin qui conçoit et ensemence, qui initie de nouveaux chemins à travers l'expérience de son Féminin… Le Masculin qui se consacre à la Terre, au Féminin… Le Masculin qui veille et s'émerveille… La vérité… L'honneur… L'action juste… L'intégrité… Le service… La consécration du Masculin…

Le Masculin dans la clarté de son intention, dans la vérité et l'intégrité, l'honneur et le service… La consécration du Masculin…
Pyramide du Masculin en toi… Arête devant toi, face plate à l'arrière, base à ton cœur, pointe au-dessous de tes pieds… Respire et incarne par cette pyramide vibratoire le Masculin en toi, par toi…

Prends maintenant conscience des deux pyramides imbriquées, l'une dans l'autre…
Devant toi une face plate du sommet de la tête jusqu'à ton cœur et de ton cœur aux genoux une avancée en pointe… Et à l'arrière de toi, une arête du sommet de la tête jusqu'au cœur, jusqu'aux genoux, une face plate de ton cœur aux genoux…
Respire doucement et amplement… Offre-toi au OUI de ta Présence divine…
Tu es cette étoile… Cette étoile est ta géométrie sacrée d'origine… Tu la retrouves simplement… Tu l'actives par ton choix de l'amour et de la conscience… Amour-lumière… L'amour de la conscience, la conscience de l'amour, la créativité, la manifestation, l'unification, l'expansion, la complétude, la souveraineté… Équilibre et harmonie…
Tu l'actives par ton choix de la fusion intérieure… Féminin et Masculin unis et dans leur splendeur… Tu es cette étoile… Tu es une étoile…
Accueille avec amour et douceur les doutes, les résistances… Accueille qui tu es… Accueille Qui Tu Es… Accueille l'étoile… Respire l'étoile…

L'étoile Que Tu Es te donne entière connexion à la Terre comme à l'univers…
L'énergie est puissante, tu poses régulièrement ton attention sur ton enracinement…
Union dans ton corps incarné… Union de la Terre et de l'univers en toi… Du Masculin et du Féminin…

Complète par les mots qui pour toi sont un sceau d'amour et de lumière : Amen… Ainsi soit-il… Que ceci soit et ceci est…
Et passe une merveilleuse journée…

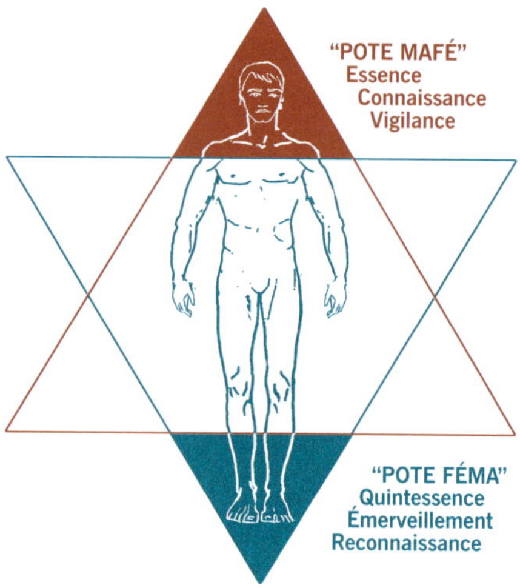

• Pour un homme.
Je me permets de passer au tutoiement. Merci d'ajuster.

Prends quelques instants pour respirer amplement afin d'habiter plus consciemment ton corps…
Autorise la verticalité, non dans l'effort, simplement dans l'intention de t'élever toujours plus haut et de t'enraciner toujours plus profond…
Dans l'intention de contacter l'amour et la lumière présents au cœur de la Terre Mère, de contacter les plans supérieurs de conscience présents dans l'univers.
Dans la conscience d'être un arbre de vie qui relit et unit le Ciel et la Terre, intimement enraciné dans la dimension terrestre. Permets à ton être de se déployer dans sa verticalité entre Terre et Ciel…
Approfondis dans ton cœur l'intention d'actualiser la fréquence de ta Présence divine qui vit l'Union…Elle existe dans toutes les dimensions de ton corps physique et te donnent accès à toutes les dimensions…
La géométrie sacrée de ta Présence divine incarnée dans ton corps…
Continue de respirer, doucement et amplement…

Imagine, visualise ou ressens la pyramide de ton Féminin et tout ce qu'il représente en toi et par toi… Sa base est connectée à la Terre et prend son assise à tes genoux… Sa pointe dirigée vers le ciel englobe ta tête… Cette pyramide est dirigée vers l'avant, c'est-à-dire que son arête est devant toi et sa face plate est à l'arrière… Arête à l'avant en pointe, face plate à l'arrière, base à tes genoux, pointe au-dessus de ta tête…
Respire à travers cette pyramide et laisse-la déployer la beauté et la puissance du Féminin en toi… Le Féminin qui donne vie en matérialisant la semence, le projet du Masculin… Le Féminin qui incarne et expérimente l'action du Masculin… La puissance du Féminin qui donne vie, qui donne chair… La beauté du Féminin qui spiritualise la matière par l'amour… Le Féminin qui restaure à l'amour ce qu'il touche… Le Féminin qui reconnaît l'amour en chaque être, l'amour en chaque situation, l'amour en chaque instant… La beauté et la puissance du Féminin en toi… L'amour, la compassion, la foi, la joie, la paix, la grâce…
Pyramide du Féminin en toi… Arête à l'avant en pointe, face plate à l'arrière, base à tes genoux, pointe au-dessus de ta tête… Respire et incarne par cette pyramide vibratoire le Féminin en toi, par toi…

Pose ton attention maintenant sur la pyramide du Masculin en toi et tout ce qu'il représente en toi et par toi… Sa base est connectée à l'univers et prend son assise à ton cœur… Sa pointe est dirigée vers la terre et englobe tes pieds… La pyramide de ton Masculin est dirigée vers l'arrière, c'est-à-dire que son arête est à l'arrière et sa face plate est devant toi… Face plate devant, arête à l'arrière, base à ton cœur, pointe au-dessous de tes pieds…
Respire à travers cette pyramide et laisse déployer la Présence et la consécration du Masculin en toi… Le Masculin qui t'éveille à l'univers individualisé en toi… Le Masculin qui incarne l'esprit dans la matière… Le Masculin donne sens à ton expérience humaine… Le Masculin qui conçoit et ensemence, qui initie de nouveaux chemins à travers l'expérience de son Féminin… Le Masculin qui se consacre à la Terre, au Féminin… Le Masculin qui veille et s'émerveille… La vérité… L'honneur… L'action juste… L'intégrité… Le service… La consécration du Masculin…
Pyramide du Masculin en toi… Face plate devant, arête à l'arrière, base à ton cœur, pointe au-dessous de tes pieds… Respire et incarne par cette pyramide vibratoire le Masculin divin en toi, par toi…

Prends maintenant conscience des deux pyramides imbriquées l'une dans l'autre…
Devant toi une pointe du sommet de la tête jusqu'à ton cœur, jusqu'à tes genoux et de ton cœur aux genoux une face plate… Et à l'arrière de toi, une face plate du sommet de la tête jusqu'au cœur, jusqu'aux genoux, une pointe de ton cœur aux genoux…
Respire doucement ets amplement… Offre-toi au OUI de ta Présence divine…

Tu es cette étoile… Cette étoile est ta géométrie sacrée d'origine… Tu la retrouves simplement… Tu l'actives par ton choix de l'amour et de la conscience… Amour-lumière… L'amour de la conscience, la conscience de l'amour, la créativité, la manifestation, l'unification, l'expansion, la complétude, la souveraineté… Équilibre et harmonie…
Tu l'actives par ton choix de l'union intérieure… Féminin et Masculin unis et dans leur splendeur… Tu es cette étoile… Tu es une étoile…
Accueille avec amour et douceur les doutes, les résistances… Accueille qui tu es… Accueille Qui Tu Es… Accueille l'étoile… Respire l'étoile…

L'étoile Que Tu Es te donne entière connexion à la Terre comme à l'univers…
L'énergie est puissante, tu poses régulièrement ton attention sur ton enracinement… Union dans ton corps incarné… Union de la Terre et de l'univers en toi… Du Masculin et du Féminin…

Complète par les mots qui pour toi sont un sceau d'amour et de lumière : Amen… Ainsi soit-il… Que ceci soit et ceci est…
Et passe une merveilleuse journée…

Nous retrouvons à travers cette visualisation, pour la femme l'avancée de la petite pyramide au niveau du cœur, tel son cœur actif, pour l'homme l'avancée de la petite pyramide au niveau du bas-ventre, telle son action d'ensemencement.

Nous complétons ici les trois méditations qui réveillent et activent l'Union du **F**éminin et du **M**asculin déjà présente en notre essence.

CORPS ÉNERGÉTIQUE DE L'HOMME DANS L'ÉQUILIBRE MASCULIN-FÉMININ

5 • Méditation de "l'Appel de l'Autre"

Ce chapitre clarifie les idées reçues sur le couple et propose une vision plus vaste.

Cette méditation est essentielle que nous soyons en couple ou non, que nous désirions l'être ou non, dans le choix profond de reconnaissance de Qui Nous Sommes à travers le reflet prodigieux qu'est l'autre. Cette méditation est aussi fort puissante pour appeler l'âme sœur…

1 / Couple intérieur/couple extérieur

Notre but, individuel et collectif, est l'amour et précisément l'union. **Inconsciemment ou non, nous cherchons et cheminons vers l'union.** Quelle union ?

• **L'autre est la réponse…** Souvenons-nous (voir chapitre 7, "Choisir l'amour pour les couples", p. 238) l'idéal romantique nous fait croire que la rencontre avec l'autre est la réponse à notre quête d'amour absolu, alors que la réalité du couple est tout autre, plus confrontante et plus merveilleuse aussi. **Plus l'amour dans un couple est puissant, plus l'opportunité de fusion est puissante, plus la vie conspire à rendre chacun complet !** Non parce que l'autre va combler nos manques, nos peurs, nos limites, car du fait de son histoire combinée à la nôtre, il se révèle être en fait le moins à même d'y répondre, mais de ce fait il va se trouver le plus à même de nous inciter régulièrement et puissamment à en prendre responsabilité ! Si l'autre était le complément idéal, nous serions totalement dépendants, tel l'enfant du parent, et nous ne pourrions grandir et retrouver notre autonomie, notre propre complétude. L'indépendance n'est pas l'autonomie.

La voie du couple nous sollicite inéluctablement à être complet, afin de vivre avec l'autre la joie du partage et non plus le besoin. Elle est la voie la plus puissante et la plus rapide car elle ne laisse aucun répit. Tout ce qui n'a pas été résolu de notre histoire est mis en lumière inévitablement pour être alchimisé. Pouvons-nous véritablement nous rencontrer l'un l'autre dans l'amour sans rencontrer tous les aspects de nous-mêmes et sans rencontrer notre conditionnement amoureux ? Le conditionnement de l'amour ou l'amour conditionnel est l'amour associé à la dualité. La voie du couple dévoile nos croyances sur l'amour et les conditionnements amoureux qui influencent notre blessure. "L'amour : ce n'est pas de cette terre ; c'est pour les autres ; c'est s'oublier pour l'autre, c'est se faire avoir, c'est dangereux…" On reconnaît au loin la voix de l'enfant intérieur.

L'autre est bien la réponse à la séparation. Il est celui qui nous sollicite, sans pouvoir le faire pour nous, à l'alchimiser en nous-mêmes en nous réveillant la saveur de l'Union. **L'autre est véritablement le cadeau de la vie sur le chemin**

de la fusion, oui, de la fusion intérieure ! La bonne nouvelle est que la fusion intérieure est avec le Tout, donc aussi avec l'autre... Et la grâce nous offre parfois des instants d'unité avec l'autre, où la séparation est temporairement suspendue, afin d'en retrouver la trace en nous.

• **Par la grâce à l'autre.** Il est essentiel pour chacun dans un couple de reconnaître que sa propre blessure d'amour lui appartient en propre, bien avant de rencontrer l'autre. Il peut partir au bout du monde, se séparer dix fois de l'autre, un autre "autre" se présente, un ami, un voisin, un collègue, et le même point sensible ... s'active. La seule présence de l'autre met en vibration cette résonance, nul autre que cet autre-là ne pourrait le faire avec autant de précision et d'art... À la mesure de leur amour, de la profondeur de l'engagement de leurs âmes est l'aiguillon de la sollicitation à la complétude intérieure. Ce n'est plus à cause de l'autre. L'autre retrouve le visage de l'opportunité et de la grâce. Le reconnaître ouvre le cœur.

• **Quel autre appelons-nous dans cette méditation ?** La voie du couple est multiple. Nous faisons couple intérieurement. Nous faisons couple avec le ciel, avec la terre, avec le couple intérieur de l'autre. Nous faisons couple avec l'ami, le partenaire, le collègue. À chaque instant nous sommes en relation avec l'autre. **La relation est la vie et nous faisons couple avec la vie dans tous ses aspects à travers la danse Féminin/Masculin.**

Dans la méditation de "l'Appel de l'Autre", c'est nous-mêmes que nous appelons, l'aspect de nous-mêmes reflété par le miroir de la Vie, manifesté à travers l'autre. L'esprit Un unique anime tout être et toute chose. Le monde est notre **F**éminin. Plus notre conscience se déploie, plus elle accueille le Tout. Plus le monde intérieur se déploie, plus le monde se déploie. À travers le miroir du monde, nous nous parlons à nous-mêmes, nous reconnaissons des aspects de nous-mêmes. **En appelant l'autre, nous appelons l'amour qui reflète et révèle par son miroir ce que nous voyons de nous-mêmes.** Nous voyons où nous en sommes de l'amour. Si le miroir ne nous est pas aimable, nous savons où diriger l'amour en nous-mêmes. La quête de l'amour extérieur signale un manque d'activation de l'amour en nous. Lorsque l'amour est vibrant en nous, nul besoin d'être aimé, nous sommes amour. **Chacune de nos réponses au reflet du monde est un choix que nous posons à propos de nous-mêmes.**

Nous invitons l'autre dans le choix et la disponibilité à vivre l'amour conscient à travers le reflet de l'autre, dans la vie avec l'autre.

Invitons l'autre si nous sommes en couple afin d'approfondir l'union en soi à travers l'autre et son miroir.

Invitons l'autre si nous ne sommes pas en couple afin de manifester le couple extérieur et approfondir l'union en soi à travers l'autre et son miroir.

Invitons l'autre si nous sommes en rupture ou sur le point de le quitter afin d'approfondir l'amour à travers la séparation d'avec l'autre pour qu'elle soit un choix et un acte d'amour.

Invitons l'autre, le frère, le collègue, le voisin, l'étranger, la mère, le fils, l'ami, afin d'approfondir l'union en soi à travers l'autre et son miroir.

Invitons consciemment le miroir de l'autre dans l'amour, pour l'amour, à travers l'amour.

Cette méditation aide à nous réconcilier avec un aspect du monde que nous jugeons.

Cette méditation aide à appeler l'autre dans notre vie, dans cette conscience du miroir qu'il représente et de l'opportunité qu'il nous offre.

2 / Méditation

Je me permets de passer au tutoiement. Merci d'ajuster.

Prends quelques instants pour respirer amplement afin d'habiter plus consciemment ton corps…
Autorise la verticalité, non dans l'effort, simplement dans l'intention de t'élever toujours plus haut et de t'enraciner toujours plus profond…
Dans l'intention de contacter l'amour et la lumière présents au cœur de la Terre Mère, de contacter les plans supérieurs de conscience présents dans l'univers.
Dans la conscience d'être un arbre de vie qui relit et unit le Ciel et la Terre, intimement enraciné dans la dimension terrestre. Permets à ton être de se déployer dans sa verticalité entre Terre et Ciel…
Reconnais en toi le canal, l'arbre de vie entre Ciel et Terre…

Rapproche tes deux mains l'une face à l'autre au niveau de ton cœur… Signe d'union…
Tu unis consciemment la Terre et le Ciel, le Yin et le Yang, l'axe vertical et l'axe horizontal… Tu unis le couple intérieur…
Respire profondément dans ce geste d'union, dans ton choix de fusion intérieure, de réconciliation, de reconnaissance…
Ouvre-toi à l'appel de l'autre…
Fais confiance, c'est l'appel naturel du cœur…
L'appel de l'autre… L'autre et son miroir… L'appel de toi à travers l'autre…
Dépose tes mains en ouverture sur tes genoux… Détends ton corps…

Ressens ou imagine le canal d'amour et de lumière en toi… Ressens la Coupe de ton cœur… Le Canal et la Coupe…
À travers ton identité profonde qui se déploie par ce canal, appelle l'autre…
Appelle l'autre… Appelle l'autre… Appelle l'autre…
À travers l'appel de ton âme, appelle l'autre…
Appelle l'autre… Appelle l'autre…
À travers l'élan de ton cœur, appelle l'autre…
Appelle l'autre…
À travers l'appel de ton corps, appelle l'autre…
Appelle l'autre…
À travers ton désir profond de fusion, appelle l'autre…
Appelle l'autre…
À travers ton choix d'amour, ton choix de conscience, appelle l'autre…
Appelle l'autre…
À travers la force de ton âme déployée dans tout ton canal, appelle l'autre…
Appelle l'autre…
Avec humilité, appelle l'autre…
Avec puissance, appelle l'autre…
Avec joie, appelle l'autre…
Avec confiance, appelle l'autre…
Sans réserve, appelle l'autre…
Appelle l'autre… Appelle l'autre… Appelle l'autre…
S'il y a chagrin, ouvre ton cœur et aime… S'il y a colère, ouvre ton cœur et aime…
S'il y a doute, ouvre ton cœur et aime… S'il y a peur, ouvre ton cœur et aime…
L'amour guérit…
Continue d'appeler l'autre… Appelle l'autre…
Appelle la fusion… Appelle l'autre…
Appelle le couple… Appelle l'autre…
Appelle l'union dans la reconnaissance de chacun… Appelle l'autre…
Appelle l'union sacrée de la vie de ton âme et de la vie quotidienne… Appelle l'autre…
Depuis le OUI à Qui Tu Es, et qui embrasse qui tu es, appelle l'autre…
Appelle l'autre…
Depuis le OUI qui ne peut savoir et ouvre néanmoins ses bras, appelle l'autre…
Appelle l'autre… Appelle l'autre…
À travers tout le canal en toi tel un axe et le OUI telle une coupe, appelle l'autre…
Appelle la liberté… Appelle l'autonomie… Appelle l'amour… Appelle l'autre…
Appelle l'autre… Appelle l'autre… Appelle l'autre…
Et reçois…
Reçois la vibration de l'autre qui existe sur ce plan terrestre…
Accueille l'autre…
Accueille la présence de l'autre… Accueille le miroir de l'autre…

Accueille les défis comme les cadeaux… Accueille la guérison à travers l'autre… Accueille les retrouvailles avec l'autre…
Accueille la fusion intérieure à travers l'autre…
Accueille…
OUI… OUI… OUI…
Respire profondément…
OUI…

Complète par les mots qui pour toi sont un sceau d'amour et de lumière: Amen… Ainsi soit-il… Que ceci soit et ceci est…
À ton rythme, tu complètes et reviens à la vie quotidienne.

Passe une merveilleuse journée, l'autre est en route…

Cette méditation est à pratiquer sans modération…
N'hésitez pas à transmettre cette méditation : plus de couples se retrouvent et s'unissent dans cette compréhension du couple intérieur, plus l'union se répand et baigne tous et Tout.

Nous complétons ici l'activation transcendante de l'Union du **F**éminin et du **M**asculin qui est prête à s'offrir à la Séparation pour solliciter la Fusion des Noces Alchimiques.

HISTOIRE 3 DE MARINA

La marque au fer rouge

La maturation du masculin

Thème : L'exclusion. Le masculin s'exclut de la virilité, l'amalgamant à la transgression du père. L'ombre exclue du champ de conscience ne peut être discernée…

Après avoir rencontré son féminin sous l'aspect de la grotte, de la Renarde, puis de la gardienne de "l'esprit de la forêt", Marina se présente au rendez-vous de son masculin. Une porte dans un arbre lui donne accès à une salle dans la terre, claire, blanche, spacieuse, voûtée.

Il lui faut passer dans une autre dimension et par la terre pour accéder au masculin. Universellement la terre est associée au féminin. Marina garde une peur des hommes qui la coupe d'un accès direct avec lui. Le masculin ne se présente pas en direct, il est annexé au féminin.

"Je le sens à ma droite. C'est un jeune Amérindien de 14 ou 15 ans. Il porte des plumes noires et grises."

L'archétype de l'Amérindien est associé au contact libre, non domestiqué, vital, dans la nature, ici le masculin est sous terre, dans un lieu construit, dénaturé pour lui, même s'il est vaste et lumineux, il n'a pas un accès direct au ciel, ni à Mère Nature.

"Il a la tête dans les bras. Il est tout recroquevillé car il n'y a pas de cachette ni de sortie sauf l'arbre. Il est proche des pleurs. Il m'émeut par sa tristesse. Il a besoin de moi. Qu'il est triste. Et il a honte, il détourne la tête. Il n'y a pas de cachette parce qu'il a besoin de moi. Je l'ai pris dans mes bras. Je pleure avec lui. Il est tout amour. C'est un être d'amour, comment a-t-on pu lui faire ce chagrin si profond. Il a besoin de mes bras. Je sens sa peine comme si j'étais à sa place. Il a vécu un immense drame. Il a reçu comme un coup de poignard dans le ventre et dans le cœur. Oh ! J'ai mal pour lui car ça n'a jamais cicatrisé. Il a eu très, très mal. Je sais, je le sens."

J'encourage Marina.

"C'est quand mon père m'a emmenée sur le bateau… C'est comme si on l'avait tué. Il s'est senti impuissant, totalement impuissant. Il n'a pas pu parler. D'ailleurs

il n'arrivait pas à comprendre ce qui se passait. Il avait l'impression que c'était un vilain rêve qui allait se disperser.

"Oh ! Ça me touche tellement qu'il ait souffert en même temps que moi. Il a besoin de mon amour. Il a besoin de moi. Il faut que je le soigne. Il est blessé dans son cœur. Il est comme un enfant dans mes bras. Il est tout amour. C'est un garçon émouvant, fragile, sensible."

Marina insiste sur le côté féminin de son masculin et tend à l'infantiliser. Elle se rassure probablement qu'il ne soit pas homme. Seul un Masculin intérieur puissant érigé dans son alignement, vigoureux, émerveillé et vigilant, assure à une femme la sécurité.

"Avec mon père sur le bateau, c'est comme s'il n'était plus dans son corps. Oui, c'est ça. Parce qu'il n'arrivait pas à intégrer ce qui se passait.

"C'est à partir de là que mon âme a commencé à faire le yo-yo. Je comprends maintenant comment je faisais, mon masculin s'absentait et mon âme décollait en laissant l'impression de ne pas avoir véritablement accès à la réalité. Ça me revient toute cette période où j'essayais vainement de faire partie de la vie. Je regardais les autres comme s'ils étaient détenteurs de quelque chose d'essentiel que moi j'avais dû perdre, sans savoir comment ni quoi. Mon âme n'était plus dedans. Là, je peux même dire où elle était, je le vois. Quand j'assurais professionnellement, elle était derrière mon épaule droite, mais quand il y avait un enjeu avec un homme et que la peur montait, elle montait aussi pour être carrément très au-dessus. Je me souviens aussi de cette sensation extraordinaire et cette émotion quand elle est rentrée et que je ne voulais plus que 'ça' me quitte."

Je choisis de faire confiance à ce qui pousse Marina à parler de son âme et qui semble l'éloigner du masculin.

"C'était notre première rencontre, tu m'avais confié te sentir exclue de la Terre. L'alchimiser t'a permis d'accueillir ton âme. Ton masculin se sent-il exclu ? S'exclut-il ?...

— Après l'épisode avec mon père, mon masculin s'est senti tellement coupable de n'avoir pas pu me sauver qu'il s'est exclu du monde des hommes. Surtout il a exclu les hommes de sa vie car il a vécu une honte sans fond d'appartenir à ce genre. Pour lui, les hommes sont des êtres dangereux qu'il faut exclure car ils peuvent trahir et violer l'amour le plus précieux par inconscience et pulsion, comme mon père l'a fait. C'est pour ça qu'il n'a pas grandi... Il se sent mieux d'exprimer sa peine, il n'est plus recroquevillé. Mais il ne veut pas grandir.

— Et ses plumes, que représentent-elles ? Comment les a-t-il gagnées ?

— C'est vrai qu'il a des plumes. Il est très jeune et pourtant c'est comme s'il avait eu des victoires fort courageuses.

— Lesquelles ?

— Oh ! Je ne savais pas, c'était lui qui veillait par sa hantise de l'exclusion sociale et qui m'a permis de réussir financièrement… Oh ! C'était lui aussi qui a dit stop quand j'ai frôlé l'autodestruction et la violence. Il a un courage physique surtout dans la nature. D'ailleurs il adore ma moto, c'est son cheval. Mais surtout, c'est lui qui m'a permis d'arrêter la drogue par moi-même. Là, il a gagné ses plumes. C'est grâce à lui que je me suis sortie de l'enfer dans lequel j'ai failli dériver. C'est grâce à lui que j'ai pu survivre et qu'aujourd'hui je peux renaître. Et moi qui pensais que je n'avais pas de masculin, à part ma façon 'mec' de marcher qui te fais sourire et que tu m'as fait remarquer.
— Comment réagit-il alors que tu prends conscience de sa protection, de son sens de l'intégrité, de son profond courage ?
— Il ressemble plus à un guerrier. Je me sens moins confortable avec lui car du coup, il est plus dur. Ça me serre au plexus.
— Il est plus dur ou plus homme ?
— Plus homme, mais je le trouve plus dur. Je l'aimais plus facilement en enfant. Là, il me fait un peu peur. Il pourrait faire macho si je ne le connaissais pas.
— Pour savoir dire STOP comme il l'a fait dans ta vie alors que tu tutoyais l'abîme, il fallait qu'il soit homme et viril, dans le sens le plus noble. Engagé, consacré à te protéger. Oui, il est viril. C'est grâce au fait qu'il s'est autorisé cette véritable virilité que tu es là aujourd'hui. Ton masculin sait dire STOP. C'est une bénédiction.
— Cela lui plaît que tu dises ça. Il prend des poses, comme les Indiens dans les BD avec les bras croisés et les jambes écartées. Il ne lui manque plus que de dire 'Hugh'. Il le fait bien sûr. Ça me fait rire. Il rit aussi de lui. Ça me rassure qu'il ne se prenne pas pour un macho.
— Réjouis-toi de ce masculin sensible, viril et drôle. Rends-lui hommage. Ta peur compréhensible des hommes l'a exclu de sa fierté d'homme en le limitant à son aspect enfant, alors qu'il a gagné avec courage des combats extrêmes. Demande-lui pardon.
— Il porte maintenant avec fierté une coiffe de plumes. Il fait encore jeune homme. Les plumes sont presque disproportionnées pour son âge. Comme un très jeune chef. On se demande l'âge des autres."
L'âge des autres… ?
"Reconnais en lui ce chef. Transmets-lui… Quel âge avait ton père quand c'est arrivé ?
— Le mien… !
— Honore ton masculin qui te signale qu'il ne veut pas avoir l'âge qui équivaut pour lui à la transgression du plus précieux. Il amalgame violence et virilité, l'on peut le comprendre. La virilité n'est pas la violence. La virilité ne mène pas à la violence. La présence véritable d'un masculin adulte, un cœur qui s'émerveille de la beauté et du sacré de la vie dans une vigilance, une consécration, un engagement

vigoureux à son service : voilà un masculin adulte… La Terre et la vie appellent en chacun l'éveil de ce masculin. Ton masculin peut déployer cette virilité adulte qui t'installe dans une sécurité intérieure. Il a des frères sur cette Terre. Il n'est pas seul. D'autres se redressent en même temps que lui. D'autres encore battent le rappel depuis un certain temps. Il appartient à cette fraternité d'amour et de lumière. Cette fraternité commence à scintiller partout sur la Terre et l'appelle.

— Cela lui fait du bien. Il s'est élargi. Dès que tu as parlé de la fraternité de lumière, ça lui a permis de sortir, et de se retrouver dehors dans la forêt. Il est très vigoureux dans son corps. Il respire à fond l'air, comme s'il avait été dessous depuis des années. Mais il ne porte pas ses plumes fièrement. Il porte encore la honte de n'avoir pas pu ou pas su repousser mon père. Je le vois éviter les sentiers où il pourrait rencontrer les autres comme lui. Et pourtant qu'est-ce qu'il aimerait retrouver cette fraternité mais c'est comme s'il était marqué au fer rouge sur le front."

Le masculin de Marina s'excluait des hommes, les amalgamant à la transgression du père. Reconnaître la fraternité lumineuse le fait sortir de l'enfouissement, mais la honte l'en exclut. L'exclusion est le noyau. Inclure est la clef.

"Rappelle-lui la guérison de ton féminin. Qu'il soit totalement rassuré là-dessus. Rappelle-lui aussi que ton féminin pressent avoir permis ce défi, aussi terrible soit-il. Non point consciemment. Au niveau de l'âme et dans la dimension universelle du féminin qui permet et accueille l'expérience d'être objet du masculin. Oui, il y eut déséquilibre et maintenant il y a planétairement et individuellement l'opportunité d'une réconciliation prodigieuse et magique, à l'intérieur de nous.

— C'est étrange, ses yeux sont devenus très perçants. Des yeux qui lisent le langage de la matière. Ça m'émeut, je ne pensais pas vraiment qu'un homme puisse avoir cette intimité avec la matière. Il est vraiment super. Il s'est mis à taper sur une souche qui résonne, sur un rythme comme un battement de cœur. Il a envie de battre lui aussi le rappel. C'est sa façon de se souvenir d'avant. Il se relie à des rythmes. Il communique ainsi avec la Terre. Mais il s'en veut. Il a une grande exigence envers lui-même. Il ne lâche pas.

— Dis-lui combien sa reliance très particulière te touche. Tu as toujours su au fond de toi qu'un fil de lumière te guidait. Ce fil, il en est le canal. Vois comme la marque au fer rouge sur son front empoisonne sa vie et limite son action. Il laisse cette honte le manipuler…

"Il ne pouvait rien contre ton père. Aucun enfant ne peut, ne sait comment réagir envers un père qui, comme tu le dis, n'avait jamais 'fait de mal' et soudain transgresse, viole sa dimension de père. Ton masculin n'a pas failli. Il a été sidéré de l'ombre cachée par la lumière.

"Ce père, tu l'as divinisé. Rejetée, exclue par ta mère, tu as reporté sur lui un amour idéalisé. En le divinisant, la conscience de ton masculin exclut sa part d'ombre de

son champ de conscience. En excluant l'ombre, tu la déclares car la vie dans son mouvement d'unification va ramener dans le champ de conscience ce qui en est exclu. Quand l'ombre s'est manifestée, ton masculin ne peut alors la reconnaître, ni la discerner. Il se sidère. Il ne peut comprendre ce qui est exclu de sa représentation du monde.

"Libère-le de cette honte. Il n'y a pas de honte. Il y a une expérience. Il y a une responsabilité issue de l'expérience. Et cela permet de nouveaux choix.

— Il est plus léger. La marque s'est estompée. Oui, elle a disparu. Il est digne et droit. Tu dirais qu'il s'aligne. Il relève la tête. Il bat le rythme pour la Terre comme pour le ciel.

— Tout ici s'inscrit autour de l'exclusion. La clef est d'inclure. Inclut dans ton cœur la globalité de l'expérience. Pardonne ce qu'il y aurait encore à pardonner…

"Accueille inconditionnellement tous les rôles sans en exclure un seul, quel qu'il soit…

"Alors l'exclusion n'a plus de prise sur toi et le monde à travers toi.

— Il a mis un genou à terre. Il a un tambour à la main. Il prie… Il pardonne. Il se pardonne… Il appelle ses frères ! C'est un homme, il est jeune d'allure, mais il est profondément mature. Je sens son expérience de la vie. On peut avoir confiance en lui. Il est totalement humble et immense. Il est… splendide. C'est bizarre… Il est vide et en même temps il est plein. Il est plein de la vie en lui. C'est tout simple, c'est tellement simple. C'est simple. Avec son tambour, il appelle tout ce qui a été perdu. Il bat le rappel, pour que rien ne soit oublié. Pour que tous et tout rentrent à la maison. C'est important pour lui que ce soit TOUT, qu'il n'y ait plus rien qui se sente exclu. Oui, c'est ce qu'il veut faire, c'est ce qu'il aime faire. Ramener dans le cœur, ramener à la maison, mais surtout les appeler. Il aime battre le rappel. C'est un batteur de rappel. C'est pour ça que j'aime tellement les tambours, je vais m'en trouver un spécial. Il doit y avoir un tambour qui m'attend quelque part. Je vais battre le rappel. Oh ! Mon Dieu, c'est tellement fort… J'ai l'impression de TOUT comprendre. Il bat le rappel à la maison… Il m'appelle, moi aussi… Je suis attendue à la maison…

"Oh ! mon Dieu, ma mère ! Je suis accueillie à la maison de ma mère. Je suis accueillie dans la maison de ma mère. Je suis à la maison. Je suis à la maison. Je suis la bienvenue. Mmm… Le tambour, c'est mon cœur. Il bat, mon cœur. Je suis vivante. C'est important le battement de mon cœur. C'est comme le cœur de l'univers. Merci la vie, merci Masculin."

Nous complétons dans la gratitude et le silence de la présence.
Avec Marina, il suffit de soutenir la vie. Son axe et son écoute intime la guident au déclic du passage. Elle rend manifeste la magie disponible sur Terre. Il lui reste à enraciner le changement de conscience dans sa vie quotidienne et sa relation aux hommes.
Marina a depuis participé à un de mes séminaires mixtes où elle a pu traverser ses peurs en sécurité, retrouver une juste relation et cette fraternité.
Masculin et Féminin sont appelés ensemble au prochain rendez-vous.

La rencontre du masculin de Marina donne chair à :

- Le masculin annexé au féminin, dans la non-reconnaissance de ses victoires.
- Le féminin qui perpétue l'insécurité face aux hommes en infantilisant son masculin.
- Le vécu intérieur lorsque l'âme n'habite pas totalement le corps.
- Le masculin s'exclut de la virilité, l'amalgamant à la transgression du père.
- La honte au fer rouge de n'avoir pas su discerner et empêcher le père.
- La présence du masculin adulte : centré dans son cœur, émerveillé de la beauté et du sacré de la vie, dans une vigilance, une consécration, un engagement vigoureux à son service.
- Le masculin ne peut appréhender ce qui est exclu de son champ de conscience. L'idéalisation ou la divinisation exclut l'ombre. Celle-ci est inéluctablement ramenée et présentée par le mouvement d'unification de la vie.
- Exclue par la mère, Marina exclut la part d'ombre du père et le divinise. Par l'accueil inconditionnel de tous les aspects, elle est accueillie par la Mère.
- Le trésor issu de la blessure. Exclure-inclure, battre le rappel de l'exclu.

Chapitre 10

Les Noces Alchimiques

La Fusion Au Cœur de la Séparation

Nous y sommes. Nous sommes au Cœur. La synergie de chaque étape de l'Odyssée converge ici. L'espace de l'Initiation Amoureuse, des Noces Alchimiques. La boucle arrive à terme.

Souvenons-nous : nous avons révélé puis restauré la quintessence et l'essence de notre Masculin et de notre Féminin et nous venons d'autoriser et d'activer la fréquence, leur Union d'origine. Nous avons cheminé de l'ombre à la lumière, de la Terre vers le Ciel, et de la lumière vers la matière, du Ciel vers la Terre.

Il reste à nous poser au Cœur, exactement. Là réside l'abîme de la Séparation. Là est disponible la Fusion.

Nous avons apprivoisé la Séparation en contemplant, reconnaissant, accueillant, pardonnant et bénissant les aspects de nous-mêmes en résonance, en pressentant les étapes du masculin au Masculin et celles du féminin au Féminin.

Le temps est venu de les mettre en présence, de nous ouvrir, corps, âme, esprit, à leur Réconciliation, préalable aux Noces Alchimiques.

Les Noces Alchimiques ouvrent le Passage au Couple cocréateur.

Cette dernière étape contribue à transformer radicalement la racine même de l'identité et sollicite la reconnaissance spontanée du Soi.

1 • La Fusion Au Coeur de la Séparation : accéder à la Grâce

• La fusion. La Fusion transforme le noyau le plus intime de l'être et touche l'identité même de l'être. Celui-ci ne se vit plus séparé du monde, de l'autre et sort définitivement de la différenciation sujet/objet. L'ego qui sépare fond dans sa nature absolue, Un avec "Dieu /Déesse/Tout Ce Qui Est". Les mystiques l'appellent l'éveil. Le lent polissage de l'éveil a alors besoin de cheminer au cœur de la vie quotidienne afin de toucher peu à peu toute la globalité de l'être et de sa relation au monde et à la vie. Ainsi de "jeunes éveillés" récemment installés dans l'Union, peuvent, à la gageure de ceux qui s'abreuvent à leur présence, porter encore des empreintes de la personnalité.

• La fusion / l'union. La Fusion Au Cœur de la Séparation, voie de l'immanence, est la sollicitation à étreindre passionnément la réalité de l'être jusqu'à consumer ce que l'ego et le monde croient légitime, qui créent et définissent la réalité habituelle du moi séparé. La réalité du moi séparé créée par l'ego voile la reconnaissance du Soi. La voie de l'immanence ne réconforte pas l'ego, elle l'étreint passionnément jusqu'à le consumer. C'est la différence entre la fusion et l'union. **La fusion démasque l'imposture de ce que l'ego accumule dans son besoin d'ajouter toujours plus à lui-même**. Il renchérit en interprétant personnellement l'expérience et la vie et résiste à ce qui consume sa raison d'être. Le pardon, la gratitude et l'émerveillement, la présence et la grâce permettent de traverser les certitudes de l'ego et sa terreur de n'être rien, de toucher la reconnaissance du Soi amoureux et disciple de la réalité. C'est un miracle que l'intellect ne peut saisir. C'est l'alchimie la plus simple et la plus incroyable, la plus intime et la plus insaisissable, la plus proche et la plus inaccessible.

• La grâce. Accéder au Soi, à l'inconnu, au-delà de tout concept, de toute projection, de toute attente, accéder à la fusion ne procède pas de la volonté, mais de la grâce.

Alors pourquoi tout cela ? **La responsabilité de chacun est de déchirer les voiles de l'illusion, de se rendre disponible à l'invitation de la grâce.** C'est cela le seul véritable libre arbitre. Lorsque l'invitation arrive, plus le processus est amorcé, plus la fusion est douce et aisée. La grâce est présente souvent sans que nous ne la reconnaissions. Elle se représentera encore et nous la reconnaîtrons plus aisément. Elle nous effleure dans les moments de passage de chaque grand cycle de notre vie, parfois plusieurs en une année. La véritable astrologie nous informe des possibilités qu'elle se présente à notre porte, de notre agenda. Elle a bien des visages, pas toujours affables, parfois celui d'une relation protectrice et bénéfique, parfois celui d'un choix, parfois celui d'un défi, toujours celui d'un rendez-vous intime avec Soi, où un reflet plus vaste de nous-mêmes se propose.

2 • Les 12 Étapes de la Fusion au Cœur de la Séparation

• Les "12 Étapes de la Fusion" est un protocole inspiré qui sollicite et accompagne l'amorce de la fusion afin de se rendre disponible à la grâce.

Le déclic de la fusion amorcé, une cohérence nouvelle et saine s'installe et déploie fluidité et aisance dans la vie, le cœur s'ouvre à la joie pure, la fréquence vibratoire s'élève, l'engagement se fait naturellement au service de la vie, l'être devient créateur.

Dans chaque cas vécu, excepté Paul, au moment du changement radical, l'être meurt à une identification de l'ego, une réalité séparée et limitée pour naître à une autre plus vaste, plus aimante et plus consciente. Ce que Morgane reproche à l'autre est caché en elle. Catherine renie en elle ce qu'elle fantasme chez l'autre. Ariane comprend qu'elle nourrit ce qu'elle exclut. Ce qui paraît à Albert une monstruosité destructrice se révèle le plus précieux. Ce que Véronique et Clara jugent dehors, elles se l'infligent, Paul aussi, même s'il le refuse encore. Ce que Bruno imagine être à l'extérieur se révèle à l'intérieur.

Le processus des 12 étapes vous accompagne pas à pas dans la bienveillance, l'accueil et la reconnaissance, afin de vous aider à révéler le potentiel aimant et lumineux qui est vôtre et disponible de tout temps. Il peut vous guider dans les moments difficiles comme dans les moments de grâce et reconnaît les deux comme l'opportunité d'approfondir la réalisation de Qui Vous Êtes.

Le protocole des 12 Étapes n'a jamais été transmis ainsi, à ma connaissance. Chaque voie spirituelle maîtrise et propose une ou quelques-unes de ces étapes. La plupart du temps, l'être pour dérouler le Fil d'Or de sa quête, doit s'en remettre à un maître ou apprendre en direct des initiations de la vie. La voie du maître extérieur se raréfie. Notre époque demande l'autonomie. L'accélération exponentielle d'évolution nous intime d'être prêt et de revenir à nous-mêmes. Ce protocole est une réponse précieuse aux rendez-vous initiatiques de chacun, afin de les vivre dans la Paix, l'amour et la conscience, de déployer la Joie pure qui ne dépend plus de l'extérieur, de faciliter le chemin à d'autres par la qualité de votre amour et de votre présence, de créer le monde nouveau.

• **Dans mes séminaires,** le protocole des 12 étapes est l'accomplissement d'un processus intime de trois semaines, appelé à s'approfondir l'année qui suit. Je le rends accessible sur une semaine aux audacieux auxquels apparaît rapidement la pertinence d'un développement. Il se concrétise par **un rituel de mariage du couple intérieur** de chacun. Ce rituel canalise une puissance vibratoire qui en elle-même est un cadeau. Chacun témoigne devant tous des engagements de mariage ou de fiançailles de ses deux polarités. Ces engagements sont cruciaux, non seulement ils concrétisent le cheminement intime, les prises de conscience, la reconnaissance individuelle de la dimension universelle et ils sont destinés à devenir une méditation quotidienne qui ancre l'engagement (voir "Engagements de mariage", p. 390).

• **À partir de l'ouvrage,** le processus des 12 étapes est destiné à être expérimenté, goûté dans la découverte puis éprouvé dans la profondeur et l'intimité d'un rituel initiatique entre soi et Soi. Il sera repris dans les jours suivants de façon plus sommaire lorsque'une réaction automatique vient contracter la vie en soi. Il est appelé à être repris de façon régulière les mois suivants, tel un rendez-vous d'amour et de lumière avec soi-même. Ainsi chaque changement de saison nous invite à mourir à la précédente afin de renaître à la nouvelle et enraciner les nouveaux choix. Il est judicieux à partir de l'ouvrage de concrétiser aussi l'engagement par un texte où chaque polarité s'exprime et s'engage envers elle-même et envers l'autre polarité. Pour cela, on peut s'inspirer des textes d'engagements de mariage de certains que j'ai eu la grâce d'accompagner et qui m'ont offert le cadeau de me les confier en partage (voir p. 390).

La rencontre intérieure à partir des 12 étapes est sacrée, vitale. Elle touche l'intimité la plus essentielle et se reflète dans toutes les dimensions de la vie. **C'est un processus intime et profond qui touche de multiples plans, dont la personnalité n'est pas toujours consciente.**

Les 12 étapes sont présentées à travers les seules actions à mettre en œuvre. Le cheminement émotionnel du féminin au **F**éminin ainsi que celui du masculin au **M**asculin sont développés à travers "le Chemin initiatique de la victime à la Déesse" et "le Chemin initiatique de l'inconscience à la Présence" (voir p. 337). Le lecteur est maintenant autonome et dispose du processus tel le Fil d'Or à utiliser en fonction de son cheminement intérieur. À chaque action proposée au cours d'une étape, le lecteur est invité à s'intérioriser, s'engager sensoriellement, émotionnellement, spirituellement.

Le processus dans sa globalité ne peut être intégré en une fois. Certaines étapes peuvent prendre du temps, des mois, des années, afin d'être véritablement intégrées à l'état d'être. Certaines résistent depuis nombre d'incarnations. Souvenons-nous, **c'est un Fil d'Or dont le but ultime est de changer de plan de conscience. Il s'agit là de la racine même de l'identité. Chaque étape est en soi une initiation.** Ainsi s'enraciner et reconnaître l'amour nourricier, lumineux et sain au Cœur de la Terre **M**ère peut être pour certains une guérison extraordinaire qui nécessite de sortir de l'identification à la victime, de retrouver l'accès à ce qui paraît avoir manqué et de choisir de s'y abreuver. La première étape, "Réveiller en soi la re-Source", inclut l'enracinement, l'alignement, l'harmonisation et la protection énergétique : l'état d'être change dans sa globalité, on accède à l'autonomie. C'est une initiation en soi et ses rudiments devraient être, et seront un jour enseignés à l'école. Une fois une étape intégrée, on sait grâce au processus celle qui va se présenter. Il est pertinent d'avoir à cœur les réalisations que la prochaine implique et de libérer en amont ce qui en a besoin avant que la vie nous y pousse fermement.

Quelques étapes peuvent s'interchanger en fonction de chacun. Certaines sont désormais familières, même si elles ne sont pas nécessairement intégrées : l'enracinement, la fluidité des émotions sans s'identifier, la lucidité des rôles tyran/victime/sauveur dans sa vie, la réconciliation avec la dimension universelle, la reconnaissance de sa blessure spécifique, celle de son action spécifique, la capacité d'ouvrir son cœur, de pardonner, le passage du féminin au **F**éminin et celui du masculin au **M**asculin… Autant de balises indispensables au processus. Il n'y a pas d'étape plus difficile qu'une autre, cela dépend des identifications de chacun. Une des dernières, le pardon du féminin à lui-même, est la plus ignorée et la plus intime.

N'oublions pas : les limiter à une polarité crée la dualité… Les étapes sont celles de la fusion du couple intérieur, même s'ils ressemblent fort à un homme et une femme, aux couples autour de nous.

Il est juste et bon de se préparer à la rencontre comme à un rendez-vous amoureux et précieux (c'en est un) et de s'assurer de ne pas être dérangé. Une musique méditative peut aider le calme et l'intériorisation. Une bougie pour la présence des multiples dimensions. Prévoir papier et crayon afin de noter les prises de conscience, bases du texte d'engagement.

Pour une meilleure compréhension, j'utilise "elle" pour le féminin. **Ff**éminin signifie Féminin + féminin. **Mm**asculin signifie Masculin + masculin.

Très beau voyage au Cœur de vous-même.

1 / Réveiller en soi la re-Source

S'enraciner.

Relier le ciel et la terre par son arbre de vie à l'aide de la respiration, de l'intention et de l'attention. Nourrir les chakras de ce flux.

Approfondir le choix de l'alignement. Poser l'intention : le 3e Œil, le Cœur e t le Hara vibrent à l'unisson la note du cœur afin d'unifier l'action/l'amour/ la conscience.

Autoriser en conscience la réceptivité du **F**éminin. Veiller à son intégrité énergétique par le cocon de lumière.

Plonger dans l'intimité du Cœur.

S'y ressourcer sensoriellement dans un lieu merveilleux, au-delà de tout défi et du brouhaha du mental.

Y contacter ses guides et demander leur assistance bienveillante et celle de l'univers.

(Ces différents points sont préalables à tout travail intérieur.)

Nommer clairement en présence des guides l'intention : rencontrer **Mm**asculin et **Ff**éminin au cœur de leur séparation afin d'éveiller leur fusion.

2 / Appeler et créer la rencontre

Reconnaître la dimension divine et sacrée de son **M**asculin et de son **F**éminin, dans leurs potentiels universels et individuels, en particulier l'action spécifique de son **M**asculin et la qualité particulière d'amour de son **F**éminin.

Reconnaître et ressentir la blessure qui les sépare (abandon, non-reconnaissance, maltraitance, trahison, injustice, rejet, isolement…) à travers laquelle le féminin se sent victime et le masculin, dans l'impuissance ou la toute-puissance sur le féminin.

Les informer du choix de les y rencontrer afin d'alchimiser l'abîme le plus profond qui les sépare.

Demander et permettre à l'inconscient de présenter le lieu de leur rencontre. Autoriser les images, les impressions, les sensations, sans juger ni censurer.

Envelopper le lieu de la rencontre de la vibration des Sphères Arc-en-Ciel (voir lexique, p. 413).

Demander et permettre au masculin et au féminin de se présenter. Les accueillir et les honorer, quels que soient leurs aspects. Par la nature même de la rencontre, ils peuvent se présenter dans un aspect difficile ou douloureux, le féminin victime, le masculin tyran coupable ou impuissant.

3 / Autoriser le féminin à exprimer et le masculin à prendre conscience

Le masculin face à la blessure du féminin a tendance à se détourner, à minimiser, à ne pas reconnaître, à rejeter, justifier, intellectualiser, mépriser, trahir... Et le féminin à se sentir d'autant abandonné, minimisé, non reconnu, rejeté, renié, méprisé, trahi. Nous connaissons tout cela.

Le masculin est invité à se poser dans son alignement, à prendre conscience de la blessure du féminin et de sa responsabilité, qu'il ait directement blessé le féminin ou indirectement. (voir "De l'inconscience à la Présence", p. 325). Il prend conscience de toutes les fois où il se détourne de son féminin, de comment il le fait et qui contribue ainsi à la blessure du féminin.

Le masculin est dans l'impuissance à pouvoir faire quelque chose pour guérir le féminin. Il est anéanti, mais sans s'affaisser. La blessure est là, inéluctable.

Le masculin met un genou à terre et contemple le féminin blessé. Il s'enracine véritablement en s'approchant pour toucher le féminin. Son chakra de la base s'enracine à travers son périnée qui s'approche de la terre. Il perçoit puis ressent l'effet de son action sur le féminin.

Pour la première fois, le féminin blessé est véritablement entendu par le masculin. Cela libère une peine infinie qui peut enfin s'exprimer.

À la plainte du féminin peut se mêler la colère de son "Pote Mafé" contre le masculin qu'il rend coupable de la blessure du féminin. C'est trop douloureux pour le "Pote Mafé" de reconnaître que la colère est contre lui-même de n'avoir pu empêcher la blessure.

Deux masculins s'opposent. Le "Pote Mafé" du féminin accuse le masculin d'être coupable et se dédouane de sa propre culpabilité. Le masculin culpabilisé par le "Pote Mafé"est testé dans son alignement et son enracinement. Laisser se libérer sainement la vitalité retenue dans la colère du "Pote Mafé" avec la lucidité qu'elle cache quelque chose de plus intime restaure un centre pour le féminin qui commence à prendre conscience d'elle-même en tant que sujet, ce qui fait frémir son cœur.

4 / Le masculin dans la totale impuissance, l'espoir du féminin

Tout ce que l'ego construit comme identités, comportements, croyances, jugements, personnages qui permet au masculin de se connaître en tant que "moi, je" se révèle ici inutile et sans effet. Le masculin prend conscience de son imposture. Il a fait fausse route, s'est perdu dans une quête extérieure devenue une conquête sans fin et a blessé le féminin, le sien, en même temps que celui de la Terre. C'est le contraire de son désir le plus cher, de son élan le plus intime. Il désire plus que tout servir la vie et le **F**éminin. Il prend conscience qu'il a oublié son féminin dans sa quête extérieure, celle du pouvoir, de la reconnaissance ou son absence de quête...

Le féminin est intimement touché par ce que vit le masculin. Sa plainte s'achève. Plus le masculin reconnaît s'être séparé du féminin, plus elle reprend conscience d'elle-même. Elle se redresse, sort de la victime, son "Pote Mafé" l'éveille à elle-même, et son cœur s'ouvre à l'authenticité et à la vérité de ce que partage le masculin. Elle retrouve espoir et l'amour renaît en elle.

5 / Le masculin retrouve son "Pote Féma" et meurt, le féminin retrouve son "Pote Mafé" et renaît

Le cœur, le ventre, l'âme du masculin brûlent et consument "moi, je séparé". Il ressent en lui la blessure du féminin, il la ressent comme sienne et brûle de ce qu'il sent. Il retrouve son ressenti à travers son "Pote Féma". Son axe est testé.

Agenouillé et droit, le masculin meurt à lui-même. "Moi, je séparé" n'est plus, le masculin n'est plus rien… Le tout est disponible.

La mort du masculin à lui-même fait prendre conscience de sa propre essence au féminin. Elle retrouve son essence inaltérable, indestructrice et éternelle. L'axe de son "Pote Mafé" se déploie et lui permet d'enraciner l'ouverture de son cœur qui accueille le masculin. Elle peut enfin l'accueillir sans avoir peur d'être blessée. La mort au masculin est la renaissance du féminin.

6 / Le Masculin demande pardon et le Féminin pardonne

Sans repère, dans l'inconnu, le masculin demande pardon au féminin et à la vie. Par trois fois, il demande pardon, et chaque fois il s'intériorise un peu plus.

Sa demande de pardon l'ouvre à plus vaste, à Tout Ce Qui Est. Il est infinie vastitude. Rien d'autre. Il réalise sans le savoir son potentiel féminin intérieur, son "Pote Féma". Il est **F**éminin. La Présence vient habiter l'espace qu'il libère. **Le masculin n'est plus que Féminin. Le masculin renaît au Masculin en se rendant disponible au Féminin en lui-même. Le masculin se révèle être le Masculin lorsqu'il intègre son Féminin.**

Le féminin au cœur ouvert offre à la vie l'impardonnable. Elle laisse l'amour couler pleinement à nouveau vers le masculin. Elle pardonne au masculin. Elle pardonne l'impardonnable. Elle se souvient de l'amour. L'amour en elle accueille inconditionnellement le masculin et accueille aussi son propre aspect blessé. Sa blessure s'adoucit et elle connaît un moment infini de Paix. Le féminin renaît au **F**éminin.

7 / Le Féminin prend conscience de sa contribution à la séparation par l'amour conditionnel

Elle prend conscience d'avoir oublié l'amour en elle. Elle prend conscience qu'elle a exclu de son amour, elle a conditionné son amour, elle a blessé le masculin en l'excluant de l'amour. Son "Pote Mafé" est testé dans son axe par la culpabilité et l'impuissance. Elle a honte. Elle se sent de nouveau indigne. Elle prend conscience d'avoir contracté l'amour, d'avoir exclu de son amour, d'avoir contribué à la séparation.

8 / Le "Pote Féma" du masculin reconnu dans la blessure

Le masculin à travers son "Pote Féma" est soulagé d'être enfin reconnu dans la blessure d'avoir été tenu loin de l'amour, de ne pas avoir été accueilli, de ne pas avoir été reconnu inconditionnellement par le féminin. **C'est un moment de retournement. Le masculin qui se croyait le seul coupable est reconnu victime du féminin opacifié. Les deux ont contribué à la séparation.**

Le **M**asculin habité de la Présence offre son axe et sa reliance à son "Pote Féma" dont la peine peut se libérer sainement. Le masculin n'est pas habitué à s'abandonner à ses émotions. Le **M**asculin, lui, exprime librement son ressenti et libère son cœur non seulement de la blessure, mais aussi de la non-reconnaissance de sa blessure.

Le **M**asculin reconnaît son "Pote Féma" comme son cœur, son enfant blessé et son enfant de lumière, son amour le plus pur, son aspiration la plus intime, son bien le plus précieux. Il reconnaît l'amour de la source dans son "Pote Féma".

L'émission lumineuse du **M**asculin éveille le "Pote Féma" à lui-même. Le **M**asculin s'unifie à son "Pote Féma" et prend conscience qu'il est le **M**asculin et le réalise. L'émetteur et le récepteur en lui, son sexe et son cœur s'unifient. Le **M**asculin unifié à son "Pote Féma" comprend intimement l'humanité, la sienne et celle du monde. La séparation disparaît en lui. Le **M**asculin connaît en lui la source de l'amour et se re-connaît comme l'amour de la source.

9 / Le "Pote Mafé" du Féminin demande pardon au "Pote Féma" du Masculin, le "Pote Mafé" et le Masculin s'unissent, le Féminin se pardonne l'amour conditionnel

La conscience "Pote Mafé" du **F**éminin comprend que son identification à la victime dissimule un cœur fermé à l'amour inconditionnel. Il prend conscience de son manque d'amour et de la racine même de sa honte, celle de s'être fermé à l'amour…

Dans une véritable humilité, le "Pote Mafé" demande pardon au cœur du masculin alors qu'il l'accusait peu avant. Le "Pote Mafé" demande pardon au "Pote Féma".

Le "Pote Féma" du **M**asculin pardonne au "Pote Mafé" du **F**éminin. Dans la fusion, la situation s'inverse ! Le **M**asculin pardonne au **F**éminin ! Le "Pote Féma", le ressenti, le cœur du **M**asculin pardonne au "Pote Mafé", l'axe divin du **F**éminin. "Pote Mafé" et "Pote Féma" sont des Bien-Aimés de toute éternité qui se sont séparés, opposés dans l'expérience de la dualité. Ils s'approchent maintenant l'un de l'autre. Le "Pote Féma", le ressenti, le cœur du **M**asculin s'ouvre. Le "Pote Mafé", l'axe divin du **F**éminin s'aligne et contemple sa responsabilité d'amour.

L'amour du féminin doit se pardonner avoir oublié être l'amour. C'est le pardon le plus difficile. Si elle reconnaît être l'amour, elle est l'amour inconditionnel qui n'exclut rien, ni personne ni elle-même. Le **F**éminin est destiné à se pardonner. Elle se pardonne. Elle accueille inconditionnellement l'amour. Elle demande Par Don à la vie, à l'amour, elle se demande pardon. Le **F**éminin laisse son cœur couler à nouveau pour tous les aspects d'elle-même et la honte disparaît de son champ de conscience.

10 / Le Féminin s'unit à son "Pote Mafé"

Le **F**éminin par ce pardon reçoit Par Don le Don de l'amour conscient et inconditionnel et la reconnaissance de la Source de l'amour à travers son "Pote Mafé". Le **F**éminin s'unifie à son "Pote Mafé". **Elle est la source de l'amour et l'amour de la source.** Elle connaît en elle l'amour de la source et se re-connaît comme la source de l'amour.

Le **F**éminin comprend que tant qu'elle s'identifie à un personnage la dualité la tient en son emprise. Aucun des personnages interprétés, présents ou passés, n'a d'importance. Elle transmet cette révélation à **M**asculin. Ils sourient tous deux des rôles qu'ils ont si bien tenus.

Par l'intimité avec son "Pote Mafé", elle retrouve le sens, la direction de la vie en elle, refléter et matérialiser à travers son vécu l'émission du **M**asculin. Elle reconnaît et célèbre l'offrande du OUI, l'amour inconditionnel. Son amour s'étend alors à tous et tout, à travers le temps, l'espace, les dimensions. Elle reconnaît l'amour en tout et tous, quelle que soit la forme ou la non-forme qu'il prenne. L'amour de son cœur contient et appelle tout à revenir à la source, à la maison. La séparation disparaît en elle. Elle est le **F**éminin uni à son **M**asculin. Elle est la joie du Oui au **M**asculin. La Déesse coule en elle. Elle le reconnaît et le réalise.

11 / Le mariage et la fusion

• Le lieu de la rencontre s'alchimise et se transmute au fur et à mesure de l'intégration des étapes.

Il est maintenant un lieu dans la nature propice à leur mariage, enveloppé par la vibration des Sphères Arc-en-Ciel. Les guides qui accompagnent et facilitent depuis le début se réjouissent et célèbrent. Les amis de tous les royaumes sont invités et arrivent dans ce lieu merveilleux où la plus belle des fêtes est annoncée. Les éléments, le feu, l'eau, la terre, l'air, l'énergie, le soleil, la lune, les étoiles, les vibrations archétypales en résonance avec ce **M**asculin et ce **F**éminin, leur humanité, les cristaux, les fleurs, les plantes et les arbres, les animaux et les esprits de la nature et des royaumes angéliques, les guides, les frères et sœurs universels, les sons, et les parfums, les saveurs et les couleurs… tous sont là.

Masculin et **F**éminin n'ont oublié aucun de leurs aspects intérieurs. C'est pourquoi ces amis se présentent afin de refléter la beauté et la puissance de ce que **M**asculin et **F**éminin réalisent.

Le désir de "Pote Mafé" du **F**éminin, reconnu comme la source de l'amour, est tout entier focalisé et engagé vewrs le "Pote Féma" du **M**asculin, reconnu comme l'amour de la source. Le "Pote Mafé" est attiré magnétiquement par le "Pote Féma". La source de l'amour est attirée magnétiquement par l'amour de la source. La source de l'amour émet électriquement sa fréquence divine et son désir vers l'amour de la source.

Le "Pote Mafé" s'unit au "Pote Féma". La source de l'amour du **F**éminin s'unit à l'amour de la source du **M**asculin. Le centre du **F**éminin s'unit au cœur du **M**asculin et l'ensemence. Le puzzle trouve sa dernière pièce. Ce qui était opposé s'unifie. Ce qui est légitime au monde habituel se consume ardemment.

Le "Pote Féma", le ressenti, le cœur du **M**asculin s'ouvre et accueille le "Pote Mafé", l'axe divin du **F**éminin. La pure disponibilité du **M**asculin accueille et s'unit à la verticalité divine du **F**éminin. "Pote Mafé" et "Pote Féma" s'unissent.

Ils se consacrent l'un à l'autre et leur consécration ancre leur fréquence spécifique. Leur union ancre sur Terre la Pièce du Puzzle universel qu'ils représentent. Ceci pour leur plus grand bonheur.

Le **M**asculin s'engage officiellement et consciemment envers le **F**éminin et elle envers lui, devant les guides comme témoins et devant tous les amis présents. Leur mariage est officialisé, reconnu par tous et célébré. **M**asculin et **F**éminin s'unissent consciemment et amoureusement.

• **M**asculin et **F**éminin s'unissent passionnément.

Tous les amis se relient et s'interconnectent par un dessein Comme Un qui s'incarne à travers une trame multidimensionnelle unique, équilibrée et puissante. Cette trame soutient, enracine et déploie le mariage du **M**asculin et du **F**éminin. La Chambre des Noces est prête. Elle est entourée et protégée par une Sphère Arc-en-Ciel.

Le **M**asculin s'émerveille du **F**éminin, son cœur l'accueille avec émerveillement et sa pulsion de vie pulse spontanément du désir dirigé vers elle.

Le **F**éminin accueille inconditionnellement le **M**asculin, son cœur pulse spontanément d'amour nourricier, de gratitude envers lui.

Dans son cœur, le **F**éminin accueille le cadeau d'offrir l'amour inconditionnel au **M**asculin. **Elle accueille le cadeau d'accueillir.** Dans son cœur, elle est réceptive et émettrice.

Dans son cœur, le **M**asculin offre le cadeau de s'émerveiller inconditionnellement de l'amour du **F**éminin. **Il offre le cadeau d'accueillir.** Dans son cœur, il est émetteur et récepteur.

Dans son être, le **F**éminin se réjouit du cadeau d'accueillir inconditionnellement le désir du **M**asculin. Elle offre le cadeau de recevoir. Dans son être, elle est émettrice et réceptrice.

Dans son désir, le **M**asculin accueille le cadeau d'émettre passionnément vers le **F**éminin. Il accueille le cadeau d'offrir. Dans son désir, il est récepteur et émetteur.

Masculin et **F**éminin retrouvent chacun la bipolarité dans leurs aspects émetteur et récepteur.

Masculin et **F**éminin marchent main dans la main sur un tapis Arc-en-Ciel et se dirigent vers la Chambre de Noces. Ils passent sous l'arche de bénédiction de tous les amis et intègrent leurs qualités et talents. À la porte, une lumière Arc-en-Ciel les enveloppe. Ils disparaissent à nos yeux tandis que les amis soutiennent la fréquence. **M**asculin et **F**éminin entrent ardemment dans la fusion.

12 / Le couple créateur, l'être se reconnaît créateur

Masculin et **F**éminin fusionnent. L'un et l'autre intègrent les qualités et l'expérience l'un de l'autre. Ils vivent la joie et l'extase de leur mariage ardent. La passion à se retrouver est maintenant disponible à ensemencer la création. Le **M**asculin créateur accueille spontanément de l'Esprit une vision, une idée, il en ensemence passionnément le **F**éminin qui l'accueille inconditionnellement. Elle ressent, éprouve, elle lui reflète avec créativité son ressenti en l'exprimant jusqu'à lui matérialiser. Il réfléchit devant l'effet de son idée et ajuste. Il ensemence le **F**éminin et le monde de sa vision ajustée. Elle l'accueille, s'intériorise, rêve et matérialise. Ils s'extasient ensemble de leur cocréation, de leur service à la Terre et à la vie, de la vibration dont ils sont les intendants.

Les 11 premières étapes engendrent la 12e, celle du couple créateur.

Pour la dualité, c'est l'aboutissement d'un cycle infiniment long à vue d'homme depuis "la chute" dans la dualité, depuis la séparation. Pour la Terre, c'est la fin de l'hiver spirituel et la naissance de l'aventure la plus grandiose jamais tentée qu'elle a permis dans son amour.

L'être qui réalise la Fusion vient d'accomplir un prodige que seuls les grands Maîtres de sagesse ont accompli avant lui. Cet être vient de traverser l'expérience de la dualité.

En réalisant le Soi, il retrouve la Maison. Non la Maison du passé, même s'il réalise la joie d'être de retour, car la Maison change et s'enrichit grâce à son expérience. La Maison est une réalité dynamique, créatrice, non statique. Dieu et la création croissent chaque fois qu'un être s'éveille à lui-même. Chaque fois qu'un être écoute la voix de son âme à travers le silence et la solitude, ses sentiments et le ressenti de son cœur, chaque fois qu'il manifeste la voie de son âme à travers son action, chaque fois qu'il se libère de ce qui limite et contracte son inspiration véritable, la création grandit avec lui, se réjouit et rend grâce.

Cela est vrai aussi pour vous, cher lecteur, à chaque moment de reconnaissance et d'expansion, la création grandit et se réjouit grâce à vous.

Le temps de la fusion se vit concrètement dans le corps et varie selon chacun. Les deux cerveaux fusionnent. Le cœur traverse plusieurs initiations afin de vivre la fusion. L'énergie kundalinique relie et unifie tous les plans. La relation au monde et à la réalité se transforme radicalement. Dès la 7e ou 8e étape, l'être est disponible à la grâce. Avant, il ne la reconnaît pas vraiment et s'en méfie car elle lui fait toucher la blessure pour la transmuter. Certains, bénis par la grâce, s'éveillent sans avoir traversé consciemment les dernières étapes.

L'être qui accomplit l'alchimie de la dualité ne fait plus la guerre à l'ombre et ne cherche plus à la transformer en lumière, il révèle la lumière présente dans l'ombre. Il réalise que tant qu'il la juge, il la maintient et la perpétue, tant qu'il s'identifie à un personnage, la dualité le tient sous son emprise. Il est au-delà des opposés et se libère des oscillations de la conscience, il réside au centre-cœur de ce qui paraît paradoxal et se libère du cycle karmique. Il unifie en lui l'ombre et la lumière. **Il intègre dans la Présence de l'amour toutes les expériences de la dualité. Il crée un nouveau type de conscience qui maintient l'unité en présence de la lumière comme en celle de l'ombre.**

Sa plus grande joie est l'expérience, sans avoir à quitter la Maison !

Il explore l'inconnu et crée le nouveau. En explorant, il crée le nouveau. Il est le nouveau, il est lui-même le trésor qu'il cherche au cours de la dualité, l'objet de la quête se révèle la quête en elle-même. Son exploration crée le nouveau. En explorant le nouveau, il le crée.

Il éprouve la joie d'être simplement lui-même avec lui-même, car **M**asculin et **F**éminin s'extasient dans leur union. La joie pure et silencieuse de tout son être est ce qu'il cherche de tout temps, il y plonge encore et toujours pour savourer la Paix. **Son regard sur le monde est amoureux.**

Résumé des 12 étapes de la Fusion au Cœur de la Séparation

1 • Réveiller en soi la re-Source.
2 • Appeler et créer la rencontre
3 • Autoriser le féminin à exprimer et le masculin à prendre conscience.
4 • Le masculin dans la totale impuissance. L'espoir du féminin.
5 • Le masculin retrouve son "Pote Féma" et meurt. Le féminin retrouve son "Pote Mafé" et renaît.
6 • Le Masculin demande pardon et le Féminin pardonne.
7 • Le Féminin prend conscience de sa contribution à la séparation par l'amour conditionnel.
8 • Le "Pote Féma" du masculin reconnu dans la blessure.
9 • Le "Pote Mafé" du Féminin demande pardon au "Pote Féma" du Masculin.
Le "Pote Féma" et le Masculin se retrouvent.
Le Féminin se pardonne l'amour conditionnel.
10 • Le Féminin s'unit à son "Pote Mafé".
11 • Le mariage et la fusion.
12 • Le couple créateur. L'être se reconnaît créateur.

3 • Engagements de mariage

Il est doux à mon cœur de compléter l'Initiation Amoureuse par des engagements de mariage de quelques-uns parmi ceux que j'ai le privilège d'accompagner. Gratitude pour leur confiance à partager leur engagement intime et leur contribution à propager le parfum de l'union sacrée. Gratitude à vous, cher lecteur, pour la bienveillance et l'émerveillement envers l'intime. Leurs engagements, certains imprégné de dualité, d'autres de vérité universelle, tous d'authenticité et de transparence, viennent nous émouvoir et faire résonner la beauté de notre propre cheminement au cœur de l'humanité sacrée.

Le premier prénom est celui de la personne, donc lorsque celui-ci est féminin il s'agit d'une femme et réciproquement, le second celui de sa polarité intérieure. Certains ont prénommé chacune de leur polarité ce qui donne par ordre: leur prénom, celui de la polarité physique et celui de la polarité intérieure. Selon accord, les prénoms sont modifiés.

Marie et Étienne

Moi, Marie, je reconnais ma richesse infinie, ma sagesse et mon intuition immenses provenant de ma Mère la Terre, et aussi, ma grande sensibilité et ma vulnérabilité tout autant que ma force sauvage et mon immense amour. Étienne, mon chéri, mon amour, j'ai besoin d'un vrai partenariat avec toi, besoin que tu m'écoutes davantage, me reconnaisses, me protèges et me sécurises pour pouvoir m'abandonner à toi dans une totale ouverture et confiance, et ainsi te donner le meilleur de moi afin que nous réalisions l'Union Sacrée. Je m'engage pour cela à te parler et à ne pas me refermer. Je t'aime infiniment. Marie.

Moi, Étienne, je reconnais ma magnificence de chevalier. Je sais que j'ai parfois tendance à trop en faire, à être perfectionniste, excessif, et du coup, je ne suis plus assez attentif à toi, Marie. Le rappel à l'ordre arrive vite ! Aussi, je m'engage à t'écouter et à me tourner vers toi sans réserve, à ralentir mon rythme et à ne passer à l'action que si je t'ai concertée. Je m'engage à être à tes côtés, à te servir, te protéger et à ne pas t'abandonner.

Appelle-moi fort lorsque tu en as besoin. Je te demande pardon pour tous les moments où j'ai failli. Je souhaite réaliser l'Union sacrée avec toi, que nous fassions descendre le Ciel sur la Terre. Je t'aime telle que tu es, ma déesse. Étienne, ton époux et compagnon pour la vie, dans l'amour, la joie et les épreuves.

Pascal et Manon

Moi Pascal, je m'engage envers toi Manon à te protéger en exprimant clairement « non », afin d'assurer ton intégrité. Je choisis l'alignement.

Moi Manon, je m'engage à t'accueillir Pascal, avec douceur et délicatesse, au quotidien. Attentive particulièrement lorsque je me pose en victime. Je m'engage à faire preuve de vigilance afin de préserver l'intime.

Ensemble, nous nous réjouissons de pouvoir nous déployer avec force et créativité.

Prince et Margot Boucle d'Or

Moi, ton Prince, j'ai conscience de ma Force et de ma belle vitalité qui s'expriment si bien à travers mes capacités physiques et mon engagement à restaurer à la Terre respect et valeurs sacrées. Aujourd'hui, je m'engage, avec fidélité, responsabilité et conscience aimante, envers toi, Margot, à reprendre tous mes pouvoirs pour t'assurer Sécurité, Stabilité et Discernement dans la Vie. Je t'offre cette Force et cette Présence calme et silencieuse.

Moi, Boucle d'Or, je connais la puissance d'Amour qui scintille dans mon cœur ainsi que ma Douceur, mon Harmonie et mon Intuition. Je m'engage à ouvrir grands mes bras pour t'accueillir, toi, mon Prince, au cœur du cœur du cœur de mon cœur dans ce jardin intérieur féerique qui est le mien. Je me sens animée de vagues de joie à l'idée de nous savoir réunis et complices en la Femme que je suis aujourd'hui. Je me mets au service de la Vie pour inonder la Terre d'étincelles d'Amour et de Lumière issues de mon grand cœur de petite Fée.

Marc et Marie

Moi, Marc, alors que la méfiance traite trop souvent mal ma spontanéité, je m'engage envers, toi, Marie, mon féminin, à libérer la vitalité cachée dans l'agressivité en moi.

Moi, Marie, alors que jusqu'à présent je me manifeste peu, je m'engage envers toi, Marc, à reconnaître et à célébrer combien je suis belle dans l'amour.

Frédéric et Colombe

Moi, Frédéric, j'ai vraiment pris conscience de combien tu n'es pas à l'aise dans le plaisir, la jouissance, la réjouissance. Je m'engage donc à t'autoriser cela, en prenant réellement soin de toi et en faisant confiance à mes sens. J'ai aussi compris que la Source d'Amour que tu cherchais à l'extérieur est à l'intérieur de toi et je m'engage à t'aider à la découvrir en déployant mon axe.

Moi, Colombe, je reconnais et j'honore ta capacité à trancher, à aller droit au but, ô toi, mon Masculin. J'ai compris que ta fermeté n'est pas de la dureté et qu'elle peut grandement me rendre service. Je m'engage donc avec Amour et Conscience à ne pas te juger ni t'étouffer sous prétexte que tu es puissant. Par ailleurs, j'ai touché combien je devenais vulnérable quand je te laissais partir en vrille. Je m'engage donc à la plus grande vigilance en posant mon regard d'Amour sur toi.

Bruno et Lili

Moi, Bruno, qui fus si souvent en conflit, errant entre inconscience et désespoir, je vis à présent en fraternité avec les hommes En particulier, je prends conscience de combien j'ai pris le pouvoir afin d'obtenir la reconnaissance qui me faisait défaut. Sache, Lili, que je m'engage à prendre soin de toi, que je saurai me centrer, te donner tout ton espace nécessaire et assurer ton bien-être.

Moi, Lili, je viens de naître après tant d'années dans l'indifférence. Je suis à présent bien là, pleine d'espoir et de cœur pour le long chemin à parcourir ensemble. J'ai encore besoin de toi, accepte-le ! Alors je m'engage à présent à cheminer en union profonde avec toi, pour ensemble parvenir à matérialiser la quintessence de notre évolution et multiplier l'amour.

Nini et Prince

Moi, Nini, après t'avoir tant et tant cherché à l'extérieur de moi, je reconnais avec joie et gratitude que tu as toujours été là, mon Prince, et j'honore ton courage, ton discernement, ton intégrité et ta connexion à la Lumière.

Je m'engage à t'accueillir tel que tu es car j'ai confiance qu'ensemble, enracinés au cœur de la Terre, nous pourrons contribuer à y faire croître la Lumière.

Moi, Prince, je suis enfin redescendu de mes hauteurs de toute puissance et en m'accueillant au cœur de ta Terre, Nini, tu m'as permis de m'enraciner et de m'incarner dans une présence plus légère.

Je m'engage à te soutenir indéfectiblement et à te guider avec respect et bienveillance vers des terres où ton amour, ton infinie douceur, ton goût de l'harmonie, ta créativité, ta joie et ton sens du sacré puissent se manifester pleinement.

Que notre union soit au service de la Source.

Albert et Garance

Moi Albert, je reconnais me juger et me faire du mal et donc me fermer à Toi.

Je m'engage à être vigilant et à réajuster chaque fois que je me maltraite afin de te laisser la place pour que tu puisses déployer ta joie de vivre, ta douceur, ta sensualité; je m'engage ainsi à devenir ton masculin aligné.

Moi Garance, je reconnais être perdue face aux jugements que tu poses sur Toi.

Je m'engage à t'ouvrir mon cœur et à te pardonner afin que tu puisses renforcer ma solidité et mon alignement au quotidien même si je ne sais pas comment faire.

Thomas et Esméralda

Moi, Thomas, je m'engage à apprendre dès aujourd'hui la douceur et le moelleux, à mettre dans mes actes du cœur et de la conscience et à faire une plus grande place à mon féminin, car elle me manque… grave !

Moi, Esméralda, j'ose, je m'engage à m'autoriser à grandir, à m'apprécier (je ne suis pas moins que, mais AUTANT que). Je vais donner ma force et ma conscience à la petite transparente aux yeux blessés, pour qu'elle devienne très vite la BELLE EN ROUGE !

Lola et Rami

Viens, Rami, mon Bien-Aimé, je t'accueille en mon cœur. Unie à ta présence, je me sens entière et solide, vibrante et rayonnante au Service de l'Amour. Par ton regard, je vois le monde et l'Univers. Moi, Lola, je m'engage auprès de toi, Rami, à t'honorer et te soutenir avec amour dans ma vie quotidienne. Accueillie par ton amour, je peux vivre ma puissance. Je me sens reconnue.

Courageux et fidèle, moi, Rami, je m'engage auprès de toi, Lola, à être présent dans plus de vigilance et d'amour, à prendre soin de toi, à développer mon discernement et à te soutenir par la parole et l'action justes.

Kaa'dir et Alya

Moi, Kaa'dir, je reconnais le chevalier valeureux courageux puissant et protecteur que je suis. Je reconnais ton amour, Alya, et bénis ton incarnation en femme. Je te demande pardon pour toutes les fois où je t'ai abandonné, maltraité. Je m'engage à être toujours présent à tes côtés, à t'écouter et respecter ta sensibilité, à être combattif et à t'apporter protection et sécurité avec cœur et conscience.

Moi, Alya, je reconnais mon amour et la reine en moi accueillante joyeuse amoureuse de la vie et de la nature. J'ai besoin de ta présence Kaa'dir, mon bien-aimé, pour manifester ma beauté authentiquement et déployer ma créativité. Je m'engage envers toi à t'estimer à ta juste valeur, à te faire confiance, à être ton alliée et à t'accueillir.

Sarah et Georges

Moi, Sarah, je célèbre en toi, Georges, le chevalier archangélique fougueux au cœur pur, simple et innocent. J'appelle l'aide de l'Univers pour alchimiser les blessures de ton cœur et de tes ailes. Je m'engage à t'ancrer dans mon corps en reliant tes ailes à ma Yoni et à mes testicules vibratoires. Je t'aime Georges. Georges, je t'aime profondément.

Moi, Georges, je vénère en toi, Sarah, la femme-enfant vénusienne à la joyeuse, animale et rayonnante énergie de vie.

J'entends ton appel à me centrer, à m'intérioriser et ton désir de mettre Yoni au cœur de notre vie, de nos danses et de nos méditations. Je m'engage à honorer ces besoins.

Je t'aime Sarah. Sarah, je t'aime.

Ensemble, nous choisissons de progresser amoureusement sur le chemin de l'union intérieure.

Nicolas et Amalia

Moi, Nicolas, je reconnais la force de mon courage et de ma puissance dans les actions nombreuses entreprises au quotidien pour te montrer combien je t'aime, toi, Amalia, et me rends compte aujourd'hui combien je suis allé prodiguer à l'extérieur ce que à toi seule j'aurais dû prodiguer. Je t'aime infiniment et te protège totalement dans ton choix d'incarner l'amour.

Moi, Amalia, je reconnais l'amour immense qui est le mien, la douceur, la tendresse et l'intégrité qui sont mes valeurs primordiales. Je me rends compte à quel point je t'ai négligé, Nicolas, et ignoré en allant chercher à l'extérieur ce que toi seul tu pouvais m'apporter : protection, bienveillance et discernement. Je te demande pardon et t'accueille inconditionnellement.

Gratitude et émerveillement.

HISTOIRE 4 DE MARINA

La traversée de l'étang

La rencontre du masculin et du féminin

Thème : La mise en présence du masculin et du féminin dévoile ce qui reste de l'histoire personnelle à mettre en lumière et confirme les guérisons. La transmission du Féminin au féminin. Le masculin puis le Masculin face au Féminin d'origine. Leur union.

Après avoir rencontré le féminin puis le masculin, les deux sont appelés ensemble à la rencontre. Marina se sent portée, il lui faut enraciner son élan. Elle accède à une dimension purement énergétique, avec des images de triangle et de spirale qui prennent sens à la fin. Connaissant l'alchimie et l'expansion disponibles chez elle, cela peut être une ouverture vibratoire, à condition que l'expérience bénéficie au corps, dans une intégration globale.

"Le féminin est sur le ponton d'un étang. Ça sent bon les fleurs des champs. Il fait frais et chaud. Elle est belle, grande, brune. Elle a à peu près 17 ans. Elle est vêtue d'un paréo, pas criard, écru, les épaules dénudées. Elle a les mains jointes, croisées. Elle est un peu exaltée, apeurée, remplie d'émotions. C'est bon. C'est comme quand j'étais gamine et que je rêvais à un amoureux. Toutes mes cellules étaient en effervescence. C'est bon de retrouver ça, je le croyais perdu."

Le Féminin de Marina était une Renarde rousse, en sari chatoyant. La sécurité intérieure reliée à la rencontre amoureuse est encore fragile. C'est une des intentions d'aujourd'hui. Nous retrouvons un peu l'énergie de la biche apeurée, mais si les épaules sont dénudées. La pureté est acquise avec la couleur écrue. Elle se présente dans un geste de prière et d'unification certes, mais aussi de protection avec les mains croisées, ce qu'elle précise. Les guérisons précédentes se confirment avec l'émergence de l'émotion amoureuse perdue depuis l'inceste.

"Le masculin est de l'autre côté de l'étang, sur une clairière, tout près d'une petite barque accrochée à un piquet. C'est le jeune guerrier de lumière, amérindien, torse nu, en pagne. Il a 20 ans. Quelque chose de noble et de courageux émane de lui. Juste, fort."

Nous avons laissé le masculin tel un homme, d'allure jeune, profondément mature d'où émane l'expérience. Face au féminin, lui aussi est plus jeune, il n'a pas l'expérience amoureuse. Il s'est exclu de la sexualité à l'inceste du père. La guérison précédente se confirme dans la reconnaissance du guerrier de lumière, le corps est offert, la poitrine nue offre le cœur.

"Il la trouve belle. Il est intimidé. Il la choisit. Il est sûr que c'est elle. Il sent sa douceur, son innocence. Son cœur et son ventre battent plus fort. Il la reconnaît, d'avant. C'est elle. Il sait que c'est elle. Il sait qui elle est."

Douceur et innocence, certes, et la Renarde, "gardienne de l'Esprit de la forêt", détentrice des secrets de la Nature ?

"Elle se détend qu'il la reconnaisse. C'est très important pour elle, sinon il lui manquerait quelque chose.

— Qu'est-ce qui manquerait ?

— Il manquerait quelque chose pour que ce soit complet. Sinon il ne la reconnaîtrait pas entièrement. Comme ça, c'est partagé."

Marina d'habitude est précise, concrète, directe…

"Pardon, je ne suis pas sûre de comprendre. Veux-tu dire qu'en la reconnaissant entièrement, il reconnaît la Renarde… ? Et qu'ainsi, rien ne manque… ?"

Un très long temps…

"La Renarde n'était pas là. Ce n'était pas la Renarde. C'était la jeune fille. Je suis très triste d'un coup, comme si je n'arriverais jamais à guérir de mon père. J'ai reconnu dans la jeune fille celle que j'étais, celle choisie par le père et fascinée de l'être. La Renarde ne peut pas être là avec cette jeune fille, sinon elle mord et s'enfuit. J'ai vu flamber l'éclat de sa queue. Je suis triste et la jeune fille aussi car elle se sentait importante d'être choisie par le masculin. C'était fort pour elle de sentir le choix du masculin sur elle. La Renarde, elle, s'est enfuie en renard, comme si je l'avais trahie et que je n'étais pas digne de son héritage. Le masculin aussi s'est assombri comme s'il avait fait quelque chose qu'il n'aurait pas dû. Il a honte de son élan pour elle et a peur de ressembler au père. Il ressemble de nouveau à un adolescent."

L'énergie s'est redressée. L'inconscient livre d'un coup beaucoup d'informations fondamentales par lesquelles Marina touche une vérité essentielle et non plus le leurre qui la voile. Base de toute transformation, à moins de se perdre dans les méandres plus ou moins psychologiques.

"Tout va bien, Marina. Rassure-toi. Ton choix est clair de guérir de ton père. Il n'y a aucune raison de ne pouvoir transmuter. La Fée en toi l'a fait à de nombreuses reprises. N'aie pas peur de la vérité, même dérangeante. C'est elle qui réserve des merveilles et non le leurre de la personnalité. Tu viens de reconnaître quelque chose d'essentiel. C'est par ton regard de Renarde que tu viens de le reconnaître. Oui, celle dont les yeux pénétrants t'impressionnent, avec une lumière qui regarde l'âme. Il faut du courage pour oser contempler cette vérité. Reconnais ce courage. Reconnais la profondeur et la lucidité de la Renarde. Comment est le masculin à ses mots ?

— Il s'est redressé. Il est droit, rassuré. Il aime la vérité. Mais il ne sait pas quoi faire envers la jeune fille. La Renarde est autour de la jeune fille, en animal, elle tourne et vire. Sa queue est énorme et en feu pour que je ne risque pas de l'ignorer. La jeune fille est piteuse et coupable, recroquevillée. Comme l'était le masculin, enfant.
— Rassure la jeune fille. Elle n'a rien fait de mal, au contraire elle a beaucoup souffert quand elle a été exclue, rejetée par sa mère. C'est profondément compréhensible qu'elle ait eu un besoin immense d'être reconnue, puis choisie. Son père n'aurait jamais dû confondre, il aurait dû savoir que sa fille avait besoin de compenser cette souffrance terrible du rejet de sa mère. C'était lui, l'adulte. Néanmoins il est important par la suite d'aller rencontrer cette petite enfant en souffrance, es-tu d'accord"
Marina acquiesce. Dans la rencontre avec le masculin, Marina s'est retrouvée bienvenue, accueillie dans la maison de la mère, "c'était ça qui manquait". L'adulte en elle retisse le lien avec la Grande Mère, ainsi nourrie, elle a toute la ressource pour rencontrer l'enfant rejetée, exclue de la maison de la mère.
"La Renarde n'a jamais perdu cette relation d'amour avec la Grande Mère. La Renarde se sent intimement reconnue, choisie par la Grande Mère. Cela fait d'elle 'la gardienne de l'Esprit de la forêt'. Elle garde ainsi vivante la mémoire du temps de la Grande Mère. La Renarde sent la présence et l'amour de la Grande Mère à travers chaque être, chaque arbre, chaque animal de la forêt. Elle la reconnaît en chaque chose, ce qui lui permet de connaître les secrets de la Nature et de 'savoir des choses'. Elle y est chez elle, à la Maison, incluse dans cet amour.
— La Renarde a repris son aspect de femme et regarde la jeune fille. Elle lui transmet l'amour par les yeux, comme elle l'a fait avec moi quand je l'ai rencontrée. Elles se regardent longuement, elles se reconnaissent. Elle lui transmet la fierté d'être femme et la sagesse ancienne. Elle la prend dans ses bras et lui touche le corps, le ventre. La jeune fille devient plus colorée, plus en feu aussi, elle commence à ressembler à la Renarde. La Renarde lui transmet une danse secrète, une danse pour la santé du ventre, pour la vie dans le ventre. Moi quoi n'aime pas beaucoup danser… C'est comme une géométrie sacrée et pourtant une totale spontanéité. Il faudrait que je m'en souvienne, elle est incroyable cette danse. C'est incroyable qu'on ait accès à tous ces trucs, juste comme ça.
— Tu y as accès. Tout le monde n'y a pas accès aussi facilement, même si tous y sont appelés. Tu retrouves une connexion particulièrement fluide et inspirée. Tu récoltes aussi le fruit de ta consécration, ton engagement, ta transparence et ton amour. Reconnais cela. Tu as accès à une sagesse fort ancienne et fort précieuse. Par respect pour cette sagesse, ne l'appelle plus des trucs. Reconnais cela, Marina. Choisis-toi. Reconnais la magie du cœur en toi. Reconnais cette mémoire vivante. Reconnais ton héritage divin qui vient de la Grande Mère, la Renarde. Accueille et reconnais l'énergie du Féminin Sacré. Choisis de reconnaître à nouveau en toi la Grande Mère comme Elle te choisit."

Marina est émue, elle accueille, l'énergie baigne la pièce.
"Il n'y a plus que la Renarde ou plutôt la jeune fille est devenue Renarde. Elles se sont fondues. C'est la Renarde avec quelque chose en plus. Celle-là est ouverte et disponible à la relation avec le masculin. La Renarde était tellement autonome qu'il n'y avait pas l'espace pour l'homme. Elle porte toujours un genre de paréo, mais de la couleur qu'avait sa queue flamboyante. La couleur change avec la lumière et la couleur des feuillages. Elle peut se fondre avec le paysage ou flamboyer. Le tissu est doux comme du daim, une seconde peau. Elle y est naturelle et libre. Elle a retrouvé ses longs cheveux roux. Elle m'impressionne. Je ne me baladerais pas comme ça dans la rue. Je suis intimidée et j'ai un peu peur de cet aspect de moi. Je pouvais m'en douter, mais le voir c'est autre chose. Je ne suis pas sûre d'assumer."
La puissance de la vie à travers Marina me bouleverse.
"Tout va bien. Reconnais et intègre-le si intimement que tu peux émaner ton Féminin avec justesse et discernement grâce à la vigilance de ton Masculin. Respire dans cette sécurité où le Féminin en présence du Masculin peut se fondre ou flamboyer. Respire la nature profonde de la Renarde. Et lui ?
— Il est à nouveau un jeune homme. Elle lui plaît vraiment. Il la trouve vraiment belle. Il n'est pas sûr de la reconnaître totalement. Elle est plus puissante qu'il n'imaginait. Il ne sait pas comment se comporter avec elle. On ne lui a pas appris. Il a peur d'être inutile. Elle ne semble plus avoir besoin de lui. C'était plus simple pour lui quand elle était apeurée. Là, il connaissait son rôle. Elle semble inaccessible avec une nature sauvage. Il voudrait se l'approprier, qu'elle soit sienne. Il tourne et vire lui aussi, comme faisait la Renarde. Il donne des coups de pied aux arbres. Il y a de la houle sur l'étang."
Cher masculin, je comprends ta houle. Oui, si elle est puissante, si elle se connecte aux Temps d'Avant, quelle place, quel rôle sont les tiens ? Nombre d'hommes se posent la même question.
"Masculin, c'est ta présence qui autorise ceci, même si tu ne le reconnais pas encore. Ta nature profonde est amérindienne, tu gardes toi aussi l'amour, le respect et la connexion intime avec la Terre Mère. Dans ta tribu quand une 'femme médecine' et un jeune guerrier qui sait battre le rappel avec son tambour se choisissent, que se passe-t-il ?"
Je l'invite à se poser dans sa nature profonde, là où il sait et vit son essence.
"C'est simple, il bat le rappel. Il fait ce qu'il aime le plus faire. Il chante pour elle à travers le tambour. Il lui raconte sa Terre. Il bat le rythme du feu qu'il a dans son ventre pour lui faire comprendre qu'il est fort, puissant, vigoureux. Il lui dit qu'il est fier d'elle. Il est fier que ce soit une Renarde. Il est fier qu'elle connaisse les plantes et les secrets de la forêt. Il veut la protéger, veiller à son côté et l'accompagner dans des voyages lointains pour chercher d'autres plantes et les rapporter à la tribu.

"Elle est conquise… Elle a joint les mains en signe d'accord. Elle rit et elle a les joues rouges car sa façon de battre le tambour lui fait de l'effet. Elle lui fait signe de traverser l'étang en riant.

"Oh ! Il s'élance avec une main au-dessus de la tête pour tenir son tambour. Je ne sais pas comment il peut nager comme cela. Il a un moteur dans les jambes. Il rit aux éclats. Ça lui fait du bien de nager, ça le lave de tout le côté emprunté, il est comme un dauphin avec la joie en lui. Il éclabousse le plus fort possible. Ça me donne beaucoup de joie de le voir comme ça, ça me rassure, c'est joyeux. Il fait même un tour d'honneur pour se faire admirer, il fait le paon dans l'eau."

Cet étang est son passage à lui. Il se purifie de tout ce qui n'est pas lui. Il s'unit à son "Pote Féma" à travers l'élément Féminin eau. C'est le moment où lui aussi se reconnaît Fils de la Grande Mère par ce bain rituel de vie. C'est son baptême d'homme sexué.

"Ça y est, il est sur le ponton. Il la prend dans ses bras. Il l'embrasse… Ils ne peuvent plus se quitter. Il rentre dans son regard à elle, elle aussi.

"Ils ne sont plus visibles. Ils sont dans un pilier de lumière de toutes les couleurs. Il y a comme une étoile à leur place qui tourne très vite. Ça fait comme une trouée d'espace sur la Terre, comme s'il y avait à leur place un triangle des Bermudes à l'envers. Au lieu d'engloutir la vie, ça fait émerger plein de lumières de Noël. Ça tourne. C'est comme si je devenais une immense spirale. Ça tourne… !"

Je l'invite à respirer profondément afin qu'elle ne se laisse pas submerger par l'émotion. Elle canalise quelque chose de très précieux pour elle et pour la Terre. Je le sais. Je le sens. J'entoure le couple de la vibration que je véhicule, une Sphère Arc-en-Ciel dorée afin que l'union se fasse dans tous les plans.

Un long temps d'intégration.

"Ensemble, ils gardent quelque chose de très précieux pour la Terre et la vie végétale qui n'est disponible que s'ils sont unis par leur cœur, leur corps, leur âme. C'est une qualité d'énergie sacrée. À eux deux, ils sont comme un diamant."

Marina sent son corps vibrer dans les profondeurs. J'accompagne énergétiquement et j'accentue encore l'enracinement. La pièce baigne de lumière. Nous prenons un moment de silence et de méditation pour compléter, Marina a besoin d'intégrer dans le corps le changement de fréquence.

Marina vit intérieurement l'union tantrique dont elle portait la nostalgie, elle y touche la quintessence de l'expérience de son essence. Ses mots décrivent la vibration de l'Essence Sacrée, celle de l'union intérieure dans les trois plans de l'être. La présence de Marina va résonner chez ceux qu'elle croise et solliciter ce même potentiel. L'étoile qu'elle perçoit est celle de l'Étoile tétraédrique (voir méditation de "l'Étoile tétraédrique", p. 357) qui manifeste l'imbrication des deux pyramides. C'est la seule fois dans ma pratique

où une expérience d'union la rend perceptible. Je lui en fais part, elle l'ignorait. Marina retrouve spontanément ce que d'autres réapprennent.
Je suis dans l'émerveillement et la gratitude infinie d'accompagner des êtres comme Marina. D'autres rencontres moins spectaculaires n'en sont pas moins libératrices. Celle-ci est simplement un exemple extraordinaire de ce qui est disponible, quelle que soit la façon dont chacun chemine.

La rencontre du masculin et du féminin de Marina donne chair à :

- Le Féminin relié à la Grande Mère, en amont de la blessure d'exclusion. La Renarde s'y sait incluse.
- La transmission du Féminin au féminin à travers la spontanéité de la danse telle une géométrie sacrée.
- L'exclusion par la mère compensée par le besoin d'être reconnue, choisie par le père idéalisé. La clef est de retrouver intérieurement l'amour de la Mère. Se ressentir accueillie et choisie par la Grande Mère libère le besoin d'être choisie par le père.
- Reconnaître et intégrer intimement le Féminin permet de l'émaner avec justesse et discernement grâce à la vigilance du Masculin.
- L'angoisse du masculin devant le Féminin dans sa puissance d'origine, jusqu'au moment où il s'appuie sur sa propre source et autorise le miracle de la spontanéité et de la générosité.
- L'union dans les trois plans de l'être et l'Essence Sacrée qui en jaillit.
- L'Étoile tétraédrique du l'union du Masculin et du Féminin.

Merci Marina de nous permettre de compléter dans l'émerveillement l'Initiation Amoureuse.

Conclusion

Un jour,
quand nous aurons maîtrisé
les vents, les vagues, les marées
et la pesanteur, nous exploiterons
l'énergie de l'Amour…
Alors pour la deuxième fois
dans l'histoire du Monde,
l'homme aura découvert le feu.

Teilhard de Chardin

Donnons une dernière fois la parole au Vijñânabhaïrava tantra :

"Ô Déesse, je viens de t'exposer les enseignements mystiques ultimes que rien ne surpasse. Qu'ils ne soient transmis qu'aux êtres généreux, à ceux qui vénèrent la lignée des maîtres, aux intelligences intuitives libérées de l'oscillation cognitive et du doute et à ceux qui les mettront en pratique. Car sans pratique, la transmission se dilue, et ceux qui ont eu la merveilleuse occasion de recevoir ces enseignements retournent à la souffrance et à l'illusion alors qu'ils ont eu un trésor entre les mains.

"Ô Dieu, j'ai maintenant saisi le cœur des enseignements et la quintessence des tantra. Il faudra quitter cette vie mais pourquoi renoncerait-on au cœur de la Shakti ? Ainsi qu'on reconnaît l'espace illuminé par les rayons du soleil, ainsi reconnaît-on Shiva grâce à l'énergie de Shakti qui est l'essence du Soi.

"Alors Shiva et Shakti, rayonnant de béatitude, s'unirent à nouveau dans l'indifférencié."

Ainsi se clôt le Vijñânabhaïrava tantra.

Masculin - Féminin : L'Initiation Amoureuse
La Fusion au Cœur de la Séparation.
L'Odyssée se boucle ici. L'Initiation continue en vos cœurs.

Puisse-t-elle contribuer à libérer l'illusion de la séparation, réveiller l'autonomie, l'émerveillement et la gratitude de réaliser que ce que nous cherchons dehors est déjà en nous.
Puisse-t-elle contribuer à propager l'union et la paix.

Notre cœur est le chemin.
Puissiez-vous être guidé par la beauté et l'amour qui résident en votre cœur, illuminé par le Maître en vous qui se souvient être le Disciple du cœur.
Merci du chemin partagé.
Qu'il soit beau, doux et puissant.
Que chacun reçoive ce que chacun aura reçu.

Une Sphère Arc-en-ciel dorée de réconciliation et d'union enveloppe et baigne cet ouvrage.
Puisse-t-elle envelopper chacun des lecteurs, tout et tous dans les lieux où il se trouve.

Du profond de mon cœur.

Diane Bellego

Bibliographie

"Le début de la vie fut acte de dédoublement de l'unité primordiale en deux principes opposés équilibrés qui engendrent une nouvelle vie."

LIVRE DES MORTS DES ANCIENS ÉGYPTIENS

www.qalasriama.com

Opening Our Spiritual Eyes : Karmic Clearing for Humanity and the Earth
Sri'ama Qala Phœnix. Published by North Atlantic Books California, 2011

Tantra Yoga, le Tantra de la Connaissance Suprême
Daniel Odier, éd. Albin Michel, coll. Spiritualités Vivantes, 1998

Tantra, L'Initiation d'un Occidental à l'Amour Absolu
Daniel Odier, éd. Pocket, 1996

Les Dieux Menteurs
Françoise Grange, éd. Indigo et Côté Femmes, 1998

Goddesses in Everywoman
Jean Shinoda Bolen, éd. Paperback, 2004

Femme et déesse tout simplement, rencontre avec le féminin sacré
Christine Champougny-Oddoux, éd. Le souffle d'or, 2008

Relations et Jeux de pouvoir
Jean-Jacques Crèvecœur, éd. Jouvence, 2000

Les Hommes viennent de Mars, les Femmes viennent de Vénus
John Gray, éd. J'ai lu, 1997

Passeurs d'espoir
Marie-Hélène et Laurent de Cherisey, éd. de la Renaissance, 2005

Le Clan de l'Ours des Cavernes
Jean M. Auel, éd. Presses de la Cité, 1980

Le Symbolisme du Corps Humain
Annick de Souzenelle, éd. Dangles, 1991

L'Eau, mémoire de nos émotions
Masaru Emoto, Guy Trédaniel Éditeur, 2006

Les Messages cachés de l'Eau
Masaru Emoto, Guy Trédaniel Éditeur, 2004

Le Serpent Cosmique, l'ADN et les Origines du Savoir
Jeremy Narby, éd. Georg (Genève), 1995

Conversations avec Dieu
Neale Donald Walsch, éd. Ariane, 1997

L'Accompagnement de la Naissance
Bernard Montaud, éd. Edit'as, 1997

L'Univers Informé
Lynne McTaggart, éd. Ariane, 2005

Le Code de Dieu
Gregg Braden, éd. Ariane, 2004

L'Éveil au Point Zéro
Gregg Braden, éd. Ariane, 1998

Science et Champ Akashique
Ervin Laszlo, éd. Ariane, 2005

Messagers de l'Aube
Barbara Marciniak, éd. Ariane, 1995

Mémoires Vivantes
Nataraj, Robert Ethier, Laforest Éditeur, 1999

Les Cent Mille Chants
Milarepa, traduction de Marie-José Lamothe, éd. Fayard, 2006

Faire l'Amour de manière Divine
Barry Long, éd. Altess, 1995

Maître de ses chakras, maître de sa vie
Marie-Lise Labonté, éd. Le Dauphin Blanc, 2005

La Médiumnité, cette terre inconnue
Marie-Lise Labonté, éd. Shanti, 1994

Le Seul Désir : dans la nudité des Tantra
Éric Baret, éd. Trait d'Union, 2002

L'Alchimiste
Paulo Coelho, éd. Poche

Petit Traité sur l'Immensité du Monde
Sylvain Tesson, éd. des Équateurs, 2005

Livre des Morts des Anciens Égyptiens
Grégoire Kolpaktchy, éd. Stock, 1978

Changez votre futur par les ouvertures temporelles
Jean-Pierre et Lucile Garnier Malet, éd. Le Temps présent, coll. Mieux-être, 2007

Le double... comment ça marche?
Jean-Pierre et Lucile Garnier Malet, éd. Le Temps présent, coll. Mieux-être, 2007

Lexique

"Un être humain fait partie d'un tout que nous appelons l'Univers ;
il demeure limité dans le temps et dans l'espace.
Il fait l'expérience de son être, de ses pensées et de ses sensations
comme étant séparés du reste – une sorte d'illusion d'optique de sa conscience.
Cette illusion est pour nous une prison,
nous restreignant à nos désirs personnels
et à une affection réservée à nos proches.
Notre tâche est de nous libérer de cette prison
en élargissant le cercle de notre compassion
afin qu'il embrasse tous les êtres vivants, et la nature entière,
dans sa splendeur."

ALBERT EINSTEIN

Alchimie

Au cours de l'Odyssée, l'alchimie est le processus intérieur dont le dessein est de transformer le dense en subtil, le vil en noble, la matière en esprit. Le Féminin est alchimique, l'amour étreint le dense et le restaure à l'amour.

Chakra

Les chakras sont des centres d'énergie qui passent à travers le canal vibratoire de la sushumna et y prennent racine. Ils ont chacun des fonctions différentes, représentent des niveaux de conscience, reliés entre eux et formant un tout. Ils sont nos antennes, nos centres de communication, émetteurs et récepteurs, qui permettent l'expression de la divinité, de la personnalité et de l'âme à travers la structure humaine dans la réalité de notre incarnation.

Les sept chakras principaux sont des centres d'énergie majeurs situés à différents niveaux de la colonne vertébrale, associés aux organes et aux glandes qu'ils alimentent.

Champ akashique ou Champ Unifié ou Champ au point zéro

D'après Laszlo (voir bibliographie, p. 408), le Champ Akashique ou Champ Unifié est une mer d'in-formation active et physiquement effective. Le récepteur de l'in-formation est véritablement formé par celle-ci, même de façon subtile. Par cette in-formation, tous les objets sont reliés à l'univers et entre eux de façon quasiment instantanée et restent cohérents dans l'espace comme dans le temps. L'in-formation est universelle sans être uniforme et se conjugue par similarités et résonance. Pour la nature, c'est une forme de mémoire et pour la recherche sur la conscience humaine, c'est une communication interpersonnelle et transpersonnelle.

Essence

Elle est notre origine, la fréquence de l'Union du Masculin et du Féminin présente en nous, nous en sommes issus.

Être (l')

Tout au long de l'Odyssée, nous faisons référence à "l'être" et non à "la personne" ou à "l'individu" afin d'activer chaque fois la conscience d'une globalité bien plus vaste qui vit sur de multiples plans indissociables, interconnectés et complémentaires. L'être est ici la globalité de l'être.

Je/Tu

Dans les méditations du CD audio, l'auteure utilise le "je" pour la même raison que le "nous" ci-après. Ma forme de guidance s'exprime en particulier par "clair sentir" (comme il y a "clairvoyance") et je ne peux véritablement accompagner l'autre qu'au plus près d'être Un avec l'autre. Nous sommes ici dans une dimension différente de la position thérapeutique classique qui implique une distance comme celle des psychanalystes nécessaire au champ qu'ils explorent, et antinomique à l'espace initiatique de réconciliation, de communion (comme-union) proposée ici.

Nous

Je choisis le "nous" pour plusieurs raisons. "Nous" inclut l'autre, le lecteur et plus généralement "nous en tant qu'humanité", plutôt que "vous "en opposition à "moi séparée de vous". "L'Initiation Amoureuse" invite à "De la Dualité à la Fusion" où il n'y a plus de séparation. C'est une question de congruence avec le sujet. C'est aussi l'espace depuis lequel l'auteure s'associe au lecteur sur le même chemin d'apprentissage, même si elle le transmet.
Sa guidance s'exprime à travers le "clair sentir"et le "clair savoir", comme il y a la "clairvoyance" et la "claire audience". Elle ressent de l'intérieur ce dont elle prend conscience et ressent en elle-même les aspects rencontrés, sombres ou lumineux, sans choisir nécessairement de l'expérimenter dans la vie. Elle reconnaît en elle-même ce comme-Un de l'humanité.

"Pote Féma": **PO**tentiel intérieur **FÉ**minin du **MA**sculin.

Le "Pote Féma" est la quintessence du Masculin qui s'émerveille de notre Essence.
Grâce au "Pote Féma", nous ressentons en nous-mêmes ce que vit l'autre, nous vivons l'expérience intérieure que nous sommes Un avec l'autre, comme avec Tout. Le "Pote Féma" est le cœur du Masculin qui dit oui inconditionnellement.
Le "Pote Féma" : quintessence, reconnaissance et émerveillement.

"Pote Mafé": **PO**tentiel intérieur **MA**sculin du **FÉ**minin.

Connaissance, vigilance, et essence. Le "Pote Mafé" du Féminin par sa conscience vigilante nous donne conscience de notre essence car il la connaît. Il connaît et garde, par sa présence vigilante, la conscience et la connaissance de l'essence du Féminin qui est notre essence. Il est le centre et l'axe du Féminin.
Le "Pote Mafé" est l'essence du Féminin. Conscience, connaissance, vigilance.

Quintessence

Elle est l'essence réalisée, enrichie de l'expérience, où rien n'est oublié ni perdu.

Source (la)

La Source de Tout Ce Qui Est. Par-delà et au-delà de toute notion religieuse et de la notion de Dieu. La Source est "Dieu/Déesse/Tout Ce Qui Est". La Source en nous est notre Pure Essence qui porte la Mémoire de l'Union.

Sphères Arc-en-ciel

Les Sphères Arc-en-Ciel sont la tonalité spécifique de la vibration véhiculée à travers l'auteure et présente à travers l'ouvrage. Son action, cette vibration réconcilie, unifie, marie ce qui semble opposé. Chacun peut, dans la conscience et l'amour, s'aider de la vibration d'une Sphère Arc-en-Ciel lors d'un travail de réconciliation.

Tantra

"Le mot 'Tantra' dérive de la racine 'tan' : l'étendue, la totalité, qui suggère également la trame d'une étoffe. Cette voie mystique a profondément marqué le bouddhisme et l'hindouisme. La quête tantrique est axée sur l'idée qu'il n'y a rien à ajouter ou à retrancher à l'être, car il possède l'essence absolue. Située au-delà du dogme, de la croyance, de la religiosité, des préceptes moraux, c'est une ascèse laïque par excellence, intégrée à la réalité de la vie quotidienne. C'est une voie féminine et sphérique qui inclut la totalité des êtres et reconnaît totalement la puissance de la femme. C'est une voie de retour à la source originelle" (www.danielodier.com).

Vijñânabhaïrava tantra

"La quintessence de tous les tantra". Yoga non postural qui rassemble à travers ses 160 pratiques ou réflexions ou stances la globalité des expériences humaines tel un champ d'exploration et de conscience et autant d'opportunités de reconnaissance spontanée, intuitive de sa propre nature. Le plus ancien texte sur le yoga. Certaines pratiques sont physiques, d'autres, philosophiques, beaucoup, chamaniques. Il énonce qu'il suffit d'en pénétrer une totalement, en réaliser une pour s'éveiller, se réaliser à la conscience absolue. Le pressentiment qu'elles font vivre est déjà l'expérience d'un micro-instant d'absolu qu'il reste à actualiser. Certaines stances parcourent "L'Initiation Amoureuse" comme autant d'invitations à une pause où seule est invitée l'intuition du Cœur. Le Vijñânabhaïrava tantra est un ami cher et précieux qui ponctue et inspire mon travail de groupe et auprès duquel je me régénère.

Remerciements

Ma gratitude va en premier à ceux qui me font la confiance de les accompagner, dont certains animent les cas vécus abrités sous les noms de Bruno, Véronique, Clara, Ariane, Paul, Marina...
Grâce à vous, à la beauté de votre humanité, celle de votre essence, celle de votre amour, mon cœur et ma conscience s'ouvrent et je me souviens.

Gratitude aux hommes de ma vie.
Mon père, Michel, auprès duquel je finis d'accoucher L'Initiation Amoureuse. *Notre partage fut un four alchimique empli de joies et de frictions, de reconnaissance forte et douce. Merci de m'avoir réconfortée quand je ne voyais plus le bout. Merci du plus profond de mon cœur.*
Mon compagnon, Patrick, qui m'offre le plus beau des cadeaux, la liberté d'être Qui Je Suis. Ensemble, l'amour inconditionnel, la re-connaissance et la joie s'apprivoisent. Merci de partager "L'Initiation Amoureuse" au cœur de notre vie quotidienne.

Gratitude à Bianca, Marco, Sylvette, Valéria et Bernard, Luc, Tabata et Sisous. Grâce à votre accueil, j'ai trouvé hermitage et plongé dans la solitude de l'écriture.

Gratitude à Babou, Nana, Scarlète, Ouilou, la Traviata, chats passeurs d'écriture. À la première page, Nana rencontre un amoureux ! Scarlète et Ouilou, grands chats maintenant, en sont nés et entérinent chaque page. Babou et Nana m'accompagnent d'un autre plan.

Gratitude à José Gurdak, musicien producteur. Engagé dans ton chemin d'union, tu me fais cadeau de produire le CD et de créer la musique originale. Sans toi, L'Initiation Amoureuse *ne peut vibrer.*

Gratitude à Cathy Maillard, journaliste et auteure, pour tes conseils et pour les mots magiques : "Alors, quand est-ce que tu écris un livre?"

Gratitude à mon éditeur, Guy Trédaniel, dont la confiance du premier jour joua le rôle de mon "Pote Mafé", puis aiguillonna la reconnaissance intime de mon "Pote Féma".

Gratitude toute ourse à Élisabeth Vuillemin dont la créativité inconditionnelle et joyeuse est le trésor qui m'inspira, me redonna courage et vision au bout de la première version de 900 pages... Merci à mes amies proches et chères pour votre soutien au cours des lames de fond de cet ouvrage.

Gratitude infinie à Claire, généreuse, limpide, consacrée. Grâce à ton regard, tes commentaires, tes propositions, j'ai pu confier doutes, craintes et pannes, et tisser, retisser dans la douceur, entourée par les ailes de Colombe.

Gratitude au chemin qui me pétrit, me protège et me guide.

Table des matières

Pour tout renseignement

Pour le lecteur interpellé par un travail pratique en individuel ou en séminaire :
Consulter le site : www.tantradianebellego.com.
Me joindre par courriel : dbellego.pferrer@wanadoo.fr